音声ダウンロードのご案内

※各言語版は、この本の最後にあります。

STEP 1 商品ページにアクセス！ 方法は次の3通り！

- QRコードを読み取ってアクセス。
- https://www.jresearch.co.jp/book/b630556.htmlを入力してアクセス。
- Jリサーチ出版のホームページ（https://www.jresearch.co.jp/）にアクセスして、「キーワード」に書籍名を入れて検索。

STEP 2 ページ内にある「音声ダウンロード」ボタンをクリック！

STEP 3 ユーザー名「1001」、パスワード「25991」を入力！

STEP 4 音声の利用方法は2通り！ 学習スタイルに合わせた方法でお聴きください！

- 「音声ファイル一括ダウンロード」より、ファイルをダウンロードして聴く。
- ▶ボタンを押して、その場で再生して聴く。

※ダウンロードした音声ファイルは、パソコン・スマートフォンなどでお聴きいただくことができます。一括ダウンロードの音声ファイルは .zip 形式で圧縮してあります。解凍してご利用ください。ファイルの解凍が上手く出来ない場合は、直接の音声再生も可能です。
音声ダウンロードについてのお問合せ先：toiawase@jresearch.co.jp（受付時間：平日9時〜18時）

日本語能力試験N4・N5に出る

ネパール語・カンボジア語・ラオス語 版

日本語単語
スピード マスター

BASIC
1800

जापानी शब्दहरूको तिब्र ज्ञान

រៀនវាក្យសព្ទភាសាជប៉ុនយ៉ាងស្ទាត់ជំនាញនិងឆាប់រហ័ស

ຮຽນຮູ້ຄຳສັບພາສາຍີ່ປຸ່ນແບບເວົ້າງວດ

倉品 さやか
Kurashina Sayaka

Jリサーチ出版

はじめに

　もっと単語を知っていたら、いろいろ話せるのに……と思った
ことはありませんか？

　この本では、より重要な1,800～1,900の言葉を中心に、約2,000
の基本語を取り上げ、それらを場面やテーマごとにまとめました。
単語は、いくつかの初級のテキストや従来の日本語能力試験の
出題基準をはじめとし、さまざまな資料を使いながら、生活で
よく使われているかどうかを考えて選びました。意味だけではな
く、関係のある言葉も一緒に学べるようにしています。よく使う
表現や例文もあります。例文は会話文が多いですから、覚えて
すぐに使ってみましょう。

　また、この単語集には、教科書にはあまり出てこない単語も
入っています。普段の生活場面でよく使うので、知っていたら役
に立つものです。興味があるユニットから始めてください。

　単語を覚えたいけど、すぐ飽きるという人もいると思います。
この本には、付属の音声が付いていますから、寝る前や電車の中
で聞いて覚えることもできます。一緒に言えば、発音の練習にも
なります。また、赤いシートを使って、どれだけ覚えたか、チェッ
クしてみましょう。

　この本でたくさんの言葉を覚えて、たくさん話してください。

倉品さやか

PART2 コツコツ覚えよう、基本の言葉 261

बिस्तार बिस्तार याद गर्नु, आधारभूत शब्दहरू／ចងចាំពាក្យមូលដ្ឋានគ្រឹះបន្តិចម្ដងៗ／ຈົດຈำເທື່ອລະໜ້ອຍ, ຄำສັບພື້ນຖານ

この本の使い方

यो पुस्तक प्रयोग गर्ने तरिका／របៀបប្រើប្រាស់សៀវភៅនេះ／ວິທີການໃຊ້ປຶ້ມຫົວນີ້

覚えておきたい基本語に□をつけています。

सम्झन आवश्यक आधारभूत शब्दमा □ राखिएको छ।／ពាក្យមូលដ្ឋានគ្រឹះដែលគួរចងចាំ មានសម្គាល់ដោយភ្ជាប់សញ្ញា□／ຄຳສັບພື້ນຖານທີ່ຄວນຈື່ແມ່ນໝາຍດ້ວຍ□.

㉔ □ 棚 (दराज／ធ្នើ／ຖ້ານໃສ່ເຄື່ອງ)

▶これをあそこの棚に置いてください。

(योत्यहाँकोदराजमाराख्नुहोस्।／សូមទុករបស់នេះនៅធ្នើឯនោះ។／ກະລຸນາວາງອັນນີ້ໄວ້ເທິງຖ້ານໃສ່ເຄື່ອງຢູ່ຫັ້ນ.)

▶本棚 (किताबको दराज／ធ្នើដាក់សៀវភៅ／ຖ້ານໃສ່ປຶ້ມ)

例文や熟語の例などを紹介します。

उदाहरण तथा शब्दसमूहको उदाहरणको बारेमा परिचय गरिन्छ।／
ណែនាំអំពីប្រយោគឧទាហរណ៍និងឧទាហរណ៍នៃគ្រាមភាសាជាដើម។／
ແນະນຳຕົວຢ່າງຂອງປະໂຫຍກແລະສຳນວນ

□で示した言葉と同じグループの言葉などを紹介します。

□देखाइएको शब्दको एउटै समुहमा पर्ने शब्दको परिचय गरिएको छ।／
ណែនាំអំពីពាក្យដែលស្ថិតក្នុងក្រុមដូចគ្នានឹងពាក្យដែលបង្ហាញដោយសញ្ញា□／
ແນະນຳຄຳສັບໃນໝວດດຽວກັນແລະຄຳສັບອື່ນໆທີ່ສະແດງດ້ວຍເຄື່ອງໝາຍ □

★PART1 の見出し語と例文（関連の熟語などは除く）、動詞の活用表など（p.284 ～ p.291）を読んだ音声を聴くことができます。　⇒音声ダウンロードの案内はこの本の最後

भाग 1को सुरुको शब्द तथा उदाहरण वाक्य (सम्बन्धित शब्दसमूह आदि बाहेक), क्रियाको प्रयोग तालिक आदि (पृष्ठ p284-291) पढ्दा स्वर सुन्न सकिन्छ। ⇒ स्वर डाउनलोड सम्बन्धी जानकारी यस पुस्तकको अन्तिममा／អាចស្តាប់សម្លេងអាននៃពាក្យគន្លឹះសំខាន់និងឃ្លាឧទាហរណ៍របស់ភាគទី១ (លើកលែងគ្រាមភាសាដែលមានទំនាក់ទំនងនឹងពាក្យនោះជាដើម) ហើយនិងសំនួនសេចក្តីប្រើប្រាស់របស់កិរិយាសព្ទជាដើម (ទំព័រទី២៨៤ទំព័រទី២៩១)។ ⇒ការណែនាំអំពីការដោនឡូតសម្លេង ស្ថិតនៅផ្នែកចុងក្រោយបង្អស់នៃសៀវភៅនេះ／ທ່ານສາມາດຟັງການອ່ານອອກສຽງຂອງຫົວຂໍ້ແລະປະໂຫຍກຕົວຢ່າງ (ບໍ່ລວມເອົາສຳນວນທີ່ກ່ຽວຂ້ອງ), ຕາຕະລາງການຜັນຄຳກິລິຍາແລະອື່ນໆໃນພາກທີ1 (ໜ້າທີ 284-294).

- 同 同意語　पर्यायवाचीशब्द／ពាក្យសទិសន័យ／ຄຳທີ່ມີຄວາມໝາຍຄືກັນ
- 反 反対語　शब्द गरेको विपरीत／ពាក្យផ្ទុយ／ຄຳກົງກັນຂ້າມ
- 漢 漢字の書き方　खान्जि लेख्ने तरिका／របៀបសរសេរអក្សរកាន់ជិ／ວິທີຂຽນເປັນເສັ້ນຈີ
- 話 会話で多い言い方　कुराकानी गर्दाअधिक प्रयोग हुने बोलिहरू／របៀបនិយាយដែលប្រើច្រើននៅក្នុងការសន្ទនា／ວິທີເວົ້າທີ່ນຳໃຊ້ຫຼາຍໃນບົດສົນທະນາ

- ＊ 少し難しい言葉　अलिकति कठिन भाषा／ពាក្យលំបាកបន្តិច／ຄຳສັບທີ່ຍາກໜ້ອຍໜຶ່ງ
- て ていねいな言い方　आदरका बोलिहरू／របៀបនិយាយដែលគួរសម／ວິທີເວົ້າແບບສຸພາບ
- 短 短縮した言い方　छोटकरिमा भन्ने तरिका／របៀបនិយាយកាត់／ວິທີເວົ້າແບບຫຍໍ້
- 別 別の言い方　फरक शैलीमा बोल्ने तरिका／របៀបនិយាយបែបផ្សេង／ວິທີເວົ້າແບບອື່ນ

PART 1

テーマ別(べつ)で覚(おぼ)えよう、基本(きほん)の言葉(ことば)

फरक फरक प्रसंगद्वारा याद गरौं,आधारभूत शब्दहरू

ចងចាំពាក្យមូលដ្ឋានគ្រឹះតាមប្រភេទប្រធានបទ

ຈື່ຈຳເປັນຫົວຂໍ້, ຄຳສັບພື້ນຖານ

★ 例文(れいぶん)は会話(かいわ)表現(ひょうげん)が中心で、短縮(たんしゅく)や変形(へんけい)など、話(はな)し言葉(ことば)の特徴(とくちょう)はそのままにしています。

उदाहरण वाक्य, कुराकानीमा केन्द्रित तथा छोटकरी अनि परिवर्तित आदि कुराकानीमा प्रयोग हुनेखालका शब्दलाई त्यतिकै अवस्थामा राखिएको छ।

ប្រយោគឧទាហរណ៍ផ្តោតជាចំបងលើសំនួនសេចក្តីក្នុងការសន្ទនា ហើយរក្សាលក្ខណៈពិសេសនៃភាសានិយាយដូចជាពាក្យកាត់ឬទម្រង់ផ្លាស់ប្តូរជាដើមអោយនៅដដែល។

ປະໂຫຍກຕົວຢ່າງສ່ວນຫຼາຍເປັນສຳນວນໃນບົດສົນທະນາແລະຍັງຄົງຮັກສາລັກສະນະສະເພາະຂອງພາສາເວົ້າເຊັ່ນ: ເຮັດໃຫ້ຄຳເວົ້າສັ້ນລົງ ແລະ ມີການປັບປ່ຽນວິທີເວົ້າ.

★ 表記(ひょうき)については、漢字(かんじ)とひらがなを厳密(げんみつ)に統一(とういつ)していません。

खान्जी र हिरागानालाई लेबलमा सतप्रतिशत मिलाइएको छैन।

អំពីការសរសេរ គឺមិនបានបង្រួបបង្រួមអក្សរកាន់ជិ និងអក្សរហ៊ីរ៉ាកាណាអោយបានលំអិតទេ។

ການສະແດງວິທີອ່ານຂອງຄັນຈິແລະຮິລະກະນະຈະບໍ່ຄືກັນໝົດສະເໝີໄປ.

1

数字
すうじ

(सङ्ख्या／លេខ／ເລກ)

0	ゼロ／れい
1	いち
2	に
3	さん
4	し/よん
5	ご
6	ろく
7	しち／なな
8	はち
9	きゅう／く

10	じゅう
11	じゅういち
12	じゅうに
13	じゅうさん
14	じゅうよん
15	じゅうご
16	じゅうろく
17	じゅうしち
18	じゅうはち
19	じゅうきゅう

10	じゅう
20	にじゅう
30	さんじゅう
40	よんじゅう
50	ごじゅう
60	ろくじゅう
70	ななじゅう
80	はちじゅう
90	きゅうじゅう

100	ひゃく
200	にひゃく
300	さんびゃく
400	よんひゃく
500	ごひゃく
600	ろっぴゃく
700	ななひゃく
800	はっぴゃく
900	きゅうひゃく

1000	せん/いっせん
2000	にせん
3000	さんぜん
4000	よんせん
5000	ごせん
6000	ろくせん
7000	ななせん
8000	はっせん
9000	きゅうせん

10000	いちまん
20000	にまん
30000	さんまん
40000	よんまん
50000	ごまん
60000	ろくまん
70000	ななまん
80000	はちまん
90000	きゅうまん
100000	じゅうまん
1000000	ひゃくまん

1 数字
2 時間
3 人・家族
4 食べる 飲む
5 家
6 服・くつ
7 乗り物 交通
8 街
9 建物
10 自然

9

〈れい〉

123	ひゃく にじゅう さん
2345	にせん さんびゃく よんじゅうご
34567	さんまん よんせん ごひゃく ろくじゅうなな
456789	よんじゅうごまん ろくせん ななひゃく はちじゅうきゅう
5678901	ごひゃく ろくじゅうななまん はっせん きゅうひゃく いち

零	ゼロ／れい
一	いち
二	に
三	さん
四	し/よん
五	ご
六	ろく
七	しち／なな
八	はち
九	きゅう／く
十	じゅう
百	ひゃく
千	せん
万	まん

〈れい〉

小数点(.)	1.2	いってんに
	0.5	れいてんご
マイナス(−)	−10	マイナスじゅう
プラス(＋)	＋20	プラスにじゅう
パーセント(%)	5%	ごパーセント

かぞえかた①

（☞「かぞえかた②」p.135）　※音はありません。（NO SOUND）

	 ~つ	 ~人	 ~さい	 ~かい	 ~かい	 ~こ
1	ひとつ	ひとり	いっさい	いっかい	いっかい	いっこ
2	ふたつ	ふたり	にさい	にかい	にかい	にこ
3	みっつ	さんにん	さんさい	さんがい（かい）	さんかい	さんこ
4	よっつ	よにん	よんさい	よんかい	よんかい	よんこ
5	いつつ	ごにん	ごさい	ごかい	ごかい	ごこ
6	むっつ	ろくにん	ろくさい	ろっかい	ろっかい	ろっこ
7	ななつ	ななにんしちにん	ななさい	ななかい	ななかい	ななこ
8	やっつ	はちにん	はっさい	はちかいはっかい	はちかいはっかい	はちこはっこ
9	ここのつ	きゅうにん	きゅうさい	きゅうかい	きゅうかい	きゅうこ
10	とお	じゅうにん	じゅっさいじっさい	じゅっかいじっかい	じゅっかいじっかい	じゅっこじっこ
?	いくつ	なんにん	なんさい	なんかい	なんかい	いくつ

1 数字
2 時間
3 人・家族
4 食べる飲む
5 家
6 服・くつ
7 交通 乗り物
8 街
9 建物
10 自然

11

2

時間（じかん） (समय / घण्टा／ពេលវេលា／ເວລາ)

① 年（とし）・月（つき）・日（ひ） (वर्ष महिना दिन／ឆ្នាំ, ខែ, ថ្ងៃ／ປີ・ເດືອນ・ວັນ)

❶ □ 年 とし (महिना／ខែ／ເດືອນ)	／～年 ～ねん

▶新（あたら）しい年 (नयाँवर्ष/नयाँसाल／ឆ្នាំថ្មី／ປີໃໝ່)

▶日本（にほん）に来（き）たのは何年（なんねん）ですか。
(जापानमा आएको कुन सालमा हो ?／តើអ្នកបានមកជប៉ុននៅឆ្នាំណា?／(ເຈົ້າ)ມາຍີ່ປຸ່ນປີໃດ?)

❷ □ 月 つき (महिना／ខែ／ເດືອນ)	／～月 ～がつ

▶月に一度（いちど）、集（あつ）まります。
(महिनामा एक पटक भेला हुन्छौं ।／ជួបជុំគ្នាមួយម្តងក្នុងមួយខែ។／(ພວກເຮົາ) ລວມໂຕກັນໜຶ່ງເທື່ອຕໍ່ເດືອນ.)

▶たんじょう日（び）は何月ですか。
(जन्मदिन कुन महिनामा हो ?／តើថ្ងៃកំណើតនៅខែណា?／ເກີດເດືອນໃດ?)

❸ □ 1月 いちがつ

❹ □ 2月 にがつ

❺ □ 3月 さんがつ

❻ □ 4月 しがつ

❼ □ 5月 ごがつ

❽ □ 6月 ろくがつ

❾ □ 7月 しちがつ

❿ □ 8月 はちがつ

⓫ □ 9月 くがつ

⓬ □ 10月 じゅうがつ

⓭ □ 11月 じゅういちがつ

⓮ □ 12月 じゅうにがつ

⑮ □ 日　ひ　(दिन / तारिख／ថ្ងៃ／ວັນ, ມື້)　　～日　～にち

▶その日はだめです。

(त्यो दिन हुदैन (मिल्दैन)／ថ្ងៃនោះមិនបានទេ។／ມື້ນັ້ນຄາ/ມື້ນັ້ນບໍ່ໄດ້.)

▶きょうは何日ですか。

(आज कुन / तारिख हो ?／តើថ្ងៃនេះទីប៉ុន្មាន?／ມື້ນີ້ວັນຫຍັງ?)

⑯ □ 日にち　ひにち　(मिति／ថ្ងៃ／ວັນທີ)

▶日にちは決(き)まりましたか。

(मिति पक्का भयो ?／តើបានកំណត់ថ្ងៃរួចហើយឬ?／ຕົກລົງວັນທີແລ້ວບໍ?)

SUN	MON	TUE	WED	THU	FRI	SAT
	1 ついたち	2 ふつか	3 みっか	4 よっか	5 いつか	6 むいか
7 なのか	8 ようか	9 ここのか	10 とおか	11 じゅういちにち	12 じゅうににち	13 じゅうさんにち
14 じゅうよっか	15 じゅうごにち	16 じゅうろくにち	17 じゅうしちにち	18 じゅうはちにち	19 じゅうくにち	20 はつか
21 にじゅういちにち	22 にじゅうににち	23 にじゅうさんにち	24 にじゅうよっか	25 にじゅうごにち	26 にじゅうろくにち	27 にじゅうしちにち
28 にじゅうはちにち	29 にじゅうくにち	30 さんじゅうにち	31 さんじゅういちにち			

2 時間
3 人・家族
5 家
6 服・くつ
8 街
9 建物
10 自然

3 ② 週（しゅう） (हप्ता／សប្តាហ៍／ອາທິດ)

⑰ □ 月曜日　げつようび　(सोमवार／ថ្ងៃចន្ទ／ວັນຈັນ)

⑱ □ 火曜日　かようび　(मङ्गलवार／ថ្ងៃអង្គារ／ວັນອັງຄານ)

⑲ □ 水曜日　すいようび　(बुधवार／ថ្ងៃពុធ／ວັນພຸດ)

⑳ □ 木曜日　もくようび　(बिहीवार／ថ្ងៃព្រហស្បតិ៍／ວັນພະຫັດ)

㉑ □ 金曜日　きんようび　(शुक्रवार／ថ្ងៃសុក្រ／ວັນສຸກ)

㉒ □ 土曜日　どようび　(शनिवार／ថ្ងៃសៅរ៍／ວັນເສົາ)

㉓ □ 日曜日　にちようび　(आइतवार／ថ្ងៃអាទិត្យ／ວັນອາທິດ)

㉔ □ 曜日　ようび　(वार／ថ្ងៃ／ວັນ)

▶お休(やす)みは何(なん)曜日ですか。

(बिदा कुन बार हो ?／តើឈប់សម្រាកនៅថ្ងៃអ្វី?／ພັກວັນໃດ?)

㉕ □ 週　しゅう　(हप्ता／សប្តាហ៍,អាទិត្យ／ອາທິດ)

▶どの週がいいですか。

(कुन हप्ता राम्रो हुन्छ ?／តើអាទិត្យណាល្អដែរ?／ອາທິດໃດດີ? ອາທິດໃດສະດວກ?)

㉖ □ 週末　しゅうまつ　(हप्ताको अन्त्य／ចុងសប្តាហ៍／ທ້າຍອາທິດ)

▶週末はいつも何(なに)をしていますか。

(हप्ताको अन्त्यमा जहिले पनि के गर्नुहुन्छ ?／តើអ្នកធ្វើអ្វី នៅចុងសប្តាហ៍?／ທ້າຍອາທິດປົກກະຕິເຮັດຫຍັງ?)

4 ③ 一日(いちにち)・一年(いちねん) (एक दिन / एक वर्ष／មួយថ្ងៃ, មួយឆ្នាំ／ໜຶ່ງ (1) ມື້ · ໜຶ່ງ (1) ປີ)

㉗ □ ～時間　～じかん (~घण्टा／~ម៉ោង／~ຊົ່ວໂມງ)

▶ここから東京(とうきょう)まで何(なん)時間かかりますか。
――2時間くらいです。

(यहाँबाट टोक्यो सम्म कति घण्टा लाग्छ ? — 2 घण्टा जति लाग्छ ।／តើពីទីនេះទៅតូក្យូចំណាយពេលប៉ុន្មានម៉ោង? ប្រហែល២ម៉ោង។／ແຕ່ນີ້ຮອດໂຕກຽວໃຊ້ເວລາຈັກຊົ່ວໂມງ? —ປະມານ2ຊົ່ວໂມງ.)

㉘ □ ～日間　～にち/～か かん (~दिन／~ថ្ងៃ／~ມື້)

▶最初(さいしょ)の15日間は無料(むりょう)です。

(सुरुको 15 दिनको अवधिमा नि;शुल्क हुन्छ ।／រយៈពេល១៥ថ្ងៃដំបូង មិនគិតថ្លៃទេ។／15ມື້ທຳອິດແມ່ນຟຣີ, 15ມື້ທຳອິດແມ່ນບໍ່ເສຍຄ່າ.)

▶セールは、土日(どにち)の２日間です。

(सेल हुने शनिबार आइतबार 2 दिन हो ।／ការលក់បញ្ចុះតម្លៃ មានចំនួន២ថ្ងៃ គឺថ្ងៃសៅរ៍ និងថ្ងៃអាទិត្យ។／ຫຼຸດລາຄາແມ່ນເສົາອາທິດ2ມື້.)

㉙ □ ～週間　～しゅうかん (~हप्ता／~សប្តាហ៍, ~អាទិត្យ／~ອາທິດ)

▶夏(なつ)に２週間、国(くに)に帰(かえ)ります。

(ग्रीष्ममा 2 हप्ताको लागि स्वदेश फर्कन्छु ।／ខ្ញុំនឹងត្រលប់ទៅប្រទេសវិញរយៈពេល២សប្តាហ៍នៅរដូវក្តៅ។／ໃນລະດູຮ້ອນ, ຊິກັບປະເທດ2ອາທິດ.)

㉚ □ ～か月(間)　～かげつ(かん) (~महिना (को अवधि)／~ខែ／~ເດືອນ)

▶日本(にほん)に来(き)て、まだ３か月です。

(जापानमा आएको भर्खर 3 महिना(को अवधि) भयो ।／មកជប៉ុនទើបតែបាន៣ខែ។／ມາຍີ່ປຸ່ນຫາກໍ່ໄດ້3ເດືອນ.)

㉛ □ ～年(間)　～ねん(かん)　(~वर्ष (को अवधि)／~ឆ្នាំ／~ປີ)

▶ここに5年住(す)んでいます。

(यहाँ बसेको 5 वर्ष(को अवधि) भयो।／ខ្ញុំរស់នៅទីនេះរយៈពេល៥ឆ្នាំហើយ។／ອາໄສຢູ່ນີ້ໄດ້5ປີ.)

▶学生(がくせい)の数(かず)が、3年間で倍(ばい)になりました。

(विद्यार्थीको सङ्ख्या 3 वर्षमा दोबर भयो।／ចំនួនសិស្សបានកើនឡើងទ្វេជាពីរត្រឹមរយៈពេល៣ឆ្នាំ។／ຈຳນວນນັກຮຽນເພີ່ມຂື້ນເທົ່າໂຕພາຍໃນ3ປີ.)

㉜ □ 一日　いちにち　(एक दिन／មួយថ្ងៃ／1ມື້)

▶来月(らいげつ)、一日休(やす)みをとります。

(अर्को महिना एक दिन बिदा लिन्छु।／ខែក្រោយ ខ្ញុំនឹងឈប់សម្រាកមួយថ្ងៃ។／ປີໜ້າຊິເອົາມື້ພັກ1ມື້.)

▶明日(あした)は一日、仕事(しごと)です。

(भोलि एकदिनभर काम हो।／ថ្ងៃស្អែក ខ្ញុំធ្វើការពេញមួយថ្ងៃ។／ມື້ອື່ນເຮັດວຽກໝົດມື້.)

㉝ □ 一年　いちねん　(एक वर्ष／មួយឆ្នាំ／1ປີ)

▶日本(にほん)に来(き)て、ちょうど一年がたちました。

(जापानमा आएको ठ्याक्क एक वर्ष भयो।／ខ្ញុំមកប្រទេសជប៉ុនបានមួយឆ្នាំគត់។／ມາຍີ່ປຸ່ນພໍດີໄດ້1ປີ.)

㉞ □ 半年　はんとし　(आधा वर्ष／កន្លះឆ្នាំ／ເຄິ່ງປີ)

▶この学校(がっこう)に半年通(かよ)いました。

(यो विद्यालयमा आधा वर्ष अध्ययन गरें।／ខ្ញុំបានមករៀននៅសាលានេះបានកន្លះឆ្នាំ។／ທຽວມາໂຮງຮຽນຫຼັງນີ້ເປັນເວລາເຄິ່ງປີ.)

㉟ □ 2、3～　に、さん～　(2, 3~／២ រឺ៣, ២ទៅ៣／2-3~)

▶心配(しんぱい)いりません。2、3日(にち)で治(なお)りますよ。

(चिन्ता गर्नुपर्दैन। 2, 3 दिनमा ठीक हुन्छ नि।／កុំព្រួយបារម្ភអី។ ២ រឺបីថ្ងៃ នឹងជាសះស្បើយហើយ។／2-3ມື້ກໍ່ເຊົາແລ້ວ, ບໍ່ຕ້ອງເປັນຫ່ວງ.)

~घण्टा / ~ម៉ោង / ~ຊົ່ວໂມງ	~दिन / ~ថ្ងៃ / ~ມື້	~हप्ता / ~សប្តាហ៍, / ~អាទិត្យ / ~ອາທິດ	~महिना (को अवधि) / ~ខែ / ~ເດືອນ	~वर्ष (को अवधि) / ~ឆ្នាំ / ~ປີ
～時間 ～ じかん	～日(間) ～にちかん	～ 週(間) ～ しゅうかん	～か月(間) ～ かげつかん	～年(間) ～ねんかん
1時間 いちじかん	一 日 いちにち	1週(間) いっしゅうかん	1か月(間) いっかげつかん	一年(間) いちねんかん
2時間 に	2日(間) ふつか かん	2週(間) に	2か月(間) に	2年(間) に
3時間 さん	3日(間) みっか	3週(間) さん	3か月(間) さん	3年(間) さん
4時間 よ	4日(間) よっか	4週(間) よん	4か月(間) よん	4年(間) よ
5時間 ご	5日(間) いつか	5週(間) ご	5か月(間) ご	5年(間) ご
6時間 ろく	6日(間) むいか	6週(間) ろく	6か月(間) ろっ	6年(間) ろく
7時間 しち／なな	7日(間) なのか	7週(間) なな	7か月(間) なな	7年(間) なな
8時間 はち	8日(間) ようか	8週(間) はっ	8か月(間) はち	8年(間) はち
9時間 く	9日(間) ここのか	9週(間) きゅう	9か月(間) きゅう	9年(間) きゅう
10時間 じゅう	10日(間) とおか	10週(間) じゅっ	10か月(間) じゅっ	10年(間) じゅう
11時間 じゅういち	11日(間) じゅういちにち	11週(間) じゅういっ	11か月(間) じゅういっ	11年(間) じゅういち
何時間 なん	何日(間) なんにち	何週(間) なん	何か月(間) なん	何年(間) なん

1 数字

2 時間

3 人・家族

4 食べる 飲む

5 家

6 服・くつ

7 乗り物 交通

8 街

9 建物

10 自然

5 ④ 時刻(じこく) (समय／កាលវិភាគ, តារាងពេលវេលា／ເວລາ)

㊱ □ 時間　じかん　(घण्टा／ម៉ោង, ពេលវេលា／ເວລາ, ໂມງ)

▶①すみません、時間(じかん)、わかりますか。
　――3時です。

(सुन्नुहोस् त, कति बज्यो, थाहा छ ? —3 बज्यो ।／សូមទោស តើអ្នកដឹងថាម៉ោងប៉ុន្មានទេ? ម៉ោង៣។／ຂໍໂທດ, ຮູ້ບໍ່ຈັກໂມງ? —3ໂມງ.)

②出発(しゅっぱつ)の時間はわかりますか。
　――3時50分(ぷん)です。

(कति बजे प्रस्थान गर्ने थाहा छ ? — 3 बजेर 50 मिनेटमा हो ।／តើអ្នកដឹងម៉ោងចេញដំណើរទេ? ម៉ោង៣ និង៥០នាទី។／ອອກຈັກໂມງຮູ້ບໍ່? —3ໂມງ50ນາທີ.)

㊲ □ 時　じ　(बजे／ម៉ោង／ໂມງ)

▶いま何(なん)時ですか。
　――もうすぐ10時です。

(अहिले कति बज्यो ? —10 बज्न लाग्यो ।／ឥឡូវនេះ ម៉ោងប៉ុន្មានហើយ? ម៉ោងជិត១០។／ຕອນນີ້ຈັກໂມງ? —ໃກ້ຊິ10ໂມງ)

㊳ □ 分　ふん／ぷん　(मिनेट／នាទី／ນາທີ)

▶あと何分ですか。
　――5分くらいです。

(अब कति मिनेट बाँकी छ ? —5 मिनेट जति छ ।／នៅប៉ុន្មាននាទីទៀត?　ប្រហែល៥នាទី។／ອີກຈັກນາທີ? —ປະມານ5ນາທີ.)

㊴ □ 秒　びょう　(सेकेन्ड／វិនាទី／ວິນາທີ)

▶ここを2～3秒押(お)してください。

(यहाँ 2~3 सेकेण्ड थिच्नुहोस् ।／សូមចុចកន្លែងនេះ ២ ទៅ៣វិនាទី។／ກະລຸນາກົດບ່ອນນີ້2-3ວິນາທີ.)

㊵ □ (N時)～分前　～ふん／ぷん まえ　((Nबज्न)~मिनेट बाँकी／~នាទីមុន(ម៉ោង~)／(~ໂມງ) ຍັງ~ນາທີ)

▶いま、5時10分前です。

(अहिले 5 बज्न 10 मिनेट बाँकी छ ।／ឥឡូវនេះគឺ១០នាទីមុនម៉ោង៥។／ຕອນນີ້, 5ໂມງຍັງ10ນາທີ.)

❹❶ □ (N時)～分過ぎ　～ふん/ぷん すぎ ((Nबजेर) ~मिनेट बित्यो／(ម៉ោង~) និង~នាទីជាង／(~ໂມງ) ປາຍ~ນາທີ)

▶９時15分過ぎに家(いえ)を出(で)ました。

(9 बजेर 15 मिनेट बित्दा घरबाट निस्कें।／ខ្ញុំបានចេញពីផ្ទះនៅម៉ោង៩និង១៥នាទីជាង។／ໄດ້ອອກບ້ານຕອນ9ໂມງປາຍ15ນາທີ.)

❹❷ □ (N時)半　はん ((Nबजेर)तीस मिनेट,साढे／(ម៉ោង~) កន្លះ／(~ໂມງ) ເຄິ່ງ)

▶あしたは９時半集合(しゅうごう)です。

(भोलि 9 बजेर तीस मिनेटमा भेला हुने हो।／ថ្ងៃស្អែកជួបជុំគ្នានៅម៉ោង៩កន្លះ។／ມື້ອື່ນຮອມໂຕກັນຕອນ9ໂມງເຄິ່ງ.)

❹❸ □ 午前　ごぜん (पूर्वान्ह／ពេលព្រឹក／ຕອນເຊົ້າ, ຊ່ວງເຊົ້າ)

▶受付(うけつけ)は午前で終(お)わります。

(रिसेप्सन पूर्वान्हमा सकिन्छ।／កន្លែងទទួលភ្ញៀវនឹងបិទត្រឹមពេលព្រឹក។／ໂຕະລົງທະບຽນປິດຕອນເຊົ້າ.)

❹❹ □ 午前中　ごぜんちゅう (बिहानमा／ក្នុងពេលព្រឹក／ພາຍໃນຕອນເຊົ້າ, ຊ່ວງເຊົ້າ)

▶午前中に受付をしてください。

(दिउँस बाह्रबजे सम्ममा रिसेप्सन गर्नुहोस्।／សូមធ្វើការទទួលនៅក្នុងពេលព្រឹក។／ກະລຸນາລົງທະບຽນໃນຕອນເຊົ້າ.)

❹❺ □ 正午　しょうご (मध्यान्ह／ថ្ងៃត្រង់／ທ່ຽງ)

▶あしたの正午までに出(だ)してください。

(भोलि मध्यान्ह सम्ममा पेस गर्नुहोस्।／សូមបញ្ជូនមកត្រឹមពេលថ្ងៃត្រង់នាថ្ងៃស្អែក។／ກະລຸນາສົ່ງພາຍໃນຕອນທ່ຽງ.)

❹❻ □ 午後　ごご (अपरान्ह／រសៀល／ຕອນສວາຍ, ຊ່ວງສວາຍ)

▶きょうは午後、空(あ)いてますか。
—いえ、午後からちょっと出(で)かけます。

(आज अपरान्ह खाली छ？—अहँ, अपरान्हबाट यसो बाहिर जान्छु।／តើរសៀលថ្ងៃនេះ ទំនេរទេ? អត់ទេ, ខ្ញុំចេញទៅខាងក្រៅបន្តិចចាប់ពីពេលរសៀល។／ມື້ນີ້ຕອນສວາຍວ່າງບໍ່? —ບໍ່, ຕອນສວາຍຊິອອກໄປນອກໜ້ອຍໜຶ່ງ.)

2 時間
3 人・家族
4 食べる 飲む
5 家
6 服・くつ
7 乗り物 交通
8 街
9 建物
10 自然

～時	(~बजे, बजेर, घण्टा／~ម៉ោង／~ໂມງ)
1時	いちじ
2時	にじ
3時	さんじ
4時	よじ
5時	ごじ
6時	ろくじ
7時	しちじ
8時	はちじ
9時	くじ
10時	じゅうじ
11時	じゅういちじ
12時	じゅうにじ
何時	なんじ

～分	(~मिनेट／~នាទី／~ນາທີ)
1分	いっぷん
2分	にふん
3分	さんぷん
4分	よんぷん
5分	ごふん
6分	ろっぷん
7分	ななふん
8分	はっぷん
9分	きゅうふん
10分	じゅっぷん/じっぷん
11分	じゅういっぷん
12分	じゅうにふん
13分	じゅうさんぷん
14分	じゅうよんぷん
15分	じゅうごふん
16分	じゅうろっぷん
17分	じゅうななふん
18分	じゅうはっぷん
19分	じゅうきゅうふん
20分	にじゅっぷん
30分	さんじゅっぷん
40分	よんじゅっぷん
50分	ごじゅっぷん
何分	なんぷん

6 ⑤ 春・夏・秋・冬
はる　なつ　あき　ふゆ

(वसन्त ग्रीष्म शरद शिशिर／រដូវផ្ការីក, រដូវក្តៅ,រដូវស្លឹកឈើជ្រុះ, រដូវរងា／ລະດູບານໃໝ່ (ລະດູໃບໄມ້ປົ່ງ), ລະດູຮ້ອນ, ລະດູໃບໄມ້ຫຼົ່ນ, ລະດູໜາວ)

㊼ □ 今日　きょう　(आज／ថ្ងៃនេះ／ມື້ນີ້)

㊽ □ 明日　あした／あす　(भोलि／ថ្ងៃស្អែក／ມື້ອື່ນ)

★会話では「あした」を使うことが多い。
(कुराकानी गर्दा धेरैजसो 'आसिता' भन्ने गरिन्छ।／នៅការសន្ទនា គេច្រើនប្រើ「あした」។／ສ່ວນຫຼາຍໃຊ້「あした」ໃນບົດສົນທະນາ.)

㊾ □ 明後日　あさって　(पर्सी／ថ្ងៃខានស្អែក／ມື້ຮື, ມື້ຕໍ່ໆໄປ)

㊿ □ 昨日　きのう　(हिजो／ម្សិលមិញ／ມື້ວານ)

51 □ 一昨日　おととい　(अस्ति／ម្សិលម៉្ងៃ／ມື້ກ່ອນ)

52 □ 今週　こんしゅう　(यो हप्ता／សប្តាហ៍នេះ, អាទិត្យនេះ／ອາທິດນີ້)

53 □ 来週　らいしゅう　(अर्को हप्ता／សប្តាហ៍ក្រោយ, អាទិត្យក្រោយ／ອາທິດໜ້າ)

54 □ 再来週　さらいしゅう　(दुइ हप्ता पछि／សប្តាហ៍ក្រោយមួយទៀត, អាទិត្យក្រោយមួយទៀត／ອາທິດເນີ, ອາທິດໃນ, ອາທິດຕໍ່ໆໄປ)

55 □ 先週　せんしゅう　(गएको हप्ता／សប្តាហ៍មុន, អាទិត្យមុន／ອາທິດແລ້ວ)

56 □ 今月　こんげつ　(यो महिना／ខែនេះ／ເດືອນນີ້)

57 □ **来月** らいげつ (अर्को महिना／ខែក្រោយ／ເດືອນໜ້າ)

58 □ **再来月** さらいげつ (दुइ महिना पछि／ខែក្រោយមួយទៀត／ເດືອນເນີ, ເດືອນໃນ, ເດືອນຕໍ່ໆໄປ)

59 □ **先月** せんげつ (गएको महिना／ខែមុន／ເດືອນແລ້ວ)

60 □ **今年** ことし (यो वर्ष／ឆ្នាំនេះ／ປີນີ້)

61 □ **来年** らいねん (अर्को वर्ष／ឆ្នាំក្រោយ／ປີໜ້າ)

62 □ **再来年** さらいねん (दुइ वर्ष पछि／ឆ្នាំក្រោយមួយទៀត／ປີເນີ, ປີຕໍ່ໆໄປ)

63 □ **去年** きょねん (पोहोर साल／ឆ្នាំមុន／ປີກາຍ)

別 昨年(さくねん) (पोहोर साल／ឆ្នាំមុន／ປີກາຍ)

64 □ **一昨年** おととし (दुइ वर्ष अगाडि／ឆ្នាំទៅមួយ／ປີກ່ອນ)

65 □ **朝** あさ (बिहान／ពេលព្រឹក／ຕອນເຊົ້າ)

▶朝は何時(なんじ)から開(あ)いていますか。

(बिहान कति बजेदेखि खुला हुन्छ ?／តើពេលព្រឹក បើកពីម៉ោងប៉ុន្មានដែរ?／ຕອນເຊົ້າເລີ່ມເປີດຈັກໂມງ.)

▶明日(あした)の朝、日本(にほん)を出発(しゅっぱつ)します。

(भोलि बिहान जापानबाट प्रस्थान गर्छु।／ព្រឹកស្អែក ខ្ញុំធ្វើដំណើរចាកចេញពីប្រទេសជប៉ុន។／ມື້ອື່ນເຊົ້າຊິເດີນທາງອອກຈາກຍີ່ປຸ່ນ.)

66 □ **昼** ひる (दिउँसो / दिउँस／ពេលថ្ងៃត្រង់／ຕອນກາງເວັນ, ກາງເວັນ)

▶昼はたいてい外(そと)にいます。

(दिउँसो धेरैजसो बाहिर हुन्छु।／ពេលថ្ងៃត្រង់ ភាគច្រើន ខ្ញុំនៅខាងក្រៅ។／ຕອນກາງເວັນສ່ວນຫຼາຍຢູ່ນອກ.)

㊼ □ 晩　ばん　(साँझ／ពេលល្ងាច／ຕອນແລງ, ແລງ)

▶昨日(きのう)の晩ご飯(はん)は何(なん)でしたか。

(हिजो साँझको खाना के थियो ?／តើអ្នកបានអ្វីញ៉ាំ សម្រាប់អាហារពេលល្ងាចម្សិលមិញ?／ອາຫານແລງວານນີ້ແມ່ນຫຍັງ?)

㊽ □ 夜　よる　(राती／ពេលយប់／ຕອນຄ່ຳ)

▶夜はかなり寒(さむ)いです。

(राती एकदम जाडो हुन्छ ।／ពេលយប់ ត្រជាក់គួរសម។／ຕອນຄ່ຳໜາວຫຼາຍ.)

▶昨日の夜、日本(にほん)に着(つ)きました。

(हिजो राती जापानमा आइपुगें ।／ខ្ញុំបានមកដល់ប្រទេសជប៉ុនកាលពីយប់ម្សិលមិញ។／ມື້ຄືນນີ້, ຮອດຍີ່ປຸ່ນ.)

㊾ □ 夕方　(साँझ पख／ពេលល្ងាច／ຕອນແລງ)

▶夕方までに戻(もど)ります。

(साँझपख सम्ममा फर्कन्छु ।／ខ្ញុំនឹងត្រលប់មកវិញត្រឹមពេលល្ងាច។／ຊິກັບມາພາຍໃນຕອນແລງ.)

㊿ □ 今朝　(आज बिहान／ព្រឹកនេះ／ມື້ເຊົ້ານີ້, ເຊົ້ານີ້)

▶今朝は何(なに)を食(た)べましたか。

(बिहान के खानुभयो ?／ព្រឹកនេះ តើអ្នកបានញ៉ាំអ្វី?／ມື້ເຊົ້ານີ້ກິນຫຍັງ?)

71 □ 今晩　(आज साँझ／ល្ងាចនេះ／ຄືນນີ້)

▶今晩、カラオケに行(い)きませんか。

(आज साँझ काराओके जानुहुन्न त ?／ល្ងាចនេះ ទៅខារ៉ាអូខេទេ?／ຄືນນີ້, ບໍ່ໄປຮ້ອງຄາລາໂອເກະບໍ?)

72 □ 今夜　(आज राती／យប់នេះ／ຄືນນີ້)

▶今夜遅(おそ)くに東京(とうきょう)に着(つ)きます。

(आज राती अबेरमा टोक्यो आइपुग्छु ।／ខ្ញុំនឹងមកដល់តូក្យូពេលយប់ជ្រៅនេះ។／ຄືນນີ້, ຊິຮອດໂຕກຽວຊ້າ.)

1 数字　2 時間　3 人・家族　4 食べる 飲む　5 家　6 服・くつ　7 乗り物 交通　8 街　9 建物　10 自然

㉝ □ 春　はる　(वसन्त／រដូវផ្ការីក／ລະດູບານໃໝ່ (ລະດູໃບໄມ້ປົ່ງ))

74 □ 夏　なつ　(ग्रीष्म／រដូវក្តៅ／ລະດູຮ້ອນ)

75 □ 秋　あき　(शरद／រដូវស្លឹកឈើជ្រុះ／ລະດູໃບໄມ້ຫຼົ່ນ)

76 □ 冬　ふゆ　(शिशिर／រដូវរងា／ລະດູໜາວ)

77 □ 季節　きせつ　(ऋतु／រដូវ／ລະດູ)

▶また寒(さむ)い季節がやって来(き)ますね。

(फेरि जाडो ऋतु आयो हगि ?／រដូវរងាចូលមកដល់ទៀតហើយ។／ລະດູແຫ່ງຄວາມໜາວຊິມາຮອດອີກແລ້ວເນາະ.)

78 □ 毎～　(हरेक／រៀងរាល់／ທຸກ~)

79 □ 毎朝　まいあさ　(हरेक बिहान／រៀងរាល់ព្រឹក／ທຸກເຊົ້າ)

▶毎朝、牛乳(ぎゅうにゅう)を飲(の)んでいます。

(हरेक बिहान दुध पिउने गर्छु।／ខ្ញុំញ៉ាំទឹកដោះគោរៀងរាល់ព្រឹក។／ດື່ມນົມທຸກເຊົ້າ.)

80 □ 毎週　まいしゅう　(हरेक हप्ता／រៀងរាល់សប្តាហ៍, រៀងរាល់អាទិត្យ／ທຸກອາທິດ)

▶毎週、日本語(にほんご)教室(きょうしつ)に通(かよ)っています。

(हरेक हप्ता जापानी भाषाको कक्षामा जाने गर्छु।／ខ្ញុំទៅថ្នាក់ភាសាជប៉ុនរៀងរាល់សប្តាហ៍ (រៀងរាល់អាទិត្យ)។／ທຽວໄປຮຽນພາສາຍີ່ປຸ່ນທຸກອາທິດ.)

81 □ 毎月　まいつき　(हरेक महिना／រៀងរាល់ខែ／ທຸກເດືອນ)

82 □ 毎年　まいとし　(हरेकवर्ष／រៀងរាល់ឆ្នាំ／ທຸກປີ)

83 □ 毎日　まいにち　(हरेकदिन／រៀងរាល់ថ្ងៃ／ທຸກມື້)

84 □ 毎晩　まいばん　(हरेक साँझ／រៀងរាល់ល្ងាច／ທຸກຄືນ)

दुइ वर्ष अगाडि ឆ្នាំទៅមួយ ປີກ່ອນ 一昨年 おととし （いっさくねん）	पोहोर साल ឆ្នាំមុន ປີກາຍ 去年／昨年 きょねん／さくねん	यो वर्ष ឆ្នាំនេះ ປີນີ້ 今年 ことし	अर्को वर्ष ឆ្នាំក្រោយ ປີໜ້າ 来年 らいねん	दुइ वर्ष पछि ឆ្នាំក្រោយមួយទៀត ປີເນີ, ປີຕໍ່ໆໄປ 再来年 さらいねん
दुइ महिना अगाडि ខែមុនមួយទៀត ເດືອນກ່ອນ 先々月 せんせんげつ	गएको महिना ខែមុន ເດືອນແລ້ວ 先月 せんげつ	यो महिना ខែនេះ ເດືອນນີ້ 今月 こんげつ	अर्को महिना ខែក្រោយ ເດືອນໜ້າ 来月 らいげつ	दुइ महिना पछि ខែក្រោយមួយទៀត ເດືອນເນີ, ເດືອນໃນ, ເດືອນຕໍ່ໆໄປ 再来月 さらいげつ
दुइ हप्ता अगाडि សប្តាហ៍មុនមួយទៀត, អាទិត្យមុនមួយទៀត ອາທິດກ່ອນ 先々週 せんせんしゅう	गएको हप्ता សប្តាហ៍មុន, អាទិត្យមុន ອາທິດແລ້ວ 先週 せんしゅう	यो हप्ता សប្តាហ៍នេះ, អាទិត្យនេះ ອາທິດນີ້ 今週 こんしゅう	अर्को हप्ता សប្តាហ៍ក្រោយ, អាទិត្យក្រោយ ອາທິດໜ້າ 来週 らいしゅう	दुइ हप्ता पछि សប្តាហ៍ក្រោយ មួយទៀត, អាទិត្យ ក្រោយមួយទៀត ອາທິດເນີ, ອາທິດໃນ, ອາທິດຕໍ່ໆໄປ 再来週 さらいしゅう
अस्ति ម្សិលម៉្ងៃ ມື້ກ່ອນ 一昨日 おととい （いっさくじつ）	हिजो ម្សិលមិញ ມື້ວານ 昨日 きのう （さくじつ）	आज ថ្ងៃនេះ ມື້ນີ້ 今日 きょう	भोलि ថ្ងៃស្អែក ມື້ອື່ນ 明日 あした／あす （みょうにち）	पर्सी ថ្ងៃខានស្អែក ມື້ຮື, ມື້ຕໍ່ໆໄປ 明後日 あさって （みょうごにち）

1 数字
2 時間
3 人・家族
5 家
6 服・くつ
8 街
9 建物
10 自然

UNIT 3

人・家族 (मान्छे, परिवार／មនុស្ស, គ្រួសារ／ຄົນ・ຄອບຄົວ)
ひと　かぞく

① 人 (मान्छे／មនុស្ស, អ្នក／ຄົນ)

❶ □ 私　わたし (म／ខ្ញុំ／ຂ້ອຍ)

❷ □ 私たち　わたしたち (हामी／យើងខ្ញុំ／ພວກຂ້ອຍ, ພວກເຮົາ)

❸ □ あなた (तपाईं／អ្នក／ເຈົ້າ, ໂຕ)

▶あなたに聞(き)いているんじゃありません。

(तपाईंलाई सोधेको होइन।／ខ្ញុំមិនបានសួរអ្នកទេ។／ບໍ່ໄດ້ຖາມເຈົ້າ.)

★ストレートな言い方で、主に、自分と同じか、自分より下の人に使う。普段の会話では、あまり使われない。また、妻が夫を呼ぶときの言い方の一つ。使い方に注意。
(सिधा तरिकाले भन्दा, विशेष गरि आफू सरह अथवा आफू भन्दा तलको मान्छेलाई प्रयोग हुन्छ। दैनिक कुराकानीमा खासै प्रयोग हुदैन। साथै श्रीमतीले श्रीमानलाई बोलाउँदा प्रयोग हुने एउटा तरिका। प्रयोग गर्दा ध्यान दिनुपर्छ ।／ជារបៀបនិយាយត្រង់ ជាពិសេសប្រើសម្រាប់អ្នកមានឋានៈស្មើខ្លួន ឬក្រោមខ្លួន។ ពាក្យនេះមិនសូវប្រើនៅក្នុងការសន្ទនាធម្មតាទេ។ ម្យ៉ាងទៀត មានរបៀបប្រើមួយទៀតគឺនៅពេលប្រពន្ធហៅប្ដី។ សូមប្រយ័ត្នក្នុងការប្រើប្រាស់ពាក្យនេះ។／ວິທີເວົ້າທາງກົງໂດຍສະເພາະໃຊ້ກັບຄົນທີ່ສະຖານະເທົ່າທຽມຫຼືນ້ອຍກວ່າຕົນເອງ. ບໍ່ຄ່ອຍຖືກນຳໃຊ້ໃນບົດສົນທະນາ. ພ້ອມນີ້, ຍັງແມ່ນຄຳທີ່ເມຍໃຊ້ເອີ້ນຜົວອີກຄຳໜຶ່ງ. ຈົ່ງລະມັດລະວັງໃນການໃຊ້.)

❹ □ あなたたち (तपाईंहरू／ពួកអ្នក／ພວກເຈົ້າ, ພວກໂຕ)

❺ □ 彼　かれ (ऊ／គាត់, សង្សារប្រុស／ລາວ (ຜູ້ຊາຍ), ແຟນ(ຜູ້ຊາຍ))

▶わたしの彼もそうです。

(मेरो प्रेमी पनि उस्तै हो।／សង្សាររបស់ខ្ញុំក៏ដូចគ្នាដែរ។／ແຟນຂອງຂ້ອຍກໍ່ຄືກັນ.)

★「恋人」の意味もある。
(प्रेमीप्रमिका'को अर्थ पनि लाग्छ।／មានន័យមួយទៀតគឺ សង្សារ។／ມີຄວາມໝາຍ「ແຟນ」ພ້ອມ.)

❻ □ 彼女 かのじょ (उनी／នាង, សង្សារស្រី／ລາວ (ຜູ້ຍິງ), ແຟນ(ຜູ້ຍິງ))

▶田中(たなか)さんにも、彼女がいます。

★「恋人」の意味もある。

(तानाका ज्यु को पनि प्रेमिका हुनुहुन्छ।／លោកតាណាកា ក៏មានសង្សារដែរ។／ທ້າວ ທະນະກະກໍ່ມີແຟນຄືກັນ.)

❼ □ 彼ら かれら (उनीहरू／ពួកគាត់／ພວກເພິ່ນ (ຜູ້ຊາຍ), ພວກລາວ(ຜູ້ຊາຍ))

❽ □ 彼女ら かのじょら (उनीहरू／ពួកនាង／ພວກເພິ່ນ (ຜູ້ຍິງ), ພວກລາວ(ຜູ້ຍິງ))

❾ □ みんな (सबै／ទាំងអស់គ្នា／ທຸກຄົນ)

▶公園(こうえん)はみんなのものです。

(पार्क सबैको हो।／សួនច្បារជារបស់សម្រាប់ទាំងអស់គ្នា។／ສວນສາທາລະນະເປັນຂອງທຸກຄົນ.)

▶みんな、聞(き)いてください。

(सबैले सुनुहोस्।／ទាំងអស់គ្នា សូមស្តាប់។／ທຸກຄົນ, ກະລຸນາຟັງ.)

❿ □ 皆さん みなさん (उपस्थित सबैजना／អ្នកទាំងអស់គ្នា／ທຸກຄົນ)

▶皆さん、静(しず)かにしてください。

(उपस्थित सबैजना, कृपया शान्त हुनुहोस्।／អ្នកទាំងអស់គ្នា សូមស្ងៀមស្ងាត់។／ທຸກຄົນ, ກະລຸນາຢູ່ໃນຄວາມສະຫງົບ.)

★「みんな」のていねいな言い方。
(सबै'को आदरवाला सम्बोधन ／ជាពាក្យគួរសមរបស់ពាក្យ 「みんな」។／ເປັນວິທີເວົ້າທີ່ສຸພາບຂອງ「みんな」)

⓫ □ 全員 ぜんいん (सबैजना／ទាំងអស់គ្នា／ທຸກຄົນ)

▶ここの生徒(せいと)は全員、合格(ごうかく)しました。

(यहाँको विद्यार्थी सबै उतिर्ण भए।／សិស្សនៅទីនេះបានប្រលងជាប់ទាំងអស់គ្នា។／ນັກຮຽນຢູ່ນີ້ທຸກຄົນແມ່ນສອບເສັງຜ່ານ.)

⓬ □ 人 ひと (मान्छे／មនុស្ស／ຄົນ)

▶その人はどんな人ですか。

(त्यो मान्छे कस्तो मान्छे हो ?／តើគាត់នោះ ជាមនុស្សបែបណា?／ຜູ້ນັ້ນເປັນຄົນແນວໃດ?)

▶あそこに人がたくさんいますね。

(त्यहा थुप्रो मान्छेहरू छन् हगि।／នៅកន្លែងនោះ មានមនុស្សច្រើន។／ຢູ່ຫັ້ນມີຄົນຫຼາຍເນາະ)

2 時間
3 人・家族
4 食べる 飲む
5 家
6 服・くつ
8 街
9 建物
10 自然

⑬ □ **人々　ひとびと** (मान्छे／មនុស្សម្នា／ຄົນ, ຜູ້ຄົນ)

▶この事件(じけん)は、多(おお)くの人々の関心(かんしん)を集(あつ)めた。

(यस घटनामा धेरै मान्छेको जिज्ञासा केन्द्रित भयो।／ឧបទ្ទវហេតុនេះបានធ្វើអោយមនុស្សម្នាជាច្រើនចាប់អារម្មណ៍។／ຫຼາຍຄົນໃຫ້ຄວາມສົນໃຈໃນຄະດີນີ້.)

⑭ □ 同人たち　ひとたち (मान्छेहरू／មនុស្សម្នា, ក្រុមមនុស្ស／ກຸ່ມຄົນ, ຄົນ (ຫຼາຍຄົນ))

▶おもしろい人たちですね。

(रमाइलो मान्छेहरू हुन् हगि।／ពួកគេជាមនុស្សដែលគួរអោយចាប់អារម្មណ៍។／ເປັນຄົນຕາຫຼິ້ນເນາະ.)

★会話では「人たち」を使うことが多い。
(कुराकानी गर्दा धेरैजसो 'मान्छेहरू'भनिन्छ।／គេប្រើពាក្យ「ひとたち」ច្រើននៅក្នុងការសន្ទនា។／「ひとたち」ມັກຖືກນຳໃຊ້ໃນບົດສົນທະນາ)

⑮ □ **男　おとこ** (पुरुष／ប្រុស, បុរស／ຜູ້ຊາຍ, ຊາຍ)

⑯ □ 同男の人　おとこのひと (लोग्ने मान्छे／មនុស្សប្រុស／ຜູ້ຊາຍ)

⑰ □ **男の子　おとこのこ** (केटा／ក្មេងប្រុស, កូនប្រុស／ເດັກນ້ອຍຊາຍ, ຊາວໜຸ່ມຊາຍ, ລູກຊາຍ)

▶あの男の子を知(し)っていますか。

(त्यो केटालाई चिन्नुहुन्छ／តើអ្នកស្គាល់ក្មេងប្រុសនោះទេ?／ຮູ້ຈັກເດັກນ້ອຍຊາຍຜູ້ນັ້ນບໍ່?)

▶彼女(かのじょ)には、5歳(さい)の男の子がいます。

(उनको 5 वर्षको छोरा छ।／នាងមានកូនប្រុសអាយុ៥ឆ្នាំ។／ລາວມີລູກຊາຍອາຍຸ5ປີ.)

⑱ □ **男性　だんせい** (पुरुष／ភេទប្រុស, មនុស្សប្រុស／ເພດຊາຍ, ຜູ້ຊາຍ)

▶わたしの周(まわ)りには、若(わか)い男性がいないんです。

(मेरो वरिपरि तरुनो पुरुष छैन।／នៅជុំវិញអ្នកដែលខ្ញុំស្គាល់ មិនមានបុរសវ័យក្មេងទេ។／ຢູ່ອ້ອມຂ້າງຂ້ອຍບໍ່ມີຜູ້ຊາຍໜຸ່ມ.)

⑲ □ 同男子　だんし (पुरुष／បុរស／ຜູ້ຊາຍ, ຊາຍ)

▶男子トイレ (पुरुष शौचालय／បន្ទប់ទឹកបុរស／ຫ້ອງນ້ຳຊາຍ)

⑳ □ **女　おんな** (महिला／ស្រី, នារី／ຜູ້ຍິງ, ຍິງ, ແມ່ຍິງ)

㉑ □ 同女の人　おんなのひと (स्वास्नीमान्छे／មនុស្សស្រី／ຜູ້ຍິງ, ແມ່ຍິງ)

▶女の人なら、わかるはずです。

(स्वास्नीमान्छे हो भने बुझ्नुपर्ने हो।／ប្រសិនបើមនុស្សស្រី នោះនឹងយល់ជាក់ជាមិនខាន។／ຖ້າເປັນຜູ້ຍິງກໍ່ໜ້າຈະເຂົ້າໃຈ.)

㉒ □ **女の子** おんなのこ (केटी／ក្មេងស្រី, កូនស្រី／ເດັກນ້ອຍຍິງ, ຊາວໜຸ່ມຍິງ, ລູກສາວ)

▶ここは今(いま)、若(わか)い女の子に人気(にんき)のお店(みせ)です。

(यहाँ अहिले भर्खरको केटीलाई मन पर्ने पसल हो।／ឥឡូវនេះ ទីនេះគឺជាហាងដែលមានប្រជាប្រិយសម្រាប់នារីក្មេងៗ។／ຢູ່ນີ້, ເປັນຮ້ານທີ່ມີຊື່ສຽງໃນຊາວໜຸ່ມຍິງ.)

㉓ □ **女性** じょせい (महिला／ភេទស្រី, មនុស្សស្រី／ເພດຍິງ, ຜູ້ຍິງ, ແມ່ຍິງ)

▶どんな人(ひと)でしたか。 —知(し)らない女性でした。

(कस्तो मान्छे थियो？—नचिनेको महिला थियो।／តើជាមនុស្សបែបណា? ជាមនុស្សស្រីដែលខ្ញុំមិនស្គាល់។／ເປັນຄົນແນວໃດ? —ເປັນຜູ້ຍິງທີ່ບໍ່ໄດ້ຮູ້ຈັກ.)

㉔ □ 同女子 じょし (महिला／នារី／ຜູ້ຍິງ, ຍິງ)

▶女子学生(がくせい) (महिला विद्यार्थी／និសិត្សស្រី／ນັກຮຽນຍິງ)

㉕ □ **友達** ともだち (साथी／មិត្តភក្តិ, ពួកម៉ាក／ໝູ່, ເພື່ອນ)

㉖ □ **恋人** こいびと (प्रेमीप्रेमिका／សង្សារ／ແຟນ, ຄົນຮັກ)

㉗ □ **大人** おとな (वयस्क／មនុស្សពេញវ័យ／ຜູ້ໃຫຍ່)

▶もう大人なんだから、自分(じぶん)で決(き)めなさい。

(अब वयस्क भइसकेकोले आफैले निर्णय गर।／សូមសម្រេចចិត្តដោយខ្លួន ព្រោះអ្នកជាមនុស្សពេញវ័យហើយ។／ເປັນຜູ້ໃຫຍ່ແລ້ວ, ກະລຸນາຕັດສິນໃຈເອົາເອງ.)

㉘ □ **子供** こども (बालबालिका／កូនក្មេង,កុមារ／ລູກ, ເດັກນ້ອຍ)

▶これは、子供が読(よ)む本(ほん)じゃない。

(यो बालबालिकाले पढ्ने किताब होइन।／សៀវភៅនេះ មិនមែនសម្រាប់កុមារអានទេ។／ນີ້ບໍ່ແມ່ນປຶ້ມສໍາລັບເດັກນ້ອຍ.)

㉙ □ **赤ちゃん** あかちゃん (बच्चा／ទារក／ແອນ້ອຍ)

㉚ □ 同赤ん坊 あかんぼう

2 時間
3 人・家族
4 食べる 飲む
5 家
6 服・くつ
7 乗り物 交通
8 街
9 建物
10 自然

㉛ □ お年寄り　おとしより　(वृद्धवृद्धा／មនុស្សចាស់／ຜູ້ເຖົ້າ, ຜູ້ສູງອາຍຸ)

▶あのお年寄り、大丈夫(だいじょうぶ)かなあ。

(त्यो वृद्ध/वृद्धालाई केहि हुने हो कि ।／មនុស្សចាស់នោះ មិនអីទេដឹង។／ຜູ້ເຖົ້າຜູ້ນັ້ນ, ໄຫວຢູ່ບໍ່ນໍ?)

㉜ □ 若者　わかもの　(युवायुवती／យុវវ័យ／ຜູ້ໜຸ່ມ,ຊາວໜຸ່ມ)

▶ここは、若者に人気(にんき)があるんですね。

(यहाँ युवायुवतीलाई मनपर्ने ठाउँ रहेछ हगि ।／កន្លែងនេះជាកន្លែងពេញនិយមសម្រាប់យុវវ័យ។／ບ່ອນນີ້ເປັນທີ່ນິຍົມໃນຊາວໜຸ່ມ.)

★会話では「若い人」を使うことが多い。
(कुराकानी गर्दा धेरैजसो 'वाकाइहितो'भनिन्छ ।／គេប្រើពាក្យ「若い人」ច្រើននៅក្នុងការសន្ទនា។／「若い人」ມັກຖືກນຳໃຊ້ໃນບົດສົນທະນາ)

㉝ □ ～たち　(~हरू／ពួក~／~ເຫຼົ່ານັ້ນ, ~ທັງຫຼາຍ)

▶あの人たち

(ती मान्छेहरू／ពួកគាត់ទាំងនោះ／ຄົນທັງຫຼາຍນັ້ນ.)

★複数の人を表すことば。
(बहुसङ्ख्याको मान्छे दर्साउने शब्द ।／ជាពាក្យសម្រាប់តំណាងអោយមនុស្សច្រើន។／ເປັນຄຳສັບທີ່ສະແດງເຖິງຈຳນວນຫຼາຍຄົນ)

㉞ □ ～さん　(~ज्यु／លោក, អ្នកនាង, កញ្ញា／ທ້າວ~, ນາງ~, ທ່ານ~)

▶スミスさん、妹(いもうと)さん、お医者(いしゃ)さん

(स्मिथ ज्यु, बहिनी ज्यु, डाक्टर ज्यु／លោកស្មីស, ប្អូនស្រី, លោកគ្រូពេទ្យ／ທ້າວ ສະມິດ, ນາງ ນ້ອງສາວ, ທ່ານໝໍ)

★人を呼ぶときに付けることば。人以外にも使う（例：本屋さん）。
(मान्छे बोलाउँदा नामको पछाडि जोडिने शब्द । मान्छे बाहेककोमा पनि प्रयोग हुन्छ । (जस्तोः होनया सान)／"ជាពាក្យប្រើភ្ជាប់ជាមួយនៅពេលហៅអ្នកដទៃ។ ពាក្យនេះក៏អាចប្រើបានក្រៅពីមនុស្ស (ឧទាហរណ៍ ហាងលក់សៀវភៅ)។"／ເປັນຄຳສັບທີ່ໃຊ້ນຳໜ້າເວລາເອີ້ນຄົນ. ນອກຈາກຄົນກໍ່ສາມາດໃຊ້ໄດ້ເຊັ່ນ: 本屋さん)

㉟ □ ～ちゃん　(~नानी／នាង~／ນາງ)

▶マリちゃん

(मारी च्यान／នាងម៉ារី／ນາງ ມະລິ)

★親しみを込めた呼び方。
(माया गरेर बोलाइने तरिका／ជាការហៅបង្ហាញពីភាពស្និទ្ធស្នាល។／ວິທີເອີ້ນທີ່ມີຄວາມສະນິດສະໜົມ)

1 数字
2 時間
3 人・家族
5 家
6 服・くつ
8 街
9 建物
10 自然

8

② 家族 (परिवार／គ្រួសារ／ຄອບຄົວ)

❶ □ 家族 かぞく (परिवार／គ្រួសារ／ຄອບຄົວ)

❷ □ 私 わたし (म／ខ្ញុំ／ຂ້ອຍ)

❸ □ 父 ちち (बाबा／ឪពុក, ពុក, ប៉ា／ພໍ່)

▶わたしの父は、普通(ふつう)の会社員(かいしゃいん)です。

(मेरो बाबा साधारण कम्पनी वोर्कर हो।／ឪពុករបស់ខ្ញុំគឺជាបុគ្គលិកក្រុមហ៊ុនធម្មតា។／ພໍ່ຂອງຂ້ອຍເປັນພະນັກງານບໍລິສັດທົ່ວໄປ.)

❹ □ 母 はは (आमा／ម្ដាយ, ម៉ែ, ម៉ាក់／ແມ່)

▶子(こ)どものころ、母によく注意(ちゅうい)されました。

(सानोछँदा आमाले धेरैपटक गाली गर्नुभयो।／កាលពីក្មេង ខ្ញុំត្រូវបានម្ដាយព្រមានជារឿយៗ។／ຕອນຍັງນ້ອຍຖືກແມ່ຕັກເຕືອນເລື້ອຍ.)

❺ □ 兄 あに (दाइ／បងប្រុស／ອ້າຍ)

❻ □ 姉 あね (दिदी／បងស្រី／ເອື້ອຍ)

❼ □ 妹 いもうと (बहिनी／ប្អូនស្រី／ນ້ອງສາວ)

❽ □ 弟 おとうと (भाइ／ប្អូនប្រុស／ນ້ອງຊາຍ)

★一般的に、親や兄弟には「父・母・兄・姉・弟・妹」は使わない。「お～さん」や名前などを使う。「祖父・祖母」なども、直接的には使わない。

(साधारणतया, मातापिता तथा दाजुभाइ दिदी बहिनी प्रति '父 · 母 · 兄 · 姉 · 弟 · 妹' प्रयोग हुदैन। 'お～さん' वा नाम आदि प्रयोग हुन्छ। '祖父· 祖母' आदि पनि प्रत्यक्ष प्रयोग हुदैन।／ជាទូទៅ គេមិនប្រើពាក្យ「父 · 母 · 兄 · 姉 · 弟 · 妹」ចំពោះឪពុកម្ដាយរឺបងប្អូនទេ។ គេប្រើ「お～さん」រឺហៅឈ្មោះជាដើម។ ហើយគេក៏មិនប្រើពាក្យ「祖父 · 祖母」ដោយផ្ទាល់ដែរ។／ໂດຍທົ່ວໄປ, ເວລາເອີ້ນພໍ່ແມ່ແລະອ້າຍນ້ອງຈະບໍ່ໃຊ້「父 · 母 · 兄 · 姉 · 弟 · 妹」ຈະໃຊ້「お～さん」ແລະເອີ້ນຊື່ເປັນຕົ້ນ.「祖父 · 祖母」ກໍ່ເຊັ່ນກັນ, ບໍ່ໃຊ້ເອີ້ນໂດຍກົງ.)

❾ □ **祖父** そふ（बाजे／ជីតា, តា, លោកតា／ພໍ່ເຖົ້າ, ປູ່）

❿ □ **祖母** そぼ（बज्यै／ជីដូន, យាយ, លោកយាយ／ແມ່ເຖົ້າ, ຍ່າ）

⓫ □ **おじ**（काका/ मामा／មីង／ລຸງ, ອາວ, ນ້າບ່າວ）

⓬ □ **おば**（काकी/ माइजु／ពូ／ປ້າ, ອາ, ນ້າສາວ）

▶東京(とうきょう)におばが住んでいます。
(टोक्योमा काकी / माइजु बस्नुहुन्छ ।／មីងខ្ញុំកំពុងរស់នៅតូក្យូ។／ປ້າອາໄສຢູ່ໂຕກຽວ.)

★漢字で書くと、父か母の兄は「伯父」、姉は「伯母」、弟は「叔父」、妹は「叔母」だが、普段はあまり区別されていない。
(खान्जीमा लेख्यो भने, बाबा वा आमाको दाइलाई '伯父' र दिदीलाई '伯母' लेखिन्छ साथै, भाइलाई '叔父' अनि दिदीलाई '叔母' लेखिन्छ तर साधारणतया खासै भिन्नता गरिन्नँ ।／ពេលសរសេរជាអក្សរកាន់ជិ「伯父」គឺសំដៅលើបងប្រុសខាងឪពុករឺម្ដាយ ហើយ「伯母」សំដៅលើបងស្រីខាងឪពុករឺម្ដាយ។ ចំនែកឯ「叔父」សំដៅលើប្អូនប្រុស ហើយ「叔母」សំដៅលើប្អូនស្រីខាងឪពុករឺម្ដាយ ប៉ុន្តែជាធម្មតាគេមិនសូវបែងចែកទេ។／ຖ້າຂຽນເປັນຄັນຈິ, ອ້າຍຂອງພໍ່ແລະແມ່ແມ່ນ「伯父」, ເອື້ອຍແມ່ນ「伯母」, ນ້ອງຊາຍແມ່ນ「叔父」, ນ້ອງສາວແມ່ນ「叔母」, ແຕ່ວ່າປົກກະຕິບໍ່ຄ່ອຍໄຈ້ແຍກ.)

⓭ □ **親** おや（मातापिता／ឪពុកម្ដាយ／ພໍ່ແມ່）

▶留学(りゅうがく)のことは、親にはまだ言(い)ってません。
(विदेशमा गएर पढ्ने बारे मातापितालाई भनेको छैन ।／ខ្ញុំមិនទាន់ប្រាប់ឪពុកម្ដាយអំពីរឿងទៅរៀននៅក្រៅប្រទេសនៅឡើយទេ។／ບໍ່ທັນໄດ້ເວົ້າໃຫ້ພໍ່ແມ່ຟັງເລື່ອງການສຶກສາຕໍ່ຕ່າງປະເທດ.)

⓮ □ **父親** ちちおや（पिता／ឪពុក, ពុក, ប៉ា／ພໍ່）

⓯ □ **母親** ははおや（माता／ម្ដាយ, ម៉ែ, ម៉ាក់／ແມ່）

▶男(おとこ)の子(こ)は母親に似(に)るんですか。
(त्यो केटोको मातासँग अनुहार मिल्छ ?／កូនប្រុសកាត់ទៅម្ដាយឬ?／ລູກຊາຍຈະຄ້າຍຄືແມ່ບໍ?)

⓰ □ **両親** りょうしん（बाबाआमा／ឪពុកម្ដាយ／ພໍ່ແມ່）

⑰ □兄弟 きょうだい (दाजुभाइ दिदी बहिनी／បងប្អូនប្រុស／ອ້າຍນ້ອງ)

▶兄弟はいますか。
—はい、兄(あに)と妹(いもうと)がいます。
(दाजुभाइ दिदी बहिनी हुनहुन्छ ? —हजुर, दाजु र बहिनी छन्।／តើមានបងប្អូនទេ? បាទ (ចាស) ខ្ញុំមានបងប្រុស និងប្អូនស្រី។／ມີອ້າຍນ້ອງບໍ່? —ເຈົ້າ, ມີອ້າຍແລະນ້ອງສາວ.)

⑱ □ お父さん おとうさん (बुबा / ड्याडी／ឪពុក, ពុក, ប៉ា／ພໍ່)

⑲ □ お母さん おかあさん (आमा / ममी／ម្ដាយ, ម៉ែ, ម៉ាក់／ແມ່)

▶お母さん、わたしのめがね、知(し)らない？
(आमा/ ममी, मेरो चस्मा कहाँ छ थाहा छ ?／ម៉ែ មានដឹងពីវ៉ែនតារបស់ខ្ញុំទេ?／ແມ່, ເຫັນແວ່ນຕາຂອງລູກບໍ່?)

⑳ □ お兄さん おにいさん (दाइ／បងប្រុស／ອ້າຍ)

㉑ □ お姉さん おねえさん (दिदी／បងស្រី／ເອື້ອຍ)

㉒ □ おじいさん (हजुरबाबा／ជីតា, តា, លោកតា／ພໍ່ເຖົ້າ, ປູ່)

㉓ □ おばあさん (हजुरआमा／ជីដូន, យាយ, លោកយាយ／ແມ່ເຖົ້າ, ຍ່າ)

▶おばあさんは毎年(まいとし)、たんじょう日(び)プレゼントをくれます。
(हजुरआमाले हरेक वर्ष जन्मदिनको उपहार दिनुहुन्छ।／យាយអោយកាដូថ្ងៃកំណើតខ្ញុំជារៀងរាល់ឆ្នាំ។／ແມ່ເຖົ້າເອົາຂອງຂວັນວັນເກີດໃຫ້ທຸກປີ.)

㉔ □ おじさん (काका / मामा／ពូ／ລຸງ, ອາວ, ນ້າບ່າວ)

㉕ □ おばさん (काकी / माइजु／មីង／ປ້າ, ອາ, ນ້າສາວ)

▶東京(とうきょう)のおばさんを訪(たず)ねるつもりです。

(टोक्योमा बस्ने काकी/ माइजुलाई भेट्न जाने योजना छ।／ខ្ញុំមានគំរោងទៅលេងយាយនៅតូក្យូ។／ຕັ້ງໃຈຊິໄປຢາມປ້າຢູ່ໂຕກຽວ.)

㉖ □ 夫 おっと (लोग्ने／ប្ដី, ស្វាមី／ຜົວ, ສາມີ)

▶夫はわたしより３つ上(うえ)です。

(लोग्ने म भन्दा 3 वर्ष जेठो हो।／ប្ដីខ្ញុំមានអាយុបងខ្ញុំ៣ឆ្នាំ។／ຜົວຂອງຂ້ອຍລື່ນຂ້ອຍ3ປີ.)

㉗ □ 妻 つま (स्वास्नी／ប្រពន្ធ, ភរិយា／ເມຍ, ພັນລະຍາ)

▶妻も週(しゅう)に２日(か)、働(はたら)いています。

(स्वास्नी पनि हप्तामा दुइपटक काम गर्छे।／ប្រពន្ធក៏ធ្វើការ២ថ្ងៃក្នុងមួយអាទិត្យដែរ។／ເມຍຂອງຂ້ອຍກໍ່ເຮັດວຽກອາທິດໜຶ່ງ2ມື້.)

㉘ □ 息子 むすこ (छोरा／កូនប្រុស／ລູກຊາຍ)

▶息子さんはもう働いているんですか。
—いえ、息子はまだ学生(がくせい)です。

(तपाईंको छोरा काम गर्न थाल्नुभइसक्यो ?—होइन, छोरा अझै विद्यार्थी हो।／កូនប្រុសអ្នកចេញធ្វើការហើយឬ? អត់ទេ កូនប្រុសនៅជាសិស្សនៅឡើយ។／ລູກຊາຍເຮັດການແລ້ວບໍ? —ບໍ່,ລູກຊາຍຍັງເປັນນັກຮຽນ.)

㉙ □ 娘 むすめ (छोरी／កូនស្រី／ລູກສາວ)

㉚ □ 子供 こども (बच्चा／កូន／ລູກ)

▶うちの子供も、これが大好(だいす)きです。

(मेरो बच्चालाई पनि यो एकदम मनपर्छ।／កូនខ្ញុំក៏ចូលចិត្តវាខ្លាំងដែរ។／ລູກຂອງຂ້ອຍກໍ່ມັກອັນນີ້ຄືກັນ.)

㉛ □ 同子 こ (सन्तान / बच्चा／កូន／ລູກ)

▶うちの子を見なかったですか。

(मेरो सन्तान देख्नुभयो कि ?／តើមិនបានឃើញកូនខ្ញុំទេឬ?／ບໍ່ເຫັນລູກຂ້ອຍບໍ?)

㉜ □ 主人　しゅじん　(श्रीमान्／ប្តី, ស្វាមី／ຜົວ, ສາມີ)

▶主人はいつも、帰(かえ)りが遅(おそ)いんです。

(श्रीमान् जहिले पनि फर्कन ढिला हुन्छ।／ប្តីតែងតែត្រលប់ពីធ្វើការវិញយូរ។／ສາມີກັບຊ້າເປັນປົກກະຕິ.)

▶ご主人は、ワインはお好(す)きですか。

(श्रीमान् ज्यु तपाईंलाई वाइन मनपर्छ？／តើប្តីរបស់អ្នកចូលចិត្តស្រាទេ?／ຜົວຂອງເຈົ້າມັກດື່ມວາຍບໍ່?)

㉝ □ 家内　かない　(पत्नी／ប្រពន្ធ, ភរិយា／ເມຍ, ພັນລະຍາ)

▶家内はいま、出(で)かけています。

(पत्नी अहिले बाहिर गएकी छे।／ពេលនេះ ប្រពន្ធរបស់ខ្ញុំកំពុងចេញទៅខាងក្រៅ។／ດຽວນີ້, ເມຍຂອງຂ້ອຍອອກໄປນອກ.)

㉞ □ 奥さん　おくさん　(श्रीमती／ប្រពន្ធ, ភរិយា／ເມຍ, ພັນລະຍາ)

▶奥さんも働(はたら)いているんですか。

(तपाईंको श्रीमती पनि काम गर्नुहुन्छ？／ប្រពន្ធរបស់អ្នកក៏ធ្វើការដែរឬ?／ເມຍຂອງເຈົ້າກໍ່ເຮັດວຽກບໍ່?)

2 時間
3 人・家族
4 食べる 飲む
5 家
6 服・くつ
8 街
9 建物
10 自然

UNIT 4 食べる・飲む (खाने / पिउने／ញ៉ាំ, ផឹក／ກິນ・ດື່ມ)

た　の

① 食べ物 (खानेकुरा／អាហារ／ແນວກິນ, ອາຫານ, ຂອງກິນ)

もの

❶ □ 食べ物 (खानेकुरा／អាហារ／ແນວກິນ, ອາຫານ, ຂອງກິນ)

❷ □ くだもの (फलफूल／ផ្លែឈើ／ໝາກໄມ້)

❸ □ りんご (स्याउ／ប៉ោម／ໝາກໂປ້ມ, ໝາກແອັບເປີ້ນ)

❹ □ みかん (सुन्तला／ក្រូច／ໝາກກ້ຽງ)

❺ □ レモン (कागती／ក្រូចឆ្មារ／ໝາກນາວ)

❻ □ バナナ (केरा／ចេក／ໝາກກ້ວຍ)

❼ □ メロン (खरबुजा／ត្រសក់ស្រូវ／ໝາກເມລອນ)

❽ □ いちご (भुइँकाफल／ស្ត្របឺរី／ໝາກສະຕໍເບີລີ)

❾ □ ぶどう (अङ्गुर／ទំពាំងបាយជូរ／ໝາກລາແຊງ)

⑩ □ すいか (तरबुजा／ឪឡឹក／ໝາກໂມ)

⑪ □ 野菜（やさい） (सागसब्जी／បន្លែ／ຜັກ)

⑫ □ にんじん (गाँजर／ការ៉ុត／ຫົວກາລົດ)

⑬ □ じゃがいも (आलु／ដំឡូងបារាំង／ມັນຝະລັ່ງ)

⑭ □ たまねぎ (प्याज／ខ្ទឹមបារាំង／ຫົວຜັກບົ່ວໃຫຍ່)

⑮ □ きゅうり (काँक्रो／ត្រសក់／ໝາກແຕງ)

⑯ □ トマト (गोलभेँडा／ប៉េងប៉ោះ／ໝາກເລັ່ນ)

⑰ □ 肉（にく） (मासु／សាច់／ຊີ້ນ)

⑱ □ 豚肉（ぶたにく） (सुँगुरको मासु／សាច់ជ្រូក／ຊີ້ນໝູ)

⑲ □ 鶏肉（とりにく） (कुखुराको मासु／សាច់មាន់／ຊີ້ນໄກ່)

⑳ □ 牛肉（ぎゅうにく） (गाई–गोरूको मासु／សាច់គោ／ຊີ້ນງົວ)

★「ポーク」「チキン」「ビーフ」は、メニューなどによく使われる。
(पोर्क' 'चिकिन' 'बिफ' शब्दको प्रयोग मेन्यु आदिमा प्रयोग गरिन्छ।／គេច្រើនប្រើពាក្យ「ポーク」「チキン」「ビーフ」នៅក្នុងបញ្ជីមុខម្ហូប។／「ポーク」「チキン」「ビーフ」ແມ່ນມັກຖືກນຳໃຊ້ໃນລາຍການອາຫານ.)

1 数字
2 時間
3 人・家族
4 食べる 飲む
5 家
6 服・くつ
7 乗り物 交通
8 街
9 建物
10 自然

㉑ □ 魚（さかな） (माछा／ត្រី／ປາ)

㉒ □ 卵（たまご）／玉子（たまご） (अण्डा／ពងមាន់／ໄຂ່ໄກ່)

㉓ □ ハム (ह्याम／សាច់ហែម／ແຮັມ)

㉔ □ ソーセージ (ससेज／សាច់ក្រក／ໄສ້ກອກ)

㉕ □ チーズ (चिज／ឈីស／ຊີສ)

㉖ □ とうふ (तोफु／តៅហ៊ូ／ເຕົາຮູ້)

㉗ □ ご飯（はん） (खाना / भात ／បាយ／ເຂົ້າຈ້າວ)

㉘ □ 回米（こめ）／お米

㉙ □ ライス (राइस／អង្ករ／ເຂົ້າຈ້າວ)

★「ごはん」のこと。店でよく使われる。
('ごはん' को अर्थ हो, पसलमा धरैजसो प्रयोग हुन्छ।／មានន័យថាបាយ「ごはん」។ គេច្រើនប្រើពាក្យនេះនៅហាង។／「ごはん」ແມ່ນມັກຖືກນຳໃຊ້ຢູ່ຮ້ານອາຫານ.)

㉚ □ みそ汁（しる） (मिसो सुप／ស៊ុបមីសូ／ຊຸບມິໂຊະ)

㉛ □ うどん (उडोन／មីអ៊ុដុង／ອຸດົງ, ເຂົ້າປຽກເສັ້ນ)

㉜ □ そば (सोबा／មីសូបា／ໂຊບະ)

❸❸ □ ラーメン (रामेन／មីរ៉ាមេន／ໝີ່ເຫຼືອງ)

❸❹ □ パン (पाउरोटी／នំប៉័ង／ເຂົ້າໜົມປັງ)

❸❺ □ サラダ (सलाद／ម្ហូបសាឡាត់／ສະຫຼັດ)

❸❻ □ スープ (सुप／ស៊ុប, សម្ល／ຊຸບ, ແກງ)

▶スープは静(しず)かに飲(の)んでください。

(सुप खाँदा शान्तसँग खानुहोस् ।／សូមហុតទឹកសម្ល (ស៊ុប)ដោយស្ងាត់ស្ងៀមៗ／ກະລຸນາຫູບນ້ຳແກງຄ່ອຍໆ.)

❸❼ □ カレー (करी／ការី／ແກງກະຫຼີ່)

❸❽ □ 牛丼(ぎゅうどん) (ग्युडोन (बिफ राइस)／បាយសាច់គោ／ເຂົ້າໜ້າງົວ)

❸❾ □ 寿司(すし) (सुसी／ស៊ូស៊ី／ຊູຊິ)

❹⓿ □ おにぎり (राइस बल／អូនីហ្គីរី (បាយពូតជាដុំ)／ເຂົ້າປັ້ນ, ໂອນິກິລິ)

❹❶ □ さしみ (माछाको काँचो मासु / सासिमि／សាស៊ីមី／ປາດິບ, ຊາຊິມິ)

❹❷ □ 天(てん)ぷら (पकौडा／តេមពុរ៉ា／ເທມປຸລະ, ~ຊຸບແປ້ງທອດ)

❹❸ □ すきやき (सुकियाकि／ស៊ុបសុគីយ៉ាគី／ສຸກີຢາກີ)

㊹ □ スパゲティ (स्पागेटि／មីអ៊ីតាលី (ស្ពាហ្គេទី)／ສະປາເກັດຕີ້)

㊺ □ ピザ (पिजा／ភីហ្សា／ພິດຊາ)

㊻ □ パスタ (पास्टा／មីអ៊ីតាលី (ផាស្តា)／ສະປາເກັດຕີ້)

▶わたしは、ピザよりパスタのほうがいいです。

(मलाई पिजा भन्दा पास्टा मनपर्छ।／ខ្ញុំចង់បានមីអ៊ីតាលី(ផាស្តា)ជាងភីហ្សា។／ຂ້ອຍມັກສະປາເກັດຕີ້ຫຼາຍກວ່າພິດຊາ.)

㊼ □ サンドイッチ (स्यान्डवीच／សាន់វ៉ិច／ແຊນວິດ)

㊽ □ ハンバーグ (ह्यामबर्ग／ហាំប៊ឺហ្គឺ／ສະເຕັກຊີ້ນບົດ)

㊾ □ ハンバーガー (ह्यामबर्गर／ហាំប៊ឺហ្គ័រ／ແຮັມເບີເກີ້)

㊿ □ ステーキ (स्टेक／សាច់គោស្តេក／ສະເຕັກ)

51 □ ポテト (पोटेटो／ដំឡូងបារាំង／ມັນຝະລັ່ງ)

★特に「フライドポテト」のこと。
(विशेष गरि 'फ्राइडपोटेटो'लाई भनिन्छ।／ជាពិសេសសំដៅលើ「ដំឡូងបារាំងបំពង」「フライドポテト」។／ໂດຍສະເພາະແມ່ນ「ມັນຝະລັ່ງຈືນ」)

52 □ お菓子(かし) (मिठाई／នំ／ເຂົ້າໜົມ)

53 □ 和菓子(わがし) (जापानी मिठाई／នំជប៉ុន／ເຂົ້າໜົມຍີ່ປຸ່ນ)

54 □ 甘(あま)いもの (गुलियो पदार्थ／នំផ្អែម, បង្អែម／ຂອງຫວານ)

▶スーさんは、甘いものは好(す)きですか。

(सु ज्युलाई गुलियो पदार्थ मनपर्छ ?／អ្នកនាងស៊ូ តើចូលចិត្តនំផ្អែមទេ?／ຊູ, ເຈົ້າມັກຂອງຫວານບໍ່?)

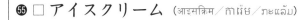

55 □ アイスクリーム (आइसक्रिम／ការ៉េម／ກະແລ້ມ)

56 □ ケーキ (केक／នំខេក／ເຄັກ)

57 □ チーズケーキ (चिज केक／នំខេកឈីស／ເຄັກຊີສ)

58 □ チョコレート (चकलेट／សូកូឡា／ໂຊໂກລາ, ໂຊໂກແລັດ)

59 □ クッキー (कुक्की／នំឃុគឃី／ຄຸກກີ້)

60 □ ドーナツ (डोनट／នំដូណាត់／ໂດນັດ)

61 □ ガム (च्युइङगम／ស្ករកៅស៊ូ／ຊິງໂກ້ມ)

62 □ あめ (क्यान्डी／ស្ករគ្រាប់／ເຂົ້າໜົມອົມ)

63 □ おつまみ ((रक्सीको साथमा खाने) खाजा／គ្រឿងក្លែម／ຂອງແກ້ມ)

▶お酒(さけ)はあるけど、おつまみがないです。

(रक्सी त छ तर खाजा छैन।／មានស្រា ប៉ុន្តែអត់មានគ្រឿងក្លែម។／ມີເຫຼົ້າແຕ່ບໍ່ມີຂອງແກ້ມ.)

ピザ

ハンバーガー

アイスクリーム

2 時間
3 人・家族
4 食べる 飲む
5 家
6 服・くつ
7 乗り物 交通
8 街
9 建物
10 自然

10 ② 飲む（の） (पिउने／ផឹក (ញ៉ាំ, ពិសារ)／ດື່ມ)

❶ □ 飲み物（もの） (पेय पदार्थ／ភេសជ្ជៈ／ເຄື່ອງດື່ມ)

❷ □ ホット (हट／ក្តៅ／ຮ້ອນ)

▶ホットとアイス、どちらになさいますか。
——じゃ、私はホットで。

(हट वा आइस कुन चाहानुहुन्छ ? —त्यसोभए म हट चाहान्छु ।／"តើអ្នកចង់បានក្តៅ រឺត្រជាក់? អញ្ចឹង ខ្ញុំសូមយកក្តៅ។"／ຮ້ອນກັບເຢັນ, ເອົາອັນໃດ? —ຂ້ອຍເອົາຮ້ອນ.)

❸ □ アイス (आइस／ត្រជាក់, ការ៉េម／ເຢັນ)

★アイスクリームを短くした言い方でもある。
(आइसक्रिमको छोटकारी शब्द हो ।／នេះជាពាក្យកាត់សម្រាប់ពាក្យការ៉េម ផងដែរ។／ໃຊ້ເອີ້ນກະແລ້ມແບບສັ້ນໆກໍ່ໄດ້.)

❹ □ コーヒー (कफी／កាហ្វេ／ກາເຟ)

❺ □ アイスコーヒー (आइस कफी／កាហ្វេទឹកកក／ກາເຟເຢັນ)

❻ □ 紅茶（こうちゃ） (कालो चिया／តែបៃតង／ຊາ)

コーヒー

アイスコーヒー

❼ □ アイスティー (आइस टि／តែទឹកកក／ຊາເຢັນ)

❽ □ お茶(ちゃ) (जापानी चिया／តែ, ទឹកតែ／ນ້ຳຊາ)

▶どこかでお茶をしませんか。

(कतै गएर चियापान गरौंन, हुदैन ?／ទៅញ៉ាំតែនៅកន្លែងណាដែរទេ?／ບໍ່ດື່ມນ້ຳຊາຢູ່ບ່ອນໃດບ່ອນໜຶ່ງບໍ?)

▶お茶をする：喫茶店(きっさてん)などで飲(の)み物(もの)を飲(の)んだり休(やす)んだりすること。

(चिया पसल आदिमा पेय पदार्थ पिउने वा विश्राम गर्ने आदि अवस्था।／お茶をする មានន័យថាសម្រាកញ៉ាំភេសជ្ជៈនៅហាងកាហ្វេជាដើម។／ດື່ມຊາ: ການພັກຜ່ອນດື່ມເຄື່ອງດື່ມຢູ່ຮ້ານກາເຟເປັນຕົ້ນ.)

▶お弁当(べんとう)とお茶を買(か)う

(बेन्तो र जापानी चिया किन्ने।／ទិញបាយប្រអប់ និងទឹកតែ។／ຊື້ເຂົ້າກ່ອງແລະນ້ຳຊາ.)

❾ □ 牛乳(ぎゅうにゅう) (दुध／ទឹកដោះគោ／ນົມ, ນົມງົວ)

❿ □ ミルク (मिल्क／ទឹកដោះគោ／ນົມ)

▶コーヒーにミルクは入(い)れますか。

(कफीमा दुध/ मिल्क हाल्नुहुन्छ ?／តើអ្នកដាក់ទឹកដោះគោក្នុងកាហ្វេទេ?／ເອົານົມໃສ່ກາເຟບໍ່?)

★牛乳のほか、コーヒーに入れるミルクも表す。
(दुध बाहेक, कफीमा हाल्ने मिल्क को अर्थ हुन्छ (→जस्तो)／ក្រៅពីមានន័យថាទឹកគោះ ពាក្យនេះក៏សំដៅទៅលើក្រែមទឹកដោះគោសម្រាប់ដាក់ក្នុងកាហ្វេផងដែរ។／ນອກຈາກນົມງົວແລ້ວຍັງເອີ້ນວ່ານົມສຳລັບໃສ່ກາເຟ.)

⓫ □ コーラ (कोकाकोला／កូកាកូឡា／ໂຄ້ກ)

⓬ □ ジュース (जुस／ទឹកផ្លែឈើ／ນ້ຳໝາກໄມ້)

⓭ □ 水(みず) (पानी／ទឹក／ນ້ຳລ້າ, ນ້ຳດື່ມ)

▶すみません、お水をください。

(सुन्नोस् त पानी दिनुहोस्।／សូមទោស ខ្ញុំសុំទឹក។／ຂໍໂທດ, ຂໍນ້ຳລ້າແດ່.)

2 時間
3 人・家族
5 家
6 服・くつ
7 乗り物 交通
8 街
9 建物
10 自然

⑭ □ お湯(ゆ) (तातोपानी／ទឹកក្តៅ／ນ້ຳຮ້ອນ)

▶今(いま)、お湯をわかしています。

(अहिले पानी उमाल्दै छु।／ឥឡូវនេះ ខ្ញុំកំពុងដាំទឹកក្តៅ។／ຕອນນີ້ພວມຕົ້ມນ້ຳຮ້ອນ.)

⑮ □ ビール (बियर／ស្រាបៀរ／ເບຍ)

⑯ □ 酒(さけ) (रक्सी／ស្រាស／ເຫຼົ້າ)

▶①今日(きょう)は車(くるま)で来(き)たから、お酒は飲(の)めません。

②ビールとお酒、どっちのほうが好(す)きですか。

(①आज कार चलाएर आएको हुनाले रक्सी पिउँन सक्दिनँ।／ថ្ងៃនេះ ខ្ញុំជិះឡានមក ដូច្នេះខ្ញុំមិនអាចញ៉ាំស្រាបានទេ។／ດື່ມເຫຼົ້າບໍ່ໄດ້, ເພາະວ່າມື້ນີ້ຂັບລົດມາ.)

(②बियर र रक्सी कुन मनपर्छ ?／តើអ្នកចូលចិត្ត ស្រាបៀរ រឺស្រាស?／ເບຍກັບເຫຼົ້າມັກອັນໃດຫຼາຍກວ່າກັນ?)

⑰ □ ワイン (वाइन／ស្រាទំពាំងបាយជូរ／ວາຍ)

▶赤(あか)ワイン、白(しろ)ワイン (रातो वाइन, सेतो वाइन／ស្រាទំពាំងបាយជូរក្រហម, ស្រាទំពាំងបាយជូរស／ວາຍແດງ, ວາຍຂາວ)

⑱ □ アルコール (अल्कोहल／ភេសជ្ជៈមានជាតិអាល់កុល／ປະເພດເຫຼົ້າ)

⑲ □ ドリンク (ड्रिन्क／ភេសជ្ជៈ／ເຄື່ອງດື່ມ)

★主に、メニューで使われる。
(विशेष गरि मेन्युमा प्रयोग गरिन्छ।／ភាគច្រើន ត្រូវបានប្រើក្នុងបញ្ជីមុខម្ហូប។／ໃຊ້ສະເພາະໃນເມນູ.)

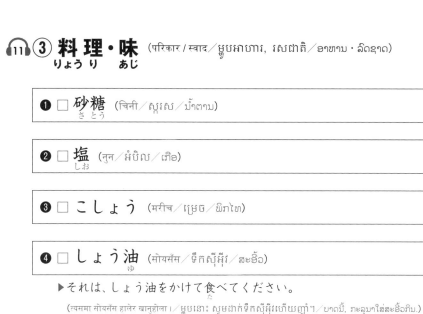

11 ③ 料理（りょうり）・味（あじ） (परिकार / स्वाद／ម្ហូបអាហារ, រសជាតិ／ອາຫານ・ລົດຊາດ)

❶ □ 砂糖（さとう） (चिनी／ស្ករស／ນ້ຳຕານ)

❷ □ 塩（しお） (नुन／អំបិល／ເກືອ)

❸ □ こしょう (मरीच／ម្រេច／ພິກໄທ)

❹ □ しょう油（ゆ） (सोयसँस／ទឹកស៊ីអ៊ីវ／ສະອີ້ວ)

▶それは、しょう油をかけて食（た）べてください。

(त्यसमा सोयसँस हालेर खानुहोला।／ម្ហូបនោះ សូមដាក់ទឹកស៊ីអ៊ីវហើយញ៉ាំ។／ບາດນີ້, ກະລຸນາໃສ່ສະອີ້ວກິນ.)

❺ □ みそ (मिसो／សៀងជប៉ុន／ຖົ່ວເນົ່າ)

❻ □ バター (बटर／ប័រ／ນ້ຳມັນເບີ, ເບີ, ເນີຍ)

▶パンにバターを塗（ぬ）ってあげましょうか。

(ब्रेडमा बटर लगाइदउँ कि ?／តើអោយខ្ញុំជួយលាបប័រលើនំប៉័ងទេ?／ໃຫ້ທາເບີໃສ່ເຂົ້າໜົມປັງບໍ່?)

❼ □ ジャム (ज्याम／ដំណាប់ផ្លែឈើ／ກວນໝາກໄມ້)

2 時間
3 人・家族
5 家
6 服・くつ
7 乗り物 交通
8 街
9 建物
10 自然

❽ □ ソース（सँस／ទឹកជ្រលក់／ຊອດສ）

▶〈食堂(しょくどう)で〉そっちがしょうゆで、こっちがソースです。

((क्यान्टिनमा) त्यो सोयसँस हो र यो सँस हो ।／(នៅអាហារដ្ឋាន) នេះគឺទឹកស៊ីអ៊ីវ ហើយនេះគឺទឹកជ្រលក់។／<ທີ່ໂຮງອາຫານ> ອັນນັ້ນແມ່ນຊອດສ, ອັນນີ້ແມ່ນສະອີ້ວ)

▶トマトソースのスパゲティが食(た)べたい。

(टोमाटोसँसको स्पाघेटी खान मनलाग्यो ।／ខ្ញុំចង់ញ៉ាំមីអ៊ីតាលីស្រុបទឹកប៉េងប៉ោះ។／ຢາກກິນສະປາເກັດຕີ້ຊອດສໝາກເລັ່ນ.)

> ★日本のレストランでは、しょう油とソース（ウスターソース）が置かれることが多い。
> (जापानको रेस्टुरेन्टमा धेरैजसो सोयसँस र सँस(ओस्टर सँस) राख्ने गरिन्छ ।／នៅភោជនីយដ្ឋានជប៉ុនច្រើនដាក់ទឹកស៊ីអ៊ីវនិងទឹកជ្រលក់ (ទឹកជ្រលក់អយស្ទ័រ)។／ທີ່ຮ້ານອາຫານຍີ່ປຸ່ນສ່ວນຫຼາຍມັກວາງສະອີ້ວແລະຊອດສ(ອຸດສະຕ້າຊອດສ).)

❾ □ 油(あぶら)（तेल／ប្រេងឆា／ນ້ຳມັນ）

❿ □ ケチャップ（केचप／ទឹកប៉េងប៉ោះ／ຊອດສໝາກເລັ່ນ）

⓫ □ マヨネーズ（मेयोनेज／មៃយ៉ូណេស／ມາຍອນແນ）

⓬ □ 味(あじ)（स्वाद／រសជាតិ／ລົດຊາດ, ລົດ）

▶それはどんな味ですか。

(त्यसको स्वाद कस्तो छ ?／តើម្ហូបនោះមានរសជាតិយ៉ាងម៉េច?／ອັນນັ້ນມີລົດຊາດແບບໃດ?)

⓭ □ 甘(あま)い（गुलियो／ផ្អែម／ຫວານ）

⓮ □ 辛(から)い（पिरो／ហឹរ／ເຜັດ）

⓯ □ すっぱい（अमिलो／ជូរ／ສົ້ມ）

⑯ □ 塩辛い（しおから） (नुनिलो／ប្រៃ／ເຄັມ)

⑰ □ 苦い（にが） (तीतो／ល្វីង／ຂົມ)

▶その薬（くすり）はそんなに苦くないよ。

(त्यो औषधी त्यतिधेरै तीतो छैन।／ថ្នាំនេះ មិនសូវល្វីងទេ។／ຢານັ້ນບໍ່ຂົມປານນັ້ນນະ.)

⑱ □ 濃い（こ） ((स्वाद) चर्को／ចាស់ (ប្រៃ)／ເຂັ້ມ, ເຂັ້ມຂຸ້ນ)

▶それは、ちょっと味が濃いかもしれない。

(त्यो अलिकति चर्को स्वादको छ होला।／ម្ហូបនេះ ប្រហែលជាមានរសជាតិប្រៃបន្តិច។／ແນວນັ້ນ, ລົດຊາດອາດຈະເຂັ້ມໜ້ອຍໜຶ່ງ.)

⑲ □ 薄い（うす） (खल्लो／សាប, ស្រាល／ຈາງ)

▶薄かったら、しょう油（ゆ）を足（た）して。

(खल्लो भएमा सोयँसस थप्नुहोला।／ប្រសិនបើសាប សូមថែមទឹកស៊ីអ៊ីវ។／ຖ້າຈາງ, ໃຫ້ຕື່ມສະອິ໊ວ.)

⑳ □ 香り（かお） (बास्ना／ក្លិន／ກິ່ນ (ຫອມ))

▶このバターの香りが好（す）きなんです。

(यो बटरको बास्ना मनपर्छ।／ខ្ញុំចូលចិត្តក្លិនប៊ឺនេះ។／ມັກກິ່ນຂອງເນີຍນີ້.)

㉑ □ におい (गन्ध／ក្លិន／ກິ່ນ)

▶カレーのにおいがする。となりの家（いえ）かなあ。

(करीको गन्ध आउँछ। पल्लो घरबाट हो कि।／ខ្ញុំធុំក្លិនសម្លការី។ ប្រហែលក្លិននេះមកពីផ្ទះជាប់នេះមើលទៅ។／ໄດ້ກິ່ນແກງກະລີ. ຈາກຂ້າງບ້ານບໍນໍ?)

㉒ □ おいしい (मीठो／ឆ្ងាញ់／ແຊບ)

㉓ □ まずい (नमीठो／មិនឆ្ងាញ់／ບໍ່ແຊບ)

▶この店（みせ）はやめたほうがいい。まずいから。

(यो पसलमा नगए हुन्छ। मीठो छैन त्यसैले।／ហាងនេះគួរបិទទៅ ព្រោះម្ហូបមិនឆ្ងាញ់ទេ។／ເຊົາໄປຮ້ານນີ້ດີກວ່າ, ເພາະວ່າບໍ່ແຊບ.)

㉔ □ 料理(する)（りょうり） (परिकार (बनाउने)／ធ្វើម្ហូប, ចំអិនម្ហូប／ເຮັດກິນ, ຄົວກິນ, ປຸງແຕ່ງອາຫານ)

▶彼女（かのじょ）は料理が得意（とくい）です。

(उनी परिकार बनाउन सिपालु छिन्।／នាងពូកែធ្វើម្ហូប។／ລາວເຮັດກິນເກັ່ງ.)

㉕ □ 焼（や）く (पोल्नु／អាំង／ປີ້ງ)

㉖ □ 揚（あ）げる (तेलमा तार्नु／បំពង／ຈືນ,ທອດ)

㉗ □ ゆでる (उमाल्नु／ស្ងោរ／ຕົ້ມ)

㉘ □ 冷（ひ）やす (चिस्याउनु／ធ្វើអោយត្រជាក់／ແຊ່ເຢັນ)

㉙ □ 冷凍（れいとう）(する) (फ्रिजिङ गर्नु／បង្កក／ແຊ່ແຂງ)

㉚ □ フライパン (फ्राइप्यान／ខ្ទះឆា／ໝໍ້ຂາງ)

㉛ □ なべ (पकाउने भाँडा／ឆ្នាំង／ໝໍ້ແກງ)

㉜ □ 包丁（ほうちょう） (चक्कु／កាំបិត／ມີດ)

たまご

ハム

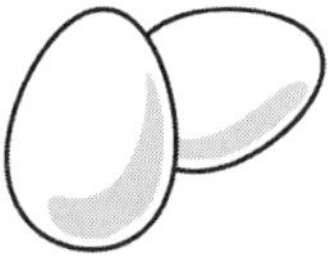

12 ④ 食事（しょくじ） (खाना／ការញ៉ាំអាហារ (ការបរិភោគអាហារ)／ການຮັບປະທານອາຫານ)

❶ □ ご飯（はん） (भात／បាយ／ອາຫານ, ເຂົ້າ)

▶これからご飯ですか。

(खाना खाँन जान लागेको हो ?／បន្ទាប់ពីនេះ ទៅញ៉ាំបាយឬ?／ຈັກໜ້ອຍຊິກິນເຂົ້າບໍ?)

❷ □ 食事 (खाना／ការញ៉ាំអាហារ／ການກິນເຂົ້າ, ການຮັບປະທານອາຫານ)

▶食事の前（まえ）に手（て）を洗（あら）いましょう。

(खाना खाँनु अगाडि हात धोऔं ।／តោះ លាងសម្អាតដៃមុនពេលញ៉ាំអាហារ។／ພາກັນລ້າງມືກ່ອນກິນເຂົ້າ.)

❸ □ 朝（あさ）ご飯（はん） (बिहानको खाना／អាហារពេលព្រឹក／ເຂົ້າເຊົ້າ, ອາຫານເຊົ້າ)

❹ □ 昼（ひる）ご飯（はん） (दिउँसको खाना／អាហារពេលថ្ងៃ／ເຂົ້າສວາຍ, ເຂົ້າທ່ຽງ, ອາຫານທ່ຽງ)

❺ □ 同 お昼／お昼ご飯 (दिउँसको खाना／អាហារពេលថ្ងៃ／ເຂົ້າສວາຍ, ເຂົ້າທ່ຽງ, ອາຫານທ່ຽງ)

❻ □ ランチ (लञ्च／អាហារពេលថ្ងៃ／ເຂົ້າສວາຍ, ເຂົ້າທ່ຽງ, ອາຫານທ່ຽງ)

▶ホテルでランチをするのもいいですね。

(होटलमा लञ्च खानुपनि राम्रो होला हगि ।／ទៅញ៉ាំអាហារថ្ងៃត្រង់នៅសណ្ឋាគារ ក៏ល្អម្យ៉ាងដែរ។／ກິນເຂົ້າສວາຍຢູ່ໂຮງແຮມກໍ່ດີໄດ໋ເນາະ.)

★特に、店で食べる場合に使う。
(विशेष गरि पसलमा खाने अवस्थामा प्रयोग हुन्छ ।／ជាពិសេស ប្រើសម្រាប់ករណីញ៉ាំនៅហាង។／ໂດຍສະເພາະໃຊ້ໃນກໍລະນີກິນເຂົ້າຢູ່ຮ້ານ.)

❼ □ ランチタイム (लञ्च टाइम／ម៉ោងបាយថ្ងៃត្រង់／ເຂົ້າສວາຍ, ເຂົ້າທ່ຽງ, ອາຫານທ່ຽງ)

▶ランチタイムは、きっと混（こ）みますよ。

(लञ्च टाइममा अवश्य भिड हुन्छहोला ।／ពេលម៉ោងបាយថ្ងៃត្រង់ ប្រាកដជាមួយមានមនុស្សច្រើន។／ໂມງເຂົ້າສວາຍຄົນຫຼາຍແນ່ນອນ.)

❽ □ 晩（ばん）ご飯（はん） (बेलुकाको खाना／អាហារពេលល្ងាច／ເຂົ້າແລງ, ອາຫານແລງ)

2 時間
3 人・家族
4 食べる 飲む
5 家
6 服・くつ
7 乗り物 交通
8 街
9 建物
10 自然

❾ □ 夕食（ゆうしょく） (बेलुकाको खाना／អាហារពេលយប់ (រឹល្ងាច)／ເຂົ້າແລງ, ອາຫານແລງ)

❿ □ 夕飯（ゆうはん） (बेलुकाको खाना／អាហារពេលយប់ (រឹល្ងាច)／ເຂົ້າແລງ, ອາຫານແລງ)

▶きょうの夕飯は何（なに）がいい？

(आज बेलुकाको खाना के राम्रो होला ?／តើម្ហូបអ្វីល្អទៅសម្រាប់អាហារពេលល្ងាចនេះ?／ອາຫານແລງມື້ນີ້ກິນຫຍັງດີ?)

⓫ □ 和食（わしょく） (जापानी खाना／អាហារ (ម្ហូប) ជប៉ុន／ຍີ່ປຸ່ນ)

⓬ □ 洋食（ようしょく） (पश्चिमी खाना／អាហារ (ម្ហូប) បស្ចឹមប្រទេស／ຕາເວັນຕົກ, ຢູໂຣບ)

⓭ □ 中華（ちゅうか）／中華料理（ちゅうかりょうり） (चाइनिज खाना／អាហារ(ម្ហូប) ចិន／ຈີນ)

▶お昼（ひる）は中華にしませんか。

(दिउँसको खाना चाइनिज खानुहोस् न, हुन्न ?／ថ្ងៃត្រង់នេះ ទៅញ៉ាំអាហារចិនទេ?／ບໍ່ກິນອາຫານຈີນສຳລັບເຂົ້າສວາຍບໍ?)

⓮ □ イタリアン (इटालियन खाना／អាហារ (ម្ហូប) អ៊ីតាលី／ອິຕາລີ)

▶きのう、中華だったから、きょうはイタリアンがいい。

(हिजो चाइनिज खाएको हुनाले आज इटालियन राम्रो ।／ដោយសារញ៉ាំម្ហូបចិនម្សិលមិញហើយ ដូច្នេះថ្ងៃនេះញ៉ាំម្ហូបអ៊ីតាលី។／ມື້ວານນີ້ກິນອາຫານຈີນແລ້ວ, ມື້ນີ້ຊິກິນອາຫານອິຕາລີ.)

▶駅（えき）ビルのイタリアンに行（い）きませんか。

(स्टेशनल विल्डिङको इटालियन (खाना खान) जाऔं न हुदैन ?／ទៅហាងអាហារអ៊ីតាលីនៅក្នុងអាគារស្ថានីយ៍រថភ្លើងទេ?／ບໍ່ກິນອາຫານຈີນສຳລັບເຂົ້າສວາຍບໍ?)

⓯ □ メニュー (मेन्यु／បញ្ជីមុខម្ហូប, មីនុយ／ເມນູ, ລາຍການອາຫານ)

▶すみません。メニューを見（み）せてください。

(सुन्नुहोस् त । मेन्यु देखाउनुहोस् ।／សូមទោស សូមបង្ហាញបញ្ជីមុខម្ហូប។／ຂໍໂທດ, ຂໍເບິ່ງເມນູແດ່.)

⑯ □ おすすめ (रिकमेन्ड／ផ្ដល់យោបល់／ແນະນຳ)

▶どれがおすすめですか。

(रिकमेन्डेड कुन होला ?／តើអ្នកផ្ដល់យោបល់មួយណាដែរ?／ແນະນຳອັນໃດ?)

⑰ □ デザート (डिजर्ट／បង្អែម／ຂອງຫວານ)

▶デザートはどうする？　つける？
—うん、つけよう。

(डिजर्ट के गर्नुहुन्छ ? लिनुहुन्छ ? —हुन्छ लिऔं ।／តើបង្អែម យ៉ាងម៉េចដែរ? យកទេ? បាទ (ចាស) យក។／ເອົາຂອງຫວານນຳບໍ່? ເອົາບໍ? —ເຈົ້າ, ເອົາ.)

⑱ □ 定食(ていしょく) (फिक्स्ड मेन्यु／អាហារឈុត／ອາຫານເຊັດ, ເຊັດ~)

▶ハンバーグ定食

(ह्याम्बर्गको फिक्स्ड मेन्यु／អាហារឈុតហាំប៊ឺហ្គ័រ／ເຊັດແຮມເບີເກີ.)

⑲ □ おかわり (खाना थप्ने／ថែម／ເອົາຕື່ມອີກ)

▶おかわりはどうですか。
—はい、お願(ねが)いします。

(खाना थप्नुहुन्छ कि? —हजुर दिनुहोस् ।／តើអ្នកចង់ថែមទេ?　បាទ (ចាស) សូមថែម។／ເອົາຕື່ມອີກບໍ່? —ເຈົ້າ, ຂໍຕື່ມແດ່.)

⑳ □ 弁当(べんとう) (प्याकेज खाना / बक्स लञ्च／បាយប្រអប់／ເຂົ້າກ່ອງ)　話お弁当

▶毎朝(まいあさ)、お弁当を作(つく)っているんですか。

(हरेक बिहान बक्स लञ्च बनाउनु हुन्छ ?／តើអ្នកធ្វើបាយប្រអប់រៀងរាល់ព្រឹកឬ?／ເຮັດເຂົ້າກ່ອງທຸກເຊົ້າບໍ?)

▶駅(えき)のホームでも、お弁当を売(う)ってますよ。

(स्टेशनको प्याटफर्ममा पनि प्याकेज खाना विक्रि गरेको हुन्छ ।／នៅកន្លែងជិះរថភ្លើងក៏មានលក់បាយប្រអប់ដែរ។／ທີ່ຊານຊາລາຂອງສະຖານນີມີເຂົ້າກ່ອງຂາຍ.)

㉑ □ 会計(かいけい) (बिल तिर्नु／គិតលុយ／ໄລ່ເງິນ, ຈ່າຍເງິນ)

▶会計はもう済(す)みましたか。

(बिल तिर्नुभयो ?／តើអ្នកបានបង់លុយហើយឬ?／ຈ່າຍເງິນແລ້ວບໍ?)

㉒ □ おやつ (खाजा／នំចំណី／ອາຫານຫວ່າງ, ຂອງກິນຫຼິ້ນ)

▶おやつをたくさん食(た)べると、晩(ばん)ご飯(はん)が食べられなくなるよ。

(खाजा धेरै खाएमा बेलुकाको खाना खान नसकिने हुन्छ।／បើញុាំនំចំណីច្រើន លែងអាចញុាំបាយល្ងាចហើយ។／ກິນອາຫານຫວ່າງຫຼາຍ, ຊິກິນເຂົ້າແລງບໍ່ໄດ້.)

㉓ □ 食器(しょっき) (भाँडाकुँडा／គ្រឿងសម្រាប់បរិភោគអាហារ／ຖ້ວຍຈານ, ພາຊະນະໃສ່ຂອງກິນ)

㉔ □ はし (चपस्टिक／ចង្កឹះ／ໄມ້ຄີບຖູ່)　話おはし

㉕ □ 茶(ちゃ)わん (भात खाने जापानी भाँडो／ចានចង្កឹះ／ຖ້ວຍ)

㉖ □ 皿(さら) (थाल／ចានទាប／ຈານ)　話お皿

㉗ □ フォーク (फोर्क／សម／ສ້ອມ)

㉘ □ ナイフ (नाइफ／កាំបិត／ມີດ)

㉙ □ スプーン (चम्चा／ស្លាបព្រា／ບ່ວງ)

㉚ □ グラス (ग्लास／កែវថ្ម／ຈອກ (ແກ້ວ))

▶ワインをグラスで２杯(はい)飲(の)んだだけです。

(2 ग्लास वाइन पिएको मात्र हो।／ខ្ញុំបានញុាំស្រាទំពាំងបាយជូរអស់តែ២កែវទេ។／ດື່ມວາຍພຽງແຕ່2ຈອກ.)

㉛ □ コップ (कप／ពែង, កែវ／ຈອກ (ງວງ, ຢາງ, ແກ້ວ...))

▶このコップに水(みず)を入(い)れてきてください。

(यो कपमा पानी हालेर ल्याउनुहोस्।／សូមទៅយកទឹកដាក់ក្នុងកែវនេះមក។／ເອົານ້ຳໃສ່ຈອກນີ້ໃຫ້ແດ່.)

▶紙(かみ)コップ (कागजे कप／កែវក្រដាស់／ຈອກເຈ້ຍ)

㉜ □ ストロー (स्ट्र／ទុយោ／ທໍ່ດູດ)

㉝ □ ナプキン (न्याप्किन／ក្រដាសជូតមាត់／ຜ້າເຊັດມື)

▶紙(かみ)ナプキン (कागजेन्याप्किन／ក្រដាស់ជូតមាត់ធ្វើពីក្រដាស់／ເຈ້ຍເຊັດມື)

ナイフ

フォーク

スプーン

グラス

2 時間
3 人・家族
5 家
6 服・くつ
8 街
9 建物
10 自然

家 いえ (घर／ផ្ទះ, គេហដ្ឋាន／ເຮືອນ, ບ້ານ)

❶ □ 家 (घर／ផ្ទះ／ເຮືອນ, ບ້ານ)

▶①いつか広(ひろ)い家に住(す)みたい。

▶②家に電話(でんわ)しなければなりません。

(①भविष्यमा फराकिलो घरमा बस्न चाहान्छु।／ខ្ញុំចង់រស់នៅផ្ទះធំ នៅថ្ងៃណាមួយ។／ມື້ໃດມື້ໜຶ່ງຢາກອາໄສຢູ່ເຮືອນຫຼັງກວ້າງໆ.)

(②घरमा फोन नगरि हुन्न।／ខ្ញុំត្រូវទូរសព្ទទៅផ្ទះ។／ຕ້ອງໂທລະສັບກັບບ້ານ.)

❷ □ 部屋(へや) (कोठा／បន្ទប់／ຫ້ອງ)

❸ □ トイレ (शौचालय／បន្ទប់ទឹក, បង្គន់／ຫ້ອງນໍ້າ)

❹ □ 同 お手洗(てあら)い (शौचालय／បន្ទប់ទឹក, បង្គន់／ຫ້ອງນໍ້າ)

❺ □ 風呂(ふろ) (बाथरुम／អាងមុជទឹក／ອ່າງອາບນໍ້າ)　話 お風呂

▶お風呂が付(つ)いている部屋(へや)がいいです。

(बाथरुम भएको कोठा राम्रो हुन्छ।／ខ្ញុំចង់បានបន្ទប់ដែលមានអាងមុជទឹក។／ເອົາຫ້ອງທີ່ມີອ່າງອາບນໍ້າ.)

▶わたしはいつも、夕飯(ゆうはん)のあとにお風呂に入(はい)ります。

(म जहिले पनि बेलुकाको खाना खाएपछि बाथरुमा नुहाउँछु।／ខ្ញុំតែងតែចូលត្រាំក្នុងអាងទឹកក្រោយបាយពេលយប់។／ປົກກະຕິຂ້ອຍຈະເຂົ້າແຊ່ອ່າງອາບນໍ້າຫຼັງເຂົ້າແລງ.)

❻ □ 台所(だいどころ) (भान्छा／ចង្ក្រានបាយ, ផ្ទះបាយ／ຫ້ອງຄົວ)

❼ □ 同 キッチン (भान्छा／ចង្ក្រានបាយ, ផ្ទះបាយ／ຫ້ອງຄົວ))

❽ □ 洗面所(せんめんじょ) (हातमुख धुने ठाउँ／កន្លែងលុបលាងមុខ／ຫ້ອງນໍ້າ)

❾ □ 玄関（げんかん） (मूल ढोका／មាត់ទ្វារ／ທາງເຂົ້າ)

❿ □ 門（もん） (द्वार / ढोका / गेट／ក្លោងទ្វារ／ປະຕູ, ປະຕູທາງເຂົ້າ)

⓫ □ 居間（いま） (बैठक／កន្លែងទទួលភ្ញៀវ／ຫ້ອງຮັບແຂກ)

⓬ □ 同 リビング (बैठक／កន្លែងទទួលភ្ញៀវ／ຫ້ອງຮັບແຂກ)

⓭ □ ベランダ (बरण्डा /बार्दली／រានហាល／ລະບຽງ)

⓮ □ 庭（にわ） (बगैंचा／សួនច្បារ／ສວນ)

⓯ □ ドア (ढोका／ទ្វារ／ປະຕູ)

▶ドアを開（あ）ける、ドアを閉（し）める

(ढोका खोल्नु, ढोका बन्द गर्नु／បើកទ្វារ, បិទទ្វារ／ເປີດ/ໄຂປະຕູ, ອັດ/ປິດປະຕູ)

⓰ □ 窓（まど） (झ्याल／បង្អួច／ປະຕູປ່ອງຢ້ຽມ)

⓱ □ 天井（てんじょう） (सिलिङ／ពិដាន／ເພດານ)

⓲ □ 床（ゆか） (भुइँ／កម្រាល／ພື້ນ)

▶床がすべりやすいので、気（き）をつけてください。

(भुइँ सजिलैसँग चिप्लने भएको हुनाले होस गर्नुहोस्।／សូមប្រយ័ត្ន ព្រោះកម្រាលងាយរអិល។／ລະວັງເດີ້, ພື້ນມື່ນງ່າຍ.)

⓳ □ 壁（かべ） (भित्ता, पर्खाल／ជញ្ជាំង／ຝາ)

⓴ □ 屋根（やね） (छाना／ដំបូល／ຫຼັງຄາ)

2 時間
3 人・家族
5 家
6 服・くつ
8 街
9 建物
10 自然

㉑ □ 家具（かぐ） (फर्निचर／គ្រឿងសង្ហារឹម／ເຟີນິເຈີ)

㉒ □ 机（つくえ） (डेस्क／តុ／ໂຕະ)

▶では、テストを始（はじ）めます。机の上（うえ）には何（なに）も置（お）かないでください。

(ल अब परिक्षा सुरु गरिन्छ। डेस्क माथि केहि पनि नराख्नुहोस्।／អញ្ចឹង សូមចាប់ផ្តើមការប្រលង។ សូមកុំដាក់របស់អ្វីទាំងអស់នៅលើតុ។／ຄັນຊັ້ນ, ຂໍເລີ່ມການສອບເສັງ. ກະລຸນາຢ່າວາງຫຍັງໄວ້ເທິງໂຕະ.)

★一つのいすとセットになっている場合に、「つくえ」を使うことが多い。
(एउटा कुर्सीसँग सेट मिलेको खण्डमा 'चुकुए'को प्रयोग गरिन्छ।／ករណីមានលក្ខណៈជាឈុតតុ និងកៅអីមួយ នោះគេច្រើនប្រើពាក្យつくえ」។／「つくえ」ຈະຖືກນຳໃຊ້ຫຼາຍໃນກໍລະນີມີຕັ່ງ1ໜ່ວຍປະກອບເປັນຊຸດ.)

㉓ □ いす (कुर्सी／កៅអី／ຕັ່ງ)

㉔ □ 棚（たな） (दराज／ធ្នើ, ទូ／ຖ້ານໃສ່ເຄື່ອງ)

▶これをあそこの棚に置（お）いてください。

(यो त्यहाँको दराजमा राख्नुहोस्।／សូមទុករបស់នេះនៅធ្នើឯនោះ។／ກະລຸນາວາງອັນນີ້ໄວເທິງຖ້ານໃສ່ເຄື່ອງຢູ່ຫັ້ນ.)

▶本棚（ほんだな） (किताबको दराज／ទូដាក់សៀវភៅ, ធ្នើដាក់សៀវភៅ／ຖ້ານໃສ່ປຶ້ມ)

㉕ □ テーブル (टेबुल／តុ／ໂຕະ)

▶あそこの丸（まる）いテーブルを使（つか）いましょう。

(त्यहाँको गोलो टेबुल प्रयोग गरौं।／សូមប្រើតុមូលដែលនៅឯទីនោះ។／ໃຊ້ໂຕະມົນຢູ່ຫັ້ນເທາະ.)

㉖ □ ソファー (सोफा／សាឡុង／ຕັ່ງສະລົ້ງ, ໂຊຟາ)

㉗ □ ベッド (बेड, ओछ्यान／គ្រែ／ຕຽງ)

㉘ □ 家電（かでん） (घरायसी विद्युतिय उपकरण／ផលិតផលអគ្គិសនីប្រើប្រាស់ក្នុងផ្ទះ／ເຄື່ອງໃຊ້ໄຟຟ້າ)

▶家電を買（か）うときは、どこに行（い）きますか。

(घरायसी विद्युतिय उपकरण किन्नेबेला कहाँ जानुहुन्छ ?／ប្រសិនបើទិញផលិតផលអគ្គិសនីប្រើប្រាស់ក្នុងផ្ទះ តើទៅទិញនៅកន្លែងណា?／ເວລາຊື້ເຄື່ອງໃຊ້ໄຟຟ້າ, ໄປຊື້ຢູ່ໃສ?)

★家庭電気製品などを短くした言い方。
(घरायसी विद्युती सामाग्री आदिलाई छोटकरीमा यसो भनिने।／ជារបៀបហៅកាត់សម្រាប់ផលិតផលអគ្គិសនីប្រើប្រាស់ក្នុងផ្ទះជាដើម។／ຄຳສັບຫຍໍ້ສຳລັບ家庭電気製品)

㉙ □ エアコン (एआकोन, एयर कन्डिसन／ម៉ាស៊ីនត្រជាក់／ແອ, ເຄື່ອງປັບອາກາດ)

㉚ □ クーラー (कुलर, एयर कन्डिसन／ទូរទឹកកក／ແອເຢັນ)

㉛ □ 空調（くうちょう） (कुउच्यो, एयर कन्डिसन／ម៉ាស៊ីនត្រជាក់／ແອ, ເຄື່ອງປັບອາກາດ)

★「エアコン」が最も一般的。「クーラー」は少し古い言い方。「空調」はビル全体や大きな部屋などについて使われる。
(साधारणत धेरैजसो 'एआकोन' भनिन्छ। 'कुलर' भनेको अलिकति पुरानो शब्द हो। कुउच्यो भन्नाले सम्पुर्ण विल्डिङ अथवा ठूलो कोठामा प्रयोगहुने एयर कन्डिसनको लागि प्रयोग हुने शब्द हो।／ជាទូទៅគេប្រើ「エアコン」។ ចំនែក「クーラー」ជាពាក្យចាស់បន្តិច។「空調」ត្រូវបានប្រើចំពោះអាគារទាំងមូលបឬបន្ទប់ធំៗជាដើម។／「エアコン」ແມ່ນຖືກນຳໃຊ້ຫຼາຍໂດຍທົ່ວໄປ,「クーラー」ເປັນວິທີເວົ້າທີ່ຂ້ອນຂ້າງເກົ່າ,「空調」ແມ່ນຖືກນຳໃຊ້ສຳລັບອາຄານໂດຍລວມແລະຫ້ອງຂະໜາດກວ້າງ.)

㉜ □ 冷房（れいぼう） (कोल्ड एयर कन्डिसन／ម៉ាស៊ីនត្រជាក់／ແອເຢັນ)

㉝ □ 暖房（だんぼう） (हट एयर कन्डिसन／ម៉ាស៊ីនកម្ដៅ／ແອອຸ່ນ)

㉞ □ ストーブ (स्टोभ／ម៉ាស៊ីនកម្ដៅ／ເຕົາໄຟ)

㉟ □ テレビ (टेलिभिजन／ទូរទស្សន៍／ໂທລະທັດ)

㊱ □ ラジオ (रेडियो／វិទ្យុ／ວິທະຍຸ)

㊲ □ ビデオ (भिडियो／វីដេអូ／ວິດີໂອ)

▶①写真(しゃしん)だけじゃなく、ビデオもありますよ。見(み)ますか。

(फोटो मात्र नभएर भिडियो पनि छ। हेर्नुहुन्छ？／មិនមែនមានតែរូបថតទេ វីដេអូក៏មានដែរ។ តើអ្នកមើលទេ?／ບໍ່ມີພຽງແຕ່ຮູບ, ວິດີໂອກໍ່ມີໄດ໋. ເບິ່ງບໍ່?)

▶②結婚式(けっこんしき)の様子(ようす)は、ビデオにとりました。

(विवाह समारोहको झलक भिडियोमा लिएको छु।／ខ្ញុំបានថតវីដេអូទិដ្ឋភាពនៃពិធីរៀបអាពាហ៍ពិពាហ៍។／ບັນທຶກວິດີໂອບັນຍາກາດງານແຕ່ງດອງ.)

▶③テレビと一緒(いっしょ)に、ビデオも買(か)いました。

(टेलिभिजनसँगै भिडियो पनि किनें／ខ្ញុំបានទិញវីដេអូ ជាមួយនឹងទូរទស្សន៍។／ຊື້ເຄື່ອງຫຼິ້ນວິດີໂອພ້ອມກັບໂທລະທັດ.)

㊳ □ リモコン (रिमोटकन्ट्रोल／ឧបករណ៍បញ្ជា, តេឡេ／ລີໂໝດ)

㊴ □ 冷蔵庫(れいぞうこ) (रेफ्रिजिरेटर／ទូរទឹកកក／ຕູ້ເຢັນ)

㊵ □ 洗濯機(せんたくき) (वासिङ मेसिन／ម៉ាស៊ីនបោកគក់／ຈັກຊັກເຄື່ອງ)

㊶ □ 掃除機(そうじき) (भ्याक्युम／ម៉ាស៊ីនបូមសម្រាម／ຈັກດູດຝຸ່ນ)

㊷ □ ポット (थर्मस／ឆ្នាំង／ໝໍ້ຕົ້ມນ້ຳ)

㊸ □ ドライヤー (ड्रायर／ម៉ាស៊ីនផ្លុំសក់／ໄດເປົ່າຜົມ)

㊹ □ ふとん (सिरक डसना／ភួយ／ຜ້າຫົ່ມ, ບ່ອນນອນ) 漢 布団

㊺ □ カーテン (पर्दा／វាំងនន／ຜ້າກັ້ງ)

㊻ □ スリッパ (स्लिपर／ស្បែកជើងសម្រាប់ពាក់ក្នុងផ្ទះ／ເກີບແຕະ, ເກີບຢ່າງໃນເຮືອນ)

㊼ □ カレンダー (क्यालेन्डर／ប្រក្រតិទិន／ປະຕິທິນ)

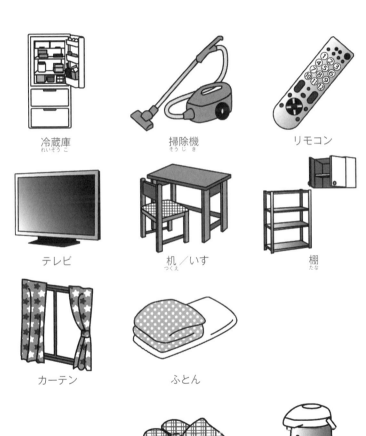

冷蔵庫（れいぞうこ）

掃除機（そうじき）

リモコン

テレビ

机（つくえ）／いす

棚（たな）

カーテン

ふとん

スリッパ

ポット

1 数字
2 時間
3 人・家族
4 食べる 飲む
5 家
6 服・くつ
7 乗り物 交通
8 街
9 建物
10 自然

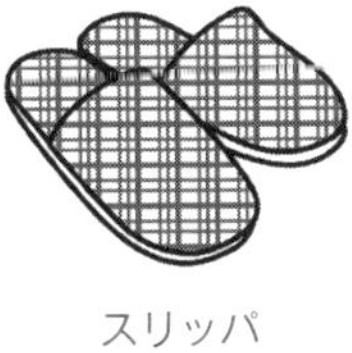

UNIT 6

服(ふく)・くつ

(लुगाकपडा, जुत्ता／សំលៀកបំពាក់, ស្បែកជើង／ເຄື່ອງນຸ່ງ, ເກີບ)

❶ □ 服 (लुगा, पहिरन／សំលៀកបំពាក់, ខោអាវ／ເຄື່ອງນຸ່ງ)

▶あしたは、どんな服を着(き)て行(い)きますか。

(भोलि कस्तो पहिरन लगाउनु हुन्छ ?／ថ្ងៃស្អែក តើអ្នកស្លៀកសំលៀកបំពាក់បែបណាទៅ?／
ໄປ?)

> 「**〜を着る**」の例；
> {服・着物・シャツ・スーツ・コート}を着る

❷ □ 洋服(ようふく) (पश्चिमी पहिरन／សំលៀកបំពាក់បែបបស្ចឹមប្រទេស／ເຄື່ອງນຸ່ງແບບຕາເວັນຕົກ, ເຄື່ອງນຸ່ງແບບສາກົນ)

▶結婚式(けっこんしき)には、着物(きもの)じゃなく、洋服で行(い)こうと思(おも)っています。

(विवाह समारोहमा जापानी पहिरन नलगाइ पश्चिमी पहिरन लगाएर जाऔं भनि सोचिरहेको छु।／"ខ្ញុំគិតថានឹងមិនស្លៀកសំលៀកបំពាក់បែបជប៉ុនទេ គឺស្លៀកសំលៀកបំពាក់បែបបស្ចឹមប្រទេស ទៅចូលរួមពិធីមង្គលការ។"／ຄິດວ່າຊິບໍ່ນຸ່ງຊຸດຄິໂມໂນະ, ຊິນຸ່ງເຄື່ອງແບບສາກົນໄປງານແຕ່ງດອງ.)

❸ □ 着物(きもの) (जापानी पहिरन／សំលៀកបំពាក់បែបជប៉ុន／ຊຸດຄິໂມໂນະ)

❹ □ シャツ (सर्ट／អាវ／ເສື້ອເຊີດ)

❺ □ ワイシャツ (सर्ट／អាវសម្រាប់ពាក់ធ្វើការ (អាវកឌុបដៃឌុប)／ເສື້ອເຊີດ)

❻ □ ズボン (पाइन्ट／ខោ／ໂສ້ງ)

❼ □ スカート (स्कर्ट／សំពត់／ກະໂປ່ງ)

▶ときどき、スカートもはきます。

(कहिलेकाहीं स्कर्ट लगाउँछु।／ពេលខ្លះ ខ្ញុំស្លៀកសំពត់ដែរ។／ໃສ່ກະໂປ່ງບາງຄັ້ງບາງຄາວ.)

> 「**〜をはく**」の例；
> {ズボン・パンツ・ジーンズ・スカート・くつ・くつした・スリッパ}をはく

❽ □ パンツ (कट्टु／ខោ／ໂສ້ງຂາຍາວ, ໂສ້ງຊ້ອນ, ສະລິບ)

▶①白(しろ)いパンツが似合(にあ)いますね。

(①सेतो कट्टु सुहाउँछ हगि।／ខោស សមនឹងអ្នកមែន។／ໂສ້ງສີຂາວຄືເນາະ, ໂສ້ງສີຂາວເໝາະສົມເນາະ.)

▶②パンツをはいたまま、温泉(おんせん)に入(はい)らないでください。

(②कट्टु लगाएर ओनसेनको हट स्प्रिङमा नडुब्नुहोस्।／សូមកុំស្លៀកខោចូលក្នុងអាងត្រាំទឹកក្តៅ (អ៊ុនសេន) ។／ກະລຸນາຢ່າໃສ່ສະລິບເຂົ້າບໍ່ນ້ຳຮ້ອນ.)

❾ □ Tシャツ (टि सर्ट／អាវយឺត／ເສື້ອຍືດ)

❿ □ セーター (स्विटर／អាវរងា／ເສື້ອກັນໜາວແບບຄໍສຸບ, ເສື້ອແລ້ນ)

⓫ □ コート (कोट／អាវធំ／ເສື້ອໂຄ໊ດ)

▶寒(さむ)いから、コートを着(き)たほうがいい。

(गर्मी भएको हुनाले कोट लगाएको राम्रो हुन्छ।／អាកាសធាតុត្រជាក់ ដូច្នេះគួរពាក់អាវរងាល្អជាង។／ໃສ່ເສື້ອໂຄ໊ດດີກວ່າເພາະວ່າອາກາດໜາວ.)

⓬ □ 上着(うわぎ) (कोट / स्विटर / ज्याकेट／អាវក្រៅ／ເສື້ອຄຸມ)

▶暑(あつ)くなったから、上着を脱(ぬ)いだ。

(गर्मी भएको हुनाले कोट / स्विटर / ज्याकेट फुकालेँ।／ខ្ញុំដោះអាវក្រៅចេញដោយសារក្តៅ។／ແກ້ເສື້ອຄຸມອອກເພາະວ່າຮ້ອນຂຶ້ນ.)

> ★上に着るもので、服の種類は決まっていない。
> (माथि लगाउने भन्ने अर्थ हो लुगा जुन थरिको भएपनि हुन्छ।／ប្រើចំពោះអាវសម្រាប់ពាក់ពីក្រៅ ដោយមិនកំណត់ប្រភេទខោអាវទេ។／ເປັນເສື້ອຄຸມເພື່ອໃສ່ທັບຈຶ່ງບໍ່ມີການລະບຸປະເພດເສື້ອ.)

⓭ □ スーツ (सुट／ខោអាវធំ／ເສື້ອສູດ, ເສື້ອແວັດ)

▶あしたは面接(めんせつ)だから、スーツを着(き)て行(い)きます。

(भोलि इन्टरभ्यु भएको हुनाले सुट लगाएर जान्छु।／ថ្ងៃស្អែកជាថ្ងៃសម្ភាសន៍ ដូច្នេះខ្ញុំពាក់ខោអាវធំទៅ។／ເພາະວ່າມື້ອື່ນມີສຳພາດ, ຈຶ່ງຊິໃສ່ເສື້ອສູດໄປ.)

⑭ □ ネクタイ (नेकटाइ／ក្រវាត់ក／ກາລະວັດ)

▶赤(あか)いネクタイをしているのが、森(もり)さんです。

(रातो नेकटाइ लगाएको मान्छे मोरी ज्यु हुनुहुन्छ ।／អ្នកពាក់ក្រវាត់កពណ៌ក្រហម គឺលោកម៉ូរី។／ຜູ້ທີ່ໃສ່ກາລະວັດສີແດງແມ່ນທ້າວ ໂມລິ.)

⑮ □ くつ (जुत्ता／ស្បែកជើង／ເກີບ)

⑯ □ サンダル (स्यान्डल／ស្បែកជើងផ្ទាត់／ເກີບແຕະ)

⑰ □ 下着(したぎ) (अन्डरवेयर／ខោអាវក្នុង, ខោអាវទ្រនាប់／ຊຸດຊັ້ນໃນ)

⑱ □ くつ下(した) (मोजा／ស្រោមជើង／ຖົງຕີນ) 同ソックス

⑲ □ ジーンズ (जिन्ज／ខោខូវប៊យ／ໂສ້ງຍີ້ນ)

▶マリアさんは、ジーンズが似合(にあ)いますね。

(मारिया ज्युलाई जिन्ज सुहाउँछ हगि ।／អ្នកនាងម៉ារី ស្លៀកខោខូវប៊យសមមែន។／ນາງ ມາເຣຍນຸ່ງໂສ້ງຍີ້ນຄື.)

⑳ □ スニーカー (स्निकर／ស្បែកជើងប៉ាត់តា／ເກີບຜ້າໃບ)

▶休(やす)みの日(ひ)は、いつもスニーカーです。

(बिदाको दिनमा जहिले पनि स्निकर लगाउँछु ।／ពេលថ្ងៃសម្រាក ខ្ញុំតែងតែពាក់ស្បែកជើងប៉ាត់តា។／ປົກກະຕິໃສ່ເກີບຜ້າໃບໃນມື້ພັກ.)

㉑ □ 帽子(ぼうし) (टोपी／មួក／ໝວກ)

▶帽子をかぶっている人(ひと)が、先生(せんせい)です。

(टोपी लगाएको मान्छे गुरू / टिचर / डाक्टर हो ।／អ្នកពាក់មួកនោះ គឺលោកគ្រូ។／ຜູ້ທີ່ໃສ່ໝວກແມ່ນອາຈານ.)

㉒ □ マフラー (गलबन्दी／កន្សែងបង់ក／ຜ້າພັນຄໍ)

▶このマフラーは、自分(じぶん)で編(あ)みました。

(यो गलबन्दी आफैले बुनेको हो ।／កន្សែងបង់កនេះ គឺខ្ញុំចាក់ដោយខ្លួនឯង។／ຜ້າພັນຄໍຜືນນີ້ແມ່ນຖັກເອງ.)

㉓ □ 手袋（てぶくろ） (पञ्जा／ស្រោមដៃ／ຖົງມື)

▶寒（さむ）いから、手袋をしたほうがいいですよ。

(जाडो भएको हुनाले पञ्जा लगाएको राम्रो हुन्छ।／អាកាសធាតុត្រជាក់ ដូច្នេះគួរពាក់ស្រោមដៃល្អជាង។／ໃສ່ຖົງມືດີກວ່າໄດ໋, ເພາະວ່າອາກາດໜາວ.)

㉔ □ 眼鏡（めがね） (चस्मा／វ៉ែនតា／ແວ່ນຕາ)

▶映画（えいが）を見（み）るとき、めがねをかけます。

(सिनेमा हेर्दा चस्मा लगाउँछु।／ខ្ញុំពាក់វ៉ែនតា ពេលមើលកុន។／ໃສ່ແວ່ນຕາຕອນເບິ່ງໜັງ.)

㉕ □ サングラス (सनग्लास／វ៉ែនតាការពារកម្តៅថ្ងៃ／ແວ່ນຕາກັນແດດ)

㉖ □ 指輪（ゆびわ） (औंठी／ចិញ្ចៀន／ແຫວນ)

▶指輪をする、指輪をつける

(औंठी लगाउँछु／ពាក់ចិញ្ចៀន, ពាក់ចិញ្ចៀន／ໃສ່ແຫວນ, ສວມແຫວນ)

㉗ □ ボタン (टाँक／ឡេវអាវ／ກະດຸມ)

㉘ □ ポケット (खल्ती／ហោប៉ៅ／ຖົງ)

㉙ □ サイズ (साइज／ទំហំ／ຂະໜາດ)

㉚ □ M(サイズ) (M (साइज)／ទំហំM／(ຂະໜາດ) M)

㉛ □ S(サイズ) (S (साइज)／ទំហំS／(ຂະໜາດ) S)

㉜ □ L(サイズ) (L (साइज)／ទំហំL／(ຂະໜາດ) L)

2 時間
3 人・家族
5 家
6 服・くつ
7 乗り物 交通
8 街
9 建物
10 自然

33 □ **着(き)る** (लगाउनु／ពាក់／ใส่/นุ่ง (เสื้อ))

34 □ **はく** (लगाउनु／ស្លៀក／ใส่/นุ่ง (โສ້ງ, กะโป่ງ))

▶たまにジーンズをはきます。

(कहिलेकाहीं स्कर्ट लगाउँछु ।／ខ្ញុំស្លៀកខោខូវប៊យម្តងម្កាល។／ດົນໆໃສ່ກະໂປ່ງເທື່ອໜຶ່ງ.)

35 □ **かぶる** (ढाक्नु / लगाउनु／ពាក់ (មួក)／ໃສ່ (ໝວກ))

▶外(そと)は暑(あつ)いから帽子(ぼうし)をかぶったほうがいいですよ。

(बाहिर गर्मीभएको हुनाले टोपी लगाएको राम्रो हुन्छ नि ।／អ្នកគួរពាក់មួកល្អជាង ព្រោះខាងក្រៅក្តៅ។／ໃສ່ໝວກດີກວ່າເດີ້, ເພາະວ່າທາງນອກຮ້ອນ.)

36 □ **かける** (लगाउने (चस्मा)／ពាក់ (វ៉ែនតា)／ໃສ່ (ແວ່ນຕາ))

▶めがねをかけないと見(み)えません。

(चस्मा नलगाएमा देखिन्न ।／បើមិនពាក់វ៉ែនតា ខ្ញុំមើលអ្វីមិនឃើញទេ។／ຖ້າບໍ່ໃສ່ແວ່ນຕາແມ່ນແນມບໍ່ເຫັນ.)

37 □ **試着(しちゃく)(する)** ((पसलमा) लगाएर हेर्नु／លរ (ខោអាវ)／ລອງເຄື່ອງ, ລອງໃສ່)

▶これ、試着してもいいですか。

(यो लगाएर हेर्न हुन्छहोला ?／តើខ្ញុំអាចលមួយនេះបានទេ?／ລອງໃສ່ອັນນີ້ໄດ້ບໍ່?)

38 □ **脱(ぬ)ぐ** (फुकाल्नु／ដោះ (ខោអាវជាដើម)／ແກ້ເຄື່ອງ, ປົດ (ເກີບ))

▶ここでくつを脱いでください。

(यहाँ जुत्ता फुकाल्नुहोस् ।／សូមដោះស្បែកជើងនៅទីនេះ។／ກະລຸນາປົດເກີບຢູ່ບ່ອນນີ້.)

> **「～を脱ぐ」**の例：
> {服・くつ・ぼうし}
> を脱ぐ

39 □ **する** (गर्नु／ធ្វើ, ពាក់ (ក្រវ៉ាត់ក)／ໃສ່ (ແຫວນ, ກາລະວັດ))

▶きょうは、変(か)わったネクタイをしていますね。

(आज अलगखालको नेकटाइ लगाउनु भएको छ हगि ।／ថ្ងៃនេះ អ្នកពាក់ក្រវ៉ាត់កប្លែក។／ມື້ນີ້ໃສ່ກາລະວັດທີ່ແຕກຕ່າງເນາະ.)

> **「～をする」**の例：
> {ネクタイ・マフラー・
> 手ぶくろ・ゆびわ・
> ベルト} をする

㊵ □ とる (लिनु / निकाल्नु／ដោះ (វ៉ែនតា)／ປົດ)

▶お風呂(ふろ)に入(はい)るときは、めがねをとります。

(बाथरुममा नुहाउँने बेला चस्मा निकाल्छु ।／ដោះវ៉ែនតា ពេលចូលមុជទឹកក្នុងអាង។／ປົດແວ່ນຕາຍາມເຂົ້າແຊ່ອ່າງອາບນ້ຳ.)

帽子(ぼうし)をかぶる

ズボンをはく

くつをはく

スニーカー

くつした

ポケット

指輪(ゆびわ)

セーター

シャツを着(き)る

コートを脱(ぬ)ぐ

パンツ

スカート

スーツ

ネクタイ

試着(しちゃく)／試着(を)する

めがねをかける

2 時間
3 人・家族
4 食べる 飲む
5 家
6 服・くつ
8 街
9 建物
10 自然

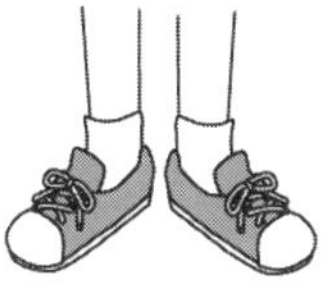

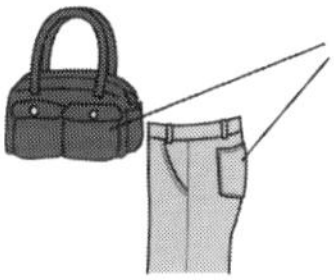

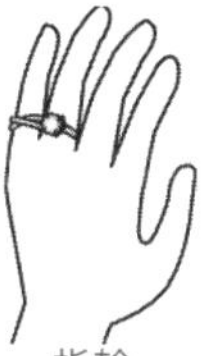

UNIT 7 乗り物・交通（のりもの・こうつう）

(यातायातका साधन／យានជំនិះ, ចរាចរណ៍／ພາຫະນະ)

❶ □ 交通（こうつう） (ट्राफिक／ចរាចរណ៍／ການຈາລະຈອນ)

▶交通事故（じこ） (यातायात दुर्घटना／គ្រោះថ្នាក់ចរាចរណ៍／ອຸບັດຕິເຫດເທິງທ້ອງຖະໜົນ)

▶交通の便（べん） (यातायातको पायक ／ងាយស្រួលក្នុងការធ្វើដំណើរ／ຄວາມສະດວກໃນການເດີນທາງ)

▶ここは交通の便がいいから、人気（にんき）があります。

(यहाँ यातायातको पायक राम्रो भएको हुनाले लोकप्रिय छ।／កន្លែងនេះពេញនិយមដោយសារមានភាពងាយស្រួលក្នុងការធ្វើដំណើរ។／ການເດີນທາງຢູ່ນີ້ສະດວກດີ, ຈຶ່ງເປັນທີ່ນິຍົມ.)

▶交通費（ひ） (यातायातको शुल्क／ចំណាយលើការធ្វើដំណើរ／ຄ່າເດີນທາງ)

❷ □ 車（くるま） (गाडी, अटो गाडी, कार／ឡាន, រថយន្ត／ລົດໃຫຍ່)

▶車の免許（めんきょ）は持（も）っていますか。

(गाडी / अटो गाडी / कारको लाइसेन्स छ ?／តើអ្នកមានបណ្ណបើកបររថយន្តដែរឬទេ?／ມີໃບຂັບຂີ່ລົດໃຫຍ່ບໍ່?)

> ★会話では、「自動車」より「車」を使う。
> (कुराकानी गर्दा 'अटो गाडी' भन्दा 'कार' भनिन्छ।／នៅក្នុងការសន្ទនា គេច្រើនប្រើ「車」ជាង「自動車」។／ໃຊ້「車」ຫຼາຍກວ່າ「自動車」ໃນບົດສົນທະນາ.)

❸ □ 同 自動車（じどうしゃ） (अटोगाडी／រថយន្ត,ឡាន／ລົດໃຫຍ່)

▶来週（らいしゅう）、自動車工場（こうじょう）を見学（けんがく）します。

(अर्को हप्ता मोटरगाडी कारखाना अवलोकन गर्छु।／អាទិត្យក្រោយ ខ្ញុំទៅទស្សនកិច្ចសិក្សានៅរោងចក្រផលិតរថយន្ត។／ຂ້ອຍຈະໄປທັດສະນະສຶກສາທີ່ໂຮງງານຜະລິດລົດໃນອາທິດໜ້າ.)

❹ □ タクシー (ट्याक्सी／តាក់ស៊ី／ລົດແທັກຊີ)

▶フロントに電話（でんわ）して、タクシーを呼（よ）んでもらいましょう。

(फ्रन्टमा फोन गरेर ट्याक्सी बोलाउन लगाऔं।／តោះទូរសព្ទទៅកន្លែងទទួលភ្ញៀវ ហើយអោយគេហៅតាក់ស៊ីអោយ។／ໂທຫາພະນັກງານຕ້ອນຮັບເພື່ອໃຫ້ເຂົາເຈົ້າເອີ້ນລົດແທັກຊີໃຫ້ເທາະ.)

❺ □ バス (बस／ឡានក្រុង, រថយន្តក្រុង／ລົດເມ)

❻ □ バス停（てい） (बस स्टप／ចំណតរថយន្តក្រុង／ບ່ອນຈອດລົດເມ)

▶観光（かんこう）バス (पर्यटकको बस／រថយន្តក្រុងទេសចរណ៍／ລົດທົວ)

❼ □ 電車 (रेल / ट्रेन ⁄ រថភ្លើង ⁄ ລົດໄຟ)
でんしゃ

❽ □ 地下鉄 (सबवे ⁄ រថភ្លើងក្រោមដី ⁄ ລົດໄຟໃຕ້ດິນ)
ちかてつ

❾ □ 新幹線 (बुलेट ट्रेन ⁄ រថភ្លើងលឿន (ស៊ីនកានសេន) ⁄ ລົດໄຟຄວາມໄວສູງ, ລົດໄຟຫົວກະສຸນ)
しんかんせん

❿ □ 飛行機 (हवाइजहाज ⁄ យន្តហោះ ⁄ ຍົນ, ເຮືອບິນ)
ひこうき

⓫ □ 船 (पानीजहाज ⁄ កប៉ាល់ ⁄ ເຮືອ)
ふね

⓬ □ 自転車 (साइकल ⁄ កង់ ⁄ ລົດຖີບ)
じてんしゃ

⓭ □ オートバイ (मोटर साइकल ⁄ ម៉ូតូ ⁄ ລົດຈັກ)

⓮ □ 同バイク

⓯ □ トラック (ट्रक ⁄ ឡានធំ ⁄ ລົດບັນທຸກ)

⓰ □ 駅 (रेल / ट्रेन स्टेशन ⁄ ស្ថានីយ៍រថភ្លើង ⁄ ສະຖານີ)
えき

⓱ □ 最寄りの * (सबैभन्दा नजिकको ⁄ ដែលនៅជិតបំផុត ⁄ ສະຖານີໃກ້ສຸດ)
もよ

▶最寄りの駅はどこですか。

(सबैभन्दा नजिकको रेल / ट्रेन स्टेशन कहाँ हो ? ⁄ តើស្ថានីយ៍រថភ្លើងដែលនៅជិតបំផុតនៅឯណា? ⁄ ສະຖານີໃກ້ສຸດຢູ່ໃສ?)

⓲ □ 乗る (चढ्नु ⁄ ជិះ ⁄ ຂຶ້ນລົດ, ຂີ່ລົດ)
の

▶いつも８時25分の電車に乗ります。
じ ふん

(जहिले पनि 8 बजेर 25 मिनेटको रेल / ट्रेन मा चढ्छु । ⁄ ខ្ញុំតែងតែជិះរថភ្លើងម៉ោង៨ និង២៥នាទី។ ⁄ ຂຶ້ນລົດໄຟຖ້ຽວ8ໂມງປາຍ25ນາທີຕະຫຼອດ.)

⑲ □ 降(お)りる （ओर्लनु／ចុះ／ລົງລົດ）

▶お金(かね)は、バスを降りるときに払(はら)います。

（पैसा चाहिँ बसबाट ओर्लनेबेला तिर्छु।／សូមបង់លុយនៅពេលចុះពីឡានក្រុង។／ຈ່າຍເງິນຕອນລົງລົດເມ.）

⑳ □ 乗(の)り換(か)える （ओर्लेर अर्कोमा चढ्नु／ប្តូរ／ປ່ຽນຂຶ້ນລົດ）

▶次(つぎ)の駅(えき)で急行(きゅうこう)に乗り換えてください。

（अर्को स्टेशनमा ओर्लेर एक्स्प्रेसमा चढ्नुहोस्।／សូមប្តូរទៅរថភ្លើងលឿននៅស្ថានីយ៍បន្ទាប់។／ກະລຸນາປ່ຽນຂຶ້ນລົດດ່ວນທີ່ສະຖານີຕໍ່ໄປ.）

㉑ □ 乗(の)り換(か)え （ओर्लेर अर्कोमा चढ्नु／ការប្តូរ／ການປ່ຽນລົດ）

▶これだと、乗り換えなしで行(い)けるので、便利(べんり)です。

（यसबाट गएमा ओर्लेर अर्कोमा चढ्नु नपर्ने हुनाले सजिलो हुन्छ।／បើតាមផ្លូវនេះងាយស្រួល ព្រោះអាចទៅបានដោយមិនបាច់ប្តូររថភ្លើង។／ຖ້າແມ່ນຄັນນີ້ຈະສະດວກ, ເພາະວ່າບໍ່ມີການປ່ຽນລົດກໍ່ໄປຮອດໄດ້.）

㉒ □ 乗(の)り場(ば) （चढ्ने स्थल／ចំណតជិះ／ບ່ອນຂຶ້ນລົດ）

▶バス乗り場、新幹線(しんかんせん)乗り場

（बास चढ्ने स्थल, बुलेट ट्रेन चढ्ने स्थल／ចំណតជិះរថយន្តក្រុង, ចំណតជិះស៊ីនកានសេន។／ບ່ອນຂຶ້ນລົດເມ, ບ່ອນຂຶ້ນລົດຊິງຄັນເຊນ.）

㉓ □ ホーム （प्लाटफर्म／កន្លែងជិះរថភ្លើង／ຊານຊາລາ）

▶駅(えき)のホームにも売店(ばいてん)があります。

（प्लाटफर्ममा पनि सानो विक्रि स्टोर छ।／នៅកន្លែងជិះរថភ្លើងក៏មានតូបលក់អីវ៉ាន់ដែរ។／ຢູ່ຊານຊາລາຂອງສະຖານີກໍ່ມີຮ້ານຂາຍເຄື່ອງ.）

㉔ □ ～番線(ばんせん) （प्लाटफर्म नम्बर~को रेल / ट्रेन／ខ្សែលេខ~／ຊານຊາລາທີ~）

▶２番線の電車(でんしゃ)は、急行(きゅうこう)横浜(よこはま)行(ゆ)きです。

（प्लाटफर्म नम्बर 2 को रेल / ट्रेन योकोहामा सम्म जाने एक्सप्रेस हो।／រថភ្លើងនៅខ្សែទី២ គឺជារថភ្លើងលឿនទៅយូកូហាម៉ា។／ລົດໄຟທີ່ຊານຊາລາທີ 2ແມ່ນລົດໄຟດ່ວນໄປໂຢໂກຮະມາ.）

㉕ □ 切符（きっぷ） (टिकेट, किप्पु／សំបុត្រ (សម្រាប់យានជំនិះ)／ປີ້)

▶切符売（う）り場（ば） (टिकेट,किप्पुविक्रिस्थल／កន្លែងលក់សំបុត្រ／ບ່ອນຂາຍປີ້)

㉖ □ チケット (टिकेट／សំបុត្រ／ປີ້)

★「切符」…主に乗り物に使われる。
「チケット」…映画やイベント、乗り物では新幹線や飛行機などに使われる。
('切符' …विशेष गरि यातायातका साधन चढ्दा प्रयोग हुन्छ। 'チケット' …सिनेमा वा इभेन्ट अनि यातायातका साधन मध्ये बुलेट ट्रेन तथा हवाइजहाज आदिमा प्रयोग हुन्छ।／ពាក្យ「切符」ភាគច្រើន ប្រើសម្រាប់យានជំនិះ។ពាក្យ「チケット」ត្រូវបានប្រើសម្រាប់សម្រាប់ភាពយន្តនិងកម្មវិធី ព្រមទាំងយានជំនិះដូចជារថភ្លើងល្បឿនស៊ីនកានសេននិងយន្តហោះជាដើម។／「切符」…ໃຊ້ກັບພາຫະນະ「チケット」…ໃຊ້ກັບໜັງ, ເທດສະການ. ສຳລັບພະຫະນະແມ່ນໃຊ້ກັບລົດໄຟຊິງຄັນເຊນ ແລະ ເຮືອບິນເປັນຕົ້ນ.)

㉗ □ 改札（かいさつ） (टिकट हाल्ने गेट／ច្រកទ្វារសំបុត្រ／ການກວດປີ້)

▶3時に駅（えき）の改札で会（あ）いましょう。

(3 बजे स्टेशनको टिकट हाल्ने गेटमा भेटौं।／ជួបគ្នាម៉ោង៣នៅច្រកទ្វារសំបុត្រនៅស្ថានីយ៍រថភ្លើង／ພົບກັນທີ່ບ່ອນກວດປີ້ຂອງສະຖານີເນາະ.)

㉘ □ 急行（きゅうこう） (एक्स्प्रेस／ល្បឿន／ດ່ວນ)

㉙ □ 特急（とっきゅう） (विशेष एक्स्प्रेस／ល្បឿនខ្លាំង／ດ່ວນພິເສດ)

㉚ □ 快速（かいそく） (आंशिक एक्स्प्रेस／ល្បឿន／ດ່ວນ)

▶この駅には快速は止（と）まりません。

(यो स्टेशनमा आंशिक एक्स्प्रेस／រថភ្លើងល្បឿន មិនឈប់នៅស្ថានីយ៍នេះទេ។／ລົດດ່ວນຈະບໍ່ຈອດສະຖານີນີ້.)

㉛ □ 各駅（かくえき）／各駅停車（かくえきていしゃ） (हरेक स्टेशन / हरेक स्टेशनमा रोकिने／រថភ្លើងធម្មតា (ឈប់គ្រប់ស្ថានីយ៍)／ທຳມະດາ, ຈອດທຸກປ້າຍ) 同 普通列車（ふつうれっしゃ）

▶各駅だと、1時間以上（じかんいじょう）かかります。

(हरेक स्टेशनमा रोकिने भए 1 घण्टा भन्दा बढी लाग्छ।／បើជិះរថភ្លើងធម្មតា ចំណាយពេលជាង១ម៉ោង។／ຖ້າແມ່ນລົດໄຟທຳມະດາຈະໃຊ້ເວລາຫຼາຍກວ່າ1ຊົ່ວໂມງ.)

2 時間
3 人・家族
4 食べる 飲む
5 家
6 服・くつ
8 街
9 建物
10 自然

32 □ **席** (सिट／កន្លែងអង្គុយ, កៅអី／ບ່ອນນັ່ງ)
せき

▶指定席、自由席
してい せき　じ ゆう せき

(फिक्स्ड सिट, फ्रि सिट／កៅអីដែលត្រូវបានកក់ទុក, កៅអីដែលមិនមានការកក់ទុក／ບ່ອນນັ່ງຈອງ, ບ່ອນນັ່ງທີ່ບໍ່ຈຳເປັນຈອງ)

▶お金がないから、自由席で行きます。
かね　い

(पैसा छैन त्यसैले फ्रि सिट बाट जान्छु।／ខ្ញុំទៅដោយអង្គុយកៅអីដែលមិនមានការកក់ទុក ដោយសារខ្ញុំមិនមានលុយ។／ໃຊ້ບ່ອນນັ່ງທີ່ບໍ່ຈຳເປັນຈອງໄປເພາະວ່າບໍ່ມີເງິນ.)

33 □ **道** (बाटो／ផ្លូវ, ថ្នល់／ທາງ, ທາງໄປ)
みち

▶住所はわかるけど、道がわかりません。
じゅうしょ

(ठेगाना त थाहा छ तर बाटो थाहा छैन।／ខ្ញុំស្គាល់អាសយដ្ឋាន ប៉ុន្តែមិនស្គាល់ផ្លូវ។／ຮູ້ທີ່ຢູ່ແຕ່ບໍ່ຮູ້ທາງໄປ.)

▶道がせまくて、車が通れないみたいですね。
くるま　とお

(बाटो साँगुरो छ, गाडी पार हुदैन होला जस्तो छ।／ផ្លូវចង្អៀត មើលទៅឡានឆ្លងកាត់មិនរួចទេ។／ທາງແຄບລົດຄືຊິຜ່ານບໍ່ໄດ້ເນາະ.)

▶近道 (छोटकरी बाटो／ផ្លូវកាត់／ທາງລັດ)
ちかみち

34 □ **道路** (सडक／ផ្លូវ／ທາງ, ຫົນທາງ, ທາງໃຫຍ່)
どう ろ

▶新しい道路ができたら、渋滞がかなり減るでしょう。
あたら　じゅうたい　へ

(नयाँ सडक निर्माण भयो भने ट्राफिक जाम निकै कम हुन्छ होला।／ប្រសិនបើមានផ្លូវថ្មី នោះចរាចរណ៍នឹងថយចុះច្រើនគួរសមជាមិនខាន។／ຖ້າທາງໃໝ່ແລ້ວ, ຄວາມແອອັດອາດຈະຫຼຸດລົງ.)

▶高速道路 (सशुल्क हाइवे रोड／ផ្លូវល្បឿនលឿន (ផ្លូវហាយវេ)／ທາງດ່ວນ)
こうそくどう ろ

35 □ **通り** (सडक बाटो, रोड／ផ្លូវ／ຫົນທາງ, ຖະໜົນ, ທາງຮ່ອມ)
とお

▶～通り、大通り (~सडक, रोड, ठूलो सडक／ផ្លូវ~, ផ្លូវធំ~／ຖະໜົນ~, ຖະໜົນສາຍຫຼັກ (ທາງໃຫຍ່))
どお　おおどお

▶お店はＡＢＣ通りにあります。
みせ

(पसल A B C रोडमा छ।／ហាងស្ថិតនៅផ្លូវABC។／ຮ້ານຕັ້ງຢູ່ທີ່ຖະໜົນABC.)

▶この道をまっすぐ行くと、大通りに出ます。
い　で

(यो बाटो सिधै गएमा ठूलो सडक बाटोमा पुगिन्छ।／ផ្លូវនេះទៅត្រង់ទៅ នឹងចេញទៅផ្លូវធំ។／ຖ້າໄປຕາມທາງເສັ້ນນີ້,ຈະຂອດອອກທາງໃຫຍ່.)

★「通り」……人や車が通るための町の中の道。特に、店や建物が並ぶ道。「道路」……交通（特に車）のために作った道。
('सडक बाटो'... मान्छे तथा गाडी वारपार गर्ने नगर भित्रको बाटो । विशेष गरि वारपारमा पसल तथा भवनको लस्कर भएको बाटो । 'सडक'... ट्राफिक (विशेष गरि गाडी)को लागि बनाइएको बाटो ।／「通り」ជាផ្លូវក្នុងក្រុងសម្រាប់មនុស្សនិងរថយន្តឆ្លងកាត់។ ជាពិសេស ជាផ្លូវដែលមានហាងនិងអាគារនៅតាមផ្លូវ។「通り」ត្រូវបានធ្វើឡើងដើម្បីចរាចរណ៍ (ជាពិសេសរថយន្ត)／「通り」...ທາງໃນເມືອງເພື່ອໃຫ້ຄົນແລະລົດຜ່ານ. ໂດຍສະເພາະແມ່ນທາງທີ່ມີຮ້ານອາຫານແລະອາຄານຕັ້ງລຽນກັນ. 「道路」...ທາງທີ່ສ້າງຂຶ້ນເພື່ອການຄົມມະນາຄົມ (ໂດຍສະເພາະລົດໃຫຍ່).)

❸❻ □ **交差点**（こうさてん） (चौबाटो／ផ្លូវបែកជាបួន／ສີ່ແຍກ (ມີໄຟສັນຍານ))

▶すみません、地下鉄（ちかてつ）の入り口（いりぐち）はどこでしょうか。
——この先（さき）の交差点にありますよ。
(सुन्नुहोस् त, सबवेमा छिर्ने ढोका कुन होला ? यहाँबाट अलि अगाडिको चौबाटोमा छ ।／សូមទោស តើច្រកចូលរថភ្លើងក្រោមដីនៅឯណា?／ຂໍໂທດ, ທາງເຂົ້າໄປລົດໄຟໃຕ້ດິນຢູ່ໃສ? ຢູ່ສີ່ແຍກທັ່ງເດີ້.)

❸❼ □ **角**（かど） (कुना／ជ្រុង／ທາງມຸມ, ແຈ)

▶四つ角（よつかど） (चारकुना／ផ្លូវត្រឡែងកែង, ផ្លូវបំបែក／ສີ່ແຍກ)

❸❽ □ **信号**（しんごう） (ट्राफिक लाईट／ភ្លើងស្តុប, ភ្លើងចរាចរណ៍／ໄຟສັນຍານຈາລະຈອນ)

❸❾ □ **踏切**（ふみきり） (रेल / ट्रेनमार्ग पार गर्ने／ផ្លូវរថភ្លើងឆ្លងកាត់／ບ່ອນກັ້ນລະຫວ່າງທີ່ນທາງແລະທາງລົດໄຟ)

❹⓿ □ **駐車場**（ちゅうしゃじょう） (पार्किङ एरिया／ចំណតរថយន្ត／ບ່ອນຈອດລົດ)

❹❶ □ **橋**（はし） (पुल／ស្ពាន／ຂົວ)

❹❷ □ **歩道橋**（ほどうきょう） (पैदल यात्रु हिड्ने पुल／ស្ពានសម្រាប់ដើរ／ຂົວລອຍຟ້າ, ສະພານລອຍ)

❹❸ □ **トンネル** (टनेल / सुरुङ／រូងក្រោមដី／ອຸໂມງ)

1 数字 / 2 時間 / 3 人・家族 / 4 食べる 飲む / 5 家 / 6 服・くつ / 7 乗り物 交通 / 8 街 / 9 建物 / 10 自然

㊹ □ 港（みなと） (बन्दरगाह／កំពង់ផែ／ທ່າເຮືອ)

㊺ □ 空港（くうこう） (विमान स्थल／អាកាសយានដ្ឋាន, ព្រលានយន្តហោះ／ສະໜາມບິນ, ເດີ່ນຍົນ)

㊻ □ 遅（おく）れる (ढिलो हुनु／យឺត, យឺតយ៉ាវ／ຊ້າ)

▶電車（でんしゃ）が遅れて、遅刻（ちこく）してしまった。

(रेल / ट्रेन ढिला भएको हुनाले समयमा भ्याउन सकिनँ।／ខ្ញុំយឺតហើយ ដោយសាររថភ្លើងយឺត។／ມາຊ້າຊໍ້າຍ້ອນວ່າລົດໄຟຊ້າ.)

㊼ □ 乗（の）り遅（おく）れる (चढ्न ढिलो हुनु／ខក, ខកខាន／ຂຶ້ນລົດຊ້າ)

▶飛行機（ひこうき）に乗り遅れたら、困（こま）ります。

(हवाइजहाजमा चढ्न ढिलो भयो भने आपद पर्छ।／ប្រសិនបើខកជើងយន្តហោះ នឹងមានបញ្ហា។／ຂີລຳບາກຖ້າຂຶ້ນຍົນຊ້າ.)

㊽ □ 出発（しゅっぱつ）(する) (प्रस्थान (गर्नु)／ចេញដំណើរ／ອອກ)

▶あしたは何時（なんじ）に出発しますか。

(भोलि कति बजे प्रस्थान गर्नुहुन्छ ?／ថ្ងៃស្អែក តើចេញដំណើរនៅម៉ោងប៉ុន្មាន?／ມື້ອື່ນອອກຈັກໂມງ?)

㊾ □ 着（つ）く (आइपुग्नु／ទៅដល់／ຮອດ)

▶東京（とうきょう）へは何時（なんじ）ごろに着きますか。

(टोक्योमा कति बजे आइपुगिन्छ ?／តើទៅដល់តូក្យូម៉ោងប្រហែលប៉ុន្មាន?／ຂີຮອດໂຕກຽວຕອນຈັກໂມງ?)

㊿ □ 止（と）まる (रोकिनु／ឈប់／ຈອດ)

▶電車（でんしゃ）が急（きゅう）に止まって、びっくりしました。

(रेल / ट्रेन अकस्मात रोकिएको हुनाले झसङ्ग भएँ।／ខ្ញុំភ្ញាក់ផ្អើលដោយសាររថភ្លើងឈប់ភ្លាមៗ។／ຕົກໃຈທີ່ລົດໄຟຈອດກະທັນຫັນ.)

(51) □ 止(と)める／停(と)める (रोक्नु / रोकेर राख्नु／ឈប់／ຈອດ)

▶ここに自転車(じてんしゃ)を止めないでください。

(यहाँ साइकल नरोक्नुहोस् ।／សូមកុំចតកង់នៅទីនេះ។／ກະລຸນາຢ່າຈອດລົດຖີບຢູ່ບ່ອນນີ້.)

(52) □ 運転(うんてん)(する) (गाडी चलाउने (गर्नु)／បើកបរ／ຂັບລົດ)

(53) □ ～目(め) (~पटकमा／ប្លុកទី~／ທີ~)

▶「元町(もとまち)」は、ここから３つ目です。

(मोतोमाची' यहाँबाट 3 पटक रोकिए पछि आउँछ ।／「ម៉ុតុម៉ាឈិ」 ស្ថិតនៅប្លុកទី៣ពីទីនេះ។／"ໂມໂຕມາຈິ" ແມ່ນຫຼັງທີ3ຈາກບ່ອນນີ້.)

(54) □ 通(とお)る (पार हुनु／ឆ្លងកាត់／ຜ່ານ)

▶このバスは「さくら公園(こうえん)」を通りますか。

(यो बस 'साकुरा पार्क' भएर जान्छ ?／តើឡានក្រុងនេះឆ្លងកាត់ 「សួនសាគូរ៉ា」 ឬទេ?／ລົດເມຄັນນີ້ຊິຜ່ານ "ສວນສາທາລະນະຊາກຸລະ" ບໍ່?)

▶この細(ほそ)い道(みち)を通って行(い)くんですか。

(यो साँगुरो बाटो पार गरेर जाने हो ?／តើទៅដោយឆ្លងកាត់តាមផ្លូវតូចនេះឬ?／ຊິຜ່ານທາງນ້ອຍໆເສັ້ນນີ້ໄປບໍ?)

(55) □ 曲(ま)がる (मोड्नु / घुम्नु／បត់／ລ້ຽວ)

▶駅(えき)はどこですか。 ―あの角(かど)を左(ひだり)に曲がるとすぐです。

(रेल / ट्रेन स्टेशन कहाँ छ ? —यो कुनाबाट देब्रेपट्टि मोडेर जानुभयो भने तुरुन्त आइपुग्छ ।／តើស្ថានីយ៍រថភ្លើងនៅឯណា? បត់ឆ្វេងនៅកាច់ជ្រុងនោះទៅនឹងដល់ហើយ។／ສະຖານນີຢູ່ໃສ? —ລ້ຽວຊ້າຍຢູ່ທີ່ວມຸມນັ້ນກໍ່ແມ່ນໂລດ.)

(56) □ 渡(わた)る (पार गर्नु／ឆ្លង／ຂ້າມ)

▶道路(どうろ)を渡る時(とき)、車(くるま)に気(き)をつけてください。

(सडक पार गर्नेबेला गाडीको होस गर्नुहोस् ।／សូមប្រយ័ត្នឡាន ពេលឆ្លងផ្លូវ។／ກະລຸນາລະວັງລົດຕອນຂ້າມທາງ.)

自転車
じ てんしゃ

車／自動車
くるま じ どうしゃ

バス

電車
でんしゃ

トラック

飛行機
ひ こう き

船
ふね

駐 車 場
ちゅうしゃじょう

交差点／信号
こう さ てん しんごう

UNIT 8 街 まち

(नगर / पसल／ក្រុង, ទីប្រជុំជន／ເຂດ・ຮ້ານ)

❶ □ 町 (वडा／សង្កាត់／ເຂດ)
まち/ちょう

市・町・村と区別され、「町」は、「市」より小さく、「村」より大きい。
(नगर, वडा, गाउँमा बाँडिएको र '町' '市' भन्दा सानो तथा '村' भन्दा ठुलो हुन्छ।／គេបែងចែកចេញជាក្រុង, សង្កាត់ និងភូមិ។ 「町」តូចជាង「市」តែធំជាង「村」។／ແຕກຕ່າງຈາກ市・町・村, ເຊິ່ງ「町」ຈະນ້ອຍກວ່າ「市」ໃຫຍ່ກວ່າ「村」)

❷ □ 街 (नगर／ក្រុង, ទីប្រជុំជន／ເຂດ)
まち/がい

▶学生街 (स्कूल रोड／ទីប្រជុំជនសិស្ស／ເຂດນັກຮຽນ)
がくせいがい

▶オフィス街 (अफिस रोड／ទីប្រជុំទៅដោយអគារការិយាល័យ／ເຂດຫ້ອງການ)

★店が多く、にぎやかなところに使うことが多い。
(पसलहरू थुप्रो भएको र बाक्लो बस्ति भएको ठाउँको लागि प्रयोग हुन्छ।／ភាគច្រើនប្រើសម្រាប់កន្លែងដែលមានហាងច្រើន ហើយអ៊ូអរជាដើម។／ນຳໃຊ້ຫຼາຍໃນເຂດທີ່ມີຮ້ານຫຼາຍແລະມີຄວາມຟົດຟື້ນ.)

❸ □ 銀行 (बैंक／ធនាគារ／ທະນາຄານ)
ぎんこう

❹ □ 銀行員 (बैंक कर्मचारी／បុគ្គលិកធនាគារ／ພະນັກງານທະນາຄານ)
いん

❺ □ 郵便局 (हुलाक अड्डा／ប្រៃសណីយ៍／ໄປສະນີ)
ゆうびんきょく

❻ □ レストラン (रेष्टुरेंट／ភោជនីយដ្ឋាន／ຮ້ານອາຫານ)

▶この階には、レストランはありませんね。
かい

(यो तलामा रेष्टुरेंट छैन हगि।／នៅជាន់នេះ មិនមានភោជនីយដ្ឋានទេ។／ບໍ່ມີຮ້ານອາຫານຢູ່ຊັ້ນນີ້.)

❼ □ 食堂 (भोजनालय／អាហារដ្ឋាន／ໂຮງອາຫານ)
しょくどう

❽ □ 学生食堂 (क्यानटिन, चमेनागृह／អាហារដ្ឋានសិស្ស／ໂຮງອາຫານສຳລັບນັກຮຽນ)
がくせい

❾ □ 社員食堂 (कर्मचारी भोजनालय／អាហារដ្ឋានបុគ្គលិក／ໂຮງອາຫານສຳລັບພະນັກງານ)
しゃいん

1 数字
2 時間
3 人・家族
5 家
6 服・くつ
7 乗り物 交通
8 街
9 建物
10 自然

⑩ □ 喫茶店（きっさてん） (चिया पसल, चमेनागृह／ហាងកាហ្វេ／ຮ້ານກາເຟ)

▶駅前（えきまえ）の喫茶店で打（う）ち合（あ）わせをしました。

(ट्रेन / रेल स्टेशन अगाडिको चिया पसलमा मिटिङ गरें ।／ខ្ញុំបានណាត់ជួបគ្នានៅហាងកាហ្វេមុខស្ថានីយ៍រថភ្លើង។／ໄດ້ລົມວຽກກັນຢູ່ຮ້ານກາເຟໜ້າສະຖານີ.)

⑪ □ カフェ (कफी हाउस／ហាងកាហ្វេ／ຮ້ານກາເຟ)

▶インターネットカフェ (इनटरनेटक्याफे／ហាងកាហ្វេអ៊ិនធើណេត／ຮ້ານອິນເຕີເນັດຄາເຟ່)

▶おしゃれなカフェですね。ここでちょっと休（やす）みましょうか。

(चिटिक्क परेको कफी हाउस हगि । यहाँ अलिकति विश्राम गरौं ।／នេះជាហាងកាហ្វេទំនើបមែន។ យើងឈប់សម្រាកនៅទីនេះបន្តិចទេ?／ຮ້ານກາເຟໜ້າຮັກເນາະ. ພາກັນພັກຜ່ອນຢູ່ນີ້ບໍ່?)

⑫ □ ファーストフード店（てん） (फाँस्टफुडको पसल／ហាងអាហាររហ័ស／ຮ້ານອາຫານຈານດ່ວນ)

⑬ □ ファーストフード (फाँस्टफुड／អាហាររហ័ស／ອາຫານຈານດ່ວນ)

▶時間（じかん）がないから、その辺（へん）のファーストフードのお店（みせ）にしよう。

(समय छैन त्यसैले त्यहाँतिरको फाँस्टफुडमा जाऔं ।／តោះទៅហាងអាហាររហ័សនៅជុំនោះ ព្រោះយើងមិនមានពេល។／ເພາະວ່າບໍ່ມີເວລາ, ພາກັນກິນຢູ່ຮ້ານອາຫານຈານດ່ວນແຖວນັ້ນເທາະ.)

⑭ □ スーパー／スーパーマーケット (सुपरमार्केट／ផ្សារទំនើប／ຮ້ານຊຸບພະສິນຄ້າ)

⑮ □ コンビニ (कन्भिनियन्ट स्टोर／ហាងទំនិញផ្តល់ភាពងាយស្រួល／ຮ້ານສະດວກຊື້)　同 コンビニエンスストア

⑯ □ ～屋（や） (~पसल／ហាង~／ຮ້ານ~)

⑰ □ パン屋 (पाउरोटीपसल／ហាងនំប៉័ង／ຮ້ານຂາຍເຂົ້າຈີ່)

⑱ □ 本屋（ほんや） (पुस्तक पसल／ហាងសៀវភៅ／ຮ້ານຂາຍປຶ້ມ)

⓳ □ **薬屋**（くすりや） (औषधी पसल／ឱសថស្ថាន／ຮ້ານຂາຍຢາ)

⓴ □ 同薬局（やっきょく） (फार्मेसी／ឱសថស្ថាន／ຮ້ານຂາຍຢາ)

㉑ □ 同ドラッグストア (औषधी आदिको पसल／ឱសថស្ថាន／ຮ້ານຂາຍຢາ)

㉒ □ **花屋**（はなや） (फूल पसल／ហាងផ្កា／ຮ້ານຂາຍດອກໄມ້)

㉓ □ **電気店**（でんきてん） (विद्युत पसल／ហាងលក់គ្រឿងអគ្គិសនី／ຮ້ານຂາຍເຄື່ອງໄຟຟ້າ)　同 電気屋 電器屋

㉔ □ **不動産屋**（ふどうさんや）* (जग्गा किनबेच कार्यालय／ក្រុមហ៊ុនអចលនទ្រព្យ／ບໍລິສັດອະສັງຫາ)

㉕ □ **店**（みせ） (पसल／ហាង／ຮ້ານ)

▶そのお店（みせ）は、どこにあるんですか。

(त्यो पसल कहाँ छ ?／ហាងនោះស្ថិននៅឯណា?／ຮ້ານນັ້ນຕັ້ງຢູ່ໃສ?)

> ★店の呼び方には、「〜屋」「〜店」「〜ショップ」がある。
> (पसलको अन्य शब्दमा,'〜屋', '〜店', '〜ショップ' छ।／ពាក្យប្រើសម្រាប់ហៅហាងមានដូចជា「〜屋」「〜店」「〜ショップ」។／ມີວິທີເອີ້ນຮ້ານດ້ວຍ「〜屋」「〜店」「〜ショップ」)

㉖ □ **商店街**（しょうてんがい） (किनमेल केन्द्र／មជ្ឈមណ្ឌលលក់ទំនិញ／ຕະຫຼາດ)

▶その店は、さくら商店街の中（なか）にあります。

(त्यो पसल साकुरा किनमेल केन्द्रको भित्र रहोको छ।／ហាងនោះស្ថិតនៅក្នុងមជ្ឈមណ្ឌលលក់ទំនិញសាគូរ៉ា។／ຮ້ານນັ້ນຕັ້ງຢູ່ໃນຕະຫຼາດຊາກຸລະ.)

㉗ □ **病院**（びょういん） (अस्पताल／មន្ទីរពេទ្យ／ໂຮງໝໍ)

㉘ □ **歯医者**（はいしゃ） (दन्त चिकित्सक／ពេទ្យធ្មេញ／ໝໍປົວແຂ້ວ, ໝໍແຂ້ວ)

▶あしたは歯医者に行かなければなりません。

(भोलि दन्त चिकित्सक कहाँ नगइहुदैन।／ថ្ងៃស្អែក ខ្ញុំត្រូវទៅពេទ្យធ្មេញ។／ມື້ອື່ນຕ້ອງໄປພົບໝໍປົວແຂ້ວ.)

㉙ □ 美容院（びよういん） (ब्युटिपार्लर／ហាងអ៊ុតសក់／ຮ້ານເສີມສວຍ)

▶美容院は予約（よやく）した？

(ब्युटिपार्लरको बुकिङ गर्नुभयो ／តើអ្នកបានកក់ហាងអ៊ុតសក់រួចហើយ?／ຈອງຮ້ານເສີມສວຍແລ້ວບໍ?)

㉚ □ マンション (एपार्टमेन्ट बिल्डिङ／គេហដ្ឋានស្ពឹមស្អែ／ອາພາດເມັ້ນ)

▶もう少（すこ）し広（ひろ）いマンションに引（ひ）っ越（こ）したいです。

(अलिकति फराकिलो एपार्टमेन्टमा सर्न पाएहुन्थ्यो ।／ខ្ញុំចង់ប្តូរទៅនៅផ្ទះដែលធំជាងនេះបន្តិច។／ຢາກຍ້າຍໄປຢູ່ອາພາດເມັ້ນຫ້ອງກວ້າງກວ່ານີ້ໜ້ອຍໜຶ່ງ.)

㉛ □ アパート (फ्ल्याट／ផ្ទះជួល／ອາພາດເມັ້ນ)

▶学生（がくせい）の時（とき）は、古（ふる）くて小（ちい）さいアパートに住（す）んでいました。

(विद्यार्थी हुँदा पुरानो अनि सानो फ्ल्याटमा बस्थें ।／កាលនៅជាសិស្ស ខ្ញុំបានរស់នៅផ្ទះជួលតូចហើយចាស់។／ຕອນເປັນນັກຮຽນ, ໄດ້ອາໄສຢູ່ໃນອາພາດເມັ້ນຫ້ອງເກົ່າແລະນ້ອຍ.)

㉜ □ 家（いえ／うち） (घर／ផ្ទះ／ເຮືອນ, ບ້ານ)

▶どんな家（いえ）に住（す）みたいですか。

(कस्तो घरमा बस्न चाहानुहुन्छ ?／តើអ្នកចង់រស់នៅផ្ទះបែបណា?／ຢາກຢູ່ເຮືອນແບບໃດ.)

▶家に電話（でんわ）しないといけません。

(घरमा फोन नगरि हुदैन ।／ខ្ញុំត្រូវទូរសព្ទទៅផ្ទះ។／ຕ້ອງໂທກັບບ້ານ.)

▶今度（こんど）、家（うち）に遊（あそ）びに来（き）て。

(अर्को पटक हाम्रो घरमा आउनुहोस् ।／លើកក្រោយ សូមមកលេងផ្ទះរបស់ខ្ញុំ។／ເທື່ອໜ້າ, ມາຫຼິ້ນເຮືອນແມະ.)

㉝ □ 警察（けいさつ） (प्रहरी／ប៉ូលីស／ຕຳຫຼວດ)

▶警察に連絡（れんらく）したほうがいいですよ。

(प्रहरीलाई खबर गरेमा राम्रो हुन्छ है ।／អ្នកគួរតែប្រាប់ប៉ូលីសទៅល្អជាង។／ຕິດຕໍ່ຕຳຫຼວດດີກວ່າ.)

㉞ □ 警察官（かん） (प्रहरी अधिकृत／ប៉ូលីស／ຕຳຫຼວດ)

㉟ □ おまわりさん (प्रहरी अधिकृत／ប៉ូលីស／ຕຳຫຼວດ)

㊱ □ 交番（こうばん） (प्रहरी चौकी ／ ប៉ុស្តិ៍ប៉ូលីស ／ ປ້ອມຕຳຫຼວດ)

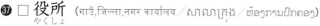

▶場所（ばしょ）、よくわからないですね。
―あそこに交番があるから、聞（き）いてみましょう。
(ठाउँ कहाँ हो कहाँ थाहा छैन। त्यहाँ प्रहरी चौकी रहेछ, सोधि हेरौं। ／ ខ្ញុំមិនស្គាល់ទីកន្លែងសោះ។នៅឯទីនោះមានប៉ុស្តិ៍ប៉ូលីស យើងសួរសាកមើល។ ／ ບໍ່ຮູ້ສະຖານທີ່ປານໃດນະ. —ຢູ່ຫັ້ນມີປ້ອມຕຳຫຼວດ, ພາກັນຖາມລອງເບິ່ງ.)

㊲ □ 役所（やくしょ） (गाउँ,जिल्ला,नगर कार्यालय ／ សាលាក្រុង ／ ຫ້ອງການປົກຄອງ)

▶市役所（しやくしょ） (नगर कार्यालय ／ សាលាក្រុង ／ ຫ້ອງການປົກຄອງເມືອງ)

㊳ □ 大使館（たいしかん） (दुतावास ／ ស្ថានទូត ／ ສະຖານທູດ)

㊴ □ 公園（こうえん） (पार्क ／ សួនច្បារ ／ ສວນສາທາລະນະ)

㊵ □ ベンチ (बेञ्च ／ កៅអីវែង ／ ຕັ່ງແປ້ນມ້າ)

▶あそこのベンチでちょっと休（やす）まない？
(त्यहाँको बेञ्चमा एकछिन आराम गरौं न हुदैन ? ／ ទៅសម្រាកបន្តិចនៅកៅអីវែងនៅឯណោះទេ? ／ ບໍ່ພັກຜ່ອນໜ້ອຍໜຶ່ງຢູ່ຕັ່ງແປ້ນມ້າຢູ່ຫັ້ນບໍ?)

㊶ □ 図書館（としょかん） (पुस्तकालय ／ បណ្ណាល័យ ／ ຫໍສະໝຸດ)

㊷ □ スポーツジム／ジム (स्पोर्ट जिम / जिम हाउस ／ កន្លែងហាត់ប្រាណ ／ ສູນອອກກຳລັງກາຍ)

㊸ □ 神社（じんじゃ） (श्राइन ／ វត្ត (បែបសាសនាស៊ីនតុ) ／ ຫໍພະພູມ)

㊹ □ 寺（てら） (मन्दिर ／ វត្ត ／ ວັດ)

㊺ □ デパート (डिपार्टमेन्ट स्टोर ／ ហាងលក់ទំនិញ ／ ຮ້ານຊັບພະສິນຄ້າ)

2 時間
3 人・家族
4 食べる 飲む
5 家
6 服・くつ
7 乗り物 交通
8 街
9 建物
10 自然

㊻ □ 映画館（えいがかん） (सिनेमा घर／រោងកុន,រោងភាពយន្ត／ໂຮງໜັງ, ໂຮງຮູບເງົາ)

㊼ □ 美術館（びじゅつかん） (ललित कलाशाला／សារមន្ទីរសិល្បៈ／ຫໍພິພິດຕະພັນ)

㊽ □ 駅（えき） (ट्रेन / रेल स्टेशन／ស្ថានីយ៍រថភ្លើង／ສະຖານີ)

㊾ □ 駅前（まえ） (स्टेशन अगाडि／មុខស្ថានីយ៍រថភ្លើង／ໜ້າສະຖານີ.)

▶ATM なら、駅前にいくつかありますよ。

(ATM त स्टेशन अगाडि थुप्रै छ नि।／នៅមុខស្ថានីយ៍រថភ្លើងមានទូរATMប៉ុន្មានកន្លែងដែរ។／ມີຕູ້ATMຈຳນວນໜຶ່ງຢູ່ໜ້າສະຖານີ.)

㊿ □ ホテル (होटल／សណ្ឋាគារ, អូតែល／ໂຮງແຮມ)

(51) □ 売店（ばいてん） (अखबार पसल／តូបលក់ទំនិញ／ຮ້ານຄ້າ)

▶駅の売店でも売ってます。

(स्टेशनको अखबार पसलमा पनि बिक्रि हुन्छ।／មានលក់នៅតូបលក់អីវ៉ាន់នៅស្ថានីយ៍រថភ្លើងដែរ។／ຂາຍຢູ່ຮ້ານຄ້າໃນສະຖານີນຳ, ຮ້ານຄ້າໃນສະຖານີກໍ່ມີຂາຍ.)

(52) □ ビル (बिल्डिङ／អគារ／ອາຄານ)

(53) □ 駅（えき）ビル (स्टेशनबिल्डिङ／អគារស្ថានីយ៍រថភ្លើង／ອາຄານສະຖານີ)

▶駅ビルにパン屋ができたそうです。

(स्टेशन बिल्डिङमा पाउरोटी पसल खुलेको छ।／មានហាងនំប៉័ងទើបបង្កើតឡើងនៅក្នុងអគារស្ថានីយ៍រថភ្លើង។／ໄດ້ຍິນວ່າມີຮ້ານເຂົ້າຈີ່ເກີດຂຶ້ນຢູ່ອາຄານສະຖານີ.)

(54) □ 駐車場（ちゅうしゃじょう） (पार्किङ／ចំណតរថយន្ត／ບ່ອນຈອດລົດ)

(55) □ 会社（かいしゃ） (कम्पनी / अफिस / कार्यालय／ក្រុមហ៊ុន／ບໍລິສັດ)

▶会社員（いん） (कम्पनी कर्मचारी／បុគ្គលិកក្រុមហ៊ុន／ພະນັກງານບໍລິສັດ)

56 □ 工場（こうじょう） (कारखाना／រោងចក្រ／ໂຮງງານ)

▶あした、ビール工場を見学（けんがく）します。

(भोलि बियर कारखानाको अवलोकन गर्छु ।／ថ្ងៃស្អែក ខ្ញុំទៅទស្សនកិច្ចសិក្សានៅរោងចក្រផលិតស្រាបៀរ។／ມື້ອື່ນຂ້ອຍໄປທັດສະນະສຶກສາຢູ່ໂຮງງານເບຍ.)

57 □ 空港（くうこう） (एयरपोर्ट／អាកាសយានដ្ឋាន, ព្រលានយន្តហោះ／ສະໜາມບິນ, ເດີ່ນບິນ)

▶空港までどうやって行（い）きますか？

(एयरपोर्टसम्म कसरी जाने होला ?／តើទៅព្រលានយន្តហោះដោយរបៀបណា?／ຂ້ອຍໄປສະໜາມບິນແນວໃດ?)

58 □ パン屋（や） (पाउरोटीपसल／ហាងនំប៉ុង／ຮ້ານຂາຍເຂົ້າຈີ່)

59 □ 八百屋（やおや） (सब्जी पसल／ហាងលក់បន្លែនិងផ្លែឈើ／ຮ້ານຂາຍຜັກ)

60 □ くだもの屋 (फलफूलपसल／ហាងលក់ផ្លែឈើ／ຮ້ານຂາຍໝາກໄມ້)

61 □ 肉屋（にく） (मासु पसल／ហាងលក់សាច់／ຮ້ານຂາຍຊີ້ນ)

62 □ 魚屋（さかな） (माछा पसल／ហាងលក់ត្រី／ຮ້ານຂາຍປາ)

63 □ 酒屋（さか） (रक्सी /बियर पसल／ហាងស្រា／ຮ້ານຂາຍເຫຼົ້າ)

64 □ 寿司屋（すし） (सुसीपसल／ហាងស៊ូស៊ី／ຮ້ານຂາຍຊູຊິ)

65 □ 牛丼屋（ぎゅうどん） (ग्योदोन पसल／ហាងគ្យូដុង (បាយសាច់គោ)／ຮ້ານຂາຍເຂົ້າໜ້າງົວ)

66 □ 文具店（ぶんぐてん）／文房具屋（ぶんぼうぐや） (स्टेसनरी पसल／ហាងលក់សម្ភារៈការិយាល័យ／ຮ້ານຂາຍເຄື່ອງຂຽນ)

67 □ くつ屋 (जुत्ता पासल／ហាងលក់ស្បែកជើង／ຮ້ານຂາຍເກີບ)

68 □ クリーニング屋 (ड्राई क्लिनिङ पसल／ហាងបោកគក់សំលៀកបំពាក់／ຮ້ານຊັກລີດ)

69 □ コインランドリー (क्वाइन लन्ड्री／កន្លែងបោកគក់ដោយប្រើកាក់／ຮ້ານຊັກແຫ້ງຢອດຫຼຽນ)

70 □ 床屋（とこや） (हजाम पसल／ហាងកាត់សក់／ຮ້ານຕັດຜົມ)

71 □ カメラ屋 (क्यामेरा पसल／ហាងលក់កាមេរ៉ា／ຮ້ານຂາຍກ້ອງຖ່າຍຮູບ)

72 □ めがね屋／メガネ屋 (चस्मा पसल／ហាងលក់វ៉ែនតា／ຮ້ານຂາຍແວ່ນຕາ)

73 □ スポーツ用品店（ようひんてん） (स्पोर्ट सामाग्री पसल／ហាងលក់សម្ភារៈកីឡា／ຮ້ານຂາຍເຄື່ອງກິລາ)

74 □ ＣＤショップ (सिडीपसल／ហាងលក់ស៊ីឌី／ຮ້ານຂາຍຊີດີ)

75 □ レンタルショップ (रन्टलसप／ហាងជួលរបស់／ຮ້ານເຊົ່າ(ຊຸດລາຕີ,ຊຸດແຕ່ງດອງ))

76 □ 携帯（けいたい）ショップ (मोबाइलफोनसप／ហាងលក់ទូរសព្ទ／ຮ້ານຂາຍໂທລະສັບມືຖື)

77 □ 古本屋（ふるほんや） (पुरानो पुस्तक पसल／ហាងលក់សៀវភៅចាស់ៗ／ຮ້ານຂາຍປຶ້ມເກົ່າ)

2 時間
3 人・家族
5 家
6 服・くつ
8 街
9 建物
10 自然

公園
こうえん

ベンチ

交番
こうばん

病院
びょういん

工場
こうじょう

郵便局
ゆうびんきょく

UNIT 9

建物 たてもの

(भवन / विल्डिङ／អគារ／ອາຄານ)

❶ □ 建物 (भवन / विल्डिङ／អគារ／ອາຄານ, ຕຶກ)

❷ □ 建てる た (निर्माण गर्नु／សាងសង់／ສ້າງ, ກໍ່ສ້າງ)

❸ □ 建つ (निर्माण हुनु／សាងសង់／ຕັ້ງ)

❹ □ 入口 いりぐち (प्रवेशद्वार／ច្រកចូល／ທາງເຂົ້າ)

❺ □ 出口 でぐち (प्रस्थान द्वार／ច្រកចេញ／ທາງອອກ)

❻ □ 玄関 げんかん (मूल द्वार／មាត់ទ្វារ／ທາງເຂົ້າ)

❼ □ ロビー (लबी／កន្លែងទទួលភ្ញៀវ／ລອບບີ້, ຫ້ອງໂຖງ)

❽ □ 受付 うけつけ (रिसेप्सन／កន្លែងទទួលភ្ញៀវ／ເຄົາເຕີ້ຕ້ອນຮັບ, ໂຕະປະຊາສຳພັນ)

❾ □ 階段 かいだん (भऱ्याङ／ជណ្ដើរ／ຂັ້ນໄດ)

❿ □ エスカレーター (एस्कलेटर／ជណ្ដើរយន្ត／ຂັ້ນໄດເລື່ອນ)

⓫ □ エレベーター (एलेभेटर／ជណ្ដើរប្រអប់／ລິບ)

⓬ □ ろうか (करिडर／ផ្លូវដើរក្នុងផ្ទះ／ທາງຍ່າງໃນອາຄານ)

⓭ □ 非常口 ひじょうぐち (आकस्मिक द्वार／ច្រកអាសន្ន／ທາງອອກສຸກເສີນ)

1 数字
2 時間
3 人・家族
4 食べる 飲む
5 家
6 服・くつ
8 街
9 建物
10 自然

自然（しぜん）

(प्रकृति / हावापानी / सृष्टि ／ ធម្មជាតិ ／ ທຳມະຊາດ)

❶ □ 自然（しぜん） (प्रकृति ／ ធម្មជាតិ ／ ທຳມະຊາດ)

▶短（みじか）い間（あいだ）でしたが、北海道（ほっかいどう）の自然を楽（たの）しむことができました。

(छोटो समय भएपनि होक्काइडोको प्रकृतिमा रमाउन सकियो ।／ទោះបីជារយៈខ្លីក៏ដោយ ខ្ញុំបានរីករាយនឹងធម្មជាតិរបស់ខេត្តហុកកៃដូ។／ເວລາສັ້ນແຕ່ກໍ່ສາມາດມ່ວນຊື່ນກັບທຳມະຊາດຂອງຮອັກໄກໂດ.)

▶子（こ）どものころ、アメリカに住（す）んでいたので、英語（えいご）は自然に覚（おぼ）えました。

(सानो छँदा अमेरिका बसेको हुनाले अंग्रेजी त स्वतः जानें।／ខ្ញុំចេះចាំភាសាអង់គ្លេសដោយឯកឯង ដោយសារកាលពីក្មេងខ្ញុំបានរស់នៅប្រទេសអាមេរិច។／ຈື່ພາສາອັງກິດໂດຍທຳມະຊາດ, ເພາະວ່າໄດ້ອາໄສຢູ່ອາເມລິກາຕອນຍັງນ້ອຍ.)

❷ □ 山（やま/さん） (हिमाल / पहाड / डाँडा ／ ភ្នំ ／ ພູ, ພູເຂົາ)

▶富士山（ふじさん） (फुजीहिमाल(माउन्टफुजी) ／ ភ្នំហ្វ៊ូជី ／ ພູເຂົາຟູຈິ)

❸ □ 川（かわ） (नदी / खोला ／ ទន្លេ ／ ແມ່ນ້ຳ)

❹ □ 海（うみ） (समुन्द्र / सागर ／ សមុទ្រ ／ ທະເລ)

❺ □ 波（なみ） (छाल ／ រលក ／ ຄື້ນ)

❻ □ 海岸（かいがん） (समुन्द्र तट ／ ច្រាំង ／ ແຄມທະເລ)

❼ □ 空（そら） (आकाश ／ មេឃ ／ ຟ້າ, ທ້ອງຟ້າ)

❽ □ 雲（くも） (बादल ／ ពពក ／ ເມກ)

⑨ □ 太陽（たいよう） (सूर्य／ព្រះអាទិត្យ／ຕາເວັນ)

⑩ □ 同 日（ひ）

⑪ □ 月（つき） (चन्द्रमा／ព្រះចន្ទ／ເດືອນ)

⑫ □ 星（ほし） (तारा／ផ្កាយ, តារា／ດາວ)

⑬ □ 宇宙（うちゅう） (ब्रमाण्ड／អវកាស／ຈັກກະວານ)

⑭ □ 湖（みずうみ） (दह／បឹង／ທະເລສາບ)

⑮ □ 池（いけ） (पोखरी／ត្រពាំង／ໜອງ)

⑯ □ 島（しま） (द्विप／កោះ／ເກາະ)

⑰ □ 森（もり） (बन／ព្រៃ／ປ່າ)

⑱ □ 林（はやし） (जङ्गल／ព្រៃ／ປ່າ)

⑲ □ 石（いし） (ढुङ्गा / पत्थर／ថ្ម／ຫີນ)

⑳ □ 砂（すな） (बालुवा／ខ្សាច់／ຊາຍ)

㉑ □ 丘（おか） (डाँडा／ភ្នំតូចៗ／ໂນນ)

1 数字
2 時間
3 人・家族
4 食べる 飲む
5 家
6 服・くつ
7 乗り物 交通
8 街
9 建物
10 自然

UNIT 11

教育・学校 (शिक्षा / विद्यालय／ការអប់រំ, សាលារៀន／ການສຶກສາ・ໂຮງຮຽນ)
きょういく　がっこう

❶ □ 学校 (विद्यालय／សាលារៀន／ໂຮງຮຽນ)
がっこう

❷ □ 小学校 (प्राथमिक विद्यालय／សាលាបឋមសិក្សា／ໂຮງຮຽນປະຖົມ)
しょうがっこう

❸ □ 小学生 (प्राथमिक विद्यालयको विद्यार्थी／សិស្សបឋមសិក្សា／ນັກຮຽນປະຖົມ)
しょうがくせい

❹ □ 中学校 (माध्यमिक विद्यालय／អនុវិទ្យាល័យ／ໂຮງຮຽນມັດທະຍົມຕອນຕົ້ນ)
ちゅうがっこう

❺ □ 中学生 (माध्यमिक विद्यालयको विद्यार्थी／សិស្សអនុវិទ្យាល័យ／ນັກຮຽນມັດທະຍົມຕອນຕົ້ນ)
ちゅうがくせい

❻ □ 高校 (उच्च माध्यमिक विद्यालयको／វិទ្យាល័យ／ໂຮງຮຽນມັດທະຍົມຕອນປາຍ)
こうこう

❼ □ 高校生 (उच्च माध्यमिक विद्यालयको विद्यार्थी／សិស្សវិទ្យាល័យ／ນັກຮຽນມັດທະຍົມຕອນປາຍ)
こうこうせい

❽ □ 大学 (विश्वविद्यालयको／សាកលវិទ្យាល័យ／ມະຫາວິທະຍາໄລ)
だいがく

❾ □ 大学生 (विश्वविद्यालयको विद्यार्थी／និស្សិតសាកលវិទ្យាល័យ／ນັກສຶກສາມະຫາວິທະຍາໄລ)
だいがくせい

❿ □ 大学院 (स्नातक विद्यालय／សាកលវិទ្យាល័យក្រោយឧត្តមសិក្សា／ປະລິນຍາໂທ)
だいがくいん

⓫ □ 学生 (विद्यार्थी／សិស្ស, និស្សិត／ນັກຮຽນ, ນັກສຶກສາ)
がくせい

▶妹は働いていますが、弟はまだ学生です。
いもうと はたら　おとうと

(बहिनी काम गर्छे तर भाइ त अझै विद्यार्थी हो।／ប្អូនស្រីខ្ញុំចេញធ្វើការងារហើយ ប៉ុន្តែប្អូនប្រុសខ្ញុំនៅជាសិស្សនៅឡើយ។／ນ້ອງສາວເຮັດວຽກແລ້ວແຕ່ນ້ອງຊາຍຍັງເປັນນັກຮຽນ.)

⓬ □ 生徒（せいと） (विद्यार्थी／សិស្ស／ນັກຮຽນ)

▶彼女（かのじょ）も、この料理教室（りょうりきょうしつ）の生徒です。
(उनी पनि यस परिकार कक्षाको विद्यार्थी हुन्।／សង្សារខ្ញុំក៏ជាសិស្សនៅថ្នាក់រៀនធ្វើម្ហូបនេះដែរ។／ລາວກໍ່ເປັນນັກຮຽນຂອງຫ້ອງຮຽນອາຫານນີ້.)

⓭ □ 教師（きょうし） (शिक्षक／គ្រូបង្រៀន／ຄູສອນ, ອາຈານ)

▶日本語（にほんご）教師 (जापानीभाषाशिक्षक／គ្រូបង្រៀនភាសាជប៉ុន／ຄູສອນພາສາຍີ່ປຸ່ນ.)

⓮ □ 先生（せんせい） (गुरू／គ្រូ／ຄູສອນ, ອາຈານ)

★「教師」…学校などで、職業として学問の指導をしている人。「先生」…高い知識や技術を持つ人、指導する立場の人などに使う(例: 教師、医者、作家など)。尊敬の気持ちを表す。
('教師'…विद्यालय आदिमा पेशाको रूपमा कुनै शास्त्रको अध्यापन गराउने व्यक्ति।'先生'…उच्च ज्ञान तथा कौशल भएको व्यक्ति, निर्देशन गर्ने पदको व्यक्ति आदि समक्ष प्रयोग हुने (उदाहरण: शिक्षक, डाक्टर, लेखक आदि)। आदरभाव प्रकट गर्ने।／「教師」 អ្នកមានអាជីពជាអ្នកបង្ហាត់ការសិក្សារៀនសូត្រនៅសាលាជាដើម។ 「先生」 ប្រើចំពោះអ្នកមានចំណេះដឹងរឺជំនាញខ្ពស់ អ្នកមានតួនាទីបង្ហាត់បង្រៀនជាដើម។ ឧទាហរណ៍ គ្រូបង្រៀន គ្រូពេទ្យ អ្នកនិពន្ធជាដើម។ ប្រើសម្រាប់បង្ហាញការគោរព។／「教師」…ແມ່ນຜູ້ສອນວິຊາອາຊີບຢູ່ໂຮງຮຽນເປັນຕົ້ນ. 「先生」…ໃຊ້ກັບຜູ້ທີ່ມີເຕັກນິກແລະຄວາມຮູ້ສູງ, ຜູ້ທີ່ຢູ່ໃນສະຖານະແນະນຳເປັນຕົ້ນ (ຕົວຢ່າງ: ຄູສອນ, ໝໍ, ນັກແຕ້ມຮູບ ແລະອື່ນໆ). ເປັນຄຳສັບທີ່ສະແດງເຖິງການນັບຖື.)

⓯ □ 教授（きょうじゅ） (प्राध्यापक／សាស្ត្រាចារ្យ／ອາຈານ)

⓰ □ ～年生（ねんせい） (~कक्षाको विद्यार्थी／ថ្នាក់ទី~／ປີ~)

★4年生は「よねんせい」と読む。

⓱ □ 図書館（としょかん） (पुस्तकालय／បណ្ណាល័យ／ຫໍສະໝຸດ)

⓲ □ 図書室（としょしつ） (पुस्तक कोठा／បន្ទប់បណ្ណាល័យ／ຫ້ອງສະໝຸດ)

⓳ □ 教室（きょうしつ） (अध्ययन कक्ष／ថ្នាក់រៀន／ຫ້ອງຮຽນ)

▶土曜日（どようび）は、市（し）の日本語（にほんご）教室に通（かよ）っています。
(शनिबार नगरको जापानी भाषा अध्ययन कक्षमा जाने गर्छु।／ថ្ងៃសៅរ៍ ខ្ញុំទៅរៀនថ្នាក់ភាសាជប៉ុនរបស់ក្រុង។／ວັນເສົາແມ່ນຫຼັງໄປຫ້ອງຮຽນພາສາຍີ່ປຸ່ນຂອງເມືອງ)

▶ダンス教室 (नृत्य सिक्ने कक्ष／ថ្នាក់រៀនរាំ／ຫ້ອງຮຽນເຕັ້ນ)

12 趣味・芸術・スポーツ
13 文房具
14 体
15 毎日の生活
16 人生
17 店・商品
18 職業
19 イベント
20 物・荷物

⑳ □ 寮（りょう） (छात्रालय／អន្តេវាសិកដ្ឋាន／ຫໍພັກ)

㉑ □ 体育館（たいいくかん） (व्यायामशाला／កន្លែងអប់រំកាយ／ໂຮງຍິມ)

㉒ □ 授業（じゅぎょう） (अध्यापन／ថ្នាក់រៀន／ຊົ່ວໂມງຮຽນ,)

▶これから森先生（もりせんせい）の授業に出（で）ます。

(अब मोरी सर पढाउन क्लासमा आउनुहुन्छ।／បន្ទាប់ពីនេះ ខ្ញុំទៅថ្នាក់រៀនរបស់លោកគ្រូម៉ូរី។／ຈັກໜ້ອຍຊິເຂົ້າຊົ່ວໂມງຮຽນຂອງອາຈານໂມລິ)

▶授業料（りょう） (अध्यापन शुल्क／ថ្លៃសិក្សា／ຄ່າຮຽນ)

㉓ □ 教（おし）える (सिकाउनु / पढाउनु／បង្រៀន／ສອນ)

▶国（くに）に帰（かえ）ったら、子供（こども）たちに日本語（にほんご）を教えたい。

(स्वदेश फर्केपछि बच्चाहरूलाई जापानी सिकाउन चाहान्छु।／ខ្ញុំចង់បង្រៀនភាសាជប៉ុនដល់ក្មេងៗ ពេលខ្ញុំត្រលប់ទៅប្រទេសវិញ។／ຖ້າກັບປະເທດ, ຢາກສອນພາສາຍີ່ປຸ່ນໃຫ້ເດັກນ້ອຍນ້ອຍ.)

▶すみません、やり方（かた）／住所（じゅうしょ）を教えてもらえませんか。

(सुन्नुहोस् त, गर्ने तरिका / ठेगाना बताइदिनु हुन्छ कि।／សូមទោស តើអ្នកអាចប្រាប់ពីវិធីធ្វើ/អាសយដ្ឋានដល់ខ្ញុំបានទេ?／ຂໍໂທດ, ບອກວິທີເຮັດ/ທີ່ຢູ່ໃຫ້ໄດ້ບໍ່?)

㉔ □ 学（まな）ぶ (अध्ययन गर्नु / सिक्नु / जान्नु／រៀន, សិក្សា／ຮຽນ)

▶大学（だいがく）で法律（ほうりつ）を学んでいます。

(विश्वविद्यालयमा कानूनी शास्त्रको अध्ययन गर्दै छु।／ខ្ញុំកំពុងសិក្សាផ្នែកច្បាប់នៅសាកលវិទ្យាល័យ។／ຮຽນກົດໝາຍຢູ່ທີ່ມະຫາວິທະຍາໄລ.)

㉕ □ 習（なら）う (सिक्नु／រៀន, រៀនសូត្រ／ຮຽນ)

▶日本（にほん）の料理（りょうり）を習（なら）ってみたいです。

(जापानी परिकार सिक्न चाहान्छु।／ខ្ញុំចង់រៀនធ្វើម្ហូបជប៉ុន។／ຢາກລອງຮຽນເຮັດອາຫານຍີ່ປຸ່ນ.)

㉖ □ 勉強（べんきょう）(する) (अध्ययन／ការសិក្សា／ຮຽນ)

▶日本語（にほんご）を勉強しています。

(जापानी भाषाको अध्ययन गरिरहेको छु।／ខ្ញុំកំពុងរៀនភាសាជប៉ុន។／ພວມຮຽນພາສາຍີ່ປຸ່ນ.)

㉗ □ 入学(にゅうがく)(する) (विद्यालय भरना／ចូលរៀន, ចូលសិក្សា／ເຂົ້າຮຽນ)

▶大学(だいがく)に入学する

(विश्वविद्यालय भरना हुनु／ចូលរៀននៅសាកលវិទ្យាល័យ／ເຂົ້າຮຽນມະຫາວິທະຍາໄລ.)

㉘ □ 卒業(そつぎょう)(する) (विद्यालय दीक्षान्त／បញ្ចប់ការសិក្សា／ຮຽນຈົບ)

▶大学を卒業する

(विश्वविद्यालय दीक्षान्त हुनु／បញ្ចប់ការសិក្សាពីសាកលវិទ្យាល័យ／ຮຽນຈົບມະຫາວິທະຍາໄລ.)

㉙ □ 研究(けんきゅう)(する) (अनुसन्धान / अन्वेषण／ស្រាវជ្រាវ／ຄົ້ນຄວ້າ)

▶大学院(だいがくいん)で日本の文化(ぶんか)を研究しています。

(स्नातक विद्यालयमा जापानको संस्कृतिको अन्वेषण गरिरहेका छौं।／ខ្ញុំកំពុងស្រាវជ្រាវផ្នែកវប្បធម៌នៅសាកលវិទ្យាល័យក្រោយឧត្តមសិក្សា។／ຄົ້ນຄວ້າວັດທະນະທຳຍີ່ປຸ່ນໃນລະດັບປະລິນຍາໂທ.)

㉚ □ クラス (क्लास／ថ្នាក់រៀន／ຫ້ອງຮຽນ)

▶わたしたちは同(おな)じクラスです。

(हामीहरू एउटै क्लासमा छौं।／ពួកយើងរៀនថ្នាក់ជាមួយគ្នា។／ພວກເຮົາຢູ່ຫ້ອງຮຽນດຽວກັນ.)

▶クラスメート (क्लासमेट/सहपाठी／មិត្តរួមថ្នាក់／ເພື່ອນຮ່ວມຫ້ອງຮຽນ.)

㉛ □ 教育(きょういく)(する) (शिक्षा (दिनु)／អប់រំ／ໃຫ້ການສຶກສາ, ການສຶກສາ)

▶若(わか)い人(ひと)をもっと教育しなければならない。

(युवाहरूलाई अझ शिक्षा दिनुपर्छ।／ត្រូវអប់រំយុវវ័យអោយបានច្រើនជាងនេះ។／ຕ້ອງໃຫ້ການສຶກສາແກ່ຊາວໜຸ່ມຕື່ມອີກ.)

▶教育に問題(もんだい)があると思(おも)います。

(शिक्षा प्रणालीमा समस्या छ।／ខ្ញុំគិតថាមានបញ្ហាផ្នែកការអប់រំ។／ຄິດວ່າມີບັນຫາຢູ່ທີ່ການສຶກສາ.)

12 趣味・芸術・スポーツ
13 文房具
14 体
15 毎日の生活
16 人生
17 店・商品
18 職業
19 イベント・
20 物・荷物

UNIT 12

趣味（しゅみ）・芸術（げいじゅつ）・スポーツ

(सोख / कला /खेलकुँद／ចំណង់ចំណូលចិត្តពេលទំនេរ, សិល្បៈ, កីឡា／ກິດຈະກຳໃນຍາມວ່າງ・ສິນລະປະ・ກິລາ)

❶ □ **趣味** (सोख／ចំណង់ចំណូលចិត្តពេលទំនេរ／ກິດຈະກຳໃນຍາມວ່າງ)

▶私（わたし）はお菓子（かし）をつくるのが趣味です。

(मेरो सोख मिठाइ बनाउने हो।／ចំណង់ចំណូលចិត្តពេលទំនេររបស់ខ្ញុំគឺធ្វើនំ។／ກິດຈະກຳໃນຍາມວ່າງຂອງຂ້ອຍແມ່ນການເຮັດເຂົ້າໜົມ.)

❷ □ **映画（えいが）** (सिनेमा／ភាពយន្ត／ຮູບເງົາ)

❸ □ **音楽（おんがく）** (संगीत／តន្ត្រី／ດົນຕີ, ເພງ)

❹ □ **絵（え）** (चित्र／គំនូរ／ຮູບແຕ້ມ)

▶昔（むかし）から絵をかくのが好（す）きなんです。

(मलाई चित्रकोर्न पहिला देखि नै मनपर्ने हो।／ខ្ញុំចូលចិត្តគូរគំនូរតាំងពីយូរយារមកហើយ។／ມັກການແຕ້ມຮູບມາແຕ່ດົນ.)

❺ □ **写真（しゃしん）** (फोटो लिनु／រូបថត／ຮູບ)

❻ □ **写真を撮（と）る** (फोटो लिनु／ថតរូប／ຖ່າຍຮູບ)

▶ここで写真を撮りましょう。

(यहाँ फोटो लिऔं।／តោះ នាំគ្នាថតរូបនៅទីនេះ!／ພາກັນຖ່າຍຮູບຢູ່ບ່ອນນີ້ເທາະ.)

❼ □ **歌（うた）う** (गाउनु／ច្រៀង／ຮ້ອງເພງ)

❽ □ **歌** (गीत／ចម្រៀង／ເພງ)

❾ □ 踊る(おど) (नाच्नु／រាំ／ເຕັ້ນ, ຟ້ອນ)

❿ □ 踊り (नृत्य／ការរាំ／ການເຕັ້ນ, ການຟ້ອນ)

▶私(わたし)は歌も踊りも苦手(にがて)なんです。

(मलाई गीत गाउन पनि नृत्य पनि आउँदैन ।／ខ្ញុំមិនពូកែរាំនិងច្រៀងទេ។／ຂ້ອຍບໍ່ມັກທັງການເຕັ້ນແລະຮ້ອງເພງ.)

⓫ □ ダンス (डान्स / नृत्य／រាំ／ການເຕັ້ນ, ການຟ້ອນ)

▶見(み)て。あの鳥(とり)、ダンスをしているみたい。

(हेर त त्यो चरी नृत्य गरिरहेको जस्तो ।／មើលហ្ន៎! បក្សីនេះមើលទៅដូចជាកំពុងរាំ។／ເບິ່ງແມະ. ນົກໂຕນັ້ນ, ຄືເຕັ້ນຢູ່.)

⓬ □ ジャズ (जाज／ចង្វាក់ហ្សាស／ເພງແຈສ)

⓭ □ ポップス (पप／ចង្វាក់ភ្លេងផប់／ເພັງປອັບ)

▶日本(にほん)のポップスにも興味(きょうみ)があります。

(जापानको पप संगीतमा चाख छ ।／ខ្ញុំមានចំណាប់អារម្មណ៍នឹងចង្វាក់ភ្លេងផប់របស់ជប៉ុន។／ມີຄວາມສົນໃຈໃນເພງປອັບຍີ່ປຸ່ນ.)

⓮ □ ロック (रक／ចង្វាក់ភ្លេងរ៉ក់／ເພງຣອັກ)

⓯ □ クラシック (क्लासिक／ចង្វាក់ភ្លេងបុរាណ／ເພງຄຣາສິກ)

⓰ □ レコード (रेकर्ड／ថាសចម្រៀង／ແຜ່ນສຽງ)

⓱ □ ＣＤ (सि डी／ស៊ីឌី／ຊີດີ)

▶友達(ともだち)にジャズのＣＤを借(か)りました。

(साथीसँग जाजको सि डी सापट लिएँ ।／ខ្ញុំបានខ្ចីស៊ីឌីចង្វាក់ភ្លេងហ្សាសពីមិត្តភក្តិ។／ເອົາຊີດີເພງແຈສໃຫ້ໝູ່ຢືມ.)

12 趣味・芸術・スポーツ
13 文房具
14 体
15 毎日の生活
16 人生
17 店・商品
18 職業
19 イベント
20 物・荷物

⑱ □ ピアノ (पियानो／ព្យាណូ／ເປຍໂນ)

⑲ □ ギター (गितार／ហ្គីតា／ກີຕ້າ)

⑳ □ 楽器（がっき） (वाद्यवादन／ឧបករណ៍តន្ត្រី／ເຄື່ອງດົນຕີ)

㉑ □ 弾（ひ）く (बजाउनु／ដេញ／ດີດ)

▶石井（いしい）さん、ピアノが弾けるんですか。いいですね。

(इसिइ ज्यु पियानो बजाउन सक्नुहुन्छ ? कस्तो राम्रो ।／លោកអ៊ីស៊ី ចេះលេងព្យាណូឬ? ល្អមែន។／ທ້າວ ອິຊິອິ ດີດເປຍໂນເປັນບໍ? ດີເນາະ.)

㉒ □ カラオケ (काराओके／ខារ៉ាអូខេ／ຄາລາໂອເກະ)

▶土曜（どよう）の夜（よる）、みんなでカラオケに行（い）かない？

(शनिबार राती सबैजना काराओके जाऔं ।／យប់ថ្ងៃសៅរ៍ ទៅខារ៉ាអូខេទាំងអស់គ្នាទេ?／ຄືນວັນເສົາ, ທຸກຄົນບໍ່ໄປຮ້ອງຄາລາໂອເກະບໍ?)

㉓ □ 漫画（まんが） (कार्टुन／សៀវភៅតុក្កតាជប៉ុន (ម៉ាំងហ្គា)／ກາຕູນ)

▶日本人（にほんじん）は大人（おとな）も漫画を読（よ）むので、びっくりしました。

(जापानीहरू त वयस्क पनि कार्टुन पढ्ने रहेछन् । अचम्म लाग्यो ।／ខ្ញុំភ្ញាក់ផ្អើល ដោយសារជនជាតិជប៉ុនពេញវ័យក៏អានសៀវភៅតុក្កតាដែរ។／ຕົກໃຈທີ່ຜູ້ໃຫຍ່ຄົນຍີ່ປຸ່ນກໍ່ອ່ານກາຕູນ.)

㉔ □ アニメ (एनिमेसन／រឿងគំនូរជីវចល／ກາຕູນ)

▶日本（にほん）のアニメが好（す）きで、よく見（み）ます。

(जापानको एनिमेसन मनपर्छ बारम्बार हेर्छु ।／ខ្ញុំឧស្សាហ៍មើលរឿងគំនូរជីវចលជប៉ុនព្រោះខ្ញុំចូលចិត្ត។／ຍ້ອນວ່າມັກກາຕູນຍີ່ປຸ່ນ, ຈຶ່ງເບິ່ງເລື້ອຍໆ.)

㉕ □ ゲーム (गेम / भिडियो गेम ／ហ្គេម ／ເກມ)

▶ひまなときは、たいていゲームをします。

(फुर्सद भएको बेला प्रायजसो भिडियो गेम खेल्ने गर्छु ／ពេលទំនេរ ភាគច្រើនខ្ញុំលេងហ្គេម។ ／ຍາມວ່າງສ່ວນຫຼາຍກໍ່ຫຼິ້ນເກມ.)

㉖ □ ジョギング (जोगिङ ／ការរត់តិចៗ ／ແລ່ນ (ຊ້າ), ຈອັກກິ້ງ)

▶毎朝(まいあさ)、家(いえ)の近(ちか)くをジョギングしています。

(हरेक बिहान घरको नजिकमा जोगिङ गर्नेगर्छु। ／រៀងរាល់ព្រឹក ខ្ញុំរត់តិចៗនៅជិតផ្ទះ។ ／ແລ່ນຢູ່ໃກ້ບ້ານທຸກເຊົ້າ.)

㉗ □ 散歩(さんぽ)(する) (वाकिङ ／ដើរលេង ／ຍ່າງຫຼິ້ນ)

▶天気(てんき)がよかったので、近くの公園(こうえん)を散歩しました。

(घाम लागेको हुनाले नजिकको पार्कमा वाकिङ गरें। ／ខ្ញុំបានទៅដើរលេងនៅសួនច្បារក្បែរនេះ ដោយសារអាកាសធាតុល្អ។ ／ຍ່າງຫຼິ້ນຢູ່ສວນສາທາລະນະ, ເພາະວ່າອາກາດດີ.)

㉘ □ ハイキング (हाइकिङ ／ឡើងភ្នំ ／ຍ່າງປ່າ)

▶今度(こんど)、「たかお山(さん)」にハイキングに行(い)きませんか。

(अर्को पटक 'ताकाओयामा'मा हाइकिङ जाऔं न हुदैन ? ／លើកក្រោយ យើងនាំគ្នាទៅឡើងភ្នំតាកាវទេ? ／ມື້ໜ້າບໍ່ໄປຍ່າງປ່າຢູ່ "ພູທະກະໂອະ" ບໍ?)

㉙ □ 旅行(りょこう)(する) (यात्रा ／ដំណើរកំសាន្ត ／ທ່ອງທ່ຽວ, ທ່ຽວ)

▶どこか旅行に行きたいです。

(कतै यात्रामा जानपाए हुन्थ्यो। ／ខ្ញុំចង់ទៅដើរលេងនៅកន្លែងណាមួយ។ ／ຢາກໄປທ່ຽວຢູ່ບ່ອນໃດບ່ອນໜຶ່ງ.)

㉚ □ ツアー (टुर ／ដំណើរកំសាន្តតាមដួរ ／ທົວ)

▶旅行会社(りょこうがいしゃ)で安(やす)くていいツアーを見(み)つけました。

(ट्राभल इजेन्सीमा सस्तो तथा राम्रो टुर भेटें। ／ខ្ញុំរកបានដំណើរកំសាន្តតាមដួរមានតម្លៃថោកតាមក្រុមហ៊ុនទេសចរណ៍។ ／ເຫັນທົວທີ່ລາຄາຖືກແລະດີຢູ່ທີ່ບໍລິສັດທ່ອງທ່ຽວ.)

㉛ □ 温泉（おんせん） (हट स्प्रिङ / तातोपानी／កន្លែងមុជទឹកក្ដៅ／ບໍ່ນ້ຳຮ້ອນ)

㉜ □ スポーツ (खेलकुँद／កីឡា／ກິລາ)

㉝ □ サッカー (फुटबल／កីឡាបាល់ទាត់／ເຕະບານ)

㉞ □ テニス (टेनिस／កីឡាតេនីស／ເທນນິສ)

㉟ □ 野球（やきゅう） (बेसबल／កីឡាបេសប៊ល／ເບສບອນ)

㊱ □ ゴルフ (गल्फ／កីឡាវាយកូនហ្គោល／ກອຟ)

㊲ □ スキー (स्की／ស្គី／ສະກີ)

㊳ □ 卓球（たっきゅう） (टेबुल टेनिस／កីឡាវាយប៉េងប៉ុង／ປີງປ່ອງ) 同ピンポン

㊴ □ 柔道（じゅうどう） (जुडो／កីឡាបោកចំបាប់ (ជីដូ)／ຢູໂດ)

㊵ □ 相撲（すもう） (सुमो／កីឡាស៊ូមូ／ຊູໂມ)

㊶ □ 運動（うんどう） (कसरत／ហាត់ប្រាណ／ອອກກຳລັງກາຍ, ຫຼິ້ນກິລາ)

文房具（ぶんぼうぐ） (स्टेसनरी／សម្ភារៈការិយាល័យ／ເຄື່ອງຂຽນ)

❶ □ 鉛筆（えんぴつ） (सिसाकलम / पेन्सिल／ខ្មៅដៃ／ສໍໄມ້)

❷ □ ペン (कलम / पेन／ប៊ិច／ບິກ)

❸ □ ボールペン (डटपेन／ប៊ិច／ບິກ)

❹ □ 万年筆（まんねんひつ） (फाउन्टेन पेन／ស្លាបប៉ាកា／ບິກຂຶມ)

❺ □ シャープペンシル/シャーペン (मेकानिकल पेन／ខ្មៅដៃចុច／ສໍບີບ)

❻ □ マーカー (मार्कर पेन / साइन पेन／ហ្វឺត／ບິກເພີດ)

❼ □ ノート (कापी / नोट／សៀវភៅ／ປຶ້ມຂຽນ, ປຶ້ມບັນທຶກ)

❽ □ 手帳（てちょう） (डायरी / नोटबुक／សៀវភៅកំណត់ហេតុ／ປຶ້ມຂຽນ/ປຶ້ມບັນທຶກນ້ອຍ)

❾ □ メモ(する) (मेमो / टिपोट(गर्नु)／កត់ត្រា／ຈົດ, ບັນທຶກ)

▶これから試験（しけん）のことを言（い）いますから、メモしてください。

(अब परिक्षाकोबारेमा भन्छु, मेमो गर्नुहोस् ।／ឥឡូវនេះខ្ញុំនឹងនិយាយអំពីការប្រលង ដូច្នេះសូមកត់ទុក។／ບາດນີ້ຊິເວົ້າເລື່ອງເສັງ, ຈົດເດີ້.)

▶しまった！メモをなくしてしまった。

(बरबाद भयो！ मेमो हराउन पुगें ।／ចប់ហើយ! ខ្ញុំបានធ្វើបាត់ក្រដាសកត់ត្រាបាត់ទៅហើយ។／ຕາຍແລ້ວ! ເຮັດເຈ້ຍບັນທຶກເສຍ.)

▶メモ帳 (मेमोबुक／សៀវភៅកំណត់ត្រា／ປຶ້ມບັນທຶກ)

11 教育・学校
12 趣味・芸術・スポーツ
13 文房具
14 体
15 毎日の生活
16 人生
17 店・商品
18 職業
19 イベント
20 物・荷物

⑩ □ 用紙 (कागज / पेपर／ក្រដាស／ເຈ້ຍ)
ようし

▶コピー用紙、メモ用紙

(प्रिन्ट पेपर / मेमो कागज／ក្រដាសកូពី, ក្រដាសសសេរ／ເຈ້ຍກອັບປີ້, ເຈ້ຍບັນທຶກ)

⑪ □ 消しゴム (इरेजर / मेट्ने रबर／ជ័រលុប／ຢາງລຶບ)
け

⑫ □ はさみ (कैंची／កន្ត្រៃ／ມີດຕັດ)

⑬ □ カッター (कटर (काट्ने)／កាំបិតកាត់／ຄັດເຕີ້)

⑭ □ クリップ (क्लिप／ឃ្នាស់, ដង្កៀប／ແນວໜີບເຈ້ຍ)

⑮ □ ふせん (ट्याग／ស្លាកកំណត់ចំណាំ／ເຈ້ຍເຫຼືອງ)

⑯ □ 定規 (रूलर／បន្ទាត់／ໄມ້ບັນທັດ)
じょうぎ

⑰ □ インク (मसी／ទឹកថ្នាំ／ນ້ຳມຶກ)

▶もうすぐインクがなくなりそうです。

(अब केहिबेरमै मसी सिद्धिएला जस्तो छ।／មើលទៅទឹកថ្នាំដូចជាជិតអស់ហើយ។／ນ້ຳມຶກໃກ້ຊິໝົດແລ້ວ.)

⑱ □ しん (लीड／បណ្តូលខ្មៅដៃចុច／ໄສ້ (ບິກ/ສໍ), ລູກ (ກະລັບເຟີ້))

▶シャーペン／ホッチキスのしん

(मेकानिकल पेन्सिलको लीड / स्टेपलरको क्लिप／បណ្តូលខ្មៅដៃចុច រឺគ្រាប់កឹប／ໄສ້ສໍ, ລູກກະລັບເຟີ້)

⑲ □ 消(け)す (मेट्नु／លុប／ລຶບ)

▶〈教室(きょうしつ)で、先生(せんせい)が〉これはもう消していいですか。

((क्लासमा सरले) यो अब मेटे पनि हुन्छ कि ?／(នៅថ្នាក់រៀន គ្រូនិយាយ) ខ្ញុំអាចលុបបានទេ?／(ອາຈານທີ່ຫ້ອງຮຽນ) ລຶບບ່ອນນີ້ໄດ້ບໍ່?)

⑳ □ 消(き)える (मेटिनु／រលុប／ລຶບ)

▶これを使(つか)うと、きれいに消えますよ。

(यो प्रयोग गरेमा राम्रोसँग मेटिन्छ ।／ប្រើអានេះទៅ អាចលុបបានស្អាតល្អ។／ຖ້າໃຊ້ອັນນີ້, ຈະເຮັດໃຫ້ລຶບອອກຢ່າງສະອາດ.)

㉑ □ 切(き)る (काट्नु／កាត់／ຕັດ)

㉒ □ とめる (बाँध्नु / जोड्नु／បិត／ໜີບ, ຕິດ)

▶セロテープでとめる

(स्टेपलरले बाँध्ने(क्लिप गर्ने)／កឹបដោយប្រដាប់កឹប, បិតស្កុត／ໜີບກະລັບເຟີ້, ຕິດສະກອັດ)

㉓ □ 文房具(ぶんぼうぐ) (स्टेसनरी／សម្ភារៈការិយាល័យ／ເຄື່ອງຂຽນ)

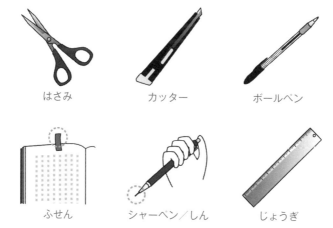

はさみ

カッター

ボールペン

ふせん

シャーペン／しん

じょうぎ

12 趣味・芸術・スポーツ
13 文房具
14 体
15 毎日の生活
16 人生
17 店・商品
18 職業
19 イベント
20 物・荷物

UNIT 14

22

体（からだ） (शरीर／រាងកាយ／ຮ່າງກາຍ)

❶ □ 頭（あたま） (टाउको／ក្បាល／ຫົວ)

❷ □ 髪（かみ） (कपाल／សក់／ຜົມ)

▶髪を切（き）ったんですか。似合（にあ）いますね。

(कपाल काट्नु भएको हो ? सुहाउँछ हगि ।／តើអ្នកបានកាត់សក់មែនទេ? សមនឹងអ្នកណាស់។／ຕັດຜົມໃໝ່ບໍ? ຄືເນາະ.)

▶髪型（かみがた） (कपालको स्टाइल／ម៉ូដសក់／ຊົງຜົມ)

❸ □ 顔（かお） (अनुहार／មុខ／ໜ້າ)

▶顔はよく覚（おぼ）えていません。

(अनुहार राम्रो याद छैन ।／ខ្ញុំមើលមុខមិនសូវឃើញទេ។／ບໍ່ຈື່ໜ້າປານໃດ.)

❹ □ 目（め） (आँखा／ភ្នែក／ຕາ)

❺ □ 鼻（はな） (नाँक／ច្រមុះ／ດັງ)

❻ □ 耳（みみ） (काँन／ត្រចៀក／ຫູ)

❼ □ 口（くち） (मुख／មាត់／ປາກ)

❽ □ のど (घाँटी／បំពង់ក／ຄໍ)

▶ああ、のどが渇（かわ）いた。

(ओहो ! प्यास लाग्यो ।／អាំ ខ្ញុំស្រេកទឹក។／ເອີ້ຍ, ຄໍແຫ້ງ.)

❾ □ 歯（は） (दाँत／ធ្មេញ／ແຂ້ວ)

▶歯を磨（みが）く (दाँत माझ्नु ।／ដុសធ្មេញ／ຖູແຂ້ວ)

❿ □ 体（からだ） (शरीर／រាងកាយ, ខ្លួនប្រាណ／ຮ່າງກາຍ)

⓫ □ 体にいい (स्वास्थ्यको लागि राम्रो／ល្អចំពោះរាងកាយ／ດີຕໍ່ຮ່າງກາຍ)

▶これは体にいいから食（た）べて。

(यो स्वास्थ्यको लागि राम्रो भएकोले खाऊ ।／ញ៉ាំរបស់នេះទៅ ព្រោះវាល្អចំពោះរាងកាយ។／ອັນນີ້ດີຕໍ່ຮ່າງກາຍ, ກິນແມະ.)

⓬ □ 首（くび） (गर्दन／ក／ຄໍ)

⓭ □ 腕（うで） (पाखुरा／ដើមដៃ／ແຂນ)

⓮ □ 手（て） (हात／ដៃ／ມື)

▶重（おも）いから、両手（りょうて）で持（も）ったほうがいいですよ。

(गह्रुङ्गो भएकोले दुबै हातले बोक्नुभएको राम्रो हुन्छ है ।／គួរប្រើដៃទាំងពីរកាន់ទៅ ព្រោះវាធ្ងន់។／ຖືສອງມືດີກວ່າເພາະວ່າໜັກ.)

⓯ □ 指（ゆび） (औंला／ម្រាមដៃ／ນິ້ວ)

▶親指（おやゆび） (बुँढीऔंला／មេដៃ／ນິ້ວໂປ້)

⓰ □ 胸（むね） (छाती／ទ្រូង／ເອິກ)

11 教育・学校
12 趣味・芸術・スポーツ
13 文房具
14 体
15 毎日の生活
16 人生
17 店・商品
18 職業
19 イベント
20 物・荷物

⑰ □ お腹（なか） (पेट／ពោះ／ທ້ອງ)

⑱ □ お腹が空（す）く (भोक लाग्नु／ឃ្លាន, ហេវ／ຫິວເຂົ້າ)

▶お腹が空きましたね。お昼（ひる）を食（た）べましょう。

(भोक लाग्यो हगि। दिउँसोको खाना खाऔं।／ឃ្លានបាយហើយ។ តោះ នាំគ្នាញុាំបាយថ្ងៃត្រង់។／ຫິວເຂົ້າແລ້ວເນາະ. ພາກັນກິນເຂົ້າສວາຍເທາະ.)

⑲ □ お腹がいっぱい (पेट टन्न हुनु／ឆ្អែត／ອີ່ມ)

▶これはどうですか。おいしいですよ。
—いえ、もうお腹いっぱいです。

(यो खानुहोस् न। मिठो छ नि। —होइन, पेट टन्न भयो नि।／របស់នេះ យ៉ាងម៉េចដែរ? រសជាតិឆ្ងាញ់។ អត់អីទេ ខ្ញុំឆ្អែតហើយ។／ເອົາບໍ່ອັນນີ້. ແຊບເດີ້.—ບໍ່, ອີ່ມແລ້ວ.)

⑳ □ お腹をこわす (पेट खराब हुनु／ឈឺពោះ／ຖອກທ້ອງ)

▶昨日（きのう）からお腹をこわしているんです。

(हिजो देखि पेट खराब भइरहेको छ।／ខ្ញុំឈឺពោះតាំងពីម្សិលមិញមក។／ຖອກທ້ອງຕັ້ງແຕ່ວານນີ້.)

㉑ □ 足（あし） (खुट्टा／ជើង／ຕີນ, ຂາ)

▶あー、足が疲（つか）れた。ちょっと休（やす）まない？

(ओहो ! खुट्टा कस्तो थाक्यो। एकछिन विश्राम गरौं।／អាំ ចុកជើង។ សម្រាកបន្តិចបានទេ?／ໂອ້ຍ, ເມື່ອຍຂາ. ບໍ່ພັກຈັກໜ້ອຍບໍ?)

▶足のサイズはいくつですか。

(खुट्टा (जुत्ता)को साइज कति हो ?／តើជើងអ្នកទំហំប៉ុន្មាន?／ຂະໜາດຕີນເທົ່າໃດ?)

㉒ □ ひげ (जुँगा／ពុកមាត់／ໜວດ, ເຄົາ)

▶ひげをそる (जुँगा काट्ने／កោរពុកមាត់／ແຖໜວດ)

㉓ □ 肩（かた） (कुम／ស្មា／ບ່າ)

㉔ □ 背中（せなか） (ढाड／ខ្នង／ຫຼັງ)

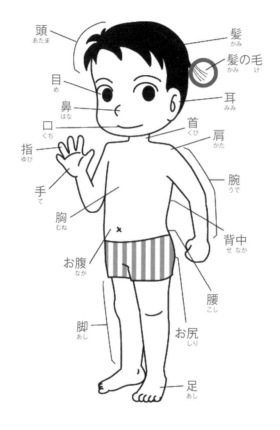

頭
あたま

髪
かみ

髪の毛
かみ　け

目
め

鼻
はな

耳
みみ

口
くち

首
くび

肩
かた

指
ゆび

手
て

腕
うで

胸
むね

背中
せ　なか

お腹
なか

腰
こし

脚
あし

お尻
しり

足
あし

11 教育・学校

12 趣味・芸術・スポーツ

13 文房具

14 体

15 毎日の生活

16 人生

17 店・商品

18 職業

19 イベント

20 物・荷物

23

UNIT ⑮

毎日の生活
まいにち　　せいかつ
(दैनिक जीवन／ជីវិតរស់នៅប្រចាំថ្ងៃ／
ການໃຊ້ຊີວິດໃນທຸກໆມື້)

---

❶ □ **起きる** (उठ्नु／ເລີບពីເຄງ／ຕື່ນນອນ)
お

❷ □ **目が覚める** (अाँखा खुल्नु／ភ្ញាក់ពីเគង／ຮູ້ເມື່ອ)
め　　さ

▶ けさ、地震で目が覚めました。
じ しん

(आज बिहान, भुकम्पले अाँखा खुल्यो।／ក្រើកមិញ ខ្ញុំភ្ញាក់ពីเគងเดាយสารแผ่นดินไหว។／เຊົ້ານี้, ຮู้ເມື່ອຍ້ອນแผ่ນดินไหว.)

❸ □ **目覚まし時計** (अलार्म क्लक／នាฬิกาเรโม่／ໂມງปุก)
め ざ　　ど けい

▶ 目覚ましをセットするのを忘れました。
わ す

(अलार्म क्लक सेट गर्न बिर्सेछु।／ខ្ញុំភ្លេចដាก់เม็าងเรโม่។／ลืมตั้งโมงปุก.)

---

❹ □ **洗う** (धुनु／पखाल्नु／ລາງ／ລ້າງ)
あら

▶ 顔／食器を洗う
かお しょっ き

(अनुहार／भाँडाकुँडा धुने／पखाल्ने／ລางมุ8／จานสะอาด／ล้างໜ้า/จาน.)

❺ □ **石けん** (साबुन／สาบู่ນี້／สะปู)
せっ

❻ □ **洗剤** (डिटरजेंट／สาบู่ฑึก／แป้ง, สะปูฝุ่น)
せんざい

▶ 洗剤でよく洗ったほうがいい。

(डिटरजेंटले राम्रो पखालेको राम्रो हुन्छ।／អ្នកគួรເລາងเอายสะอาดนึกๆสาบู่។／ซักด้วยแป้งดักๆดีกว่า.)

---

❼ □ **散歩** (वाल्किङ／เดีนเลน／ย่างหลิ้ม)
さん ぽ

❽ □ **犬の散歩(をする)**
いぬ

(कुकुरलाई वाल्किङ गराउनु／នำឆ្កេ เดีนเลน／พาໝาย่างหลิ้ม)

▶ 毎朝、犬の散歩をしています。
まいあさ

(हरेक बिहान कुकुरको वाल्किङ गराइरहेको छु।／ខ្ញុំនำឆ្កេเดีนเลนรีองกัลก្រึก។／ทุกເຊົ້າ, จะพาໝาย่างหลิ้ม.)

⑨ □ お湯(ゆ) (तातोपानी／ទឹកក្តៅ／ພາໝາຍ່າງຫຼົ້ນ)

⑩ □ わかす (उमाल्नु／ដាំទឹក／ນ້ຳຮ້ອນ)

▶いま、お湯を沸かしています。

(अहिले पानी तताउँदै (उमाल्दै) छु।／ឥឡូវនេះ ខ្ញុំកំពុងដាំទឹក។／ດຽວນີ້, ພວມຕົ້ມນ້ຳຮ້ອນ.)

⑪ □ 沸(わ)く (उम्लनु／ទឹកពុះ／ຟົດ)

▶お湯が沸いたみたいですね。

(पानी उम्ल्यो जस्तो छ हगि।／ទឹកដូចជាពុះហើយ។／ນ້ຳຄືຊິຟົດແລ້ວ.)

⑫ □ ポット (थर्मस／ឆ្នាំង／ການ້ຳ, ກະຕິກນ້ຳຮ້ອນ)

⑬ □ シャワー (सावर／ទឹកផ្កាឈូក／ຝັກບົວ)

⑭ □ 浴(あ)びる ((सावर) लिनु／មុជទឹក／ອາບ)

▶シャワーを浴びたらどうですか。

(सावर लिनुहोस् न हुदैन ?／ទៅមុជទឹកទៅយ៉ាងម៉េចដែរ?／ອາບນ້ຳລອງເບິ່ງບໍ່?)

⑮ □ 着替(きが)える (लुगा फेर्नु／ដូរ, ផ្លាស់, ប្តូរ (ខោអាវ)／ປ່ຽນເຄື່ອງ)

▶もう出(で)られる？ —ちょっと待(ま)って。まだ着替えてない。

(अब निस्कन सकिन्छ ? —एकछिन पर्खनुस्। अझै लुगा फेरेको छैन।／ចេញទៅបានឬនៅ? សូមចាំបន្តិច។ ខ្ញុំមិនទាន់ផ្លាស់ខោអាវទេ។／ອອກໄປໄດ້ແລ້ວບໍ? —ຖ້າບຶດໜຶ່ງ, ຍັງບໍ່ທັນປ່ຽນເຄື່ອງ.)

⑯ □ 化粧(けしょう) (श्रृंगार／តុបតែងមុខ／ແຕ່ງໜ້າ)

▶姉(あね)はいつも、化粧に30分(ぷん)くらい時間(じかん)をかけています。

(दिदीलाई जहिले पनि श्रृंगारमा 30 मिनेट लाग्छ।／ប្អូនស្រីខ្ញុំតែងតែចំណាយពេលប្រហែល៣០នាទីក្នុងការតុបតែងមុខ។／ທຸກເທື່ອເອື້ອຍຈະໃຊ້ເວລາແຕ່ງໜ້າປະມານ30ນາທີ.)

⑰ □ 磨(みが)く (माझ्नु／ដុស／ຖູ, ຜັດ)

▶わたしは朝(あさ)と夜(よる)に、歯(は)を磨いています。

(म बिहान र बलुका दाँत माझ्छु।／ខ្ញុំដុសធ្មេញពេលព្រឹក និងពេលយប់។／ຂ້ອຍຖູແຂ້ວໃນຕອນເຊົ້າແລະຕອນຄ່ຳ.)

11 教育・学校
12 趣味・芸術・スポーツ
13 文房具
14 体
15 毎日の生活
16 人生
17 店・商品
18 職業
19 イベント

⑱ □ 出(で)る (निस्कनु／ចេញ, ចាកចេញ／ອອກ)

▶いつも8時(じ)ごろに家(いえ)を出ます。

(जहिले पनि 8 बजेतिर घरबाट निस्कन्छु।／ខ្ញុំតែងតែចេញពីផ្ទះប្រហែលម៉ោង៨។／ທຸກເທື່ອອອກບ້ານຕອນປະມານ8ໂມງ.)

⑲ □ 出かける (बाहिर निस्कनु／ចេញទៅខាងក្រៅ／ອອກໄປນອກ)

▶出かけるときは、窓(まど)を閉(し)めます。

(बाहिर निस्कँदा झ्याल बन्द गर्नुपर्छ।／បិទបង្អួច ពេលចេញទៅក្រៅ។／ຍາມອອກໄປນອກຈະປິດປ່ອງຢ້ຽມ.)

⑳ □ かぎ (साँचो／សោរ／ກຸນແຈ)

㉑ □ かぎをかける (ताल्चा लगाउनु／ចាក់សោរ／ໃສ່ກຸນແຈແລ້ວບໍ?)

▶かぎ、かけてきた？

(ताल्चा लगाउनुभयो ?／តើឯងបានចាក់សោររួចហើយឬ?／ໃສ່ກຸນແຈ)

㉒ □ ごみ (फोहोर ／សម្រាម／ຂີ້ເຫຍື້ອ)

㉓ □ 捨(す)てる (फाल्नु／បោះ／ຖິ້ມ)

▶ここには、ごみを捨てないでください。

(यहाँ फोहोर नफाल्नुहोस्।／សូមកុំបោះសម្រាមនៅទីនេះ។／ກະລຸນາຢ່າຖິ້ມຂີ້ເຫຍື້ອຢູ່ບ່ອນນີ້.)

㉔ □ ごみを出(だ)す (फोहोर फाल्नु／ចោលសម្រាម／ຖິ້ມຂີ້ເຫຍື້ອ)

▶出(で)かけるときに、ごみを出してくれない？

(बाहिर निस्कने बेला फोहोर फालिदिनुहुन्छ कि।／តើឯងជួយយកសម្រាមទៅចោលផងបានទេ ពេលចេញទៅក្រៅ?／ຕອນອອກໄປນອກ, ເອົາຂີ້ເຫຍື້ອອອກໄປໃຫ້ໄດ້ບໍ່?)

㉕ □ 掃除(そうじ) (सरसफाइ／ការបោសសំអាត／ອານາໄມ, ທຳຄວາມສະອາດ)

▶お客(きゃく)さんが来(く)るから、部屋(へや)を掃除しないと。

(अतिथि आउने हुनाले कोठा सफा नगरिहुन्न।／ខ្ញុំត្រូវបោសសំអាតបន្ទប់ ព្រោះមានភ្ញៀវមក។／ຕ້ອງທຳຄວາມສະອາດຫ້ອງ, ເພາະວ່າແຂກຊິມາ.)

▶掃除機(き) (भ्याक्युम मेसिन／ម៉ាស៊ីនបូមសម្រាម／ຈັກດູດຝຸ່ນ)

㉖ □ **洗濯**（せんたく） (लुगा धुनु／បោកខោអាវ／ຊັກເຄື່ອງ)

▶洗たく機 (लुगा धुने (वासिङ) मेसिन／ម៉ាស៊ីនបោកខោអាវ／ຈັກຊັກເຄື່ອງ)

㉗ □ **クリーニング** (क्लिनिङ／ហាងបោកគក់／ຊັກລີດ)

▶これもクリーニングに出したほうがいいね。

(यो पनि क्लिनिङ गराउँदा राम्रो होला हगि।／ខោអាវនេះគួរយកទៅហាងបោកគក់ដែរទៅ។／ອັນນີ້ກໍ່ເອົາໄປຊັກລີດກໍ່ດີກວ່າເນາະ.)

㉘ □ **料理**（りょうり） (परिकार／ម្ហូបអាហារ／ອາຫານ, ຂອງກິນ)

㉙ □ **留守**（るす） (अनुपस्थिति / बाहिर जानु／អត់នៅ／ບໍ່ຢູ່ (ບ້ານ, ບ່ອນເຮັດວຽກ))

▶おばさんに電話（でんわ）したけど、留守だった。

(काकी /माइजु /फुपुलाई फोन गरेको बाहिर जानुभएको रहेछ।／ខ្ញុំបានទូរសព្ទទៅលោកយាយ ប៉ុន្តែគាត់អត់នៅ។／ໄດ້ໂທຫາປ້າ, ແຕ່ບໍ່ຢູ່.)

▶留守番（ばん）

(सबैजना बाहिर गएको घरमा कुरुवा बस्नु／នៅចាំផ្ទះ／ການເຝົ້າບ້ານ)

㉚ □ **留守番電話**（でんわ） (भोइस मेसेज राख्ने फोन／ម៉ាស៊ីនផ្ញើសារជាសម្លេង／ເຄື່ອງຕອບຮັບໂທລະສັບອັດຕະໂນມັດ)

▶留守番電話にメッセージを残（のこ）してください。

(भोइस मेसेज राख्ने फोनमा मेसेज छोड्न सक्नुहुन्छ ?／សូមផ្ញើសារនៅម៉ាស៊ីនផ្ញើសារជាសម្លេង។／ກະລຸນາຝາກຂໍ້ຄວາມໄວ້ນຳເຄື່ອງຕອບຮັບໂທລະສັບອັດຕະໂນມັດ.)

㉛ □ **働く**（はたら） (काम गर्नु／ធ្វើការ／ເຮັດວຽກ)

▶一日何時間（いちにちなんじかん）くらい働いているんですか。

(एकदिनमा कति घण्टा काम गर्नुहुन्छ ?／តើអ្នកធ្វើការប្រហែលប៉ុន្មានម៉ោងក្នុងមួយថ្ងៃ?／ມື້ໜຶ່ງເຮັດວຽກຈັກຊົ່ວໂມງ?)

㉜ □ **休む**（やす） (विश्राम गर्नु／សម្រាក／ພັກຜ່ອນ, ພັກ)

▶疲（つか）れたら、休んでください。

(थाक्नुभए पछि विश्राम गर्नुहोस्।／ប្រសិនបើអស់កម្លាំង សូមសម្រាក។／ຖ້າເມື່ອຍ, ກໍ່ພັກແດ່.)

12 趣味・芸術・スポーツ
13 文房具
14 体
15 毎日の生活
16 人生
17 店・商品
18 職業
19 イベント
20 物・荷物

❸❸ □ **片(かた)づける** (थन्काउनु／រៀបចំ, ទុកដាក់／ມ້ຽນໃຫ້ເປັນລະບຽບ, ມ້ຽນມັດ, ມ້ຽນ)

▶使(つか)ったら、ちゃんと片づけておいてください。

(चलाएपछि राम्रोसँग सरसफाइ गरि पहिलेको स्थानमा फर्काउने ／សូមទុកដាក់អោយបានត្រឹមត្រូវ បន្ទាប់ពីប្រើរួច។／ໃຊ້ແລ້ວ, ກະລຸນາມ້ຽນໃຫ້ເປັນລະບຽບ.)

▶後(あと)片づけ (सरसफाइ गरि पहिलेको स्थानमा फर्काउने ／រៀបចំទុកដាក់តាមក្រោយ／ການມ້ຽນ)

❸❹ □ **帰(かえ)る** (फर्कौं ／ត្រលប់ទៅ／ເມືອເຮືອນ, ກັບບ້ານ)

▶そろそろ帰りましょう。

(बिस्तार बिस्तार फर्कौं ।／ខ្ញុំគិតត្រលប់ទៅវិញសិនហើយ។／ອີກຈັກໜ້ອຍພາກັນເມືອເຮືອນເທາະ.)

❸❺ □ **買(か)い物(もの)** (किनमेल／ទិញទំនិញ, ទិញអីវ៉ាន់／ຊື້ເຄື່ອງ)

❸❻ □ **風呂(ふろ)** (बाथटब／អាងងូតទឹក／ອ່າງອາບນ້ຳ)

❸❼ □ お風呂に入(はい)る (बाथटबमा नुहाउनु／មុជទឹកក្នុងអាង／ເຂົ້າແຊ່ອ່າງອາບນ້ຳ)

❸❽ □ **電気(でんき)** ((बिजुली) बत्ती／ភ្លើង／ໄຟຟ້າ)

❸❾ □ 電気をつける (बत्ती बाल्नु／បើកភ្លើង／ເປີດໄຟ)

❹⓿ □ 電気を消(け)す (बत्ती निभाउनु／បិទភ្លើង／ມອດໄຟ)

❹❶ □ **寝(ね)る** (सुत्नु／ដេក, គេង／ນອນ)

▶きのうはよく寝(ら)れましたか。

(हिजो राम्रोसँग निदाउनुभयो ?／តើអ្នកគេងលក់ស្រួលទេ យប់មិញ?／ຄືນວານນີ້ນອນຫຼັບດີບໍ່?)

❹❷ □ パジャマ (पायजामा／ខោអាវគេងយប់／ຊຸດນອນ)

❹❸ □ **生活(せいかつ)** (जीवन यापन／ការរស់នៅ, ជីវភាព／ການໃຊ້ຊີວິດ)

▶いまの生活には慣(な)れました。

(अहिलेको जीवनयापन बानी पऱ्यो ?／តើអ្នកទម្លាប់បាននឹងការរស់នៅពេលនេះហើយឬ?／ລຶ້ງກັບການໃຊ້ຊີວິດໃນຕອນນີ້.)

起きる
お

化粧／化粧(を)する
け しょう

かぎをかける

ごみを捨てる／ごみを出す
す

掃除
そう じ

洗濯
せんたく

料理
りょう り

電気をつける
でん き

11 教育・学校

12 趣味・芸術・スポーツ

13 文房具

14 体

15 毎日の生活

16 人生

17 店・商品

18 職業

19 イベント

20 物・荷物

24

UNIT 16 人生 じんせい

(जीवन /जिन्दगी／ជីវិត／ຊີວິດຄົນ)

❶ □ 生(う)まれる (जन्मनु／កើត／ເກີດ)

▶子(こ)どもが生まれたんですか。よかったですね。

(बच्चा जन्मिएको हो ? धेरै राम्रो भयो हगि ।／តើកូនអ្នកកើតហើយឬ? ល្អហើយ។／ລູກເກີດແລ້ວບໍ? ດີເນາະ.)

❷ □ 生む (जन्माउनु／បង្កើត／ອອກລູກ, ເກີດລູກ)

❸ □ 赤(あか)ちゃん (बच्चा / नवजात शिशु／ទារក／ແອນ້ອຍ)

❹ □ 名前(なまえ)をつける (नाम राख्ने／ដាក់ឈ្មោះ／ຕັ້ງຊື່)

▶私(わたし)は祖父(そふ)に名前をつけてもらいました。

(मेरो नाम मेरो हजुरबुबालेराख्नुभएको हो ।／ជីតាខ្ញុំបានដាក់ឈ្មោះអោយខ្ញុំ។／ພໍ່ເຖົ້າຂອງຂ້ອຍໄດ້ຕັ້ງຊື່ໃຫ້.)

❺ □ 住(す)む (बस्नु／រស់នៅ／ອາໄສ, ຢູ່)

▶家族(かぞく)は北京(ペキン)に住んでいます。

(परिवार पेकिङमा बस्नेगर्छन् ।／គ្រួសាររបស់ខ្ញុំកំពុងរស់នៅទីក្រុងប៉េកាំង។／ຄອບຄົວອາໄສຢູ່ປັກກິ່ງ.)

❻ □ 住所(じゅうしょ) (ठेगाना／អាសយដ្ឋាន／ທີ່ຢູ່)

❼ □ 引(ひ)っ越(こ)し(する) (बसाइँ सराई／ការប្តូរទីលំនៅ／ການຍ້າຍ (ເຮືອນ))

▶いま、引越しの準備(じゅんび)で大変(たいへん)なんです。

(अहिले बसाइँ सराई तयारीले गर्दा एकदम गाह्रो छ (व्यस्त छु) ।／ឥឡូវនេះ ខ្ញុំលំបាកដោយសារការរៀបចំប្តូរទីលំនៅ។／ດຽວນີ້ຫຍຸ້ງນຳການກະກຽມການຍ້າຍເຮືອນ.)

❽ □ 引っ越す (बसाइँ सर्नु／ប្តូរទីលំនៅ, រើផ្ទះ／ຍ້າຍ (ເຮືອນ))

▶いつ引っ越す予定(よてい)ですか。

(कहिले बसाइँ सर्ने योजना छ ?／តើអ្នកមានគំរោងរើផ្ទះពេលណា?／ກຳນົດຍ້າຍຍາມໃດ?)

❾ □ **慣(な)れる** (बानी पर्नु／ធ្លាប់, ស៊ាំ／ລຶ້ງ)

▶日本(にほん)の生活(せいかつ)に慣れましたか。

(जापानी जीवनको बानी पऱ्यो त ?／តើអ្នកស៊ាំនឹងការរស់នៅប្រទេសជប៉ុនហើយឬ?／ລຶ້ງການດຳລົງຊີວິດຢູ່ຍີ່ປຸ່ນແລ້ວບໍ?)

❿ □ **習慣(しゅうかん)** (रितीरिवाज/प्रचलन／ទម្លាប់／ທຳນຽມ,ປະເພນີ)

⓫ □ **留学(りゅうがく)(する)** (प्रवासमा अध्ययन गर्ने／ការសិក្សានៅបរទេស／ສຶກສາຕໍ່ຕ່າງປະເທດ)

▶高橋(たかはし)さんは、アメリカに２年間(ねんかん)留学していたそうです。

(ताकाहासिज्युले 2 वर्ष अमेरिकामा अध्ययन गर्नुभएको छ रे ।／ខ្ញុំលឺថា លោកតាកាហាស៊ីបានទៅសិក្សានៅប្រទេសអាមេរិចរយៈពេល២ឆ្នាំ។／ໄດ້ຍິນວ່າທ້າວ ທາກະຮະຊິ ໄດ້ສຶກສາຕໍ່ຕ່າງປະເທດທີ່ອາເມລິກາເປັນເວລາ2ປີ.)

⓬ □ **留学生(せい)** (प्रवासी विद्यार्थी／និស្សិតបរទេស／ນັກສຶກສາຕ່າງປະເທດ)

⓭ □ **結婚(けっこん)(する)** (विवाह／ការរៀបការ, ការរៀបអាពាហ៍ពិពាហ៍／ແຕ່ງງານ, ແຕ່ງດອງ)

▶石井(いしい)さんは結婚しているんですか。
—ええ。彼女(かのじょ)はもう、子(こ)どももいますよ。

(इसिइज्युले विवाह गर्नुभएको छ ? —हजुर, उनको त बच्चा पनि छ नि ।／តើនាងអ៊ីស៊ីរៀបការហើយឬ? ត្រូវហើយ។ គាត់មានទាំងកូនទៀត។／ນາງ ອິຊິອິ ແຕ່ງງານແລ້ວບໍ? —ແມ່ນ, ລາວມີລູກແລ້ວເດີ້.)

⓮ □ **結婚式(けっこんしき)** (विवाह समारोह／ពិធីរៀបការ, ពិធីរៀបអាពាហ៍ពិពាហ៍／ງານແຕ່ງດອງ, ງານສົມລົດ, ງານວິວາ)

⓯ □ **独身(どくしん)** (अविवाहित／នៅលីវ／ໂສດ)

▶弟(おとうと)さんは結婚していますか。　—いいえ、まだ独身です。

(तपाईंको भाइले विवाह गर्नुभएको छ ? —छैन, अझै अविवाहित हो ।／តើប្អូនប្រុសអ្នករៀបការហើយឬ? អត់ទេ, គាត់នៅលីវ។／ນ້ອງຊາຍແຕ່ງງານແລ້ວບໍ? —ບໍ່, ຍັງໂສດ.)

⓰ □ **離婚(りこん)(する)** (पारपाचुके／លែងលះ／ການຢ່າຮ້າງ)

12 趣味・芸術・スポーツ
13 文房具
14 体
15 毎日の生活
16 人生
17 店・商品
18 職業
19 イベント
20 物・荷物

⑰ □ 別(わか)れる (भिन्न हुनु／បែកគ្នា／ແຍກທາງກັນ, ເລີກກັນ)

▶あの二人(ふたり)はもう別れたみたいです。

(ती दुइजना त भिन्न भएछन् जस्तो छ।／ពួកគេមើលទៅដូចជាបែកគ្នាហើយ។／ສອງຄົນນັ້ນຄືຊິແຍກທາງກັນແລ້ວ.)

▶家族(かぞく)と別れて暮(く)らすのは寂(さび)しいです。

(परिवारसँग अलग भएर बस्न एक्लो महसुस हुन्छ।／ខ្ញុំមានអារម្មណ៍ឯកោពេលរស់នៅបែកពីគ្រួសារ។／ການແຍກຢູ່ກັບຄອບຄົວແມ່ນເຫງົາ.)

⑱ □ 死(し)ぬ (मर्नु／ស្លាប់／ຕາຍ)

▶お腹(なか)が空(す)いて死にそうです。

(भोक लागेर मर्न लागिसकें।／ខ្ញុំឃ្លានស្ទើរស្លាប់ហើយ។／ຫິວເຂົ້າຊິຕາຍ.)

⑲ □ 出身(しゅっしん) (जन्मस्थान / जन्मदेश／ស្រុកកំណើត／ບ້ານເກີດ)

▶ご出身は？　―韓国(かんこく)のプサンです。

(जन्मस्थान / जन्मदेश कहाँ हो ? —दक्षिण कोरीयाको पुसान हो।／តើស្រុកកំណើតអ្នកនៅឯណា? នៅទីក្រុងប៊ូសានប្រទេសកូរ៉េ។／ບ້ານເກີດຢູ່ໃສ? —ພູຊານ, ປະເທດເກົາຫຼີ.)

⑳ □ 誕生日(たんじょうび) (जन्ममिति／ថ្ងៃកំណើត／ວັນເກີດ)

▶誕生日、おめでとうございます。

(जन्मदिनको शुभकामना छ।／សូមជូនពរថ្ងៃកំណើត／ສຸກສັນວັນເກີດ.)

㉑ □ 大人(おとな) (वयस्क／មនុស្សធំ, មនុស្សពេញវ័យ／ຜູ້ໃຫຍ່)

▶〈切符(きっぷ)売(う)り場(ば)で〉大人２枚(まい)、子(こ)ども１枚、お願(ねが)いします。

((टिकट विक्रिस्थलमा) वयस्क 2 वटा केटाकेटीको 1 वटा दिनुहोस्।／(នៅកន្លែងលក់សំបុត្រ) សូមអោយសំបុត្រសម្រាប់មនុស្សធំ២សន្លឹក និងកូនក្មេង១សន្លឹក។／(ທີ່ບ່ອນຂາຍປີ້) ປີ້ຜູ້ໃຫຍ່2ໃບ, ປີ້ເດັກນ້ອຍ1ໃບ ແດ່.)

▶息子(むすこ)さん、ずいぶん大人になりましたね。

(तपाईंको छोरा एकदम ठुलो हुनुभयो हगि।／កូនប្រុសអ្នកក្លាយជាមនុស្សពេញវ័យលឿនណាស់។／ລູກຊາຍເປັນຜູ້ໃຫຍ່ຂຶ້ນຫຼາຍເນາະ.)

㉒ □ 将来(しょうらい) (भविष्य / भोलिपर्सि ／ អនាគត ／ ອະນາຄົດ)

▶将来、通訳(つうやく)になりたいと思(おも)っています。

(भविष्यमा दोभाषे बन्न चाहान्छु।／ខ្ញុំចង់ក្លាយជាអ្នកបកប្រែភាសា នៅពេលអនាគត។／ອະນາຄົດ, ຄິດວ່າຢາກເປັນນາຍແປ.)

㉓ □ 未来(みらい) (भावी / भविष्य ／ អនាគត ／ ອະນາຄົດ)

▶この国(くに)の未来は、どうなるのでしょうか。

(यो देशको भविष्य कस्तो हुने होला।／តើអនាគតប្រទេសនេះ នឹងក្លាយទៅជាយ៉ាងណា?／ອະນາຄົດຂອງປະເທດນີ້, ຊິເປັນແນວໃດນໍ?)

㉔ □ 昔(むかし) (विगत / धेरै पहिले ／ អតីតាល, ពីមុន ／ ແຕ່ກ່ອນ, ສະໄໝກ່ອນ)

▶昔はもっと太(ふと)っていました。

(धेरै पहिले एकदम मोटो थिएँ।／កាលពីមុន ខ្ញុំធាត់ជាងនេះទៅទៀត។／ແຕ່ກ່ອນຕຸ້ຍກວ່ານີ້.)

㉕ □ 夢(ゆめ) (सपना ／ សុបិន្ត, ក្តីសុបិន្ត ／ ຄວາມຝັນ)

▶子どものころの夢は、サッカー選手(せんしゅ)になることでした。

(सानो छँदाको मेरो सपना, फुटबल खेलाडी बन्ने थियो।／ក្តីសុបិន្តរបស់ខ្ញុំកាលពីក្មេង គឺចង់ធ្វើជាកីឡាករបាល់ទាត់។／ຄວາມຝັນຕອນຍັງນ້ອຍແມ່ນຢາກເປັນນັກກິລາເຕະບານ.)

▶けさ、また恐(こわ)い夢を見(み)ました。

(आज बिहान फेरि भयानक सपना देखें।／ព្រឹកមិញ ខ្ញុំយល់សប្តិគួរអោយខ្លាច។／ເຊົ້ານີ້, ຝັນບໍ່ດີອີກແລ້ວ.)

㉖ □ 人生(じんせい) (जीवन / जिन्दगी ／ ជីវិត ／ ຊີວິດຄົນ)

11 教育・学校
12 趣味・芸術 スポーツ
13 文房具
14 体
15 毎日の生活
16 人生
17 店・商品
18 職業
19 イベント
20 物・荷物

UNIT 17

店・商品 みせ しょうひん

(पसल / विक्रि सामाग्री／ហាង,ទំនិញ／ຮ້ານ・ສິນຄ້າ)

❶ □ 店（みせ） (पसल／ហាង, តូប／ຮ້ານ)

❷ □ 開（あ）く (खोल्नु／បើក／ເປີດ)

▶お店は何時（なんじ）から開いているんですか。

(पसल कति बजेदेखि खुल्छ होला ?／តើហាង បើកពីម៉ោងប៉ុន្មាន?／ຮ້ານເລີ່ມເປີດຕອນຈັກໂມງ?)

❸ □ 閉（し）まる (बन्द गर्नु／បិទ／ປິດ)

▶お店に行（い）ったんだけど、もう閉まってた。

(पसलमा गएको थिएँ तर बन्द भइसकेछ ।／ខ្ញុំបានទៅហាង ប៉ុន្តែហាងបិទហើយ។／ໄປຮ້ານແລ້ວ, ແຕ່ວ່າປິດຮຽບຮ້ອຍ.)

❹ □ 商品（しょうひん） (विक्रि सामाग्री／ទំនិញ／ສິນຄ້າ)

❺ □ 値段（ねだん） (मूल्य／តម្លៃ／ລາຄາ)

▶値段が書（か）いてないね。いくらだろう。

(मूल्य त लेखिएको छैन हगि ? कति होला ?／អត់មានសរសេតម្លៃទេ។ តើថ្លៃប៉ុន្មានហ្ន៎?／ບໍ່ຕິດລາຄາເນາະ. ຈັກຊິລາຄາເທົ່າໃດ?)

❻ □ 高（たか）い (महङ्गो／ថ្លៃ／ລາຄາແພງ)

❼ □ 安（やす）い (सस्तो／ថោក／ລາຄາຖືກ)

❽ □ 半額（はんがく） (पचास प्रतिशत छुट／តម្លៃពាក់កណ្តាល／ເຄິ່ງລາຄາ)

▶閉店前（へいてんまえ）に行ったら、半額で買（か）えたよ。

(पसल बन्दहुनु अगाडि जाँदा पचास प्रतिशत छुटमा किन्न पाएँ ।／ខ្ញុំបានទៅមុនពេលបិទហាង ក៏ទិញបានក្នុងតម្លៃពាក់កណ្តាល។／ຖ້າໄປກ່ອນປິດຮ້ານ, ຈະຊື້ໄດ້ເຄິ່ງລາຄາ.)

❾ □ 割引（わりびき） (मूल्यमा छुट／បញ្ចុះតម្លៃ, ចុះថ្លៃ／ສ່ວນຫຼຸດ)

❿ □ ～割引 (~मूल्यछुट／បញ្ចុះតម្លៃ~ភាគរយ／ສ່ວນຫຼຸດ~)

▶学生（がくせい）は1（いち）割引です。

(विद्यार्थीलाई 10 प्रतिशत छुट हुन्छ।／បញ្ចុះតម្លៃ១០ភាគរយសម្រាប់សិស្ស។／ນັກຮຽນໄດ້ຮັບສ່ວນຫຼຸດ1ເປີເຊັນ.)

⓫ □ 不良品（ふりょうひん） (बिग्रेको सामान／ទំនិញខូច／ສິນຄ້າມີຕຳນິ)

⓬ □ 返品（へんぴん） (किनेको सामान फिर्ता गरि मूल्य फिर्ता／ការប្រគល់ទំនិញត្រលប់ទៅវិញ／ການສົ່ງຄືນສິນຄ້າ)

⓭ □ 返品する (किनेको सामान फिर्ता गरि मूल्य फिर्ता लिनु／ប្រគល់ទំនិញត្រលប់ទៅវិញ／ສົ່ງຄືນສິນຄ້າ)

⓮ □ 交換（こうかん）する (आपसमा बदल गर्नु／ការប្តូរ, ការផ្លាស់ប្តូរ／ປ່ຽນ)

▶サイズが大（おお）きすぎたんですが、返品できますか。

(साइज ठुलो भएकोले सामान फिर्ता गरि मूल्य फिर्ता लिन सकिएला ?／ទំហំធំពេក តើខ្ញុំអាចប្រគល់របស់អោយវិញបានទេ?／ຂະໜາດໃຫຍ່ເກີນໄປ, ຂໍສົ່ງຄືນສິນຄ້າໄດ້ບໍ່?)

⓯ □ サービス (सर्विस /आतिथ्य／សេវាកម្ម／ການບໍລິການ)

▶この店（みせ）はサービスがいいですね。

(यो पसलको सर्विस /आतिथ्य राम्रो छ हगि।／ហាងនេះមានសេវាកម្មល្អ។／ການບໍລິການຂອງຮ້ານນີ້ດີເນາະ.)

⓰ □ サービスする (सर्विस /आतिथ्य／ផ្តល់សេវាកម្ម, អោយដោយមិនគិតថ្លៃ／ໃຫ້ບໍລິການ, ໃຫ້ຟຣີ, ບໍ່ໄລ່ຄ່າບໍລິການ)

▶たくさん買ったら、1個（いっこ）サービスしてくれた。

(धेरै किनेको हुनाले आतिथ्यको रूपमा 1 वटा सितैमा दियो।／ខ្ញុំបានទិញច្រើន ដូច្នេះគេថែមអោយ១។／ຊື້ຫຼາຍ, ກໍ່ເລີຍໃຫ້ຟຣີ1ອັນ.)

⓱ □ 無料（むりょう） (नि:शुल्क／ឥតគិតថ្លៃ／ບໍ່ເສຍຄ່າ, ຟຣີ)

▶子（こ）どもは無料です。

(बालबालिकालाई नि:शुल्क हुन्छ।／កូនក្មេងមិនគិតថ្លៃទេ។／ເດັກນ້ອຍແມ່ນຟຣີ.)

⓲ □ レジ (क्यासियर／កន្លែងគិតលុយ／ບ່ອນຈ່າຍເງິນ)

12 趣味・芸術・スポーツ
13 文房具
14 体
15 毎日の生活
16 人生
17 店・商品
18 職業
19 イベント
20 物・荷物

UNIT 18

職業 (पेशा / व्यवसाय / काम／មុខរបរ, អាជីព／ອາຊີບ)
しょくぎょう

❶ □ 仕事 (काम / व्यवसाय／ការងារ／ວຽກ)
しごと

▶どんな仕事をしているんですか。

(कस्तो पेशा / व्यवसाय / काम गर्नुहुन्छ ?／តើអ្នកធ្វើការអ្វីដែរ?／ເຮັດວຽກຫຍັງ?)

❷ □ 職業 (पेशा / व्यवसाय / काम／មុខរបរ, អាជីព／ອາຊີບ)
しょくぎょう

▶彼の職業は何ですか。 —高校の教師です。
かれ なん こうこう きょうし

(उहाँको पेशा / व्यवसाय / काम के हो ? —उच्च माध्यामिक विद्यालयको गुरू हुनुहुन्छ ।／តើគាត់មានមុខរបរអ្វី? គាត់ជាគ្រូបង្រៀននៅវិទ្យាល័យ។／ອາຊີບຂອງລາວແມ່ນຫຍັງ? —ຄູສອນໂຮງຮຽນມັດທະຍົມຕອນປາຍ.)

❸ □ 会社員 (कम्पनीको कर्मचारी／បុគ្គលិកក្រុមហ៊ុន／ພະນັກງານບໍລິສັດ)
かいしゃいん

❹ □ サラリーマン

(तलबी कर्मचारी / जागीरदार／បុគ្គលិកក្រុមហ៊ុន／ພະນັກງານບໍລິສັດ, ພະນັກງານກິນເງິນເດືອນ)

❺ □ 主婦 (गृहिणी／មេផ្ទះ／ແມ່ເຮືອນ)
しゅふ

❻ □ 大家 (घर मालिक / घर धनी／ម្ចាស់ផ្ទះជួល／ເຈົ້າຂອງເຮືອນໃຫ້ເຊົ່າ, ເຈົ້າຂອງດິນ) 話大家さん
おおや

❼ □ 運転手 (मोटर चालक / ड्राइभर／តៃកុងឡាន, អ្នកបើកបរ／ຄົນຂັບລົດ)
うんてんしゅ

❽ □ 医者 (चिकित्सक / डाक्टर／គ្រូពេទ្យ／ໝໍ) 話お医者さん
いしゃ

❾ □ 看護婦／看護師 (परिचारिका / नर्स／គិលានុបដ្ឋាយិកា／ພະຍາບານ)
かんごふ し

⑩ □ **通訳(つうやく)(する)** (दोभाषे／បកប្រែ／ແປ)

⑪ □ **ガイド** (गाइडर / पथप्रदर्शक／មគ្គុទេសទេសចរណ៍／ໄກ້ນໍາທ່ຽວ) 話ガイドさん

▶ガイドさんに聞いてみたら？

(गाइडर / पथप्रदर्शकलाई सोध्दा कस्तो होला ?／សាកសួរមគ្គុទេសទេសចរណ៍មើលទៅ?／ລອງຖາມໄກ້ນໍາທ່ຽວເບິ່ງແມະ?)

⑫ □ **店員(てんいん)** (पसलको कर्मचारी / पसले／បុគ្គលិកក្នុងហាង／ພະນັກງານຮ້ານ)

⑬ □ **駅員(えきいん)** (ट्रेन स्टेशनको कर्मचारी／បុគ្គលិកស្ថានីយ៍រថភ្លើង／ພະນັກງານສະຖານີ)

⑭ □ **スタッフ** (कर्मचारी / स्टाफ／បុគ្គលិក／ເຈົ້າໜ້າທີ່, ຄະນະເຮັດວຽກ, ພະນັກງານ)

▶ホテル/ 会場(かいじょう)のスタッフ

(होटल / सभास्थलको स्टाफ／បុគ្គលិកសណ្ឋាគារ/ បុគ្គលិកសាល／ພະນັກງານໂຮງແຮມ, ເຈົ້າໜ້າທີ່ປະຈໍາສະຖານທີ່ຈັດງານ)

⑮ □ **係(かかり)** (सम्बन्धित／អ្នកទទួលខុសត្រូវផ្នែក／ເຈົ້າໜ້າທີ່)

▶係の人(ひと)に聞いてみましょう。

(सम्बन्धि कर्मचारीलाई सोधेर हेरौं।／សាកសួរអ្នកទទួលខុសត្រូវផ្នែកសាកមើល។／ພາກັນລອງຖາມເຈົ້າໜ້າທີ່ເບິ່ງເທາະ.)

⑯ □ **プロ** (पेसेवर／អ្នកអាជីព, អ្នកជំនាញ／ມືອາຊີບ)

▶プロになりたいと思(おも)ったことはありますか。

(पेसेवर बनौं भनि कहिले सोच्नुभएको छ ?／តើអ្នកធ្លាប់គិតថាចង់ក្លាយជាអ្នកអាជីពដែរឬទេ?／ເຄີຍຄິດຢາກເປັນມືອາຊີບບໍ່?)

⑰ □ **アマチュア** (सोखिन /अपरिपक्क खेलाडी／អ្នកដែលមិនជំនាញ／ມືສະໝັກຫຼິ້ນ) 話アマ

▶あの人(ひと)、うまいですね。アマチュアとは思えないです。

(त्यो व्यक्ति सिपालु रहेछ हगि। सोखिन खेलाडी जस्तो त पटक्कै देखिंदैन।／ម្នាក់នោះពូកែមែន។ មើលទៅមិនដូចជាអ្នកមិនជំនាញនោះទេ។／ຜູ້ນັ້ນເກັ່ງເນາະ. ບໍ່ຄິດວ່າແມ່ນມືສະໝັກຫຼິ້ນ)

12 趣味・芸術・スポーツ
13 文房具
14 体
15 毎日の生活
16 人生
17 店・商品
18 職業
19 イベント
20 物・荷物

⑱ □ 選手（せんしゅ） (खेलाडी／កីឡាករ／ນັກຮ້ອງ)

▶その人は有名（ゆうめい）な選手ですか。

(त्यो व्यक्ति प्रसिद्ध खेलाडी हो ?／តើម្នាក់នោះជាអ្នកចំរៀងល្បីឬ?／ຜູ້ນັ້ນແມ່ນນັກຮ້ອງທີ່ມີຊື່ສຽງບໍ?)

⑲ □ 画家（がか） (चित्रकार／ជាងគំនូរ／ນັກແຕ້ມ)

▶漫（まん）画家 (कार्टुनिस्ट／អ្នកគូររូបតុក្កតា (ម៉ាំងហ្គា)／ນັກຂຽນກາຕູນ)

⑳ □ 作家（さっか） (लेखक／អ្នកនិពន្ធ／ນັກຂຽນ, ນັກປະພັນ)

㉑ □ 歌手（かしゅ） (गायक गायिका／អ្នកចំរៀង／ນັກຮ້ອງ)

㉒ □ ミュージシャン (संगीतकार／តន្ត្រីករ／ນັກດົນຕີ)

㉓ □ 社長（しゃちょう） (कम्पनी प्रमुख／អគ្គនាយកក្រុមហ៊ុន／ປະທານບໍລິສັດ)

㉔ □ 部長（ぶちょう） (विभाग प्रमुख／នាយកប្រតិបត្តិ／ຫົວໜ້າກົມ)

㉕ □ 課長（かちょう） (शाखा प्रमुख／ប្រធានផ្នែក／ຫົວໜ້າພະແນກ)

㉖ □ 社員（しゃいん） (कर्मचारी／បុគ្គលិកក្រុមហ៊ុន／ພະນັກງານບໍລິສັດ)

㉗ □ 店長（てんちょう） (पसल मालिक साहू／អ្នកគ្រប់គ្រងហាង／ຜູ້ຈັດການຮ້ານ)

㉘ □ アルバイト (अंशकालिक कर्मचारी /पार्टटाइमजब／ការងារក្រៅម៉ោង／ວຽກເສີມ)　話バイト

▶パート (अस्थायी कर्मचारी पार्टटाइम जब／អ្នកធ្វើការក្រៅម៉ោង／ວຽກເສີມ)

UNIT 19

イベント (समारोह／ព្រឹត្តិការណ៍, កម្មវិធី／ໂອກາດຕ່າງໆ)

❶ □ 正月（しょうがつ） (नयाँ वर्ष／បុណ្យចូលឆ្នាំ／ປີໃໝ່)

❷ □ 花見（はなみ） (फूल(साकुरा) को अवलोकन / हानामी／បុណ្យហាណាមិ (បុណ្យមើលផ្កាសាគូរ៉ា)／ການເບິ່ງດອກຊາກຸລະບານ)

▶もうすぐ花見の季節（きせつ）ですね。今年（ことし）はどこに行（い）きますか。

(अब हानामीको समय आउनै लाग्यो हगि । यो वर्ष कहाँ जान चाहानुहुन्छ ?／ជិតដល់រដូវបុណ្យហាណាមិហើយ។ តើអ្នកទៅកន្លែងណាដែរឆ្នាំនេះ?／ອີກບໍ່ດົນກໍ່ແມ່ນລະດູການເບິ່ງດອກຊາກຸລະບານແລ້ວເນາະ. ປີນີ້ຊິໄປໃສ?)

❸ □ クリスマス (क्रिसमस्／បុណ្យគ្រីស្តម៉ាស់／ຄຣິດສະມາດ)

❹ □ 夏休み（なつやすみ） (ग्रीष्मको बिदा／វិស្សមកាលរដូវក្តៅ／ພັກຍາມຮ້ອນ)

❺ □ 祭り（まつり） (जात्रा, चाडपर्व／បុណ្យ, ពិធី／ບຸນປະເພນີ)

❻ □ パーティー (पार्टी／ពិធីជប់លៀង／ປາຕີ້, ງານລ້ຽງ)

❼ □ 飲み会（のみかい） (जलपान समारोह / नोमिकाई／ការជួបជុំគ្នាផឹកស្រា／ງານດື່ມ)

▶きょうは飲み会があるから、帰（かえ）りが遅（おそ）くなると思（おも）う。

(आज जलपान समारोह (नोमिकाई) भएको हुनाले फर्कन ढिला हुन्छ जस्तो लाग्छ ।／ថ្ងៃនេះការជួបជុំគ្នាផឹកស្រា ដូច្នេះខ្ញុំគិតថាត្រលប់ទៅផ្ទះយឺត។／ມື້ນີ້ຄິດວ່າຊິກັບຊ້າ, ເພາະວ່າມີງານດື່ມ.)

❽ □ セール／バーゲン (सेल / बार्गेन／ការលក់បញ្ចុះតម្លៃ／ຫຼຸດລາຄາ)

▶いま、さくらデパートでセールをしているから、一緒（いっしょ）に行きませんか。

(अहिले साकुरा डिपार्टमेन्टमा सेल चलिरहेको हुनाले सँगै जाऔंन हुदैन ?／ពេលនេះ មានការលក់បញ្ចុះតម្លៃនៅហាងទំនិញសាគូរ៉ា ដូច្នេះតើអ្នកចង់ទៅជាមួយគ្នាទេ?／ດຽວນີ້ຢູ່ຮ້ານຊັບພະສິນຄ້າຊາກຸລະຈັດຫຼຸດລາຄາ, ບໍ່ໄປນຳກັນບໍ່?)

❾ □ フリマ (फ्रि मार्केट／ផ្សារលក់របស់ជជុះ／ຕະຫຼາດນັດ) 話フリーマーケット

❿ □ 試合(しあい) (प्रतियोगिता／ការប្រកួត／ການແຂ່ງຂັນ,)

⓫ □ コンサート (कन्सर्ट／ការប្រគុំតន្ត្រី／ຄອນເສີດ)

⓬ □ 展示会(てんじかい) (प्रदर्शनी／ការតាំងពិពណ៌／ງານວາງສະແດງ)

⓭ □ 展覧会(てんらんかい) (प्रदर्शन स्थल / प्रदर्शन समारोह／ការតាំងពិពណ៌／ນິທັດສະການ)

⓮ □ オリンピック (ओलम्पिक／ការប្រកួតកីឡាអូឡាំពិក／ໂອລິມປິກ)

⓯ □ ワールドカップ (विश्वकप／ការប្រកួតជើលខាប់／ເຕາະບານໂລກ)

⓰ □ イベント (समारोह／ព្រឹត្តិការណ៍, កម្មវិធី／ໂອກາດຕ່າງໆ, ເທດສະການ)

▶今月(こんげつ)はイベントが多(おお)くて、忙(いそが)しい。

(यो महिना समारोह धेरै भएकोले व्यस्त छु।／ខ្ញុំរវល់ដោយសារខែនេះមានកម្មវិធីច្រើនៗ／ເດືອນນີ້ຫຍຸ້ງ, ເພາະວ່າມີເທດສະການຫຼາຍ,)

⓱ □ 会場(かいじょう) (समारोह स्थल／ទីកន្លែង, កន្លែង／ສະຖານທີ່/ບ່ອນ (ຈັດງານ))

▶会場までの行(い)き方(かた)を教(おし)えてください。

(समारोह स्थलसम्म कसरी जाने बताइदिनुहोस्।／សូមប្រាប់ខ្ញុំពីផ្លូវទៅកាន់កន្លែងពិធីផងៗ／ລົບກວນບອກທາງໄປສະຖານທີ່ຈັດງານແດ່.)

▶試験(しけん)会場、展示(てんじ)会場、コンサート会場

(परीक्षा स्थल, प्रदर्शनी स्थल, कन्सर्ट स्थल／មណ្ឌលប្រលង, កន្លែងតាំងពិពណ៌, កន្លែងប្រគំតន្ត្រី／ສະຖານທີ່ສອບເສັງ, ບ່ອນວາງສະແດງ, ສະຖານທີ່ຈັດຄອນເສີດ)

物・荷物 (もの・にもつ)

(सामान / मालसामान／វត្ថុ, អីវ៉ាន់／ສິ່ງຂອງ, ເຄື່ອງ)

❶ □ **鍵**（かぎ） (साँचो / चाबी /ताल्चा ／សោ／ກະແຈ)

▶家（いえ）を出（で）る時（とき）、ちゃんとかぎをかけた？

(घरबाट निस्कँदा ताल्चा राम्रोसँग लगायौं त ?／តើឯងបានចាក់សោត្រឹមត្រូវហើយឬនៅ ពេលចេញពីផ្ទះ?／ຕອນອອກເຮືອນໄດ້ໃສ່ກະແຈດັກແນ່ບໍ່?)

▶かぎがかかって（いて）、中（なか）に入（はい）れません。

(ताल्चा लगाएको अवस्था भएकोले भित्र पस्न सकिन्न ।／ខ្ញុំមិនអាចចូលខាងក្នុងបានទេ ព្រោះជាប់សោ។／ເຂົ້າໄປໃນບໍ່ໄດ້, ຍ້ອນລອັກກະແຈ.)

❷ □ **財布**（さいふ） (पर्स / वालेट／កាបូបលុយ／ກະເປົາເງິນ)

▶財布を落（お）とす　同財布をなくす

(पर्स / वालेट हराउनु／ជ្រុះកាបូបលុយ／ເຮັດກະເປົາເງິນເຮ່ຍ.)

❸ □ **ハンカチ** (हाते रूमाल／កន្សែងដៃ／ຜ້າເຊັດມື)

❹ □ **ティッシュ／ティッシュペーパー** (ट्युस्यु पेपर／ក្រដាស់ជូតមាត់／ເຈ້ຍເຊັດມື, ເຈ້ຍທິດຊູ)

▶ティッシュ、ない？　―ソファの上（うえ）にあるよ。

(टिस्यु पेपर छैन ? —सोफा माथि छ नि ।／មានក្រដាស់ជូតមាត់ទេ? មាននៅសាឡុង／ບໍ່ມີເຈ້ຍທິດຊູບໍ? —ມີຢູ່ເທິງໂຊຟາເດີ້.)

❺ □ **ケータイ** (केइताइ (मोबाइल फोन)／ទូរស័ព្ទដៃ／ໂທລະສັບມືຖື)

❻ □ **携帯電話**（けいたいでんわ） (मोबाइल फोन／ទូរស័ព្ទដៃ／ໂທລະສັບມືຖື)

★会話では「ケータイ」だが、書くときはさまざま（主に「ケータイ」「携帯」「携帯電話」の3つ）。
(कुराकानी गर्दा 'केइताइ'भनिन्छ तर लेख्दा विभिन्न तरिकामा (विशेष गरि 'ケータイ','携帯','携帯電話' गरि 3 थरिमा लेखिन्छ ।)／ពេលសន្ទនាគេប្រើ「ケータイ」ប៉ុន្តែពេលសរសេរមាន៣យ៉ាង ភាគច្រើនគឺケータイ」「携帯」「携帯電話」។／ໃຊ້「ケータイ」ໃນບົດສົນທະນາ, ແຕ່ໃນເວລາຂຽນແມ່ນໃຊ້ໄດ້ຫຼາກຫຼາຍ (ໂດຍສະເພາະ 3ຮູບແບບຄື:「ケータイ」「携帯」「携帯電話」))

11 教育・学校
12 趣味・芸術・スポーツ
13 文房具
14 体
15 毎日の生活
16 人生
17 店・商品
18 職業
19 イベント
20 物・荷物

❼ □ 身分証明書 (परिचय प्रमाणपत्र／អត្តសញ្ញាណបណ្ណ／ບັດປະຈຳໂຕ)
みぶんしょうめいしょ

❽ □ パスポート (पासपोर्ट / राहदानी／លិខិតឆ្លងដែន, ប៉ាស្ព័រ／ໜັງສືຜ່ານແດນ)

❾ □ カード ①カード (कार्ड／កាត, បណ្ណ／ບັດ)
②クレジットカード (क्रेडिट कार्ड／កាតក្រេឌីត, បណ្ណឥណទាន／ບັດເຄຣດິດ)

▶①図書館カード、ポイントカード、キャッシュカード

(लाइब्रेरी कार्ड, पोइन्ट कार्ड, क्यास कार्ड／កាត រឺបណ្ណ័បណ្ណាល័យ, កាតសន្សំពិន្ទុ, កាតដកលុយ／ບັດຫ້ອງສະໝຸດ, ບັດສະສົມຄະແນນ, ບັດແທນເງິນສົດ)

▶②カードで払うこともできます。

(कार्डद्वारा भुक्तान गर्न सकिन्छ।／អ្នកអាចបង់លុយដោយប្រើបណ្ណ័ឥណទានក៏បានដែរ។／ຈ່າຍດ້ວຍບັດເຄຣດິດກໍ່ໄດ້.)

❿ □ 定期券 (आवधिक यात्रु पास / तेइकि केन／កាតជិះរថភ្លើង／ປີ້ໂດຍສານຕາມກຳນົດ)
ていきけん

⓫ □ かばん (झोला／កាបូប／ກະເປົາ)

⓬ □ バッグ (ब्याग / झोला／កាបូប／ກະເປົາ)

⓭ □ハンドバッグ (ह्यान्ड ब्याग／កាបូបយួរដៃ／ກະເປົາຫິ້ວ)

⓮ □ 袋 (झोला／ថង់, ស្បោង／ຖົງ)
ふくろ

▶一つずつビニールの袋に入れてください。
ひと い

(एउटा एउटा गरि प्लास्टिकको झोलामा हाल्नुहोस्।／សូមដាក់ចូលស្បោងប្លាស្ទិកម្តងមួយៗ។／ກະລຸນາເອົາໃສ່ຖົງຢາງແນວລະອັນ.)

▶紙袋 (कागजको झोला／ថង់ក្រដាស／ຖົງເຈ້ຍ)
かみぶくろ

⓯ □ 地図 (नक्सा／ផែនទី／ແຜນທີ່)
ちず

⓰ □ 眼鏡 (चस्मा／វ៉ែនតា／ແວ່ນຕາ)
めがね

⑰ □ コンタクトレンズ (कन्ट्याक्ट लेन्स／ឡែនពាក់ក្នុងភ្នែក／ຄອນແທັກເລນ)

⑱ □ 化粧品（けしょうひん） (शृङ्गार सामाग्री／គ្រឿងសម្អាង／ເຄື່ອງສຳອາງ)

⑲ □ 新聞（しんぶん） (अखबारपत्र / समाचारपत्र／កាសែត／ໜັງສືພິມ)

⑳ □ 雑誌（ざっし） (पत्रिका／ទស្សនាវដ្ដី／ວາລະສານ)

㉑ □ 本（ほん） (किताब／សៀវភៅ／ປຶ້ມ)

㉒ □ 辞書（じしょ） (शब्दकोष／វចនានុក្រម／ວັດຈະນານຸກົມ)

㉓ □ カメラ (क्यामेरा／ម៉ាស៊ីនថតរូប, កាមេរ៉ា／ກ້ອງຖ່າຍຮູບ)

㉔ □ デジカメ／デジタルカメラ

(डिजिटल क्यामेरा／ម៉ាស៊ីនថតរូបឌីជីថល, កាមេរ៉ាឌីជីថល／ກ້ອງຖ່າຍຮູບດິຈິຕອລ)

㉕ □ 印かん（いん） (नामको छाप सिल / इनकान／ត្រា／ກາຈ້ຳ) 漢印鑑

▶ここに印鑑（いんかん）を押（お）してください。

(यहाँ इनकान (नामको छाप सिल) लगाइदिनुहुन अनुरोध गरिन्छ।／សូមបោះត្រានៅកន្លែងនេះ។／ກະລຸນາຈ້ຳກາໃສ່ບ່ອນນີ້.)

㉖ □ はんこ (नामको छाप सिल / हान्को／ត្រា／ກາຈ້ຳ) 漢判子

▶ここにはんこかサインをお願（ねが）いします。

(यहाँ हानको (नामको छाप सिल) अथवा हस्ताक्षर गरिदिनुहुन अनुरोध गरिन्छ।／សូមបោះត្រា រឺចុះហត្ថលេខានៅទីនេះ។／ກະລຸນາຈ້ຳກາຫຼືເຊັນໃສ່ບ່ອນນີ້.)

★「はんこ」は「印かん」の簡単なもの。
(हान्को' भनेको 'इनकान'को साधारण नाम हो।／「はんこ」ជាពាក្យសាមញ្ញរបស់「印かん」។／「はんこ」ແມ່ນກາຈ້ຳແບບລຽບງ່າຍຂອງ「印かん」)

㉗ □ ペットボトル (पेय पदार्थको प्लास्टिक बोटल／ដបប្លាស្ទិក／ກະຕຸກຢາງ)

12 趣味・芸術・スポーツ
13 文房具
14 体
15 毎日の生活
16 人生
17 店・商品
18 職業
19 イベント
20 物・荷物

㉘ □ たばこ (चुरोट／បារី／ຢາສູບ)

㉙ □ たばこを吸(す)う

(चुरोट पिउनु／ជក់បារី／ສູບຢາ)

▶ここでたばこを吸わないでください。

(यहाँ चुरोट नपिउनुहोस्।／សូមកុំជក់បារីនៅទីនេះ។／ກະລຸນາຢ່າສູບຢາຢູ່ບ່ອນນີ້.)

㉚ □ お土産(みやげ) (उपहार / ओमियागे／វត្ថុអនុស្សាវរីយ៍／ຂອງທີ່ລະນຶກ, ຂອງຕ້ອນ, ຂອງຝາກ)

▶これ、北海道(ほっかいどう)のお土産です。一(ひと)つ、どうぞ。

(यो होक्काइडोको ओमियागे हो। एउटा लिनुहोस्।／នេះជាវត្ថុអនុស្សាវរីយ៍របស់ខេត្តហុកកៃដូ។ សូមយកមួយទៅ។／ນີ້ແມ່ນຂອງຕ້ອນຈາກຮອັກໄກໂດ. ເຊີນເດີ້, ເອົາອັນໜຶ່ງ.)

▶お土産屋(や)、土産物(もの)

(उपहार पसल / ओमियागे सामान／កន្លែងលក់វត្ថុអនុស្សាវរីយ៍, វត្ថុអនុស្សាវរីយ៍／ຮ້ານຂາຍເຄື່ອງທີ່ລະນຶກ, ເຄື່ອງທີ່ລະນຶກ)

㉛ □ 腕時計(うでどけい) (नाडी घडी／នាឡិកាដៃ／ໂມງໃສ່ແຂນ)

㉜ □ 傘(かさ) (छाता／ឆត្រ័／ຄັນຮົ່ມ)

㉝ □ スーツケース (सुटकेस／វ៉ាលីស／ກະເປົາເດີນທາງ, ຫີບເຄື່ອງ)

㉞ □ 物(もの) (सामान / मालसामान／វត្ថុ, របស់／ເຄື່ອງ, ສິ່ງຂອງ)

㉟ □ 荷物(にもつ) (मालसामान／អីវ៉ាន់／ເຄື່ອງ)

▶さっき、中国(ちゅうごく)から荷物が届(とど)きました。

(अघि भर्खर चीन बाट मालसामान आइपुग्यो।／អីវ៉ាន់មកពីប្រទេសចិនបានមកដល់អំបាញ់មិញនេះ។／ຫວ່າງກີ້ນີ້, ເຄື່ອງຈາກຈີນມາຮອດ.)

▶マリアさんは、荷物、そのバッグだけ？

(मारियाज्यु, तपाईंको सामान त्यो ब्याग मात्र हो ?／ម៉ារៀ តើអីវ៉ាន់អ្នកមានតែកាបូបមួយទេ?／ເຄື່ອງຂອງນາງ ມາເຣຍ, ມີແຕ່ກະເປົາໜ່ວຍນັ້ນບໍ?)

財布
さい ふ

印かん
いん

かさ

雑誌
ざっ し

新聞
しんぶん

かばん／バッグ

袋
ふくろ

ケータイ

11 教育・学校

12 趣味・芸術・スポーツ

13 文房具

14 体

15 毎日の生活

16 人生

17 店・商品

18 職業

19 イベント

20 物・荷物

UNIT 21

色・形 (रङ / आकार／ពណ៌, រាង／ສີ・ລັກສະນະ)
いろ かたち

❶ □ 色 (रङ／ពណ៌／ສີ)
いろ

❷ □ 形 (आकार／រាង, ទម្រង់／ລັກສະນະ, ຮູບຮ່າງ)
かたち

❸ □ 青(い) (नीलो／ពណ៌ខៀវ／(ສີ) ຟ້າ)
あお

▶青い空 (नीलो आकाश／មេឃពណ៌ខៀវ／ທ້ອງຟ້າສີຟ້າ)
そら

❹ □ 赤(い) (रातो／ពណ៌ក្រហម／(ສີ) ແດງ)
あか

▶赤いバラ、赤のボールペン

(रातो गुलाफ, रातो डटपेन／កុលាបពណ៌ក្រហម, ប៊ិចពណ៌ក្រហម／ກຸຫຼາບແດງ, ບິກແດງ)

❺ □ 黄色(い) (पहेंलो／ពណ៌លឿង／(ສີ) ເຫຼືອງ)
き いろ

▶黄色い花 (पहेंलो फूल／ផ្កាពណ៌លឿង／ດອກໄມ້ສີເຫຼືອງ)
はな

❻ □ 黒(い) (कालो／ពណ៌ខ្មៅ／(ສີ) ດຳ)
くろ

▶黒い猫、黒い髪
ねこ かみ

(कालो बिरालो, कालो कपाल／ឆ្មាខ្មៅ, សក់ពណ៌ខ្មៅ／ແມວດຳ, ຜົມດຳ)

❼ □ 白(い) (सेतो／ពណ៌ស／(ສີ) ຂາວ)
しろ

▶白い馬、白いシャツ
うま

(सेतो घोडा, सेतो सर्ट／សេះស, អាវស／ມ້າຂາວ, ເສື້ອຄໍເຊີດສີຂາວ)

❽ □ 茶色(い) (खैरो／ពណ៌ត្នោត／ສີຕັບໝູ, ສີນ້ຳຕານ)
ちゃ

▶茶色いかばん (खैरो झोला／កាបូបពណ៌ត្នោត／ກະເປົາສີນ້ຳຕານ)

❾ □ 丸(まる)い (गोलो／មូល／ມົນ)

▶丸いテーブル (गोलो टेबुल／តុមូល／ໂຕະມົນ)

▶丸 (गोलो／មូល／ມົນ)

❿ □ 大(おお)きい (ठूलो／ធំ／ໃຫຍ່)

▶もう少し大きい声でお願(ねが)いします。

(कृपया अलिकति ठूलो स्वरले भन्नुहोस्।／សូមនិយាយអោយលឺជាងនេះបន្តិច។／ເວົ້າດັງຂຶ້ນຕື່ມແດ່.)

▶大きいかばん (ठूलोआकारकोझोला／កាបូបធំ／ກະເປົາໃຫຍ່)

▶聞(き)こえないので、もう少(すこ)し音(おと)を大きくしてください。

(नसुनिने हुनाले अलिकति ठूलो स्वरले भन्नुहोस्।／សូមអ្នកបើកសម្លេងអោយលឺបន្តិច ព្រោះខ្ញុំស្តាប់មិនលឺទេ។／ເປີດສຽງຂຶ້ນຕື່ມແດ່, ເພາະວ່າບໍ່ໄດ້ຍິນ.)

⓫ □ 大きさ (आकार/आयतन/फैलावट／ទំហំ／ຄວາມໃຫຍ່)

⓬ □ 大きな (ठूलो／ធំ／ໃຫຍ່)

▶大きな家(いえ)ですね。

(कस्तो ठूलो घर हगि।／ផ្ទះធំមែនហ៎្ន／ເຮືອນຫຼັງໃຫຍ່ເນາະ)

⓭ □ 小(ちい)さい (सानो/ मसिनो／តូច／ນ້ອຍ)

▶小さい子(こ)どもには辛(から)すぎると思(おも)います。

(साना बालबालिकालाई त त्यो पिरो हुन्छ जस्तो लाग्छ।／ខ្ញុំគិតថាវាហឹរខ្លាំងសម្រាប់ក្មេងតូចៗ។／ຄິດວ່າມັນເຜັດເກີນໄປສຳລັບເດັກນ້ອຍ.)

▶字(じ)が小さくて、読(よ)めません。

(अक्षर सानो भएकोले पढ्नै सकिन्न।／អក្សរតូច ខ្ញុំអានមិនដាច់ទេ។／ໂຕໜັງສືນ້ອຍຈົນອ່ານບໍ່ອອກ.)

▶野菜(やさい)を小さく切(き)ってください。

(सब्जी मसिनो गरि काट्नुहोस्।／សូមហាន់បន្លែតូចៗ។／ກະລຸນາຊອຍຜັກນ້ອຍໆ.)

⓮ □ 小さな (सानो／តូច／ຂະໜາດນ້ອຍ)

⓯ □ 太(ふと)い (मोटो／ធាត់／ຕຸ້ຍ, ປູ້)

▶太いペン (मोटोकलम／ប៊ិចក្បាលធំ／ບິກຫົວປູ້)

⑯ □ 細い(ほそい) (दुब्लो / मसिनो /साँगुरो／ស្តួម／ຈ່ອຍ, ນ້ອຍ)

▶細いペン、細い道(みち)

(मसिनो कलम / साँघुरो बाटो／ប៊ិចក្បាលតូច, ផ្លូវតូច／ບິກຫົວແຫຼມ, ທາງແຄບ/ທາງນ້ອຍ)

⑰ □ 厚い(あつい) (बाक्लो／ក្រាស់／ໜາ)

▶厚い本(ほん) (बाक्लो किताब／សៀវភៅក្រាស់／ປື້ມໜາ)

⑱ □ 薄い(うすい) (पातलो／ស្តើង／ບາງ)

▶薄い本 (पातलो किताब／សៀវភៅស្តើង／ປື້ມບາງ)

⑲ □ 長い(ながい) (लामो／វែង／ຍາວ)

▶長い髪(かみ) (लामो कपाल／សក់វែង／ຜົມຍາວ)

⑳ □ 短い(みじかい) (छोटो／ខ្លី／ສັ້ນ)

▶短い髪 (छोटो कपाल／សក់ខ្លី／ຜົມສັ້ນ)

UNIT 22

30

数・量（かず・りょう） (सङ्ख्या / परिमाण／ចំនួន, បរិមាណ／ຈຳນວນ・ປະລິມານ)

❶ □ 多い（おお） (धेरै/ थुप्रो / थुप्रै /ज्यादा / ज्यादै / निकै/ प्रशस्त ／ច្រើន／ຫຼາຍ, ເລື້ອຍ)

▶きょうはゴミが多いですね。
(आज फोहोर थुप्रो छ हगि ?／ថ្ងៃនេះ សម្រាមច្រើនណាស់។／ມື້ນີ້, ຂີ້ເຫຍື້ອຫຼາຍເນາະ.)

▶林（はやし）さん、最近（さいきん）、遅刻（ちこく）が多いですよ。どうしたんですか。
(हायासीज्यु, आजकल धेरैपटक अबेर आउनुहुन्छ, के भएको हो वहाँलाई ?／ថ្មីៗនេះ លោកហាយ៉ាស៊ីមកយឺតច្រើនដងណាស់។ តើគាត់មានបញ្ហាអ្វី?／ຮາຍະຊິ, ໄລຍະນີ້ມາຊ້າເລື້ອຍແທະ. ເປັນຫຍັງບໍ?)

❷ □ 多くの～ (धेरैजसो / प्रायजसो／~ជាច្រើន／ຫຼາຍ~)

▶英語（えいご）は多くの国（くに）で話（はな）されています。
(अंग्रेजी धेरैजसो देशमा बोलिन्छ।／ភាសាអង់គ្លេសត្រូវបានគេប្រើប្រាស់នៅប្រទេសជាច្រើន។／ພາສາອັງກິດຖືກນຳໃຊ້ໃນຫຼາຍປະເທດ.)

❸ □ 少ない（すく） (थोरै / कम / कम्ती / न्यून ／តិច／ໜ້ອຍ)

▶A社（しゃ）は休（やす）みが少ないけど、給料（きゅうりょう）はいいよ。
(A कम्पनीमा बिदा त कम हुन्छ तर तलब राम्रो छ नि।／ក្រុមហ៊ុនA មានថ្ងៃឈប់សម្រាកតិច ប៉ុន្តែប្រាក់ខែល្អ។／ບໍລິສັດAມີມື້ພັກໜ້ອຍແຕ່ວ່າໃຫ້ເງິນເດືອນດີໄດ໋.)

❹ □ 少し（すこ） (थोरै / कम／បន្តិច／ໜ້ອຍໜຶ່ງ)

▶これ、少し食（た）べてみてもいいですか？
(यो अलिकति खाएर हेर्न मिल्छ ?／អ្នកសាកញ៉ាំអានេះបន្តិចមើល។／ລອງກິນອັນນີ້ໜ້ອຍໜຶ່ງໄດ້ບໍ່?)

❺ □ 大勢（おおぜい） (धेरै सङ्ख्याको／ច្រើនកកកុញ／ຫຼາຍ)

▶人（ひと）が大勢いて、よく見（み）えなかったよ。
(मान्छे धेरै सङ्ख्याको भएकोले, राम्रोसँग देखिनँ।／មានមនុស្សកកកុញច្រើន ខ្ញុំមើលមិនបានច្បាស់ទេ។／ຄົນຫຼາຍ, ແນມບໍ່ເຫັນຄັກ.)

22 数・量
23 お金
24 郵便・宅配
25 社会
26 マスコミ
27 産業
29 天気
30 動物・植物

❻ □ たくさん (धेरै / थुप्रो ／ ច្រើន ／ ຫຼາຍ)

▶宿題(しゅくだい)がたくさんあったので、ハイキングには行(い)きません。

(गृहकार्य थुप्रो भएकोले हाइकिङमा जान पाइनँ ।／ខ្ញុំមិនបានទៅឡើងភ្នំទេ ព្រោះមានកិច្ចការសាលាច្រើន។／ວຽກບ້ານຫຼາຍກໍ່ເລີຍບໍ່ໄດ້ໄປຍ່າງປ່າ.)

❼ □ ちょっと (अलिकति ／ បន្តិច ／ ໜ້ອຍໜຶ່ງ)

▶すみません、ちょっと手伝(てつだ)ってくれませんか。

(माफ गर्नुहोस्, अलिकति सहयोग गरिदिनुहुन्छ कि ?／សូមទោស សូមជួយខ្ញុំបន្តិចបានទេ?／ຂໍໂທດ, ຊ່ວຍໜ້ອຍໜຶ່ງແດ່ໄດ້ບໍ່?)

▶まだ終(お)わりませんか。 ―あとちょっとです。

(अझै सकिएको छैन ? —अब अलिकति छ ।／មិនទាន់ចប់នៅឡើយទេ? នៅបន្តិចទៀត។／ຍັງບໍ່ທັນແລ້ວບໍ? —ອີກໜ້ອຍໜຶ່ງ.)

❽ □ 長(なが)さ (लम्बाई ／ ប្រវែង ／ ຄວາມຍາວ)

▶どれくらいの長さですか(長さはどれくらいですか)。

(कति जति लम्बाई होला ? (लम्बाई कति जति होला ?)／តើប្រវែងប្រហែលប៉ុន្មាន? ／ມີຄວາມຍາວເທົ່າໃດ?)

❾ □ 大(おお)きさ (आयतन / परिमाण / आकार / कद ／ ទំហំ ／ ຂະໜາດໃຫຍ່)

▶どれくらいの大きさですか(大きさはどれくらいですか)。

(कति जति आयतन / परिमाण होला ? (आयतन / परिमाण कति जति होला ?)／តើទំហំប្រហែលប៉ុន្មាន?／ມີຂະໜາດໃຫຍ່ເທົ່າໃດ?)

❿ □ 重(おも)さ (वजन / तौल ／ ទម្ងន់ ／ ນ້ຳໜັກ)

▶どれくらいの重さですか(重さはどれくらいですか)。

(कति जति वजन होला ? (वजन कति जति होला ?)／តើទម្ងន់ប្រហែលប៉ុន្មាន?／ມີນ້ຳໜັກເທົ່າໃດ?)

⓫ □ プラス(する) (प्लस / धनात्मक / जोड्नु ／ បូក ／ ບວກ, ເພີ່ມ)

▶これに、あと50個(こ)プラスしてください。

(यहाँ अझै 50 वटा जोड्नु (थप्नु)होस् ।／សូមបូក៥០គ្រាប់ពីលើនេះ។／ລົບກວນເພີ່ມອີກ50ອັນໃສ່ນີ້.)

⑫ □ マイナス(する) (माइनस / ऋणात्मक / घट्नु ／ ដក ／ ລົບ, ຫຼຸດລົງ)

▶ダイエットを始(はじ)めて、3か月(げつ)でマイナス2キロです。

(डायटिङ सुरु गरेको 3 महिना 2 किलो घट्यो ।／ខ្ញុំចាប់ផ្តើមតមអាហារ ហើយស្រក២គីឡូក្នុងរយៈពេល៣ខែ។／ນ້ຳໜັກຫຼຸດລົງ2ກິໂລກຼາມພາຍໃນ3ເດືອນຫຼັງຈາກເລີ່ມຫຼຸດນ້ຳໜັກ.)

⑬ □ 約(やく)～ (लगभग ~／ប្រហែល, ប្រមាណ／ປະມານ~)

▶毎年(まいとし)、約2万人(まんにん)がここを訪(おとず)れます。

(हरेक वर्ष लगभग 20 हजार जना यहाँ आउँछन ।／រៀងរាល់ឆ្នាំ មានមនុស្សប្រមាណ២ម៉ឺននាក់មកលេងទីនេះ។／ທຸກໆປີ, ມີປະມານ2ໝື່ນຄົນມາຢ້ຽມຢາມສະຖານທີ່ນີ້.)

⑭ □ ～くらい (~ जति／ ប្រហែល~／ປະມານ~)

▶値段(ねだん)は3万円(まんえん)くらいでした。

(मूल्य 30 हजार येन जति थियो ।／តម្លៃគឺប្រហែល៣ម៉ឺនយ៉េន។／ລາຄາປະມານ3ໝື່ນເຢັນ.)

⑮ □ キロ(メートル) (किलो (मिटर)／គីឡូ (ម៉ែត)／ກິໂລແມັດ, ກມ)

⑯ □ メートル (मिटर／ម៉ែត／ແມັດ, ມ)

⑰ □ センチ (सेन्टिमिटर／សង់ទីម៉ែត／ຊັງຕີແມັດ, ຊມ)

⑱ □ ミリ (मिलिमिटर／មីលីម៉ែត／ມິນລີແມັດ, ມມ)

⑲ □ キロ(グラム) (किलो(ग्राम)／គីឡូ(ក្រាម)／ກິໂລກຼາມ,ກກ)

⑳ □ グラム (ग्राम／ក្រាម,ខាំ／ກຼາມ,ກ)

㉑ □ パーセント (प्रतिशत／ភាគរយ／ເປີເຊັນ,%)

▶人間(にんげん)の体(からだ)の90パーセントは水(みず)です。

(मानव शरीरको 90 प्रतिशत पानी हो ।／៩០ភាគរយនៃរាងកាយរបស់មនុស្សគឺជាទឹក។／90ເປີເຊັນຂອງຮ່າງກາຍມະນຸດປະກອບດ້ວຍນ້ຳ.)

22 数・量
23 お金
25 社会
26 マスコミ
27 産業
29 天気

31

お金【かね】 (पैसा / मुद्रा／លុយ , ប្រាក់／ເງິນ)

❶ □ お金 (पैसा / मुद्रा／លុយ, ប្រាក់／ເງິນ)

❷ □ 〜円【えん】 (~ येन／~យ៉េន／~ເຢັນ)

❸ □ 払う【はら】 (तिर्नु / भुक्तान गर्नु／បង់លុយ／ຈ່າຍ, ຊຳລະ)

❹ □ 支払い【しはら】 (भुक्तानी／បង់លុយ／ການຊຳລະ)

❺ □ 現金【げんきん】 (नगद रकम／លុយសុទ្ធ／ເງິນສົດ)

▶支払いは現金でお願【ねが】いします。

(भुक्तानी नगद रकमद्वारा गर्नुहुन अनुरोध गरिन्छ।／សូមបង់ជាលុយសុទ្ធ។／ຂໍຈ່າຍເປັນເງິນສົດ.)

❻ □ おつり (फिर्ता पैसा／លុយអាប់／ເງິນທອນ)

❼ □ 細かい【こま】 (चानचुन／លុយរាយ／ມຸ່ນ, ນ້ອຍ)

▶細かいお金、ありますか？

(चानचुने पैसा छ ?／តើអ្នកមានលុយរាយទេ?／ມີເງິນນ້ອຍບໍ່?)

❽ □ 〜代【だい】 (~ शुल्क／ថ្លៃ~／ຄ່າ~)

▶タクシー代 (ट्याक्सिशुल्क／ថ្លៃតាក់ស៊ី／ຄ່າແທັກຊີ)

❾ □ 料金（りょうきん） (लाग्ने शुल्क／ថ្លៃ／ມູນຄ່າ)

▶ケータイの基本（きほん）料金

(केइताइ (मोबाइल फोन)को बेसिक शुल्क／ថ្លៃទូរសព្ទប្រចាំខែ／ຄ່າບໍລິການລາຍເດືອນສຳລັບໂທລະສັບມືຖື.)

❿ □ 入場料（にゅうじょうりょう） (प्रवेश शुल्क／ថ្លៃចូលទស្សនា／ຄ່າເຂົ້າ)

⓫ □ する (गर्नु／ធ្វើ／ມີມູນຄ່າ, ມີລາຄາ)

▶そのかばん、いくらしたの？ —これ？ ２万（まん）５千円（せんえん）。

(त्यो झोलालाई कति पऱ्यो नि ? —यो ? 25 हजार येन।／តើកាបូបនោះថ្លៃប៉ុន្មាន? កាបូបនេះឬ? តម្លៃ២ម៉ឺន៥ពាន់យ៉េន។／ກະເປົາໜ່ວຍນັ້ນມີລາຄາເທົ່າໃດ? —ໜ່ວຍນີ້ບໍ? 2ໝື່ນ5ພັນເຢັນ.)

⓬ □ 銀行（ぎんこう） (बैंक／ធនាគារ／ທະນາຄານ)

⓭ □ 両替（りょうがえ）(する) (मौद्रिक विनिमय / चेन्ज／ប្តូរលុយ, ប្តូរប្រាក់／ແລກປ່ຽນ)

⓮ □ おろす (निकाल्नु (बैंकबाट पैसा)／ដក (លុយ)／ຖອນ (ເງິນ))

▶ATM でお金をおろしてくるから、ちょっと待（ま）ってて。

(ATMबाट पैसा निकालेर आउँछु, एकछिन पख ल।／សូមចាំបន្តិច ខ្ញុំទៅដកលុយនៅម៉ាស៊ីនATMហើយមកវិញ។／ຖ້າໜ້ອຍໜຶ່ງເດີ້, ເພາະຂ້ອຍໄປຖອນເງິນຢູ່ຕູ້ATM.)

⓯ □ 貯（た）める (बचत गर्नु / संचय गर्नु／សន្សំ／ທ້ອນ)

▶お金（かね）を貯めて、旅行（りょこう）に行（い）こうと思（おも）っています。

(पैसा बचाएर यात्रामा जाउँ कि भनि सोचेको छु।／ខ្ញុំសន្សំលុយទុកទៅដើរលេង។／ຕັ້ງໃຈທ້ອນເງິນເພື່ອໄປທ່ຽວ.)

⓰ □ 貯（た）まる (बचत हुनु / संचय हुनु／សន្សំ／ທ້ອນ)

▶なかなかお金が貯まりません。

(जतिगरे पनि पैसाको संचय हुदैन।／លុយសន្សំមិនសូវសល់សោះ។／ທ້ອນເງິນບໍ່ຄ່ອຍໄດ້.)

⓱ □ 貯金（ちょきん）(する) (पैसाको बचत / संचय／ការសន្សំលុយ, លុយសន្សំ (សន្សំលុយ)／ເງິນຝາກ)

▶貯金はほとんどゼロです。

(पैसाको बचत / संचय लगभग शुन्य छ।／លុយសន្សំស្ទើរតែអស់ទៅហើយ។／ເງິນຝາກເກືອບວ່າບໍ່ມີ.)

22 数・量
23 お金
24 郵便・宅配
25 社会
26 マスコミ
27 産業
29 天気
30 動物・植物

32

UNIT 24

郵便・宅配
ゆうびん　たくはい

(हुलाक / होमडेलिभरी／ប្រៃសណីយ៍, ការដឹកជញ្ជូនទំនិញអោយដល់ផ្ទះ／ໄປສະນີ・ການສົ່ງ (ເຄື່ອງ) ຮອດບ້ານ)

❶ □ 郵便 (हुलाक / डाँक／បញ្ញើប្រៃសណីយ៍／ໄປສະນີ)

❷ □ 郵便局（ゆうびんきょく） (हुलाककार्यालय／ប្រៃសណីយ៍／ຫ້ອງການໄປສະນີ)

❸ □ 郵便番号（ゆうびんばんごう） (हुलाकनम्बर／លេខប្រៃសណីយ៍／ເລກໄປສະນີ)

★番号の前に〒(「郵便」を表すマーク)を付けることが多い。
(नम्बरको अगाडि 〒('हुलाक'को अर्थ जताउने चिन्ह)लेख्ने चलन अधिक छ।／ភាគច្រើនគេដាក់សញ្ញាតំណាងអោយប្រៃសណីយ៍〒នៅខាងមុខលេខប្រៃសណីយ៍។／ສ່ວນຫຼາຍມີສັນຍາລັກ〒(ສະແດງເຖິງໄປສະນີ) ວາງໄວ້ກ່ອນໝາຍເລກ.)

▶郵便物（ゆうびんぶつ） (हुलाकीवस्तु／បញ្ញើប្រៃសណីយ៍／ພັດສະດຸ)

❹ □ ポスト (पत्र–पेटिका／ប្រៃសណីយ៍／ຕູ້ໄປສະນີ)

▶これ、ポストに出（だ）してもらえる？
――わかった。

(यो पत्र–पेटिकामा हालिदिन सक्नुहुन्छ ? —हुन्छ।／ជួយយករបស់នេះទៅប្រៃសណីយ៍ផងបានទេ? យល់ព្រម។／ເອົາອັນນີ້ໄປປ່ອນໃສ່ຕູ້ໄປສະນີໃຫ້ແດ່ໄດ້ບໍ່? —ໄດ້.)

❺ □ 手紙（てがみ） (पत्र / चिट्ठी／សំបុត្រ／ຈົດໝາຍ)

▶親（おや）に手紙を書（か）こうと思（おも）います。

(बुबाआमालाई चिट्ठी लेखौं भनि सोचिरहेको छु।／ខ្ញុំគិតថានឹងសរសេរសំបុត្រទៅឪពុកម្តាយ។／ຕັ້ງໃຈວ່າຊິຂຽນຈົດໝາຍຫາພໍ່ແມ່.)

❻ □ はがき (पोस्ट कार्ड／កាតប៉ុស្តាល់／ບັດສົ່ງທາງໄປສະນີ, ໂປສກາດ)　漢葉書

❼ □ 絵（え）はがき (चित्रित पोस्ट कार्ड／កាតប៉ុស្តាល់／ໂປສກາດ)

❽ □ 切手（きって） (हुलाक टिकट／តែមប្រៃសណីយ៍／ສະແຕັມ)

▶切手は、まだ貼（は）ってません。

(हुलाक टिकट अझै टाँसेको छैन।／មិនទាន់បិតតែមប្រៃសណីយ៍នៅឡើយទេ។／ຍັງບໍ່ທັນຕິດສະແຕັມ)

❾ □ 封筒（ふうとう） (खाम／ស្រោមសំបុត្រ／ຊອງ)

❿ □ 速達（そくたつ） (द्रुत हुलाक सेवा／ការដឹកជញ្ជូនទំនិញលឿន／ເອກະສານດ່ວນ, ສົ່ງດ່ວນ)

▶速達でお願（ねが）いします。

(द्रुत हुलाक सेवाद्वारा पठाउन अनुरोध गर्छु।／សូមផ្ញើតាមសេវាកម្មដឹកជញ្ជូនលឿន។／ສົ່ງດ່ວນໃຫ້ແດ່.)

⓫ □ 航空便（こうくうびん） (विमानी हुलाक सेवा／តាមយន្តហោះ／ການສົ່ງທາງອາກາດ)

▶航空便だと、いくらかかりますか。

(विमानी हुलाक सेवा भए कति लाग्छहोला ?／ប្រសិនបើផ្ញើតាមយន្តហោះ អស់ប្រហែលប៉ុន្មាន?／ຖ້າສົ່ງທາງອາກາດ, ລາຄາເທົ່າໃດ?)

⓬ □ 船便（ふなびん） (पानी जहाज हुलाक सेवा／តាមកប៉ាល់／ການສົ່ງທາງເຮືອ)

▶船便だと、何日（なんにち）くらいかかりますか。

(पानी जहाज हुलाक सेवा भए कतिदिनमा पुग्छहोला ?／ប្រសិនបើតាមកប៉ាល់ តើចំណាយពេលប្រហែលប៉ុន្មានថ្ងៃ?／ຖ້າສົ່ງທາງເຮືອ, ໃຊ້ເວລາຈັກມື້?)

⓭ □ 荷物（にもつ） (मालसामान／អីវ៉ាន់／ເຄື່ອງ)

▶きのう、荷物が届（とど）きました。

(हिजो मालसामान आइपुग्यो।／អីវ៉ាន់បានមកដល់កាលពីម្សិលមិញ។／ເຄື່ອງມາຮອດມື້ວານນີ້.)

⓮ □ 宅配（たくはい）／宅配便（たくはいびん） (होमडेलिभरी / होमडेलिभरी सेवा／ការដឹកជញ្ជូនទំនិញអោយដល់ផ្ទះសេវាកម្មដឹកជញ្ជូនទំនិញអោយដល់ផ្ទះ／ການສົ່ງຮອດບ້ານ/ຂົນສົ່ງຮອດບ້ານ)

▶宅配で送（おく）ろうと思います。

(होमडेलिभरीमा पठाउँभनि सोचिरहेको छु।／ខ្ញុំគិតថានឹងផ្ញើតាមសេវាកម្មដឹកជញ្ជូនដល់ផ្ទះ។／ຄິດວ່າຊິໃຫ້ສົ່ງຮອດບ້ານ.)

▶宅配が届いていますよ。

(होमडेलिभरी आइपुगेको छ।／ការដឹកជញ្ជូនអោយដល់ផ្ទះបានមកដល់ហើយ។／ມີເຄື່ອງສົ່ງຮອດບ້ານເດີ້.)

⑮ □ 送(おく)る (पठाउनु／ផ្ញើ／ສົ່ງ)

▶サンプルを送ってもらえませんか。

(नमूना पठाइदिनुहुन्छ कि ?／តើអ្នកអាចជួយផ្ញើគំរូបានទេ?／ສົ່ງສິນຄ້າຕົວຢ່າງມາໃຫ້ໄດ້ບໍ່?)

⑯ □ 出(だ)す (निकाल्नु / पठाउनु／ផ្ញើ／ສົ່ງ (ເອກະສານ))

▶また、はがきを出すのを忘(わす)れた。

(फेरि पोस्टकार्ड पठाउन बिर्सें।／ខ្ញុំភ្លេចផ្ញើកាតប៉ុស្តាល់ទៀតហើយ។／ລືມສົ່ງໄປສະນີຍະບັດອີກແລ້ວ.)

⑰ □ 配達(はいたつ)(する) (डेलिभरी (गर्नु)／ដឹកជញ្ជូន／ສົ່ງ (ເຄື່ອງ))

▶〈宅配(たくはい)の受付(うけつけ)で〉配達の時間(じかん)は、どうしますか。
――午前(ごぜん)でお願(ねが)いします。

((होमडेलिभरीको रिसेप्सनमा) डेलिभरीको समय कतिबजे गर्नुहुन्छ ? —दिउँस बाह्र बजे सम्ममा गर्नुहोला।／(នៅកន្លែងទទួលផ្ញើអីវ៉ាន់តាមសេវាកម្មដឹកជញ្ជូនដល់ផ្ទះ) តើអ្នកចង់បានយ៉ាងម៉េចសម្រាប់ម៉ោងដឹកជញ្ជូន? សូមពេលព្រឹក។／(ທີ່ໂຕະປະຊາສຳພັນຂອງຂົນສົ່ງຮອດບ້ານ) ຕ້ອງການສົ່ງຕອນຈັກໂມງນໍ? —ເອົາຕອນເຊົ້າ.)

⑱ □ 届(とど)く (पुग्नु／មកដល់／ຮອດ)

▶友達(ともだち)から絵(え)ハガキが届きました。

(साथीले पठाएको चित्रित पोस्ट कार्ड आइपुग्यो।／កាតប៉ុស្តាល់ពីមិត្តភក្តិបានមកដល់។／ໄດ້ຮັບໄປສະນີຍະບັດຈາກໝູ່.)

⑲ □ 着(つ)く (आइपुग्नु／ទៅដល់／ຮອດ)

▶これ、木曜(もくよう)に着きますか。

(यो बिहीबार पुग्छ होला ?／តើអីវ៉ាន់នេះ ទៅដល់ថ្ងៃព្រហស្បតិ៍ទេ?／ອັນນີ້ຮອດພາຍໃນວັນພະຫັດບໍ່?)

⑳ □ 受(う)け取(と)る (प्राप्त गर्नु／ទទួល, ទទួលយក／ຮັບ)

▶けさ、荷物を受け取りました。

(आज बिहान मालसामान प्राप्त गरें।／ព្រឹកមិញខ្ញុំបានទទួលអីវ៉ាន់ហើយ។／ມື້ເຊົ້ານີ້ໄດ້ຮັບເຄື່ອງ.)

21 色・形

22 数・量

23 お金

24 郵便・宅配

25 社会

26 マスコミ

27 産業

28 材料・道具

29 天気

30 動物・植物

かぞえかた②

(☞「かぞえかた①」p.11)　※音はありません。(NO SOUND)

	 ～だい	 ～はい	 ～本	 ～番	 ～枚	 ～ひき	 ～さつ
1	いちだい	いっぱい	いっぽん	いちばん	いちまい	いっぴき	いっさつ
2	にだい	にはい	にほん	にばん	にまい	にひき	にさつ
3	さんだい	さんばい	さんぼん	さんばん	さんまい	さんびき	さんさつ
4	よんだい	よんはい	よんほん	よんばん	よんまい	よんひき	よんさつ
5	ごだい	ごはい	ごほん	ごばん	ごまい	ごひき	ごさつ
6	ろくだい	ろっぱい	ろっぽん	ろくばん	ろくまい	ろっぴき	ろくさつ
7	ななだい	ななはい	ななほん	ななばん	ななまい	ななひき	ななさつ
8	はちだい	はちはい / はっぱい	はちほん / はっぽん	はちばん	はちまい	はちひき / はっぴき	はちさつ / はっさつ
9	きゅうだい	きゅうはい	きゅうほん	きゅうばん	きゅうまい	きゅうひき	きゅうさつ
10	じゅうだい	じゅっぱい / じっぱい	じゅっぽん / じっぽん	じゅうばん	じゅうまい	じゅっぴき / じっぴき	じゅっさつ / じっさつ
?	なんだい	なんばい	なんぼん	なんばん	なんまい	なんびき	なんさつ

UNIT 25 社会 しゃかい (कम्पनी / अफिस / कार्यालय／សង្គម／ສັງຄົມ)

❶ □ 政治 せいじ (राजनीति／នយោបាយ／ການເມືອງ)

❷ □ 経済 けいざい (अर्थशास्त्र／សេដ្ឋកិច្ច／ເສດຖະກິດ)

❸ □ 社会 しゃかい (कम्पनी / अफिस / कार्यालय／សង្គម／ສັງຄົມ)

▶これは日本社会の問題でしょう。
(に ほん) (もんだい)

(यो जापानी समाजको समस्या होला।／នេះគឺជាបញ្ហារបស់សង្គមជប៉ុន។／ນີ້ຄືຊິແມ່ນບັນຫາຂອງສັງຄົມຍີ່ປຸ່ນ.)

▶どんな社会にも、ルールがあります。

(जुनसुकै कम्पनीमा पनि नियम हुन्छ।／សង្គមណាក៏មានច្បាប់ដែរ។／ບໍ່ວ່າສັງຄົມໃດກໍ່ມີກົດລະບຽບ.)

❹ □ 国 くに (देश / राष्ट्र／ប្រទេស／ປະເທດ)

❺ □ 世界 せかい (संसार / विश्व／ពិភពលោក／ໂລກ)

❻ □ 国際 こくさい (अन्तराष्ट्रिय／អន្តរជាតិ／ສາກົນ)

❼ □ 国際電話 (अन्तराष्ट्रिय फोन／ទូរសព្ទក្រៅប្រទេស／ໂທລະສັບທາງໄກລະຫວ່າງຕ່າງປະເທດ)

❽ □ 市 し (नगर／ក្រុង／ເມືອງ)

❾ □ 町 まち/ちょう (शहर／សង្កាត់／ເຂດ)

⑩ □ 村（むら／そん） (गाउँ／ភូមិ／ບ້ານ)

⑪ □ 市民（しみん） (नगरवासी／ប្រជាជន／ປະຊາຊົນ)

▶このイベントには、毎年（まいとし）、多（おお）くの市民が参加（さんか）します。

(यस समारोहमा हरेक वर्ष थुप्रो नगरवासीको सहभागिता हुन्छ।／ព្រឹត្តិការណ៍នេះ មានការចូលរួមយ៉ាងច្រើនពីប្រជាជនជារៀងរាល់ឆ្នាំ។／ທຸກໆປີມີປະຊາຊົນຢ່າງຫຼວງຫຼາຍເຂົ້າຮ່ວມເທດສະການນີ້.)

⑫ □ 大人（おとな） (वयस्क／មនុស្សពេញវ័យ／ຜູ້ໃຫຍ່)

⑬ □ 若者（わかもの） (युवा／យុវវ័យ／ຊາວໜຸ່ມ, ໄວລຸ້ນ)

⑭ □ 老人（ろうじん） (प्रौढ／មនុស្សចាស់／ຜູ້ສູງອາຍຸ, ຜູ້ເຖົ້າ) 同 お年寄り（としより）

⑮ □ 法律（ほうりつ） (कानून／ច្បាប់／ກົດໝາຍ)

⑯ □ 規則（きそく） (विधान／ច្បាប់／ກົດລະບຽບ, ຂໍ້ບັງຄັບ) 同 ルール

⑰ □ 警察（けいさつ） (प्रहरी／ប៉ូលីស／ຕຳຫຼວດ)

⑱ □ グループ (ग्रुप／ក្រុម／ກຸ່ມ)

▶彼女（かのじょ）はわたしたちと同（おな）じグループです。

(उनी हामीजस्तो एउटै ग्रुपकी हुन्।／នាងនៅក្រុមជាមួយពួកយើង។／ລາວຢູ່ກຸ່ມດຽວກັນກັບພວກເຮົາ.)

22 数・量
23 お金
24 郵便・宅配
25 社会
26 マスコミ
27 産業
29 天気
30 動物・植物

UNIT 26

マスコミ (मास कम्युनिकेसन／សារគមនាគមន៍／ສື່ສານມວນຊົນ)

❶ □ テレビ (टेलिभिजन／ទូរទស្សន៍／ໂທລະທັດ)

❷ □ ラジオ (रेडियो／វិទ្យុ／ວິທະຍຸ)

❸ □ 番組(ばんぐみ) (कार्यक्रम／កម្មវិធី／ລາຍການ)

❹ □ テレビ番組 (टेलिभिजन कार्यक्रम／កម្មវិធីទូរទស្សន៍／ລາຍການໂທລະທັດ)

▶いつも、どんな番組を見(み)ていますか。

(जहिले पनि कस्तो कार्यक्रम हेर्नुहुन्छ ?／តើអ្នកតែងតែមើលកម្មវិធីអ្វី?／ປົກກະຕິມັກເບິ່ງລາຍການປະເພດໃດ?)

❺ □ ニュース (समाचार／ពត៌មាន／ຂ່າວ)

▶朝(あさ)、ニュースを見て、びっくりしました。

(बिहान समाचार हेरेर छक्क परें।／ខ្ញុំភ្ញាក់ផ្អើលពេលមើលពត៌មានព្រឹកមិញ។／ຕອນເຊົ້າ, ໄດ້ຟັງຂ່າວແລ້ວຕົກໃຈ.)

❻ □ ドラマ (ड्रामा／រឿងភាគ／ລະຄອນ)

▶あのドラマは毎週(まいしゅう)見ています。

(त्यो ड्रामा हरेक हप्ता हेर्छु।／ខ្ញុំមើលរឿងភាគនោះរៀងរាល់អាទិត្យ។／ເບິ່ງລະຄອນເລື່ອງນັ້ນທຸກໆອາທິດ.)

❼ □ 放送(ほうそう)(する) (प्रसारण／ផ្សាយ／ອອກອາກາດ, ຖ່າຍທອດ)

▶その試合(しあい)はテレビで放送するみたいですよ。

(यो प्रतियोगिता टेलिभिजनमा प्रसारण हुन्छ रे।／ខ្ញុំលឺថាការប្រកួតនោះនឹងផ្សាយតាមទូរទស្សន៍។／ການແຂ່ງນັ້ນຄືວ່າຊິອອກອາກາດທາງໂທລະທັດໄດ໋.)

▶生(なま)放送 (प्रत्यक्ष प्रसारण／ផ្សាយផ្ទាល់／ຖ່າຍທອດສົດ)

❽ □ 広告(こうこく) (विज्ञापन／ការផ្សព្វផ្សាយពាណិជ្ជកម្ម／ໂຄສະນາ)

▶この雑誌(ざっし)、広告ばかりだね。

(यो पत्रिका जतातत्तै विज्ञापन मात्रै रहेछ हगि।／ទស្សនាវដ្ដីនេះសុទ្ធតែការផ្សព្វផ្សាយពាណិជ្ជកម្ម។／ວາລະສານນີ້ມີແຕ່ໂຄສະນາເນາະ.)

❾ □ コマーシャル (व्यापारिक संदेश／ពាណិជ្ជកម្ម／ໂຄສະນາ)

▶これ、知(し)っています。テレビのコマーシャルで見ました。

(यो (मलाई) थाहा छ। टेलिभिजनको व्यापारिक संदेशमा देखें।／ខ្ញុំស្គាល់របស់ហ្នឹង។ ខ្ញុំបានឃើញក្នុងពាណិជ្ជកម្មតាមទូរទស្សន៍។／ອັນນີ້, ຮູ້ຈັກ. ເຫັນໃນໂຄສະນາທາງໂທລະທັດ.)

❿ □ 看板(かんばん) (साइनबोर्ड / सूचनापाटी ／ស្លាកសញ្ញា／ປ້າຍ)

▶大(おお)きな看板があるから、すぐわかると思(おも)います。

(ठूलो साइनबोर्ड भएको हुनाले तुरुन्त थाहाहुन्छ जस्तो लाग्छ।／ខ្ញុំគិតថា អ្នកនឹងស្គាល់ភ្លាម ព្រោះមានស្លាកសញ្ញាធំ។／ຄິດວ່າຊິເຂົ້າໃຈງ່າຍຢູ່, ເພາະວ່າມີປ້າຍໃຫຍ່.)

⓫ □ チラシ (पर्चा／ក្រដាសផ្សព្វផ្សាយ／ແຜ່ນພັບ)

▶さっき、駅前(えきまえ)でチラシを配(くば)っていました。

(अघि ट्रेन स्टेशन अगाडि पर्चा बाँडिरहेको थियो।／អំបាញ់មិញនេះ ខ្ញុំបានចែកក្រដាសផ្សព្វផ្សាយនៅមុខស្ថានីយ៍រថភ្លើង។／ຫວ່າງກີ້ນີ້, ໄດ້ແຈກແຜ່ນພັບຢູ່ໜ້າສະຖານີ.)

★「チラシ」…１枚の簡単なものが多い。
「パンフレット」…詳しく説明していて、何ページかあるものが多い。
('チラシ' …धेरैजसो 1 पृष्टमा साधारण खालको हुने 'パンフレット'…विस्तृत विवरण भएको र एक पृष्ट भन्दा बढिको पनि हुने।／ពាក្យ「チラシ」ភាគច្រើនជាក្រដាសធម្មតាមួយសន្លឹក។ពាក្យ「パンフレット」ភាគច្រើនមានការពន្យល់លំអិត និងមានច្រើនទំព័រ។／「チラシ」...ສ່ວນຫຼາຍເປັນໃບດຽວ, ແບບລຽບງ່າຍ「パンフレット」...ສ່ວນຫຼາຍມີຫຼາຍໜ້າ, ແລະມີການອະທິບາຍຢ່າງລະອຽດ詳しく説明していて、何ページかあるものが多い。)

⓬ □ パンフレット (पर्चा / पाम्प्लेट／ខិត្តបណ្ណ／ແຜ່ນພັບ)

▶すみません、パンフレットを１部(ぶ)ください。

(माफ गर्नुहोस् , पर्चा / पाम्प्लेट 1 वटा दिनुहोस्।／សូមទោស ខ្ញុំសូមខិត្តបណ្ណមួយច្បាប់។／ຂໍໂທດເດີ້, ຂໍແຜ່ນພັບ1ຊຸດແດ່?)

⓭ □ ポスター (चित्र / पोस्टर／ផ្ទាំងរូបភាព／ໂປສເຕີ້, ແຜ່ນໂຄສະນາ)

⓮ □ マスコミ (मास कम्युनिकेसन／សារគមនាគមន៍／ສື່ສານມວນຊົນ)

22 数・量
23 お金
24 郵便・宅配
25 社会
26 マスコミ
27 産業
28 材料・道具
29 天気
30 動物・植物

35

産業 (कल-कारखाना / उद्योग／ឧស្សាហកម្ម／ອຸດສາຫະກຳ)
さんぎょう

❶ □ 農業 (कृषी उद्योग／កសិកម្ម／ກະສິກຳ)
のうぎょう

❷ □ 工業 (औद्योगिक उद्योग／ឧស្សាហកម្ម／ອຸດສາຫະກຳ)
こうぎょう

❸ □ 産業 (कल-कारखाना / उद्योग／ឧស្សាហកម្ម／ອຸດສາຫະກຳ)
さんぎょう

▶この地域(ちいき)には、どんな産業がありますか。

(यस क्षेत्रमा कस्ता कस्ता कल-कारखाना / उद्योगहरू छन् ?／តើមានឧស្សាហកម្មបែបណានៅតំបន់នេះ?／ໃນຂົງເຂດນີ້ມີອຸດສາຫະກຳປະເພດໃດແດ່?)

▶自動車(じどうしゃ)産業 (मोटरनिर्माणउद्योग／ឧស្សាហកម្មរថយន្ត／ອຸດສາຫະກຳລົດໃຫຍ່.)

❹ □ 原料 (कच्चा पदार्थ／វត្ថុធាតុដើម／ວັດຖຸດິບ)
げんりょう

▶これも、石油(せきゆ)が原料です。

(यसको पनि कच्चा पदार्थ पेट्रोलियम पदार्थ हो ।／នេះក៏មានវត្ថុធាតុដើមចេញពីប្រេងកាតដែរ។／ອັນນີ້ກໍ່ໃຊ້ນ້ຳມັນເປັນວັດຖຸດິບ.)

❺ □ 材料 (निर्माण सामग्रीहरू／វត្ថុធាតុផ្សំ／ວັດຖຸດິບ, ສ່ວນປະກອບ, ສ່ວນປະສົມ)
ざいりょう

▶材料が足(た)りないから、少(すこ)ししか作(つく)れません。

(कच्चा पदार्थ नपुग्ने हुनाले अलिकति बाहेक बनाउन सकिन्न ।／យើងអាចផលិតបានតែបន្តិចប៉ុណ្ណោះ ដោយសារវត្ថុធាតុផ្សំមិនគ្រប់គ្រាន់។／ເຮັດໄດ້ແຕ່ໜ້ອຍດຽວ, ເພາະວ່າສ່ວນປະສົມບໍ່ພຽງພໍ.)

❻ □ 部品 (भाग / पार्टपुर्जा／គ្រឿងបន្លាស់／ຊິ້ນສ່ວນ, ອາໄຫຼ່)
ぶひん

❼ □ 工場 (कारखाना／រោងចក្រ／ໂຮງງານ)
こうじょう

❽ □ 倉庫（そうこ） (भण्डार / गोदाम／ឃ្លាំង／ສາງ)

❾ □ 生産（せいさん）(する) (निर्माण / उत्पादन／ផលិតកម្ម, ការផលិត／ຜະລິດ)

▶ほとんどの商品（しょうひん）が、この工場（こうじょう）で生産されている。

(अधिकांश विक्रिका सामाग्री यो कारखानामा उत्पादन /निर्माण गरिन्छ ।／ផលិតផលភាគច្រើន ត្រូវបានផលិតនៅរោងចក្រនេះ។／ສິນຄ້າເກືອບທັງໝົດຖືກຜະລິດຢູ່ໂຮງງານນີ້.)

❿ □ 輸出（ゆしゅつ）(する) (निर्यात／ការនាំចេញ／ສົ່ງອອກ)

⓫ □ 輸入（ゆにゅう）(する) (आयात／ការនាំចូល／ນຳເຂົ້າ)

⓬ □ ロボット (रोबोट／មនុស្សយន្ត／ຫຸ່ນຍົນ)

⓭ □ 貿易（ぼうえき） (वाणिज्य / आयात–निर्यात／ពាណិជ្ជកម្ម／ການຄ້າ)

⓮ □ 経済（けいざい） (अर्थतन्त्र／សេដ្ឋកិច្ច／ເສດຖະກິດ)

▶日本（にほん）の経済は、これからどうなるのでしょうか。

(जापानको अर्थतन्त्र आउने दिनमा कस्तो हुनेहोला ?／តើចាប់ពីពេលនេះទៅសេដ្ឋកិច្ចជប៉ុននឹងទៅជាយ៉ាងណា?／ແຕ່ນີ້ຕໍ່ໄປເສດຖະກິດຂອງຍີ່ປຸ່ນຊິເປັນແນວໃດ?)

⓯ □ 発展（はってん）(する) (विकास／អភិវឌ្ឍន៍／ພັດທະນາ)

▶彼（かれ）は、地域産業（ちいきさんぎょう）の発展のために努力（どりょく）した。

(उसले स्थानिय औधोगिक विकासको लागि मेहनत गऱ्यो ।／គាត់បានខិតខំប្រឹងប្រែងដើម្បីការអភិវឌ្ឍន៍នៃឧស្សាហកម្មតំបន់។／ລາວພະຍາຍາມເພື່ອການພັດທະນາຂະແໜງອຸດສາຫະກຳໃນຂົງເຂດນີ້.)

22 数・量
23 お金
24 郵便・宅配
25 社会
26 マスコミ
27 産業
29 天気
30 動物・植物

36

UNIT 28

材料・道具 ざいりょう どうぐ

(सामग्री / साधन / उपकरण／វត្ថុធាតុដើម, ឧបករណ៍／ວັດຖຸດິບ・ເຄື່ອງມື)

❶ □ 鉄（てつ） (फलाम／ដែក／ເຫຼັກ)

❷ □ 金属（きんぞく） (धातु／លោហៈ／ໂລຫະ)

❸ □ ガラス (शीसा / काँच／កែវ／ແກ້ວ)

❹ □ プラスチック (प्लास्टिक／ប្លាស្ទិក／ຢາງ)

▶このコップはプラスチックだから、落（お）としても割（わ）れません。

(यो कप प्लास्टिकको हुनाले खसेपनि फुट्दैन ।／កែវនេះធ្វើពីប្លាស្ទិក ដូច្នេះបើធ្លាក់ ក៏មិនបែកដែរ។／ຈອກໜ່ວຍນີ້ເຮັດດ້ວຍຢາງ, ເພາະສະນັ້ນເຮັດຕົກກໍ່ບໍ່ແຕກ.)

❺ □ 木（き） (काठ／ឈើ／ໄມ້)

▶これは全部（ぜんぶ）、木でできているんですか。

(यो सबै काठबाट बनेको हो ?／ទាំងអស់នេះធ្វើពីឈើឬ?／ອັນນີ້ແມ່ນເຮັດດ້ວຍໄມ້ທັງໝົດ.)

❻ □ 布（ぬの） (कपडा／ក្រណាត់／ຜ້າ)

▶小（ちい）さい布のバッグを見（み）ませんでしたか。

(सानो कपडाको ब्याग देख्नुभएन ?／តើអ្នកមិនបានឃើញកាបូបតូចដែលធ្វើពីក្រណាត់ទេឬ?／ບໍ່ເຫັນຖົງຜ້ານ້ອຍໆບໍ?)

❼ □ 金（きん） (सुन／មាស／ຄຳ)

❽ □ ダイヤモンド (हिरा／ពេជ្រ／ເພັດ)

❾ □ コンクリート (कन्क्रिट / सिमेन्ट ढलान／ស៊ីម៉ង់ត៍, បេតុង／ສີມັງ)

❿ □ 木綿(もめん)／綿(めん) (सुती कपडा／កប្បាស／ຝ້າຍ)

▶綿100パーセントのシャツがいいです。

(सुती 100 प्रतिशतको सर्ट राम्रो हुन्छ।／ខ្ញុំចង់បានអាវធ្វើពីកប្បាស១០០ភាគរយ។／ຢາກໄດ້ເສື້ອຝ້າຍ100%.)

⓫ □ 絹(きぬ) (रेशम／សូត្រ／ໄໝ)

⓬ □ ウール (ऊन／សំឡី／ຂົນແກະ)

⓭ □ ナイロン (नाइलन／នីឡុង／ນິລົງ)

⓮ □ ポリエステル (पोलिस्टर／ប៉ូលីអេស្ទ័រ／ສານໂພລີເອສເຕີ້)

▶ごみを捨(す)てるから、ポリ袋(ぶくろ)を持(も)ってきてくれる？

(फोहोर फाल्नलाई पोलिस्टरको झोला ल्याइदिन्छौ ?／ខ្ញុំយកសម្រាមទៅចោល ដូច្នេះជួយយកស្បោងប្លាស្ទិកអោយបានទេ?／ເອົາຖົງຢາງ(ໂພລີເອສເຕີ້)ມາໃຫ້ແດ່, ເພາະຊິຖິ້ມຂີ້ເຫຍື້ອ.)

⓯ □ 革(かわ) (छाला／ស្បែក／ໜັງ)

▶革靴(ぐつ) (छालाको जुत्ता／ស្បែកជើងធ្វើពីស្បែក／ເກີບໜັງ)

⓰ □ ゴム (रबर／ជ័រកៅស៊ូ／ຢາງ)

⓱ □ 紙(かみ) (कागज／ក្រដាស／ເຈ້ຍ)

⓲ □ 段(だん)ボール (कार्टुन／ក្រដាសកាតុង／ເຈ້ຍແກັດ)

22 数・量
23 お金
24 郵便・宅配
25 社会
26 マスコミ
27 産業
28 材料・道具
29 天気
30 動物・植物

⑲ □ ビニール (प्लास्टिक／ប្លាស្ទិក／ຢາງ)

▶これはビニール袋(ぶくろ)に入(い)れましょう。

(यसलाई प्लास्टिकको झोलामा हालौं।／តោះដាក់របស់នេះចូលក្នុងថង់ប្លាស្ទិក។／ພາກັນເອົາອັນນີ້ໃສ່ຖົງຢາງເທາະ.)

⑳ □ 石油(せきゆ) (मटीतेल／ប្រេងកាត／ນ້ຳມັນ)

㉑ □ ガソリン (पेट्रोल／ប្រេងសាំង／ນ້ຳມັນ)

㉒ □ ガソリンスタンド (पेट्रोल पम्प／ស្ថានីយ៍ប្រេងឥន្ធនៈ, ហ្គារ៉ាស់សាំង／ປ້ຳນ້ຳມັນ)

㉓ □ ガス (ग्यास／ហ្គាស／ແກ໊ສ)

㉔ □ 空気(くうき) (हावा／បរិយាកាស／ລົມ)

㉕ □ 箱(はこ) (बाकस／ប្រអប់／ກັບ)

㉖ □ 段(だん)ボール箱(ばこ) (कार्टुनको बाकस／ប្រអប់ធ្វើពីក្រដាសកាតុង／ແກັດເຈ້ຍ)

㉗ □ ケース (केस／ប្រអប់, កេស／ຊິບ, ກັບ)

▶あれ？　デジカメのケースがない！　ねえ、知(し)らない？

(ओहो ! डेजिटल क्यामेराको केस छैन त, कसैलाई थाहा छ ?／អេ៎ ? អត់មានប្រអប់កាមេរ៉ាឌីជីថលទេ។ តើឯងអត់ដឹងទេឬ?／ອ້າວ? ຊິບກ້ອງດິຈິຕອນບໍ່ມີ! ເຮີ້ຍ, ບໍ່ຮູ້ບໍ?)

㉘ □ 缶(かん) (क्यान／កំប៉ុង／ກະປ໋ອງ)

㉙ □ びん (बोटल／ដប／ຂວດແກ້ວ)

㉚ □ ふた (बिर्को / ढकनी／គម្រប／ຝາ)

㉛ □ コード (वायर／ខ្សែភ្លើង／ສາຍໄຟ)

㉜ □ スイッチ (स्वीच／កុងតាក់／ສະວິດ)

㉝ □ ボタン (बटन／ឡេវ／ປຸ່ມ)

㉞ □ ドライバー (पेचकस／ប្រដាប់មួលខ្ចៅ (ទួណឺវីស)／ໄຂຄວງ)

㉟ □ 材料（ざいりょう） (सामग्री／វត្ថុធាតុផ្សំ／ວັດຖຸດິບ, ສ່ວນປະກອບ)

㊱ □ 道具（どうぐ） (साधन / उपकरण／ឧបករណ៍／ເຄື່ອງມື, ອຸປະກອນ)

21 色・形
22 数・量
23 お金
24 郵便・宅配
25 社会
26 マスコミ
27 産業
28 材料・道具
29 天気
30 動物・植物

37

UNIT 29

天気（てんき） (मौसम／អាកាសធាតុ／ອາກາດ)

❶ □ 天気 (मौसम／អាកាសធាតុ／ອາກາດ)

▶明日（あした）の天気はどうですか。

(भोलिको मौसम कस्तो होला ?／អាកាសធាតុថ្ងៃស្អែកយ៉ាងម៉េចដែរ?／ອາກາດຂອງມື້ອື່ນເປັນແນວໃດ?)

❷ □ 天気予報（よほう） (मौसम भविष्यवाणी／ការព្យាករណ៍អាកាសធាតុ／ພະຍາກອນອາກາດ)

❸ □ 晴（は）れ (घाम लागेको / मौसम सफा हुनु／មេឃស្រឡះ／ອາກາດປອດໂປ່ງ)

▶週末（しゅうまつ）の天気は晴れだって。よかったね

(हप्ताको अन्त्यतिर मौसम सफा हुन्छ रे। राम्रो हुने भयो हगि।／គេថាអាកាសធាតុចុងសប្ដាហ៍គឺមេឃស្រឡះ។ ល្អណាស់។／ທ້າຍອາທິດອາກາດຈະປອດໂປ່ງວ່າຊັ້ນ. ດີລະເດະ.)

❹ □ 晴れる (घाम लाग्नु／ស្រឡះ／ອາກາດປອດໂປ່ງ)

▶週末、晴れたらいいね。

(अर्को हप्ता घाम लागे राम्रो हुन्थ्यो हगि।／ប្រសិនបើចុងសប្ដាហ៍ មេឃស្រឡះ គឺពិតជាល្អ។／ທ້າຍອາທິດ, ຖ້າອາກາດປອດໂປ່ງກໍ່ຊິດີ.)

❺ □ 雨（あめ） (पानी परेको／ភ្លៀង／ຝົນ)

▶雨の場合（ばあい）は中止（ちゅうし）です。

(पानी परेमा रद्द गरिन्छ।／ប្រសិនបើភ្លៀង គឺនឹងផ្អាក។／ກໍລະນີຝົນຕົກແມ່ນຍົກເລີກ.)

❻ □大雨（おおあめ） (ठुलो पानी परेको／ភ្លៀងធំ／ຝົນຕົກໜັກ)

❼ □ 雪（ゆき） (हिउँ／ព្រិល／ຫິມະ)

❽ □ 降る（ふ） (पर्नु／ធ្លាក់／ຕົກ)

▶うわー、雨（あめ）が降ってる。どうしよう、かさがない。

(मेरी बास्सै ! पानी परेछ त ।के गर्ने होला, छाता नै छैन ।／អូ! ភ្លៀងកំពុងធ្លាក់។ ធ្វើយ៉ាងម៉េចទៅ? អត់មានឆត្រទេ។／ໂອ້ຍເນາະ, ຝົນຕົກ. ເຮັດແນວໃດ? ບໍ່ມີຄັນຮົ່ມ.)

❾ □ 上（あ）がる (रोकिनु／រាំង／(ຝົນ) ເຊົາຕົກ)

▶あっ、雨が上がったみたい。

(ए ! पानी पर्न रोकिएछ जस्तो छ ।／អាំ! ភ្លៀងដូចជារាំងហើយ។／ໂອ້, ຝົນຄືຊິເຊົາຕົກລະ.)

❿ □ やむ (थाम्नु／រាំង／ເຊົາ)

▶雨がやんだら出かけましょう。

(पानी पर्न थामिएपछि बाहिर निस्कौं ।／ភ្លៀងរាំងហើយ តោះនាំគ្នាចេញទៅខាងក្រៅ។／ຖ້າຝົນເຊົາແລ້ວພາກັນອອກໄປນອກເທາະ.)

⓫ □ 曇（くも）り (बादल लागेको／មេឃស្រទំ／ມີເມກ, ເມກ)

▶〈天気予報（てんきよほう）〉明日（あした）は曇りのち晴（は）れでしょう。

((मौसम भविष्यवाणी) भोलि बादल लागेर पानी पर्ने सम्भावना छ ।／(ការព្យាករណ៍អាកាសធាតុ) ថ្ងៃស្អែក មេឃនឹងស្រទំហើយបន្ទាប់មកមេឃស្រឡះ។／(ພະຍາກອນອາກາດ) ມື້ອື່ນຈະມີເມກຫຼັງຈາກນັ້ນທ້ອງຟ້າຈະປອດໂປ່ງ.)

⓬ □ 曇る (बादल लाग्नु／ស្រទំ／ມືດຄຶ້ມ, ມົວ)

▶曇ってきたね。雨が降るかもしれない。

(बादल लागेर आयो हगि । पानी पर्छ जस्तो छ ।／មេឃស្រទំហើយ។ ប្រហែលនឹងភ្លៀង។／ມືດຄຶ້ມເຂົ້າມາແລ້ວເນາະ. ຝົນຄືຊິຕົກ.)

⓭ □ 雲 (बादल／ពពក／ມີເມກ, ຟ້າຄຶ້ມ)

⓮ □ 暑（あつ）い (गर्मी／ក្តៅ／ຮ້ອນ)

⓯ □ 寒（さむ）い (जाडो／ត្រជាក់, រងា／ໜາວ)

22 数・量
23 お金
24 郵便・宅配
25 社会
26 マスコミ
27 産業
28 材料・道具
29 天気
30 動物・植物

⑯ □ 暖(あたた)かい (न्यानो／កក់ក្ដៅ／ອຸ່ນ)

▶やっと暖かくなってきたね。もう冬(ふゆ)も終(お)わりかな。

(बल्ल न्यानो हुदै आयो हगि। हिउँद पनि सकियो होला कि।／ទីបំផុត អាកាសធាតុចាប់ផ្ដើមក្ដៅវិញហើយ។ រដូវរងាជិតចប់ហើយ។／ໃນທີ່ສຸດກໍ່ອຸ່ນຂຶ້ນເນາະ. ລະດູໜາວໄດ້ສິ້ນສຸດລົງແລ້ວຕິ.)

⑰ □ 涼(すず)しい (शीतल／ត្រជាក់ស្រួល／ເຢັນ)

▶風(かぜ)が涼しくて、気持(きも)ちがいいですね。

(हावा शीतल भएकोले आनन्द आउँछ अगि।／ខ្យល់ត្រជាក់ស្រួល មានអារម្មណ៍ល្អមែន។／ລົມເຢັນເຮັດໃຫ້ຮູ້ສຶກດີເນາະ.)

⑱ □ むし暑(あつ)い (बाफिलो गर्मी／ក្ដៅស្អុះស្អាប់／ຮ້ອນຊຸ່ມ)

▶日本(にほん)の夏(なつ)は蒸し暑いので、少(すこ)し苦手(にがて)です。

(जापानको ग्रीष्ममा बाफिलो गर्मी हुनेहुनाले, त्यति मनपर्दैन।／ខ្ញុំមិនសូវចូលចិត្តរដូវក្ដៅនៅជប៉ុនទេ ព្រោះវាក្ដៅហើយស្អុះស្អាប់។／ບໍ່ມັກລະດູຮ້ອນທີ່ຍີ່ປຸ່ນປານໃດ, ເພາະວ່າມັນຮ້ອນຊຸ່ມ.)

⑲ □ 風(かぜ) (हावा／ខ្យល់／ລົມ)

▶きょうは風が強(つよ)いですね。

(आज हावा चर्को छ हगि।／ថ្ងៃនេះ ខ្យល់ខ្លាំង។／ລົມແຮງເນາະມື້ນີ້.)

⑳ □ 吹(ふ)く (चल्नु／បក់／ພັດ)

▶風が吹いて、ちょっと涼しくなってきた。

(हावा चलेर अलिकति शीतल हुदै आयो।／ខ្យល់បក់មក ធ្វើអោយត្រជាក់ស្រួលបន្តិច។／ລົມພັດ, ເຮັດໃຫ້ຮູ້ສຶກເຢັນຂຶ້ນມາ.)

㉑ □ 台風(たいふう) (टाइफून／ខ្យល់ព្យុះ／ພາຍຸ)

▶台風が来(く)るから、きょうは早(はや)く帰(かえ)りましょう。

(टाइफून आउँदैछ, त्यसैले आज छिटै फर्कौं।／តោះ ថ្ងៃនេះឆាប់នាំគ្នាត្រលប់ទៅវិញ ព្រោះនឹងមានខ្យល់ព្យុះ។／ມື້ນີ້ພາກັນເມືອໄວໆ, ເພາະວ່າພາຍຸຈະເຂົ້າ.)

38

UNIT 30 動物・植物 (どうぶつ しょくぶつ)

(पशुपक्षी /वनस्पती／សត្វ, រុក្ខជាតិ／ສັດ・ພືດ)

❶ □ 動物 (पशुपक्षी／សត្វ／ສັດ)

❷ □ 動物園（えん） (चिडियाखाना／សួនសត្វ／ສວນສັດ)

❸ □ 犬（いぬ） (कुकुर／ឆ្កែ／ໝາ)

▶うちの犬は、知（し）らない人（ひと）には必（かなら）ずほえるんです。

(हाम्रो घरको कुकुर नचिनेको मान्छेलाई अनिवार्यरुपमा भुक्छ।／ឆ្កែរបស់ខ្ញុំតែងតែព្រុសចំពោះមនុស្សដែលមិនស្គាល់។／ໝາຂອງຂ້ອຍຈະເຫົ່າຄົນແປກໜ້າຢ່າງແນ່ນອນ.)

❹ □ 猫（ねこ） (बिरालो／ឆ្មា／ແມວ)

❺ □ 鳥（とり） (चरा／បក្សី／ນົກນ້ອຍ)

❻ □ 小鳥（ことり） (चरी／កូនបក្សី, បក្សីតូច／ນົກນ້ອຍ)

▶森（もり）さんは、小鳥を飼（か）っているんですか。

(मोरिज्यु, चरी पाल्नुभएको छ ?／លោកម៉ូរី តើចិញ្ចឹមកូនបក្សីឬ?／ທ້າວ ໂມລິ ລ້ຽງນົກນ້ອຍບໍ?)

❼ □ ペット (सोखले पालेका जनावर／សត្វចិញ្ចឹម／ສັດລ້ຽງ)

21 色・形
22 数・量
23 お金
24 郵便・宅配
25 社会
26 マスコミ
27 産業
28 材料・道具
29 天気
30 動物・植物

❽ □ 飼(か)う (पाल्नु／ចិញ្ចឹម／ລ້ຽງ (ສັດ))

▶ペットを飼ったことはありますか。
—子(こ)どものころ、家(いえ)で犬(いぬ)を飼っていました。
(सोखले जनवार पाल्नुभएको छ ? —सानो छँदा घरमा कुकुर पालेको थिएँ ।／តើអ្នកធ្លាប់ចិញ្ចឹមសត្វដែរឬទេ? កាលពីក្មេង ខ្ញុំធ្លាប់ចិញ្ចឹមឆ្កែនៅផ្ទះ។／ເຄີຍລ້ຽງສັດບໍ່? —ຕອນຍັງເປັນເດັກນ້ອຍ, ໄດ້ລ້ຽງໝາຢູ່ເຮືອນ.)

❾ □ 鳴(な)く (कराउनु／យំ／ຮ້ອງ)

▶けさは、鳥(とり)の鳴く声(こえ)で目(め)が覚(さ)めました。
(आज बिहान चरा कराएको आवाजले आँखा खुल्यो ।／ព្រឹកមិញ ខ្ញុំបានភ្ញាក់ពីគេងដោយសារសម្លេងចាបយំ។／ມື້ເຊົ້ານີ້, ຮູ້ເມື່ອຍ້ອນສຽງນົກຮ້ອງ.)

❿ □ 牛(うし) (गाईगोरू／គោ／ງົວ)

⓫ □ 馬(うま) (घोडा／សេះ／ມ້າ)

⓬ □ 豚(ぶた) (सुँगुर／ជ្រូក／ໝູ)

⓭ □ 羊(ひつじ) (भेडा／ចៀម／ແກະ)

⓮ □ 猿(さる) (बाँदर／ស្វា／ລິງ)

⓯ □ 象(ぞう) (हात्ती／ដំរី／ຊ້າງ)

⓰ □ ヘビ (सर्प / साँप／ពស់／ງູ)

⓱ □ ネズミ (मुसा／កណ្ដុរ／ໜູ)

⑱ □ トラ（बाघ／ខ្លា／ເສືອ）

⑲ □ パンダ（पान्डा／ខ្លាឃ្មុំផាន់ដា／ໝີແພນດ້າ）

⑳ □ ライオン（सिंह／តោ／ສິງ）

㉑ □ ウサギ（खरायो／ទន្សាយ／ກະຕ່າຍ）

㉒ □ クマ（भालु／ខ្លាឃ្មុំ／ໝີ）

㉓ □ 魚（さかな）（माछा／ត្រី／ປາ）

㉔ □ イルカ（डल्फिन／ត្រីផ្សោត／ປາໂລມາ）

㉕ □ サケ（साल्मन／ត្រីសាម៉ុន／ປາແຊລມອນ）

㉖ □ クジラ（ह्वेल／ត្រីបាឡែន／ປາວານ）

㉗ □ 虫（むし）（किरा／សត្វល្អិត／ແມງໄມ້）

㉘ □ 蚊（か）（लामखुट्टे／មូស／ຍຸງ）

㉙ □ ハエ（झिंगा／រុយ／ແມງວັນ）

㉚ □ 植物（しょくぶつ） (वनस्पति／រុក្ខជាតិ／ພືດ)

㉛ □ 木（き） (रूख / वृक्ष / बोट／ដើមឈើ／ຕົ້ນໄມ້)

㉜ □ 花（はな） (फूल／ផ្កា／ດອກໄມ້)

㉝ □ 咲く（さ） (फुल्नु／រីក／ບານ)

▶きれいな花（はな）がいっぱい咲いていますね。

(सुन्दर फूल कति धेरै फुलेको छ हगि ।／មានផ្កាស្រស់ស្អាតរីកស្គុះស្គាយ។／ດອກໄມ້ງາມໆບານເຕັມເນາະ.)

㉞ □ 桜（さくら） (साकुरा／ផ្កាសាគូរ៉ា／ຊາກຸລະ)

▶桜が咲いたら、花見（はなみ）に行（い）かない？

(साकुरा फुलेर आएपछि अवलोकन गर्न (हेर्न) जाऔं न हुदैन ?／ប្រសិនបើផ្កាសាគូរ៉ារីក ទៅមើលទេ?／ຖ້າດອກຊາກຸລະບານ, ບໍ່ໄປທ່ຽວຊົມ (ດອກຊາກຸລະບານ) ບໍ?)

㉟ □ 花見

(ढकमक्क साकुराको अवलोकन／បុណ្យផ្កាសាគូរ៉ា／ຊົມດອກຊາກຸລະບານ)

㊱ □ バラ (गुलाफ／ផ្កាកុលាប／ກຸຫລາບ)

㊲ □ 草（くさ） (घाँस／ស្មៅ／ຫຍ້າ)

㊳ □ 葉（は）／葉っぱ (पात／ស្លឹក, ស្លឹកឈើ／ໃບໄມ້)

▶葉っぱが少（すこ）し赤（あか）くなっていますね。

(पात अलिकति रातो भएर आयो हगि ।／ស្លឹកឈើចាប់ផ្តើមប្រែជាពណ៌ក្រហមបន្តិចហើយ។／ໃບໄມ້ເລີ່ມແດງຂຶ້ນໜ້ອຍໜຶ່ງເນາະ.)

39

UNIT 31 日本・世界
にほん せかい

(जापान / विश्व／ប្រទេសជប៉ុន, ពិភពលោក／ຍີ່ປຸ່ນ・ໂລກ)

❶ □ 東京
とうきょう

❷ □ 大阪
おおさか

第二の都市 (दोस्रो ठुलो शहर／ទីក្រុងទី២／ເມືອງໃຫຍ່ອັນດັບສອງ)
だいに とし

❸ □ 名古屋
なごや

第三の都市 (तेस्रो ठुलो शहर／ទីក្រុងទី៣／ເມືອງໃຫຍ່ອັນດັບສາມ)
さん

❹ □ 京都
きょうと

昔、長い間、首都だったところ
むかし なが あいだ しゅと

(विगतमा लामो समयसम्म राजधानी भएको ठाउँ／អតីតរាជធានីដ៏យូរអង្វែង／ແຕ່ກ່ອນ, ເປັນສະຖານທີ່ທີ່ເຄີຍເປັນເມືອງຫຼວງມາຍາວນານ)

❺ □ 奈良
なら

京都より前に首都だったところ
まえ

(नारा क्योटो भन्दा अगाडि राजधानी भएको ठाउँ／ណារ៉ាជាអតីតរាជធានីមុនក្យូតុ។／ນາລະ ສະຖານທີ່ທີ່ເຄີຍເປັນເມືອງຫຼວງກ່ອນໜ້າກຽວໂຕ)

❻ □ 北海道
ほっかいどう

美しい自然やスキー場で有名なところ
うつく しぜん じょう ゆうめい

(होक्काइडो प्राकृतिक सुन्दरता र स्की स्थलले प्रसिद्ध ठाउँ／ហុកកៃដូ កន្លែងដែលមានភាពល្បីល្បាញដោយសារធម្មជាតិដ៏ស្រស់ស្អាតនិងកន្លែងជិះស្គី／ຮອກໄກໂດ ສະຖານທີ່ທີ່ມີທຳມະຊາດອັນສວຍງາມ ແລະ ລານສະກີທີ່ມີຊື່ສຽງ.)

❼ □ 沖縄
おきなわ

日本のいちばん南にある島
みなみ しま

(ओकिनावा जापानको सबैभन्दा दक्षिणमा रहेको द्विप／អូគីណាវ៉ា កោះដែលស្ថិតនៅភាគខាងត្បូងបំផុតរបស់ជប៉ុន។／ໂອກິນະວາ ແມ່ນເກາະທີ່ຢູ່ໃຕ້ສຸດຂອງຍີ່ປຸ່ນ.)

❽ □ 新宿
しんじゅく

東京でいちばんにぎやかな街
まち

(सिन्ज्युकु टोक्योको सबैभन्दा घना बस्तिभएको नगर／ស៊ីនជឹគឹ ក្រុងដែលអ៊ូអរជាងគេនៅតូក្យូ／ຊິງຈຸກຸ ເມືອງທີ່ມີຄວາມຟົດຟື້ນກວ່າໝູ່ໃນໂຕກຽວ.)

❾ □ 銀座（ぎんざ）

東京の中心（ちゅうしん）にあり、高級店（こうきゅうてん）が並（なら）ぶ街

(गिन्जा टोक्योको मुटुमा रहेको र विलासी पसलको ताँती भएको नगर／ហ្គីនហ្សា ក្រុងដែលស្ថិតកណ្តាលតូក្យូហើយមានហាងថ្លៃៗ។／ກິງຊາ ເມືອງທີ່ຕັ້ງຢູ່ໃຈກາງຂອງໂຕກຽວ, ມີຮ້ານຄ້າຫຼູຫຼາຕັ້ງລຽນກັນ.)

❿ □ 富士山（ふじさん） (माउन्ट फुजी／ភ្នំហ្វូជី／ພູເຂົາຟູຈິ)

⓫ □ 世界（せかい） (विश्व / संसार／ពិភពលោក／ໂລກ)

⓬ □ アジア (एसिया／ទ្វីបអាស៊ី／ອາຊີ)

⓭ □ ヨーロッパ (युरोप／ទ្វីបអឺរ៉ុប／ເອີຣົບ)

⓮ □ アフリカ (अफ्रिका／ទ្វីបអាហ្វ្រិក／ອາຟຣິກາ)

⓯ □ 中国（ちゅうごく） (चीन／ប្រទេសចិន／ຈີນ)

⓰ □ 台湾（たいわん） (ताइवान／តៃវ៉ាន់／ໄຕ້ຫວັນ)

⓱ □ 韓国（かんこく） (कोरिया／ប្រទេសកូរ៉េខាងត្បូង／ເກົາຫຼີໃຕ້)

⓲ □ フィリピン (फिलिपिन／ប្រទេសហ្វីលីពីន／ຟິລິບປິນ)

⓳ □ シンガポール (सिङ्गापुर／ប្រទេសសិង្ហបុរី／ສິງກະໂປ)

⓴ □ マレーシア (मलेसिया／ប្រទេសម៉ាឡេស៊ី／ມາເລເຊຍ)

㉑ □ インドネシア (इन्डोनेसिया／ប្រទេសឥណ្ឌូនេស៊ី／ອິນໂດເນເຊຍ)

㉒ □ ベトナム (भियतनाम／ប្រទេសវៀតណាម／ຫວຽດນາມ)

㉓ □ タイ (थाइल्याण्ड／ប្រទេសថៃ／ໄທ)

㉔ □ インド (भारत／ប្រទេសឥណ្ឌា／ອິນເດຍ)

㉕ □ モンゴル (मङ्गोल／ប្រទេសម៉ុងហ្គោល／ມົງໂກເລຍ, ມົງໂກນ)

㉖ □ イギリス (बेलायत／ប្រទេសអង់គ្លេស／ອັງກິດ)

㉗ □ フランス (फ्रान्स／ប្រទេសបារាំង／ຝະລັ່ງ)

㉘ □ ドイツ (जर्मनी／ប្រទេសអាល្លឺម៉ង់／ເຢຍລະມັນ)

㉙ □ イタリア (इटाली／ប្រទេសអ៊ីតាលី／ອີຕາລີ)

㉚ □ スペイン (स्पेन／ប្រទេសអេស្ប៉ាញ／ສະເປນ, ແອັດສະປາຍ)

㉛ □ ポルトガル (पोर्चुगल／ព័រទុយហ្គាល់／ປອກຕຸຍການ)

㉜ □ ロシア (रूस／ប្រទេសរុស្ស៊ី／ລັດເຊຍ)

㉝ □ トルコ (टर्की／ប្រទេសទួរគី／ຕຸຣະກີ, ຕວກກີ)

㉞ □ アメリカ (अमेरिका／ប្រទេសអាមេរិក／ອາເມລິກາ)

㉟ □ メキシコ (मेक्सिको／ប្រទេសម៉ិចស៊ិក／ແມັກຊິໂກ)

㊱ □ ブラジル (ब्राजिल／ប្រទេសប្រេស៊ីល／ບຣາຊິລ,ເບຼຊິນ)

㊲ □ ペルー (पेरू／ប្រទេសប៉េរូ／ເປຣູ)

㊳ □ オーストラリア (अस्ट्रेलिया／ប្រទេសអូស្ត្រាលី／ອົດສະຕຣາລີ)

㊴ □ 北京（ペキン） (पेकिङ／ទីក្រុងប៉េកាំង／ປັກກິ່ງ)

㊵ □ 上海（シャンハイ） (सांघाइ／ទីក្រុងសៀងហៃ／ຊຽງໄຮ້)

32 人と人
33 気持ち
34 健康・病気
35 見る・聞く
36 話す・言う
37 思う・考える
38 行く・来る
39 あげる・もらう
40 する

41 ☐ 香港（ホンコン） (हङकङ／ទីក្រុងហុងកុង／ຮົງກົງ)

42 ☐ 台北（タイペイ） (ताइपेइ／ទិក្រុងតៃប៉ិ／ໄທເປ)

43 ☐ ソウル (सोल／ទីក្រុងសេអ៊ូល／ໂຊລ)

44 ☐ バンコク (ब्यांकक／ទីក្រុងបាងកក／ບາງກອກ, ກຸງເທບ)

45 ☐ ロンドン (लन्डन／ទីក្រុងឡុងដុង／ລອນດອນ)

46 ☐ パリ (पेरिस／ទីក្រុងប៉ារីស／ປາຣີ)

47 ☐ ローマ (रोम／ទីក្រុងរ៉ូម／ໂຣມ)

48 ☐ モスクワ (मस्को／ទីក្រុងមូស្គូ／ໂມສກູ)

49 ☐ ニューヨーク (न्युयोर्क／ទីក្រុងញូវយ៉ក／ນິວຢອກ)

50 ☐ ハワイ (हवाइ／ហាវ៉ៃ／ຮາວາຍ)

51 ☐ リオデジャネイロ (रियो दि जेनेरियो／ទីក្រុងរីយ៉ូ ដឺចានែរ៉ូ／ລິໂອເດຈາເນໂຣ)

52 ☐ サンパウロ (साओ पाउलो／ទីក្រុងសាន់ប៉ាវឡូ／ຊັນເປົາໂລ)

53 ☐ シドニー (सिड्नी／ទីក្រុងស៊ីដនី／ຊິດນີ)

UNIT 32
40

人(ひと)と人(ひと)

(मान्छे बिचको कुराकानी／មនុស្ស និងមនុស្ស／ຄົນ ກັບ ຄົນ)

❶ □ 誘(さそ)う (निम्त्याउनु／បបួល／ຊວນ)

▶森(もり)さんを食事(しょくじ)に誘ってみようと思(おも)います。

(मोरिज्युलाई खाना खाँन निम्त्याउँ भनि सोचिरहेको छुँ।／ខ្ញុំគិតថានឹងសាកបបួលលោកម៉ូរីទៅញ៉ាំបាយ។／ຄິດວ່າຊິຊວນທ້າວ ໂມລິ ມາກິນເຂົ້າ.)

❷ □ 誘い (निम्तो / निमन्त्रणा／ការបបួល／ການຊັກຊວນ)

❸ □ 呼(よ)ぶ (बोलाउनु／ហៅ／ເອີ້ນ)

▶森(もり)さんも呼びましょう。彼(かれ)、カラオケ好(す)きだから来(き)ますよ。

(हायासीज्युलाई पनि बोलाऔं। वहाँलाई काराओके मनपर्ने हुनाले आउनुहुन्छ।／តោះ បបួលលោកម៉ូរីផង។ គាត់នឹងមកព្រោះគាត់ចូលចិត្តខារ៉ាអូខេ ។／ພາກັນເອີ້ນທ້າວ ຮາຍະຊິ ນຳເທາະ. ລາວມາແນ່ນອນ, ເພາະລາວມັກຮ້ອງຄາລາໂອເກະ.)

❹ □ 招待(しょうたい)(する) (निम्तो / निमन्त्रणा गर्नु／អញ្ជើញ／ເຊີນ)

▶田中(たなか)さんの結婚式(けっこんしき)に招待されました。

(तानाकाज्युको विवाह समारोहमा निमन्त्रणा भएको छ।／ខ្ញុំត្រូវបានអញ្ជើញអោយចូលរួមពិធីរៀបការរបស់លោកតាណាកា។／ຖືກເຊີນໄປງານແຕ່ງດອງຂອງທ່ານ ທະນະກະ.)

▶招待状(じょう) (निमन्त्रणा पत्र／សំបុត្រអញ្ជើញ／ບັດເຊີນ)

❺ □ 断(ことわ)る (नकार्नु / अस्वीकार गर्नु／បដិសេធ／ປະຕິເສດ)

▶お昼(ひる)に誘われたけど、忙(いそが)しかったから断わりました。

(लञ्च खान निम्तो आएको थियो तर व्यस्त भएकोले नकारें।／គាត់បានបបួលទៅបាយថ្ងៃត្រង់ ប៉ុន្តែដោយសារខ្ញុំរវល់ ខ្ញុំបានបដិសេធ។／ໄດ້ຖືກເຊີນກິນເຂົ້າສວາຍ, ແຕ່ວ່າຄາວຽກກໍ່ເລີຍປະຕິເສດ.)

❻ □ 謝(あやま)る (क्षमा / माफ / माफी माग्नु／សុំទោស／ຂໍໂທດ)

▶早(はや)く謝ったほうがいいよ。

(छिटो माफ मागेको राम्रो हुन्छ है।／អ្នកគួរប្រញាប់សុំទោសទៅល្អជាង។／ຂໍໂທດໄວໆຊິດີກວ່າໄດ໋.)

31 日本・世界
33 気持ち
34 健康・病気
35 見る・聞く
36 話す・言う
37 思う・考える
38 行く・来る
40 する

❼ □ **お願(ねが)い** (अनुरोध / अनुनय／អង្វរ／ຂໍຮ້ອງ, ຂໍຄວາມກະລຸນາ)

▶すみません、ちょっとお願いがあるんですが。　—何(なん)ですか。

(सुन्नुहोस् त, एउटा सानो अनुरोध थियो । —के होला ?／សូមទោស ខ្ញុំមានសំណូមពរបន្តិច...តើសំណូមពរអ្វី?／ຂໍໂທດ, ມີແນວຂໍຮ້ອງ. —ແມ່ນຫຍັງ?)

❽ □ **お願いする** (अनुरोध / अनुनय गर्नु／សូមអង្វរ／ຂໍຮ້ອງ, ຂໍຄວາມກະລຸນາ, ຫາ)

▶買(か)い物(もの)をお願いしてもいい？

(किनमेल गर्नलाई अनुरोध गरे हुन्छ ?(किनमेल गरिदिनु हुन्छ ?)／ខ្ញុំសូមពឹងអោយជួយទិញអីវ៉ាន់បានទេ?／ຫາຊື້ເຄື່ອງໃຫ້ໄດ້ບໍ່?)

❾ □ **頼(たの)む** (अनुरोध / बिन्ती / आग्रह गर्नु／ពឹង, ពឹងពាក់／ຂໍຮ້ອງ, ອ້ອນວອນ)

▶原(はら)さんに、引(ひ)っ越(こ)しの手伝(てつだ)いを頼みました。

(हाराज्युलाई बसाइँ सर्दा सहयोग गर्न अनुरोध गरें ।／ខ្ញុំបានពឹងលោកហារ៉ាអោយជួយរើផ្ទះ។／ໄດ້ຂໍຮ້ອງທ້າວ ຮາລະໃຫ້ຊ່ວຍຍ້າຍເຮືອນ.)

❿ □ **助(たす)ける** (बचाउनु / उद्धार गर्नु/ सहायता गर्नु ／ជួយ／ຊ່ວຍເຫຼືອ)

▶石井(いしい)さんには、いつも助けてもらっています。

(इसिइज्युले जहिले पनि सहायता गर्नुहुन्छ ।／អ្នកនាងអ៊ីស៊ីតែងតែងជួយខ្ញុំ។／ໄດ້ຮັບການຊ່ວຍເຫຼືອຈາກອິຊິອິຕະຫຼອດ.)

⓫ □ **手伝(てつだ)う** (सहयोग / सहायता गर्नु／ជួយ／ຊ່ວຍ, ·ຊ່ວຍເຫຼືອ)

▶忙(いそが)しそうですね。何(なに)か手伝いましょうか。

(व्यस्त हुनुहुन्छ जस्तो छ । केहि सहयोग गरौं कि ?／មើលទៅអ្នកដូចជារវល់។ មានអ្វីអោយខ្ញុំជួយទេ?／ຊິ່ງຊິຄາວຽກເນາະ. ໃຫ້ຊ່ວຍຫຍັງບໍ່?)

▶手伝い (सहयोग / सहायता／ការជួយ／ການຊ່ວຍເຫຼືອ)

⓬ □ **信(しん)じる** (विश्वास गर्नु／ជឿ／ເຊື່ອ, ເຊື່ອໝັ້ນ)

▶彼(かれ)の言(い)うことは信じます。

(उसले भनेको विश्वास गर्छु ।／ខ្ញុំជឿលើអ្វីដែលគាត់និយាយ។／ເຊື່ອໝັ້ນໃນສິ່ງທີ່ລາວເວົ້າ.)

32 人と人
33 気持ち
35 見る・聞く
36 話す・言う
37 思う・考える
38 行く・来る
39 あげる・もらう
40 する

⓭ □ 電話（でんわ）をかける (फोन गर्नु／ទូរស័ព្ទ／ໂທລະສັບ)

⓮ □ 約束（やくそく）(する) (प्रतिज्ञा / प्रण (गर्नु)／សន្យា／ມີນັດ)

▶一緒（いっしょ）に行（い）きませんか。
—すみません、きょうはちょっと約束があるんです。

(सँगै जाऔं न हुदैन —माफ गर्नुहोस्, आज अर्को प्रतिज्ञा छ ／ទៅជាមួយគ្នាទេ? សុំទោស ថ្ងៃនេះខ្ញុំមានណាត់បន្តិច។／ບໍ່ໄປນຳກັນບໍ?--ຂໍໂທດ, ມື້ນີ້ມີນັດໜ້ອຍໜຶ່ງ.)

⓯ □ 約束を守（まも）る

(प्रतिज्ञाको पालना गर्नु／រក្សាពាក្យសន្យា／ຮັກສານັດ)

⓰ □ 約束を破（やぶ）る (प्रतिज्ञाको उल्लङ्घन गर्नु／ក្បត់ពាក្យសន្យា／ຜິດນັດ)

⓱ □ 会（あ）う (भेट्नु / भेटघाट गर्नु／ជួប／ພົບ, ພໍ້)

▶友達（ともだち）と会う約束があるんです。

(साथीलाई भेट्ने प्रतिज्ञा भएको छ।／ខ្ញុំមានការណាត់ជួបជាមួយមិត្តភក្តិ។／ມີນັດພົບກັບໝູ່.)

⓲ □ 待（ま）ち合（あ）わせ (कुनै एकठाउँको भेला／ការណាត់ជួប／ການນັດພົບ)

▶待ち合わせ場所（ばしょ）はどこですか。

(भेलाहुने ठाउँ कहाँ हो ?／កន្លែងណាត់ជួបគ្នានៅឯណា?／ຈຸດນັດພົບກັນແມ່ນຢູ່ໃສ?)

⓳ □ 待ち合わせる (कुनै एकठाउँमा भेलाहुने／ណាត់ជួប／ນັດພົບ)

▶３時（じ）に駅（えき）の改札口（かいさつぐち）で待ち合わせましょう。

(3 बजे ट्रेन स्टेसनको टिकट गेट भएकोठाउँमा भेला होऔं।／ជួបគ្នាម៉ោង៣នៅច្រកសំបុត្រនៃស្ថានីយ៍រថភ្លើង។／ນັດພົບກັນທີ່ປະຕູປ່ອນປີ້ອອກຂອງສະຖານີຕອນ3ໂມງເທາະ.)

⓴ □ 参加（さんか）(する) (सहभागिता／ការចូលរួម／ເຂົ້າຮ່ວມ)

▶わたしもこの会（かい）に参加したいと思（おも）っています。

(म पनि यो संगठनमा सहभागि हुन चाहान्छु।／ខ្ញុំគិតថាខ្ញុំចង់ចូលរួមក្នុងក្រុមនេះដែរ។／ຂ້ອຍຄິດຢາກເຂົ້າຮ່ວມສະມາຄົມນີ້ເຊັ່ນດຽວກັນ.)

㉑ □ 出る (निस्कनु / सहभागि हुनु／ចូល／ເຂົ້າ, ລົງ)
で

▶授業／試合に出る
じゅぎょう　しあい

(पढाइको कक्षा / प्रतियोगितामा सहभागि हुने／ចូលថ្នាក់រៀន, ចូលប្រកួត／ເຂົ້າຮ່ວມໂມງຮຽນ, ລົງແຂ່ງຂັນ)

㉒ □ 紹介(する) (परिचय (गर्नु)／ណែនាំ／ແນະນຳ)
しょうかい

▶森さんの彼女に会いましたか。
もり　　かのじょ
　―ええ、さっき紹介してもらいました。

(मोरिज्यूको गर्ल्फ्रेन्डलाई भेट्नुभयो ? —हजुर, एकछिन अगाडि परिचय गराउनु भयो।／តើអ្នកបានជួបសង្សាររបស់លោកម៉ូរីទេ? បាទ (ចាស) គាត់បាននែនាំអោយស្គាល់អំបាញ់មិញ។／ໄດ້ພົບແຟນຂອງທ່ານ ໂມລິແລ້ວບໍ? —ເຈົ້າ, ລາວແນະນຳໃຫ້ຮູ້ຈັກທ່ອນໆກີ້ນີ້.)

㉓ □ 世話(する) (स्याहार–सुसार (गर्नु)／ការថែទាំ／ເບິ່ງແຍງ)
せ　わ

▶子どもの世話で毎日疲れます。
こ　　　　　　まいにちつか

(बच्चाको स्याहार–सुसारले हरेक दिन थकिन्छ।／ដោយថែ ខ្ញុំហត់នឿយនឹងការមើលថែទាំកូនៗ／ທຸກໆມື້ເມື່ອຍນຳການເບິ່ງແຍງລູກ.)

㉔ □ 世話をする (स्याहार–सुसार गर्नु／ថែទាំ／ເບິ່ງແຍງ)
▶誰が犬の世話をしているんですか。
だれ　いぬ

(कसले कुकुरको स्याहार–सुसार गरिरहेको छ ?／តើអ្នកណាកំពុងថែទាំឆ្កែ?／ໃຜເບິ່ງແຍງໝາຫວາ?)

㉕ □ お世話になる (कसैको सहयोग लिनु／ទទួលបានការថែទាំ／ຮັບການເບິ່ງແຍງ/ ຊ່ວຍເຫຼືອ)

▶いろいろお世話になりました。ありがとうございました。

(तपाईंहरूको सहयोग पाएँ। धेरै धन्यवाद।／ខ្ញុំបានទទួលការថែទាំផ្សេងៗពីអ្នក។ សូមអរគុណ។／ຂອບໃຈທີ່ໃຫ້ການ ຊ່ວຍເຫຼືອໃນຫຼາຍໆດ້ານ.)

㉖ □ 迷惑 (दिक्कत / दुःख／ការរំខាន／ການລົບກວນ)
めいわく

㉗ □ 迷惑をかける (दिक्कत / दुःख दिनु／រំខាន／ລົບກວນ)
▶急に休んだので、会社の人に迷惑をかけてしまった。
きゅう　やす　　　　　かいしゃ　ひと

(अकस्मात बिदा लिएकोले, कम्पनीको कर्मचारीलाई दुःख दिन पुगेँ।／ខ្ញុំបានរំខានដល់អ្នកនៅក្រុមហ៊ុន ដោយសារខ្ញុំបាន ឈប់សម្រាកភ្លាមៗ។／ຍ້ອນລາພັກກະທັນຫັນ, ເຮັດໃຫ້ລົບກວນຄົນໃນບໍລິສັດ.)

㉘ □ **遠慮（えんりょ）(する)** (हिचकिच्याइ / संकोच (गर्नु)／ស្ទាក់ស្ទើរ, ខ្លាចចិត្ត／ເກງໃຈ)

▶遠慮しないで、たくさん食（た）べてください。

(संकोच नमानि खानुहोला।／សូមញ៉ាំអោយច្រើនកុំខ្លាចចិត្តអី។／ກິນຫຼາຍໆເດີ້, ບໍ່ຕ້ອງເກງໃຈ.)

㉙ □ **遠慮なく** (बिना हिचकिच्याइ / संकोच／កុំស្ទាក់ស្ទើរ, កុំខ្លាចចិត្ត／ບໍ່ເກງໃຈ)

▶じゃ、遠慮なくいただきます。

(त्यसोभए, नहिचकिच्याइकन खान्छु।／អញ្ចឹង ខ្ញុំសូមញ៉ាំហើយអត់ខ្លាចចិត្តទេ។／ຄັນຊັ້ນ, ຊິກິນລະເດີ້, ບໍ່ເກງໃຈແລ້ວ.)

㉚ □ **賛成（さんせい）(する)** (सहमती (गर्नु)／យល់ស្រប／ເຫັນດີ)

▶田中（たなか）さんの意見（いけん）に賛成の人（ひと）は、手（て）をあげてください。

(तानाकज्युको बिचारमा सहमत हुने व्यक्तिले हात उठाउनु होस्।／អ្នកដែលយល់ស្របនឹងគំនិតលោកតាណាកា សូមលើកដៃ។／ໃຜເຫັນດີນຳທ້າວທະນະກະ, ກະລຸນາຍົກມືຂຶ້ນ.)

㉛ □ **反対（はんたい）(する)** (असहमती (गर्नु)／ប្រឆាំង／ຄັດຄ້ານ, ບໍ່ເຫັນດີ)

㉜ □ **けんか(する)** (झगडा (गर्नु)／ឈ្លោះគ្នា／ຜິດກັນ)

▶また彼（かれ）とけんかしたの!?　もうちょっと仲良（なかよ）くしたら？

(फेरि उ (बोइफ्रेन्ड)सँग झगडा गरेको, राम्रो मेलमिलाप गर न ?／"តើឯងឈ្លោះគ្នាជាមួយគាត់ទៀតហើយឬ? មិនត្រូវរ៉ូវគ្នាបន្តិចទៅ?"／ຜິດກັນກັບລາວອີກບໍ? ລອງປັບໂຕໃຫ້ເຂົ້າກັນແມະ.)

㉝ □ **パーティー** (पार्टि (भोज)／ពិធីជប់លៀង／ງານລ້ຽງ)

㉞ □ **デート(する)** (प्रेमीप्रमिकाको भेट (गर्नु)／ណាត់ជួបសង្សារ／ອອກເດດ, ທ່ຽວກັບຄົນຮັກ)

▶あしたは彼とデートだから、だめです。

(भोलि बोइफ्रेन्डसँग भेट्ने हुनाले (अन्य योजना गर्न) मिल्दैन।／មិនបានទេ ដោយសារមានណាត់ជួបសង្សារនៅថ្ងៃស្អែក។／(ໄປ)ບໍ່ໄດ້ເດີ້, ເພາະມື້ອື່ນອອກເດດກັບແຟນ.)

㉟ □ **関係（かんけい）(する)** (सम्बन्ध (गर्नु)／ទំនាក់ទំនង／ມີຄວາມສຳພັນ, ກ່ຽວຂ້ອງ)

▶彼とはどういう関係ですか。　―大学（だいがく）で同（おな）じクラスだったんです。

(उसँग कस्तो सम्बन्ध हो ? —विश्वविद्यालयमा एउटै क्लासमा थियौं／តើអ្នកមានទំនាក់ទំនងអ្វីនឹងនាង? យើងជាមិត្តរួមថ្នាក់នៅសាកលវិទ្យាល័យ។／ມີຄວາມສຳພັນແບບໃດກັບລາວ? —ຮຽນຢູ່ຫ້ອງດຽວກັນທີ່ມະຫາວິທະຍາໄລ.)

UNIT 33 気持ち（きも） (भावना／អារម្មណ៍／ຄວາມຮູ້ສຶກ)

❶ □ 楽しい（たの） (रमाइलो / मज्जा लाग्दो／សប្បាយ／ມ່ວນ)　　反 苦しい（くる）

▶旅行（りょこう）はどうでしたか。 —すごく楽しかったです。

(यात्रा कस्तो भयो ? —एकदम रमाइलो भयो।／តើដំណើរកំសាន្តរបស់អ្នកយ៉ាងម៉េចដែរ? សប្បាយខ្លាំងណាស់។／ທ່ຽວເປັນແນວໃດ? —ມ່ວນຫຼາຍ.)

❷ □ 楽しみ (आशा लिएर बस्नु／ការទន្ទឹមរង់ចាំដោយក្ដីរីករាយ／ຄວາມມ່ວນຊື່ນ, ການຄອງຄອຍເພື່ອສິ່ງໃດໜຶ່ງ)

▶旅行に行（い）くのが楽しみです。

(यात्रा जाँदा रमाइलो होला भनि आशा लिएको छु।／ខ្ញុំទន្ទឹមរង់ចាំទៅដើរលេង។／ຄອງຄອຍທີ່ຈະໄດ້ໄປທ່ຽວ.)

❸ □ 楽しみにする (आशाका साथ पर्खनु／ទន្ទឹមរង់ចាំដោយក្ដីរីករាយ／ຄອງຄອຍເພື່ອເຮັດສິ່ງໃດໜຶ່ງ)

▶皆（みな）さんに会（あ）うのを楽しみにしています。

(सबैसँगको भेट आशाका साथ पर्खिरहेको छु।／ខ្ញុំទន្ទឹមរង់ចាំជួបអ្នកទាំងអស់គ្នាដោយក្ដីរីករាយ។／ຄອງຄອຍທີ່ຈະໄດ້ພົບກັບທຸກຄົນ.)

❹ □ 楽しむ (रमाउनु / मज्जा लिनु／រីករាយ／ມ່ວນຊື່ນ, ສຳລານ)

▶彼（かれ）は日本（にほん）での生活（せいかつ）を楽しんでいるみたいですね。

(उ जापानको जीवनयापनमा रमाइरहेको जस्तो देखिन्छ।／មើលទៅគាត់ដូចជារីករាយនឹងការរស់នៅក្នុងប្រទេសជប៉ុន។／ລາວຄືຊິມ່ວນຊື່ນກັບການໃຊ້ຊີວິດຢູ່ຍີ່ປຸ່ນເນາະ.)

❺ □ 面白い（おもしろ） (चाखलाग्दो / मज्जाको／គួរអោយចាប់អារម្មណ៍／ໜ້າສົນໃຈ, ມ່ວນ)　　反 つまらない

▶〈映画（えいが）について〉これはどう？　—面白かったよ。

((सिनेमाको बारेमा) यो कस्तो छ ? —चाखलाग्दो छ।／(អំពីភាពយន្ត) រឿងនេះយ៉ាងម៉េចដែរ? អូ! ល្អមើល។／(ກ່ຽວກັບຮູບເງົາ/ໜັງ) ເລື່ອງນີ້ເປັນແນວໃດ? —ມ່ວນໄດ໋.)

❻ □ つまらない (नरमाइलो / पट्ट्यारलाग्दो／ធុញទ្រាន់／ໜ້າເບື່ອ)　　反 面白い(おもしろい)

▶最近(さいきん)のテレビ番組(ばんぐみ)はつまらないね。

(आजकलको टेलिभिजन पट्ट्यारलाग्दो छ हगि ।／កម្មវិធីទូរទស្សន៍បច្ចុប្បន្ននេះ គួរអោយធុញទ្រាន់។／ລາຍການໂທລະທັດໄລຍະນີ້ໜ້າເບື່ອເນາະ.)

❼ □ うれしい (हर्षित / सुखी / खुशी／សប្បាយចិត្ត／ດີໃຈ)　　反 悲(かな)しい

▶これ、私(わたし)にくれるの？　うれしい。

(यो मलाई दिने हो ? आहा ! खुशी लाग्यो ।／អ្នកអោយវាមកខ្ញុំឬ? ខ្ញុំសប្បាយចិត្ត។／ອັນນີ້, ເອົາໃຫ້ຂ້ອຍບໍ? ດີໃຈເດ້.)

❽ □ 幸(しあわ)せ(な) (सुखी /आन्दमय / रमाइलो／មានសុភមង្គល／ມີຄວາມສຸກ)

▶彼女(かのじょ)はいま、すごく幸せだと思(おも)います。

(उनी अहिले एकदम सुखी छिन् जस्तो मलाई लाग्छ ।／ខ្ញុំគិតថា ឥឡូវនេះ នាងមានសុភមង្គលណាស់។／ຄິດວ່າລາວຄືຊິມີຄວາມສຸກຫຼາຍຕອນນີ້.)

❾ □ さびしい (एक्लोपना / उदासी / शून्य／ឯកោ／ເຫງົາ, ດຽວດາຍ)

▶知(し)っている人(ひと)がいなくて、ちょっとさびしいです。

(चिनेको मान्छे नभएकोले अलिकति एक्लोपनाको अनुभव छ ।／ខ្ញុំមានអារម្មណ៍ឯកោបន្តិច ព្រោះមិនមានមនុស្សដែលខ្ញុំស្គាល់។／ບໍ່ມີຄົນຮູ້ຈັກກໍ່ເລີຍເຫງົາໜ້ອຍໜຶ່ງ.)

❿ □ 残念(ざんねん)(な) (दुःख लाग्दो／សោកស្ដាយ／ເປັນຕາເສຍດາຍ, ຜິດຫວັງຫຼາຍ, ເປັນຕາເຈັບໃຈ)

▶旅行(りょこう)に行(い)けなかったんですか。それは残念でしたね。

(यात्रा जान पाउनुभएन छ हगि । त्यो त दुःख लाग्दो भयो हगि ।／តើអ្នកមិនបានទៅធ្វើដំណើរកំសាន្តទេឬ? គួរអោយសោកស្ដាយ។／ບໍ່ໄດ້ໄປທ່ຽວບໍ? ເປັນຕາເສຍດາຍທີ່ເປັນແນວນັ້ນເນາະ.)

⓫ □ 心配(しんぱい)(な) (चिन्ताजनक／ព្រួយបារម្ភ, បារម្ភ／ກັງວົນ, ເປັນຫ່ວງ)　　反 安心(あんしん)(な)

▶心配だから、駅(えき)まで送(おく)りますよ。

(चिन्ता भएकोले ट्रेन स्टेशन सम्म पन्याउँछु ।／ខ្ញុំនឹងជូនអ្នកទៅដល់ស្ថានីយ៍រថភ្លើង ដោយសារខ្ញុំបារម្ភពីអ្នក។／ຊິໄປສົ່ງຮອດສະຖານີເດີ້, ເພາະເປັນຫ່ວງ.)

32 人と人
33 気持ち
34 健康・病気
35 見る・聞く
39 あげる・もらう
40 する

⓬ □ 不安(な) (चिन्तालाग्नु / बेचैन हुनु／ពិបាកចិត្ត／ກັງວົນ, ບໍ່ສະບາຍໃຈ) 反 安心(な)
ふあん　あんしん

▶うまくできるかどうか、不安です。

(राम्रोसँग गर्नसक्छु कि सक्दिनँ, चिन्ता लाग्छ ।／ខ្ញុំពិបាកចិត្ត មិនដឹងថាអាចធ្វើបានល្អឬយ៉ាងណាទេ។／ກັງວົນວ່າຊິເຮັດໄດ້ດີຫຼືບໍ່?)

⓭ □ 怖い (डर लाग्नु／ខ្លាច／ເປັນຕາຢ້ານ, ຢ້ານ)
こわ

▶恐い話を聞いて、夜、寝(ら)れなくなった。
はなし　き　よる　ね

(डरलाग्ने कुरा सुनेको हुनाले राती निदाउन सकिन ।／ពេលយប់គាត់គេងមិនលក់ទេ ដោយសារគាត់បានស្តាប់រឿងគួរអោយខ្លាច។／ຟັງເລື່ອງເປັນຕາຢ້ານແລ້ວ, ກາງຄືນນອນບໍ່ຫຼັບ.)

▶田中先生は、怒ると怖いですよ。
たなかせんせい　おこ

(तानाक सर रिसाउनुभयो भने डरलाग्दो हुन्छ है ।／ពេលលោកគ្រូតាណាកាខឹង គួរអោយខ្លាច។／ອາຈານທະນາກະໃນຕອນໃຈຮ້າຍແມ່ນເປັນຕາຢ້ານຫຼາຍ.)

⓮ □ 悲しい (दुःख लाग्नु／ក្រៀមក្រំ, ទុក្ខសោក／ໂສກເສົ້າ) 反 うれしい
かな

▶・・・その犬、最後に死ぬんですか。悲しい話ですね。
いぬ　さいご　し

(....त्यो कुकुर अन्तिममा मऱ्यो ? दुःख लाग्दो कहानी हगि ।／ឆ្កែនោះ ចុងក្រោយស្លាប់ឬ? វាជារឿងទុក្ខសោកមែន។／...ໝາໂຕນັ້ນ, ສຸດທ້າຍມັນຕາຍບໍ? ເປັນນິທານທີ່ໂສກເສົ້າເນາະ.)

⓯ □ 恥ずかしい (लाज लाग्नु／អៀនខ្មាស់, ខ្មាស់／ອາຍ)
は

▶髪が変だから、恥ずかしいです。
かみ　へん

(कपाल नमिलेको हुनाले लाज लाग्छ ।／ខ្ញុំខ្មាសគេដោយសារសក់ខ្ញុំចម្លែក។／ຊົງຜົມແປກກໍ່ເລີຍອາຍ.)

⓰ □ 緊張(する) (हडबडाउनु / आत्तिनु／ភ័យ／ຕື່ນເຕັ້ນ)
きんちょう

▶あしたの面接、緊張する。どうしよう。
めんせつ

(भोलि अन्तरवार्ता छ, आत्तिएको छु । के गर्ने होला ।／ខ្ញុំភ័យនឹងការសម្ភាសន៍នៅថ្ងៃស្អែក។ ធ្វើយ៉ាងម៉េចទៅ។／ຕື່ນເຕັ້ນກັບການສຳພາດມື້ອື່ນ. ຊິເຮັດແນວໃດດີ?)

⑰ □ **びっくりする** (तर्सनु / अचम्ममा पर्नु／ភ្ញាក់ផ្អើល／ຕົກໃຈ)

▶急(きゅう)に名前(なまえ)を呼(よ)ばれて、びっくりした。

(अकस्मात नाम बोलाएकोले अचम्म भएँ।／ខ្ញុំភ្ញាក់ផ្អើល ដោយសារគេហៅឈ្មោះភ្លាមៗ។／ຖືກເອີ້ນຊື່ກະທັນຫັນກໍ່ເລີຍຕົກໃຈ.)

⑱ □ **怒(おこ)る** (रिसाउनु／ខឹង／ໃຈຮ້າຍ, ຄຽດ)

▶遅刻(ちこく)して、店長(てんちょう)に怒られた。

(ढिला भएकोले पसल मालिक रिसायो।／អ្នកគ្រប់គ្រងហាងខឹងនឹងខ្ញុំ ដោយសារខ្ញុំទៅយឺត។／ມາຊ້າກໍ່ເລີຍຖືກຫົວໜ້າສາຂາຮ້າຍ.)

▶怒(いか)り (क्रोध／កំហឹង／ໃຈຮ້າຍ, ຄຽດ)

⑲ □ **困(こま)る** (आपद पर्नु／លំបាក, ទាល់គំនិត／ເດືອດຮ້ອນ, ລຳບາກ)

▶困ったときは、いつでも連絡(れんらく)してください。

(आपद परेको बेला जहिले पनि खबर गर्नुहोस् ल।／ពេលលំបាក សូមទាក់ទងមកពេលណាក៏បាន។／ຍາມລຳບາກ, ຕິດຕໍ່ຫາໄດ້ຕະຫຼອດເດີ້.)

⑳ □ **好(す)き(な)** (मनपर्ने／ចូលចិត្ត／ມັກ)　　反嫌い(な)

㉑ □ **大(だい)好き(な)** (एकदम मनपर्ने／ចូលចិត្តខ្លាំង／ມັກຫຼາຍ)

▶あっ、これ、わたしが大好きな曲(きょく)です。

(ए, यो मलाई एकदम मनपर्ने गीत हो।／អាំ! នេះគឺជាបទចម្រៀងដែលខ្ញុំចូលចិត្តណាស់។／ໂອ້, ນີ້ແມ່ນເພງທີ່ຂ້ອຍມັກຫຼາຍ.)

㉒ □ **嫌(きら)い(な)** (मन नपर्ने／ស្អប់／ບໍ່ມັກ, ຊັງ)　　反好き(な)

▶嫌いなものがあったら、言(い)ってください。

(मन नपरेको केहि भए, भन्नुहोस्।／ប្រសិនបើមានរបស់ណាមិនចូលចិត្ត សូមប្រាប់។／ບອກເດີ້, ຖ້າມີແນວບໍ່ມັກ.)

㉓ □ **大(だい)嫌い(な)** (घृणा लाग्ने／ស្អប់ខ្លាំង／ຊັງຫຼາຍ)

㉔ □ **気持(きも)ち** (भावना /अनुभव／អារម្មណ៍／ຄວາມຮູ້ສຶກ)

▶スーさんの気持(きも)ちがよくわかります。

(सु ज्युको भावना राम्रोसँग बुझ्छु।／ខ្ញុំយល់ពីអារម្មណ៍របស់នាងស៊ូណាស់។／ເຂົ້າໃຈຄວາມຮູ້ສຶກຂອງນາງ ຊູ ດີ.)

32 人と人
33 気持ち
34 健康・病気
35 見る・聞く
36 話す・言う
37 思う・考える
38 行く・来る
39 あげる・もらう
40 する

UNIT 34

健康・病気
けんこう びょうき

(स्वास्थ्य / रोगबिमार／សុខភាព, ជម្ងឺ／ສຸຂະພາບ・ໂລກພະຍາດ)

❶ □ 健康 (स्वास्थ्य／សុខភាព／ສຸຂະພາບ)

▶朝早(あさはや)く起(お)きるのは、健康にいいんですよ。

(बिहान सबेर उठ्नु स्वास्थ्यको लागि राम्रो हुन्छ नि ।／ឆាប់ក្រោកពីគេងពេលព្រឹក ល្អចំពោះសុខភាព។／ການຕື່ນແຕ່ເຊົ້າແມ່ນດີຕໍ່ສຸຂະພາບໄດ໋.)

❷ □ 病気 (रोगबिमार / बिरामी／ជម្ងឺ／ໂລກພະຍາ, ບໍ່ສະບາຍ)

▶ちゃんと休(やす)まないと、病気になりますよ。

(राम्रोसँग विश्राम नगरे बिरामी भइन्छ ।／អ្នកត្រូវសម្រាកអោយបានគ្រប់គ្រាន់ បើមិនដូច្នោះទេ នឹងឈឺហើយ។／ຖ້າບໍ່ພັກຜ່ອນຢ່າງເຕັມທີ່, ຈະເຮັດໃຫ້ເປັນໂລກພະຍາດໄດ໋.)

❸ □ 熱(ねつ) (ज्वरो／ក្តៅខ្លួន／ໄຂ້)

▶熱が下(さ)がったら、少(すこ)し楽(らく)になりました。

(ज्वरो कम भएकोले अलिकति सजिलो भएको छ ।／ខ្ញុំបានធូរស្បើយបន្តិច ពេលកម្តៅខ្លួនថយចុះ។／ໄຂ້ລົງແດ່ແລ້ວຮູ້ສຶກສະບາຍໂຕໜ້ອຍໜຶ່ງ.)

❹ □ 熱がある (ज्वरो छ／ក្តៅខ្លួន／ມີໄຂ້, ຄີງຮ້ອນ)

▶熱があるので、きょうは早(はや)めに帰(かえ)ります。

(ज्वरो आएको छ त्यसैले आज चाँडो फर्कन्छु ।／ថ្ងៃនេះខ្ញុំឆាប់ត្រលប់ទៅវិញ ដោយសារខ្ញុំក្តៅខ្លួន។／ເນື່ອງຈາກມື້ນີ້ມີໄຂ້, ກໍ່ເລີຍຊິກັບເມືອໄວ.)

❺ □ 咳(せき) (खोकी／ក្អក／ໄອ)

❻ □ 咳が出(で)る (खोकीलाग्छ／ក្អក／ມີຂີ້ກະເທີ່)

▶空気(くうき)が悪(わる)いと、咳が出て、止(と)まらなくなるんです。

(हावा राम्रो नभए खोकी लाग्छ र लागेको लाग्यै हुन्छ ।／ពេលខ្យល់អាកាសមិនល្អ ខ្ញុំក្អកមិនឈប់សោះ។／ຖ້າອາກາດບໍ່ດີ, ຈະເຮັດໃຫ້ມີຂີ້ກະເທີ່ຢ່າງບໍ່ຊຸດບໍ່ເຊົາ.)

31 日本・世界
32 人と人
33 気持ち
34 健康・病気
35 見る・聞く
36 話す・言う
37 思う・考える
38 行く・来る
39 あげる・もらう
40 する

❼ □ **風邪**(かぜ) (रुघाखोकी／ផ្តាសាយ／ໄຂ້ຫວັດ, ຫວັດ)

❽ □ **風邪をひく** (रुघाखोकी लाग्नु／កើតផ្តាសាយ／ເປັນຫວັດ)

▶風邪をひいたみたいです。のどが痛(いた)いです。

(रुघाखोकी लागेको जस्तो छ। घाँटी दुख्छ।／ខ្ញុំដូចជាផ្តាសាយហើយ។ ខ្ញុំឈឺបំពង់ក។／ເຈັບຄໍ, ຄືຊິເປັນຫວັດ.)

❾ □ **痛い**(いた) (दुखाइ / पीडा हुनु／ឈឺ／ເຈັບ, ປວດ)

▶お腹(なか)が痛い。食(た)べ過(す)ぎたかもしれない。

(पेट दुख्यो। धेरै भन्दा धेरै खाएछु कि जस्तो छ।／ឈឺពោះ។ ប្រហែលញុំាច្រើនពេក។／ເຈັບທ້ອງ, ຄືຊິແມ່ນກິນຫຼາຍເກີນໄປ.)

▶頭(あたま)／歯(は)が痛い

(टाउको /दाँत दुख्यो／ឈឺក្បាល/ធ្មេញ／ເຈັບຫົວ/ແຂ້ວ)

❿ □ **痛み** (पीडा／ភាពឈឺចាប់／ອາການເຈັບ/ປວດ)

⓫ □ **頭痛**(ずつう) (टाउको दुख्नु／ឈឺក្បាល／ເຈັບຫົວ)

⓬ □ **吐き気**(はけ) (वाकवाक लाग्नु／ក្អួតចង្អោរ／ປຸ້ນທ້ອງ, ປວດຮາກ)

⓭ □ **めまい** (रिङ्गटा लाग्नु／វិលមុខ／ຕາລາຍ, ວິນຫົວ)

⓮ □ **治る**(なお) (निको हुनु／ជា, ជាសះស្បើយ／ເຊົາ, ກັບຄືນສູ່ສະພາບເກົ່າ)

▶風邪(かぜ)が治ったら、また練習(れんしゅう)に参加(さんか)したいと思(おも)います。

(रुघाखोकी निको भएमा फेरि अभ्यासमा सहभागि हुन मनलागेको छ।／ពេលជាផ្តាសាយ ខ្ញុំចង់ចូលរួមហ្វឹកហាត់ទៀត។／ຖ້າເຊົາຫວັດ, ຄິດຢາກໄປຮ່ວມການຝຶກອົບຮົມອີກ.)

⓯ □ **治す** (निको पार्नु／ព្យាបាល／ປິ່ນປົວ, ຮັກສາ, ເຮັດໃຫ້ເຊົາ)

▶よく休(やす)んで、早(はや)く治してください。

(राम्रोसँग विश्राम गरि चाँडो निको पार्नुहोस्।／សូមសម្រាកអោយច្រើននិងឆាប់ជា។／ພັກຜ່ອນຢ່າງພຽງພໍ, ເຊົາໄວໆເດີ້.)

⑯ □ よくなる (राम्रो हुनु／ធូរស្បើយ／ດີ, ໄຄ)

▶薬（くすり）を飲（の）んだら、だいぶよくなりました。

(औषधी खाएपछि धरै राम्रो भएर आयो।／ខ្ញុំបានធូរច្រើនហើយក្រោយញុំាថ្នាំរួច។／ກິນຢາແລ້ວຮູ້ສຶກໄຄຂຶ້ນຫຼາຍ.)

⑰ □ 元気（げんき） (सञ्चो／សុខសប្បាយ／ສະບາຍດີ, ແຂງແຮງ)

▶ご家族（かぞく）はお元気ですか？　—ええ、おかげさまで。

(सपरिवार सबै सञ्चै हुनुहुन्छ ? —हजुर भगवानको कृपाले।／តើក្រុមគ្រួសារអ្នកសុខសប្បាយទេ? បាទ(ចាស) អរគុណ។／ຄອບຄົວສະບາຍດີບໍ່? —ເຈົ້າ, ຂອບໃຈທີ່ຖາມຂ່າວຫາ.)

⑱ □ 元気がない (सञ्चो छैन／មិនសុខសប្បាយ／ບໍ່ສະບາຍ)

▶高橋（たかはし）さん、最近（さいきん）、元気がないね。

(ताकाहासी ज्यु आजकल फुर्तिलो देखिनुहुन्न हगि ?／ថ្មីៗនេះ លោកតាកាហាស៊ីមិនសុខសប្បាយទេ។／ໄລຍະນີ້, ທ້າວທະກະຮະຊິເບິ່ງຊຶງບໍ່ສະບາຍເນາະ.)

⑲ □ 気分（きぶん） (अनुभव／អារម្មណ៍／ອາລົມ, ຄວາມຮູ້ສຶກ)

▶きょうは気分はどうですか。よくなりましたか。

(आज कस्तो अनुभव भएको छ ? राम्रो भएको छ ?／ថ្ងៃមានអារម្មណ៍យ៉ាងម៉េចដែរ? បានធូរច្រើនហើយ?／ມື້ນີ້ຮູ້ສຶກແນວໃດ? ດີຂຶ້ນແລ້ວບໍ?)

⑳ □ 気分がいい ((शरीरमा) सञ्चो अनुभव हुनु / मज्जा आउनु／អារម្មណ៍ល្អ／ອາລົມດີ)

▶きょうはライオンズが勝（か）ったから、気分がいい。

(आज लायोन्जले जितेको हुनाले मज्जा आयो।／ថ្ងៃនេះ ខ្ញុំមានអារម្មណ៍ល្អ ដោយសារក្រុមឡាយអិនស៍ឈ្នះ។／ມື້ນີ້ທີມໄລອອນຊະນະ, ກໍ່ເລີຍອາລົມດີ.)

㉑ □ 気分が悪い

(रिस उठ्नु / (शरीरमा) बिसञ्चो अनुभव हुनु / वाकवाक लाग्नु／អារម្មណ៍មិនល្អ／ຮູ້ສຶກວິນຫົວ/ເມື່ອຍ, ອາລົມເສຍ)

▶ずっと立（た）っていたら、気分が悪くなってきた。

(धरै बेर उभिएको हुनाले बिसञ्चो अनुभव हुदै आयो।／ខ្ញុំមានអារម្មណ៍មិនស្រួលខ្លួន ដោយសារឈររហូត។／ຢືນຕະຫຼອດ, ກໍ່ເລີຍຮູ້ສຶກເມື່ອຍ.)

▶店員（てんいん）の態度（たいど）が悪くて、気分が悪い。

(पसलेको व्यवहार नराम्रो भएकोले कस्तो रिस उठेर आयो।／ខ្ញុំមានអារម្មណ៍មិនល្អ ដោយសារអាកប្បកិរិយារបស់បុគ្គលិកហាងអាក្រក់។／ພຶດຕິກຳຂອງພະນັກງານປະຈຳຮ້ານບໍ່ດີ, ກໍ່ເລີຍອາລົມເສຍ.)

㉒ □ 気持(きも)ち (अनुभव / भावना / मन／អារម្មណ៍／ຄວາມຮູ້ສຶກ)

㉓ □ 気持(きも)ちいい (राम्रो अनुभव हुनु/मज्जा हुनु／អារម្មណ៍ល្អ／ຮູ້ສຶກມີແຮງ, ຮູ້ສຶກດີ)

▶窓(まど)を開(あ)けたら、気持ちいい風(かぜ)が入(はい)ってきました。

(झ्याल खोल्दा मज्जाको हावा कोठा भित्र आयो।／ពេលបើកបង្អួច ខ្យល់ចូលមកធ្វើអោយមានអារម្មណ៍ល្អ។／ໄຂປະຕູປ່ອງຢ້ຽມແລ້ວ, ລົມພັດເຂົ້າມາເຮັດໃຫ້ຮູ້ສຶກມີແຮງ.)

▶高橋(たかはし)さんの挨拶(あいさつ)は元気(げんき)がよくて、気持ちがいいです。

(ताकाहासी ज्युको अभिवादनमा स्फुर्ती भएकोले राम्रो अनुभव हुन्छ।／ការស្វាគមន៍របស់លោកតាកាហាស៊ីពោរពេញដោយភាពសប្បាយរីករាយ ធ្វើអោយមានអារម្មណ៍ល្អ។／ທ້າວ ທະກະຮະຊິທັກທາຍຢ່າງຍິ້ມແຍ້ມແຈ່ມໃສເຮັດໃຫ້ຮູ້ສຶກດີ.)

㉔ □ 気持ち悪(わる)い

(नराम्रो अनुभव हुनु / नमज्जा हुनु / डर लाग्नु / वाकवाक लाग्नु／អារម្មណ៍មិនល្អ, មិនស្រួលខ្លួន／ຮູ້ສຶກວິນຫົວ/ປວດຮາກ, ຮູ້ສຶກຂີ້ດຽດ)

▶バスに乗(の)ると、気持ちが悪くなってしまうんです。

(बसमा चढ्यो कि वाकवाक लाग्छ।／ខ្ញុំមិនស្រួលខ្លួន ពេលឡើងជិះឡានក្រុង។／ຂຶ້ນລົດເມແລ້ວຮູ້ສຶກປວດຮາກ.)

▶あの人(ひと)、一人(ひとり)でずっと何(なに)か言(い)ってる。ちょっと気持ち悪いね。

(त्यो मान्छे एक्लै फतफत गरिरहेको छ ,डर लाग्छ हगि।／ម្នាក់នោះកំពុងនិយាយអ្វីតែម្នាក់ឯងរហូត។ ខ្ញុំមានអារម្មណ៍មិនល្អ។／ຜູ້ນັ້ນເວົ້າຫຍັງຄົນດຽວຕະຫຼອດ. ຮູ້ສຶກຂີ້ດຽດ.)

㉕ □ 具合(ぐあい) (शरीरको अवस्था / स्वास्थ्य／សុខភាព／ສະພາບ (ຂອງຮ່າງກາຍ))

▶具合はどうですか。

—はい、だいぶよくなりました。

(स्वास्थ्य कस्तो छ ? —हजुर, धेरै राम्रो भएको छ।／តើសុខភាពអ្នកយ៉ាងម៉េចដែរ? បាទ (ចាស) បានគ្រាន់បើច្រើនហើយ។／ສະພາບ (ຂອງຮ່າງກາຍ) ເປັນແນວໃດ? —ເຈົ້າ, ດີຂຶ້ນຫຼາຍເຕີບ.)

㉖ □ 調子(ちょうし) (शरीरको अवस्था / सुर／ស្ថានភាព／ສະພາບ (ຂອງຮ່າງກາຍ/ການເຮັດວຽກ))

▶朝(あさ)、早(はや)く起(お)きるようになってから、調子がいいです。

(बिहान सबेर उठ्ने बानी गरेपछि शरीरको अवस्था राम्रो (सन्चो) छ।／ចាប់តាំងពីខ្ញុំឆាប់ក្រោកពីគេង សុខភាពរាងកាយល្អ។／ຫຼັງຈາກຕື່ນໄວຂຶ້ນໄດ້ໃນຕອນເຊົ້າ, ກໍ່ເຮັດໃຫ້ສະພາບຮ່າງກາຍດີ.)

㉗ □ 体調(たいちょう) (शरीरको स्वास्थ्य अवस्था／ស្ថានភាពរាងកាយ／ສະພາບຮ່າງກາຍ)

▶体調がよくないときは、無理(むり)をしないほうがいいです。

(शरीरको स्वास्थ्य अवस्था राम्रो (सन्चो) नभएको बेला सकिनसकि नगरेको राम्रो हुन्छ।／ពេលស្ថានភាពរាងកាយមិនល្អ មិនគួរធ្វើអ្វីអោយលើសពីសមត្ថភាពឡើយ។／ຢ່າຝືນເຮັດໃນຍາມທີ່ສະພາບຮ່າງກາຍບໍ່ສົມບູນ.)

32 人と人
33 気持ち
34 健康・病気
35 見る・聞く
38 行く・来る
40 する

㉘ □ 気(き)をつける (होस गर्नु / ध्यानदिनु／ថែទាំខ្លួន／ລະມັດລະວັງ, ເບິ່ງແຍງ, ຮັກສາ, ເອົາໃຈໃສ່)

▶体(からだ)に気をつけてください。

(शरीर(स्वास्थ्य)को ध्यान राख्नुहोस् ।／សូមថែរក្សាខ្លួន។／ຮັກສາສຸຂະພາບແດ່ເດີ້.)

㉙ □ 顔色(かおいろ) (अनुहारको भावनात्मक अवस्था／ទឹកមុខ／ສີໜ້າ)

▶どうしたんですか。顔色がよくないですね。
—大丈夫です。熱(ねつ)があるだけです。

(तपाईंलाई केहि भयो कि ? अनुहार पहेलो छ हगि । —ठिकै छ, ज्वरो आएको मात्र हो ।／កើតអ្វីហ្នឹង? ទឹកមុខមិនល្អទេ។ មិនអីទេ។ គ្រាន់តែក្តៅខ្លួន។／ເປັນຫຍັງບໍ? —ສີໜ້າບໍ່ຄ່ອຍດີເນາະ.--ບໍ່ເປັນຫຍັງ. ມີໄຂ້ຊື່ໆ.)

㉚ □ 疲(つか)れる (थाक्नु／អស់កម្លាំង／ເມື່ອຍ)

▶あー、疲れた。きょうは早(はや)く帰(かえ)って寝(ね)よう。

(ओ हो एकदम थाकें । आज त छिटो फर्केर सुत्छु ।／អាំ! អស់កម្លាំង។ ថ្ងៃនេះឆាប់ត្រលប់ទៅវិញហើយគេង។／ໂອ້ຍ, ເມື່ອຍ. ມື້ນີ້ຊິກັບເມືອນອນໄວ.)

▶疲れているようですね。少(すこ)し休(やす)んだら、どうですか。

(तपाईं थाक्नुभएको जस्तो देखिन्छ ।अलिकति विश्राम गर्नुभए कस्तोहोला ?／មើលទៅអ្នកដូចជាអស់កម្លាំង។ សម្រាកបន្តិចទៅ យ៉ាងម៉េចដែរ?／ຊິງຊິເມື່ອຍເນາະ. ລອງພັກຜ່ອນໜ້ອຍໜຶ່ງບໍ່?)

㉛ □ けが (चोटपटक／របួស／ບາດແຜ)

㉜ □ けがをする (चोटपटक लाग्नु／ត្រូវរបួស／ຮັບບາດເຈັບ)

▶練習(れんしゅう)でけがをして、試合(しあい)に出(で)られなかったんです。

(अभ्यास गर्दा चोट लाग्यो र प्रतियोगितामा सहभागी हुन सकिनँ ।／ខ្ញុំមិនបានចូលរួមប្រកួតទេ ដោយសារខ្ញុំរបួសពេលហ្វឹកហាត់។／ໄດ້ຮັບບາດເຈັບຕອນຝຶກຊ້ອມກໍ່ເລີຍບໍ່ສາມາດລົງແຂ່ງຂັນ.)

▶けが人(にん) (घाइते／អ្នករបួស／ຄົນເຈັບ)

㉝ □ 薬(くすり) (औषधी／ថ្នាំ／ຢາ)

㉞ □ 注射(ちゅうしゃ) (सुई／ចាក់ថ្នាំ／ສັກຢາ)

㉟ □ レントゲン (एक्सरे／ថតកាំរស្មីអ៊ិច／ສ່ອງໄຟຟ້າ)

▶レントゲンを撮(と)って、詳(くわ)しく見(み)てみましょう。

(एक्सरे लिएर विस्तृत जाँच गराऔं।／ថតកាំរស្មីអ៊ិចហើយពិនិត្យមើលអោយលំអិត។／ຊ່ອງໄຟຟ້າເພື່ອກວດເບິ່ງຢ່າງລະອຽດເທາະ.)

㊱ □ 入院(にゅういん)(する) (अस्पताल भरना (हुनु)／សម្រាកពេទ្យ, ដេកពេទ្យ／ເຂົ້າໂຮງໝໍ, ນອນໂຮງໝໍ)

▶田中(たなか)さん、まだ入院してるの？
—いえ、もう退院(たいいん)しました。

(तानाक ज्यु अझै अस्पतालमा भरना भइरहनुभएको छ？—होइन, डिस्चार्ज भइसक्नुभयो।／លោកតាណាកានៅសម្រាកពេទ្យនៅឡើយឬ? អត់ទេ គាត់ចេញពីពេទ្យហើយ។／ທ້າວທະນະກະນອນໂຮງໝໍອີກແລ້ວບໍ? —ແມ່ນ, ອອກໂຮງໝໍແລ້ວ.)

㊲ □ 退院(たいいん)(する) (अस्पतालडिस्चार्ज(हुनु)／ចេញពីពេទ្យ／ອອກໂຮງໝໍ)

㊳ □ ダイエット(する) (डाइटिङ (गर्नु)／តមអាហារ／ຫຼຸດນໍ້າໜັກ)

▶最近(さいきん)、太(ふと)ったので、少(すこ)しダイエットしようと思(おも)います。

(आजकल मोटाएको हुनाले डाइटिङ गरौं भनि सोचेको छु।／ខ្ញុំគិតថានឹងតមអាហារបន្តិច ព្រោះថ្មីៗនេះខ្ញុំធាត់។／ໄລຍະນີ້ຮູ້ສຶກຕຸ້ຍກໍ່ເລີຍຄິດວ່າຊິຫຼຸດນໍ້າໜັກ.)

㊴ □ インフルエンザ (इन्फ्लुएन्जा／ផ្តាសាយធំ／ໄຂ້ຫວັດໃຫຍ່)

㊵ □ うつる (सर्नु／ឆ្លង／ຕິດຕໍ່, ຕິດເຊື້ອ)

▶風邪(かぜ)が流行(はや)ってるから、うつらないように気(き)をつけてください。

(रुघाखोकी फैलिरहेको छ, अरुलाई नसरोस् भनि ध्यान दिनुहोस्।／សូមប្រយ័ត្នកុំអោយឆ្លង ព្រោះជម្ងឺផ្តាសាយកំពុងរីករាលដាល។／ໄຂ້ຫວັດພວມລະບາດ, ລະວັງຢ່າຕິດເຊື້ອເດີ້.)

㊶ □ うつす (सार्नु／ចម្លង／ເອົາພະຍາດໄປຕິດ, ແຜ່ເຊື້ອ)

▶人(ひと)にうつさないようにしてくださいね。

(अरुलाई नसार्ने गरि गर्नुहोस् ल। ▲रुघाखोकी आदिको बिमारी／សុំកុំចម្លងទៅអ្នកដទៃ។／ຢ່າແຜ່ເຊື້ອໃຫ້ຄົນອື່ນເດີ້.)

32 人と人
33 気持ち
34 健康・病気
35 見る・聞く
37 思う・考える
38 行く・来る
39 あげる・もらう
40 する

UNIT 35

見る・聞く (ヘーर्नु-सुन्नु / សម្លឹង／មើល, ស្តាប់／ເບິ່ງ・ຟັງ)

み　き

❶ □ 見る (हेर्नु／មើល／ເບິ່ງ)

「～を見る」の例；
{テレビ / 映画 / 景色 / メニュー}を見る

❷ □ ご覧(らん)ください (हेर्नुस／ទស្សនា／ເບິ່ງ)

▶〈ガイドが〉ご覧ください。こちらが東京(とうきょう)タワーです。

((पथ प्रदर्शक/गाइड) यता हेर्नुस त यो टोक्यो टावर हो।／(មគ្គុទេសទេសចរណ៍) សូមទស្សនា។ នេះគឺជាតួក្យូថោវើ។／(ພະນັກງານນຳທ່ຽວ) ຂໍເຊີນເບິ່ງທາງນີ້, ນີ້ແມ່ນໂຕກຽວທາວເວີ.)

❸ □ 聞(き)く (सोध्नु,सुन्नु／ស្តាប់／ຟັງ)

「～を聞く」の例；
{音楽 / 話 / 説明}を聞く

❹ □ 見(み)える (देखिनु／មើលឃើញ／ເຫັນ)

▶ここから富士山(ふじさん)が見えます。

(यहाँबाट फुजी हिमाल देखिन्छ।／អាចមើលឃើញភ្នំហ្វូជីពីទីនេះ។／ສາມາດແນມເຫັນພູເຂົາຟູຈິຈາກຈຸດນີ້.)

❺ □ 聞(き)こえる (सुनिनु／ស្តាប់លឺ／ໄດ້ຍິນ)

▶よく聞こえないんですが……。もう少(すこ)し大(おお)きい声(こえ)で言(い)ってもらえませんか。

(राम्रोसँग सुनिएन.... अलि ठूलो स्वरमा बोलिदिनुहुन्छ कि ?／ខ្ញុំស្តាប់មិនសូវលឺទេ តើអាចនិយាយអោយលឺជាងនេះបន្តិចបានទេ?／ບໍ່ໄດ້ຍິນຄັກນະ...ເວົ້າດັງຂຶ້ນຕື່ມໜ້ອຍໜຶ່ງໄດ້ບໍ່?)

❻ □ 見せる (देखाउनु／បង្ហាញ／ໂຊ, ເອົາໃຫ້ເບິ່ງ)

▶きょう、先生(せんせい)がおもしろいビデオを見せてくれた。

(आज शिक्षकले रमाइलो भिडियो देखाउनुभयो।／ថ្ងៃនេះ លោកគ្រូបានបង្ហាញវីដេអូដ៏គួរអោយចាប់អារម្មណ៍។／ມື້ນີ້, ຄູໄດ້ເອົາວິດີໂອທີ່ໜ້າສົນໃຈໃຫ້ເບິ່ງ.)

UNIT 36

話す・言う（はな・い） (बोल्नु, भन्नु／និយាយ／ລົມ・ເວົ້າ)

❶ □ 話す (बोल्नु／និយាយ／ເວົ້າ, ລົມ, ສົນທະນາ)

▶日本語（にほんご）が少（すこ）し話せます。

(जापानी भाषा अलिकति बोल्न सक्छु/सक्छ/सक्छिन।／ខ្ញុំអាចនិយាយភាសាជប៉ុនបានតិចតួច។／ເວົ້າພາສາຍີ່ປຸ່ນໄດ້ໜ້ອຍໜຶ່ງ.)

❷ □ 話（はなし） (कुरा／ការនិយាយ, រឿង／ການເວົ້າຈາ, ການປຶກສາຫາລື, ການໂອ້ລົມ)

▶誰（だれ）と話をしていたんですか。

(को सँग कुरा गर्दै हुनुहुन्थ्यो/थियौ?／តើអ្នកនិយាយជាមួយនរណា?／ໄດ້ໂອ້ລົມກັບໃຜ?)

❸ □ 言う (भन्नु／និយាយ／ເວົ້າ, ບອກ)

▶もう一度（いちど）言ってくだい。

(फेरि एक पटक भन्नुस।／សូមនិយាយម្តងទៀត។／ກະລຸນາເວົ້າອີກເທື່ອໜຶ່ງ.)

❹ □ 文句（もんく）を言う (गुनासो／ត្អូញត្អែរ, រអ៊ូ／ຈົ່ມ, ຕໍ່ວ່າ)

▶ときどき、文句を言うお客（きゃく）さんがいます。

(कहिलेकाहिँ गुनासो गर्ने ग्राहक छन।／ពេលខ្លះ មានភ្ញៀវនិយាយរអ៊ូ។／ບາງຄັ້ງບາງຄາວກໍ່ມີລູກຄ້າຕໍ່ວ່າ.)

❺ □ 意見（いけん） (धारणा,बिचार／គំនិត, មតិ／ຄຳເຫັນ)

▶自由（じゆう）に意見を言ってください。

(स्वतन्त्र हिसाबले धारणा राख्नुहोस।／សូមបញ្ចេញមិតដោយសេរី។／ກະລຸນາມີຄຳເຫັນໄດ້ຕາມສະບາຍ.)

❻ □ 冗談（じょうだん） (ठट्टा／ការនិយាយលេងសើច／ເວົ້າຢອກ, ເວົ້າຫຼິ້ນ)

▶怒（おこ）らないでください。今（いま）のは冗談ですから。

(क्रिपया नरिसाउनुहोला।अहिले त ठट्टा गरेको हो।／សូមកុំខឹងអី ព្រោះវាជាការនិយាយលេងសើចទេ។／ຢ່າຄຽດເດີ້, ເພາະຫວ່າງກີ້ນີ້ແມ່ນເວົ້າຢອກ.)

31 日本・世界
32 人と人
33 気持ち
34 健康・病気
35 見る・聞く
36 話す・言う
37 思う・考える
38 行く・来る
39 あげる・もらう
40 する

❼ □ **悪口**(わるぐち/くち) (गालिगर्नु／និយាយដើម／ຈົ່ມຂວັນ)

▶彼女(かのじょ)が人(ひと)の悪口を言(い)っているのを聞(き)いたことがありません。

(उनले कसैलाई गालि गरेको सुनेको छैन।／ខ្ញុំមិនដែលឃើញនាងនិយាយដើមគេទេ។／ບໍ່ເຄີຍໄດ້ຍິນລາວຈົ່ມຂວັນຄົນອື່ນ.)

❽ □ **秘密**(ひみつ) (गोप्य／អាថ៌កំបាំង, ការសម្ងាត់／ຄວາມລັບ)

▶これは秘密ですから、誰(だれ)にも言わないでください。

(यो गोप्य कुरो भएकोले कसैलाई पनि नभन्नुहोला।／សូមកុំនិយាយប្រាប់អ្នកណាទាំងអស់ ព្រោះវាជាការសម្ងាត់។／ນີ້ແມ່ນຄວາມລັບ, ຢ່າບອກໃຜເດີ້.)

❾ □ **嘘**(うそ) (झुट／ការកុហក／ເລື່ອງຂີ້ຕົວະ)

❿ □ **嘘をつく** (झुट बोल्नु／និយាយកុហក／ຕົວະ)

▶ごめんなさい。今(いま)まで嘘をついていました。

(माफगर्नुहोला।अहिलेसम्म झुटबोलेकोथिएँ।／សុំទោស ខ្ញុំបាននិយាយកុហករហូតមក។／ຂໍໂທດເດີ້ທີ່ຕົວະມາຮອດດຽວນີ້.)

⓫ □ **聞く**(き) (सुन्नु／ស្ដាប់, សួរ／ຖາມ)

▶ちょっと聞いてもいいですか。

(म केही सोध्न सक्छु?／សូមសួរបន្តិចបានទេ?／ຂໍຖາມໜ້ອຍໜຶ່ງໄດ້ບໍ່?)

⓬ □ **答える**(こた) (जवाफदिनु／ឆ្លើយ／ຕອບ)

▶わからないと答えました。

(थाहा छैन भनेर उत्तर दिएँ।／ខ្ញុំបានឆ្លើយថាមិនដឹង។／ຕອບວ່າບໍ່ຮູ້.)

⓭ □ **返事**(へんじ) (जवाफ,उत्तर／ចម្លើយតប／ຄຳຕອບ)

▶石井(いしい)さんから返事が来(き)ました。

(इसिई जीबाट जवाफ आयो।／មានចម្លើយតបពីអ្នកអ៊ីស៊ីហើយ។／ທ້າວອິຊິອິຕອບມາແລ້ວ.)

⓮ □ 伝(つた)える (भनिदिनु／ប្រាប់／ຝາກຄວາມບອກ, ແຈ້ງໃຫ້ຮັບຊາບ)

▶彼女(かのじょ)に、ロビーにいると伝えてくれませんか。

(उनलाई म लबिमा छु भनेर भनिदिनुहुन्छ?／តើអ្នកអាចជួយប្រាប់នាងថាខ្ញុំនៅកន្លែងទទួលភ្ញៀវបានទេ?／ຝາກຄວາມບອກລາວວ່າ(ຂ້ອຍ)ຢູ່ລອັບບີ້ໃຫ້ໄດ້ບໍ່?)

⓯ □ 伝言(でんごん) (सन्देश／សារ／ຂໍ້ຄວາມ)

▶伝言をお願(ねが)いできますか。

(सन्देशका लागि अनुरोध गर्न सकिन्छ?／តើអ្នកអាចជួយនាំសារបានទេ?／ຂໍຝາກຂໍ້ຄວາມໄດ້ບໍ່?)

⓰ □ 知(し)らせる (जानकारि गराउनु／ជូនដំណឹង, ផ្តល់ដំណឹង／ແຈ້ງໃຫ້ຮັບຊາບ)

▶決(き)まったら、メールで知らせます。

(निर्णय भएपछि जानकारि गराउँछु।／សូមផ្តល់ដំណឹងតាមអ៊ីម៉ែល ពេលអ្នកសម្រេចចិត្តរួច។／ຖ້າຕົກລົງແລ້ວ, ຊິແຈ້ງໃຫ້ຮັບຊາບທາງເມລ.)

⓱ □ お知らせ (सुचना,सन्देश,समाचार／សេចក្តីជូនដំណឹង／ປະກາດ, ແຈ້ງການ)

▶きょうは皆(みな)さんに、うれしいお知らせがあります。

(आज सबै जनाका लागि खुसीको समाचार छ।／ថ្ងៃនេះ ខ្ញុំមានដំណឹងដ៏រីករាយមួយជូនអ្នកទាំងអស់គ្នា។／ມື້ນີ້, ມີແຈ້ງການທີ່ໜ້າຍິນດີບອກທຸກຄົນ.)

⓲ □ スピーチ(する) (मन्तव्य,भाषण／សន្ទរកថា／ຄຳໂອວາດ)

▶結婚式(けっこんしき)のスピーチを頼(たの)まれました。

(विवाह उत्सवमा मन्तव्यका लागि प्रस्ताव आयो।／ខ្ញុំត្រូវបានគេស្នើសុំអោយឡើងថ្លែងសន្ទរកថានៅពិធីរៀបអាពាហ៍ពិពាហ៍។／ຖືກຂໍຮ້ອງໃຫ້ກ່າວຄຳໂອວາດໃນງານແຕ່ງດອງ.)

⓳ □ 連絡(れんらく)(する) (खबर／ការទាក់ទង／ຕິດຕໍ່)

▶遅(おく)れる場合(ばあい)は、必(かなら)ず連絡してください。

(ढिला हुने भएमा अनिवार्य खबर गर्नु।／ករណីមកយឺត សូមផ្តល់ដំណឹងជានិច្ច។／ໃນກໍລະນີຊ້າ, ກະລຸນາຕິດຕໍ່ຢ່າງແນ່ນອນ.)

⑳ □ 説明(する) (जानकारि／ការពន្យល់／ອະທິບາຍ)
せつめい

▶彼の説明は、いつもわかりにくい。
かれ

(उसले गराउने जानकारि सधैँ बुझ्न कठिन हुन्छ।／ការពន្យល់របស់គាត់ ពិបាកយល់។／ຄຳອະທິບາຍຂອງລາວເຂົ້າໃຈຍາກຕະຫຼອດ.)

▶説明書 (परिचयपुस्तिका／សៀវភៅក្បួន។／ຄູ່ມື)
しょ

㉑ □ 相談(する) (सल्लाह／ការពិភាក្សា／ປຶກສາ)
そうだん

▶すみません、ちょっと相談したいことがあるんですが……。

(अलिकति सल्लाह गर्नुपर्ने कुरा थियो।／សូមទោស ខ្ញុំមានរឿងចង់ពិភាក្សាបន្តិច..／ຂໍໂທດ, ມີແນວຢາກປຶກສາໜ້ອຍໜຶ່ງ.)

㉒ □ 注意(する) (होशियारि／ការព្រមាន, ប្រុងប្រយ័ត្ន／ເຕືອນ, ລະມັດລະວັງ, ເອົາໃຈໃສ່)
ちゅうい

▶遅れないように、課長に注意されました。
おく　　　　　　かちょう

(ढिला नगर्नु भनेर हाकिमले होशियारि गराए।／ខ្ញុំត្រូវប្រធានផ្នែកព្រមានកុំអោយមកយឺត។／ຖືກຫົວໜ້າພະແນກເຕືອນເພື່ອບໍ່ໃຫ້ມາຊ້າ.)

▶間違えやすいので、注意してください。
まちが

(गल्ति हुनसक्छ होशियार हुनुस।／សូមប្រុងប្រយត្ន័ ព្រោះវាងាយនឹងច្រលំ។／ຈົ່ງລະມັດລະວັງ, ເພາະວ່າຫຼົງງ່າຍ.)

㉓ □ 報告(する) (जानकारि／សេចក្ដីរាយការណ៍／ລາຍງານ)
ほうこく

▶忘れずに報告してください。
わす

(नबिर्सिकन जानकारि गराउनुस।／សូមកុំភ្លេចរាយការណ៍។／ຢ່າລືມລາຍງານເດີ້.)

UNIT 37

思(おも)う・考(かんが)える (लाग्नु, सोच्नु／គិត／รู้สึก・ຄິດ)

❶ □ 思う (लाग्नु／គិត／ຄິດ, ຄິດວ່າ, ຮູ້ສຶກ)

▶それを聞(き)いて、どう思(おも)いますか。

(त्यो सुनेर कस्तो लाग्यो?／តើអ្នកគិតយ៉ាងណា ក្រោយពីស្ដាប់ហើយ?／ຟັງເລື່ອງນັ້ນແລ້ວ, ຮູ້ສຶກແນວໃດ?)

❷ □ 考える (सोच्नु／គិត／ຄິດ, ພິຈາລະນາ)

▶いろいろ考えて、やめることにしました。

(धेरै सोचें र छोड्ने िनधो गरें।／ខ្ញុំបានសម្រេចចិត្តឈប់ ក្រោយពីបានគិតពីចំនុចផ្សេងៗ។／ຄິດຄັກໆແລ້ວກໍ່ຕັດສິນໃຈເຊົາ.)

❸ □ 迷(まよ)う (अलमलमा पर्नु/बाटो भुल्नु／វង្វេង, ពិបាកសម្រេចចិត្ត／ຕັດສິນໃຈບໍ່ຖືກ, ຫຼົງທາງ)

▶どっちがいいか、迷う。

(कुन ठीक होला? अलमलमा परिन्छ।／មិនដឹងមួយណាល្អទេ។ ខ្ញុំពិបាកសម្រេចចិត្ត។／ອັນໃດນໍ, ຕັດສິນໃຈບໍ່ຖືກ.)

▶すみません、道(みち)に迷ってしまったんですが……。

(माफ गर्नुस मैले बाटो बिराएं।／សូមទោស ខ្ញុំវង្វេងផ្លូវ...／ຂໍໂທດ, ຂ້ອຍຫຼົງທາງຊ້ຳ...)

❹ □ 迷子(まいご) (बाटो बिराएको／ក្មេងវង្វេង／ເດັກນ້ອຍຫຼົງທາງ)

❺ □ わかる (बुझ्नु／យល់, ដឹង, ចេះ／ເຂົ້າໃຈ, ຮັບຊາບ)

▶日本語(にほんご)がわかる人(ひと)はいますか。

(जापानी भाषा बुझ्ने मान्छे छ?／តើមានអ្នកចេះភាសាជប៉ុនទេ?／ມີຄົນເຂົ້າໃຈພາສາຍີ່ປຸ່ນບໍ່?)

▶あしたは9時に来てください。 —わかりました。

(भोलि ९ बजे आउनुस।／ថ្ងៃស្អែកសូមមកម៉ោង៩។ ខ្ញុំយល់ហើយ។／ມື້ອື່ນມາຕອນ9ໂມງເດີ້. —ຮັບຊາບ)

❻ □ 覚(おぼ)える (कन्ठगर्नु／ចងចាំ／ຈື່)

▶週(しゅう)に50個(こ)、漢字(かんじ)を覚えるようにしています。

(हप्तामा ५० वटा खान्जी कन्ठगर्ने गरेको छु।／ខ្ញុំខិតខំចងចាំអក្សរកាន់ជិអោយបាន៥០ក្នុងមួយអាទិត្យ។／ໃນອາທິດໜຶ່ງ, ຈະພະຍາຍາມຈື່ຄັນຈິໃຫ້ໄດ້50ໂຕ.)

❼ □ 忘(わす)れる (बिर्सनु, भुल्नु／ភ្លេច／ລືມ)

▶パスワードを忘れました。

(पासवर्ड बिर्सियो।／ភ្លេចលេខសម្ងាត់។／ລືມລະຫັດລັບແລ້ວ.)

▶帰(かえ)る時(とき)、かさを忘れないでください。

(फर्किनेबेलामा छाता नबिर्सिनुहोला।／សូមកុំភ្លេចឆត្រ័ពេលត្រលប់ទៅវិញ។／ເວລາກັບ, ຢ່າລືມຄັນຮົ່ມເດີ້.)

❽ □ 思(おも)い出(だ)す (सम्झनु／នឹកឃើញ／ຄິດອອກ)

▶顔(かお)は知(し)っているんですが、名前(なまえ)が思い出せません。

(मान्छे चिन्छु तर नाम सम्झिन सकिन।／ខ្ញុំស្គាល់មុខ ប៉ុន្តែរកនឹកឈ្មោះមិនឃើញសោះ។／ຮູ້ໜ້າຢູ່, ແຕ່ຄິດຊື່ບໍ່ອອກ.)

UNIT 38

行く・来る
いく く

(जानु, आउनु／เទៅ, មក／ໄປ・ມາ)

31 日本・世界

32 人と人

33 気持ち

34 病気・健康

35 見る・聞く

36 話す・言う

37 思う・考える

38 行く・来る

39 もらう・あげる

40 する

❶ □ **歩く** (हिंड्नु／เ ເนิ／ย่าๆ)
ある

▶駅から会社まで、歩いて10分です。
えき　　　かいしゃ　　　　　ふん

(स्टेशनदेखि कार्यालयसम्म हिंडेर १० मिनेट हो।／ពីស្ថានីយ៍ចេញទៅក្រុមហ៊ុន ដើរ៩០នាទី។／ย่าๆ10บาทิจากสะ ถานีรถอบปิ่งสัด.)

❷ □ **走る** (कुद्नु／រត់／ແລ່ນ)
はし

❸ □ **行く** (जानु／ទៅ／ໄປ)
い

▶大阪行きの新幹線
おおさか　　　しんかんせん

(ओसाका जाने सिनकानसेन।／ចេញទៅរៀង (ស៊ុនការសេន) ដែលឆ្ពោះទៅទីក្រុងឪសាកា។／ລົດไฟຊิๆกับเຊิมไป ไอຊากา.)

❹ □ **来る** (आउनु／មក／ມາ)
く

▶まだ電話が来ない。
てんわ

(अझै फोन आएको छैन।／មិនទាន់មានទូរស័ព្ទមកទៅឡើយទេ។／ยัๆบໍ່ทันใขมา.)

❺ □ **帰る** (फर्कनु／ត្រឡប់ទៅ／ກັບเมือ, เมือ)
かえ

❻ □ **戻る** (फर्कनु／ត្រឡប់មក／ກັບ, ກັບມາ)
もど

▶部長が戻ったら、聞いてみましょう。
ぶちょう　　　　　　　き

(ह्याकिस फर्कर आएपछि सोधेर हेर्औं।／เถលเលោกប្រធានត្រឡប់មកវិញ សូមគាត់សាកเមิ่ល។／ถ้าหิอຫ้ำພะແບກกับ มา, ก์พากับถามลอๆเบิ่ๆ.)

❼ □ 急(いそ)ぐ (छिटो गर्नु／ប្រញាប់／ເລັ່ງ, ຟ້າວ)

▶急いでください。もう バスが来(き)ていますよ。

(अलि छिटो गर्नुस बस आइसक्यो।／សូមប្រញាប់ឡើង។ ឡានក្រុងមកហើយ។／ເລັ່ງແດ່. ລົດເມມາຮອດແລ້ວໄດ໋.)

▶急いで (छिटो／ប្រញាប់ឡើង／ເລັ່ງແດ່,ໄວແດ່)

❽ □ 逃(に)げる (भाग्नु／រត់គេច／ໜີ)

❾ □ 寄(よ)る (बिचमा देखा पर्नु/पस्नु／ឆ្លៀតទៅ／ແວ່)

▶わたしは銀行(ぎんこう)に寄ってから行(い)きます。

(म बैंकमा पसेर जान्छु।／ខ្ញុំឆ្លៀតចូលធនាគារ ហើយបានទៅ។／ຂ້ອຍຊິໄປແວ່ທະນາຄານແລ້ວຈຶ່ງໄປ.)

❿ □ 訪(たず)ねる (भेट्नु／ទៅលេង／ຢາມ)

▶お世話(せわ)になった先生(せんせい)を訪ねてみようと思(おも)います。

(मलाई सहयोग गर्ने शिक्षकलाई भेटौं कि जस्तो लाग्यो।／ខ្ញុំគិតថានឹងទៅលេងលោកគ្រូដែលបានជួយខ្ញុំ។／ຕັ້ງໃຈຊິໄປຢາມອາຈານຜູ້ເຄີຍໃຫ້ຄວາມຊ່ວຍເຫຼືອ.)

⓫ □ 入(はい)る (भित्र पस्नु／ចូល／ເຂົ້າ)

▶出(で)る (बाहिरा निसकनु／ចេញ／ອອກ)

▶大学(だいがく)/ 会社(かいしゃ)に入る

(क्याम्पस/कम्पनिमा भर्ना हुनु／ចូលសាលា/ ចូលសង្គម／ເຂົ້າມະຫາວິທະຍາໄລ/ບໍລິສັດ)

⓬ □ 上(あ)がる (चढ्नु /माथि जानु/उक्लनु／ឡើង／ຂຶ້ນ (ບ່ອນສູງ))

▶２階(かい)へ上がる、階段(かいだん)を上がる

(दोश्रो तलामा उक्लनु,भर्याङ चढ्नु／ឡើងជាន់ទី២, ឡើងជណ្តើរ／ຂຶ້ນຊັ້ນ2, ຂຶ້ນຄັນໄດ)

⑬ □ 登(のぼ)る (चढ्नु ／ ឡើង ／ ປີນ)

▶下(お)りる (ओर्लनु/झर्नु ／ ចុះ ／ ລົງ)

▶山(やま)に登る (हिमाल/पहाडचढ्नु ／ ឡើងភ្នំ ／ ປີນພູ)

⑭ □ 送(おく)る (पुर्याउन जानु ／ ជូន, បញ្ជូន ／ ສົ່ງ (ຄົນ))

▶駅(えき)まで友達(ともだち)を送ってから、学校(がっこう)に行(い)きました。

(स्टेशनसम्म साथीलाई पुर्याएर स्कुल गएँ। ／ ខ្ញុំជូនមិត្តភក្តិទៅដល់ស្ថានីយ៍រថភ្លើងហើយ បានទៅសាលា។ ／ ໄປສົ່ງໝູ່ຮອດສະຖານີແລ້ວຈຶ່ງໄປໂຮງຮຽນ.)

⑮ □ 迎(むか)える (लिन जानु ／ ទទួល ／ ຮັບ)

⑯ □ 迎えに行(い)く (लिन जानु ／ ទៅទទួល ／ ໄປຮັບ)

▶駅まで迎えに行きますよ。

(स्टेशनसम्म लिन गएँ नि। ／ ខ្ញុំទៅទទួលដល់ស្ថានីយ៍រថភ្លើង។ ／ ຊິໄປຮັບຢູ່ສະຖານີເດີ້.)

⑰ □ 迎えに来(く)る (लिन आउनु ／ មកទទួល ／ ມາຮັບ)

▶迎えに来(き)てくれて、ありがとう。

(लिन आएकोमा धन्यवाद। ／ សូមអរគុណដែលបានមកទទួល។ ／ ຂອບໃຈທີ່ມາຮັບ.)

⑱ □ 連(つ)れる (सँगै लानु ／ នាំទៅជាមួយ ／ ພາ (ໄປ/ມາ))

▶パーティーに友達(ともだち)を連れてきてもいいですか。

(पार्टीमा साथीलाई लिएर आएपनिहुन्छ? ／ តើខ្ញុំអាចនាំមិត្តភក្តិទៅពិធីជប់លៀងជាមួយដែរបានទេ? ／ ພາໝູ່ໄປງານລ້ຽງນຳໄດ້ບໍ່?)

▶連れていく、連れて帰(かえ)る

(लिएर जानु,लिएर फर्कनु ／ នាំទៅ, នាំត្រលប់មកវិញ ／ ພາໄປ, ພາເມືອ)

32 人と人
33 気持ち
34 健康・病気
35 見る・聞く
36 話す・言う
37 思う・考える
38 行く・来る
39 あげる・もらう
40 する

UNIT 39

あげる・もらう

(दिनु, लिनु／អោយ, ទទួលយក／ໃຫ້・ຮັບ)

❶ □ あげる (दिनु／អោយ／ໃຫ້, ເອົາໃຫ້)

▶これ、一(ひと)つあげます。 ―いいんですか。どうも。

(यो, एउटा दिन्छु। —ए हो ! धन्यवाद।／ខ្ញុំអោយនេះមួយ។ អោយមែនឬ? —អរគុណ។／ອັນນີ້, ເອົາໃຫ້ອັນໜຶ່ງ. —ມັນຊິດີຫວາ? ຂອບໃຈ.)

❷ □ 差(さ)し上(あ)げる (दिनु／ជូន／ໃຫ້, ມອບໃຫ້)

▶先生(せんせい)にも一つ差(さ)し上げました。

(सरलाई पनि एउटा दिएँ।／ខ្ញុំបានជូនលោកគ្រូមួយដែរ។／ມອບໃຫ້ອາຈານນຳອັນໜຶ່ງ.)

❸ □ やる (दिनु／អោយ (របស់)／ໃຫ້ (ສິ່ງຂອງ), ເອົາໃຫ້)

▶これはもういらないから、誰(だれ)かにやることにした。

(यो अब नचाहिने भएकोले, कसैलाई दिने बिचार गरें।／ខ្ញុំបានសម្រេចចិត្តអោយវាទៅនរណាម្នាក់ ដោយសារខ្ញុំលែងត្រូវការហើយ។／ບໍ່ຕ້ອງການອັນນີ້ແລ້ວກໍ່ເລີຍຕັດສິນໃຈເອົາໃຫ້ຜູ້ໃດຜູ້ໜຶ່ງ.)

❹ □ もらう (लिनु／ទទួលយក／ຮັບ)

▶それ、誰にもらったんですか。

(त्यो ,कोसँग लिएको हो?／តើឯងបានអានោះមកអ្នកណា?／ໄດ້ຮັບອັນນັ້ນມາຈາກໃຜ?)

❺ □ いただく (लिनु／ទទួលយក／ຮັບ)

▶これは先生にいただいたお菓子(かし)です。

(यो मिसबाट प्राप्त गरेको मिठाई हो।／នេះគឺជានំដែលបានពីលោកគ្រូ។／ນີ້ແມ່ນເຂົ້າໜົມທີ່ໄດ້ຮັບຈາກອາຈານ.)

❻ □ くれる (दिनु／ផ្តល់អោយ／ເອົາໃຫ້)

▶これは友達(ともだち)がくれたんです。

(यो साथीले दिएको हो।／នេះគឺជារបស់ដែលមិត្តភក្តិអោយ។／ໝູ່ເອົາອັນນີ້ໃຫ້.)

❼ □ くださる (दिनु／ផ្តល់អោយ／ເອົາໃຫ້)

▶これは先生(せんせい)がくださったんです。

(यो सरले दिनुभएको हो।／នេះគឺជារបស់ដែលលោកគ្រូអោយ។／ອາຈານເອົາອັນນີ້ໃຫ້.)

❽ □ プレゼントする (उपहार दिनु／ជូនអំណោយ／ເອົາໃຫ້ເປັນຂອງຂວັນ, ໃຫ້ຂອງຂວັນ)

▶彼女(かのじょ)には何をプレゼントしたんですか。

(प्रेमिकालाई के उपहार दियौ?／តើអ្នកបានជូនអំណោយអ្វីដល់នាង?／ເອົາຫຍັງໃຫ້ເປັນຂອງຂວັນລາວ.)

❾ □ プレゼント (उपहार／អំណោយ／ຂອງຂວັນ)

❿ □ 貸(か)す (सापटी दिनु／អោយខ្ចី／ໃຫ້ຢືມ, ເອົາໃຫ້ຢືມ)

▶すみません、ペンを貸してくれませんか。

(सुन्नुस त ,एक छिन तपाईँको कलम दिनुहुन्छ?／សូមទោស តើអាចអោយខ្ញុំខ្ចីប៊ិចបានទេ?／ຂໍໂທດ, ເອົາບິກໃຫ້ຢືມແດ່ໄດ້ບໍ່?)

⓫ □ 借(か)りる (सापटीलिनु／ខ្ចី／ຢືມ)

▶お金(かね)を借りる (पैसासापटीलिनु／ខ្ចីលុយ／ຢືມເງິນ.)

▶すみません。ちょっとお手洗(てあら)いを借(か)りてもいいですか。

(माफ गर्नुहोला,एकचोटि शौचालय प्रयोग गरौं है?／សូមទោស តើខ្ញុំសុំប្រើបន្ទប់ទឹកបន្តិចបានទេ?／ຂໍໂທດ. ຂໍໃຊ້ຫ້ອງນ້ຳແດ່ໄດ້ບໍ່?)

⓬ □ 返(かえ)す (फिर्ता गर्नु／សង／ສົ່ງຄືນ)

▶先生に借りたかさ、まだ返してなかった。

(सरसँग लिएको छाता अझै फिर्ता दिएको रहेनछ।／ខ្ញុំមិនទាន់បានសងឆត្រដែលខ្ចីពីលោកគ្រូនៅឡើយទេ។／ຍັງບໍ່ທັນໄດ້ສົ່ງຄືນຄັນຮົ່ມທີ່ຢືມມາຈາກອາຈານ.)

32 人と人
33 気持ち
34 健康・病気
35 見る・聞く
36 話す・言う
37 思う・考える
38 行く・来る
39 あげる・もらう
40 する

⓭ □ **交換(する)** (साट्नु,फेर्नु／ដូរ, ប្តូរ／ປ່ຽນເອົາ)
こうかん

▶ Lは大きすぎたから、Mに交換してもらった。
おお

(लार्ज साइज ठूलो भएकोले साटेर मिडियम साइज लिएँ।／ខ្ញុំបានដូរយកទំហំMវិញ ព្រោះទំហំ L ធំពេក។／ໃຫ້ປ່ຽນເອົາຂະໜາດMໃຫ້, ຍ້ອນວ່າຂະໜາດLໃຫຍ່ເກີນໄປ.)

⓮ □ **送る** (पठाउनु／ផ្ញើ (អីវ៉ាន់)／ສົ່ງ (ເຄື່ອງ))
おく

▶メール/荷物を送る
にもつ

(इमेल पठाउनु,सामान पठाउनु／ផ្ញើអ៊ីមែល/ ផ្ញើអីវ៉ាន់／ສົ່ງເມລ/ເຄື່ອງ.)

⓯ □ **郵送(する)** (हुलाकबाट पठाउनु／ផ្ញើតាមប្រៃសណីយ៍／ສົ່ງທາງໄປສະນີ)
ゆうそう

⓰ □ **郵送** (हुलाक／ការផ្ញើតាមប្រៃសណីយ៍／ການສົ່ງທາງໄປສະນີ)

▶郵送でもかまいません。

(हुलाकबाट पठाएपनि फरक पर्दैन／ផ្ញើតាមប្រៃសណីយ៍ក៏មិនអីដែរ។／ສົ່ງທາງໄປສະນີກໍ່ໄດ້.)

⓱ □ **届く** (प्राप्त गर्नु／មកដល់／ຮອດ, ມາຮອດ)
とど

▶荷物/手紙/結果が届く
てがみ けっか

(सामान/चिठी/रिजल्ट／អីវ៉ាន់/ សំបុត្រ/ លទ្ធផលមកដល់／ເຄື່ອງ/ຈົດໝາຍ/ຜົນມາຮອດ)

⓲ □ **受け取る** (प्राप्त गर्नु／ទទួល／ຮັບ)
う と

▶けさ、荷物を受け取りました。

(बिहान सामान प्राप्त भयो／ខ្ញុំបានទទួលអីវ៉ាន់ព្រឹកមិញ។／ໄດ້ຮັບເຄື່ອງຕອນເຊົ້ານີ້.)

⓳ □ **取る** (लिनु／យក／ເອົາ)
と

▶どうぞ、一つ取ってください。
ひと

(क्रिपया एउटा लिनुहोस／សូមអញ្ជើញយកមួយទៅ។／ເຊີນເອົາໜຶ່ງອັນ.)

▶おかあさん、しょうゆ、取ってくれる？

(आमा मलाई सस् दिनुस त／ម៉ាក់ ជួយយកទឹកស៊ីអ៊ីវបានទេ?／ແມ່, ເອົາສະອິວໃຫ້ແດ່.)

⓴ □ パスポートを取る

(पासपोर्ट लिनु／យកប៉ាស្ព័រ／ເອົາປື້ມຜ່ານແດນ)

㉑ □ 拾う（ひろ） (भेट्टाउनु／រើស／ເກັບ)

▶このかぎ、教室（きょうしつ）で拾ったんだけど、誰（だれ）のかなあ？

(यो साँचो कक्षाकोठामा भेट्टाएको हो, कस्को होला?／ខ្ញុំរើសបានសោនេះនៅបន្ទប់រៀន តើរបស់នរណាគេហ្ន៎?／ເກັບກຸນແຈດອກນີ້ໄດ້ຢູ່ໃນຫ້ອງຮຽນ, ແມ່ນຂອງໃຜນໍ?)

㉒ □ なくす (हराउनु／ធ្វើអោយបាត់／ເຮັດເສຍ)

▶メモをなくして、電話番号（でんわばんごう）がわからなくなった。

(डायरी हराएकोले फोन नं थाहा भएन।／ខ្ញុំធ្វើបាត់កំណត់ត្រា ដូច្នេះខ្ញុំមិនស្គាល់លេខទូរសព្ទទេ។／ເຮັດເຈ້ຍບັນທຶກເສຍກໍ່ເລີຍເລີຍບໍ່ຮູ້ເບີໂທລະສັບ.)

㉓ □ なくなる (सकिनु／បាត់／ໝົດ)

▶もうすぐシャンプーがなくなる。

(स्याम्पु सकिन लाग्यो।／សាប៊ូដិតអស់ហើយ។／ຢາສະຜົມໃກ້ຊິໝົດໃນໄວໆນີ້.)

㉔ □ 盗む（ぬす） (चोर्नु／លួច／ລັກ)

▶盗まれないように気（き）をつけてください。

(चोरी नहोस भनेर होशियारी अपनाउनु होला।／សូមប្រយ័ត្នកុំអោយគេលួច។／ລະວັງຢ່າໃຫ້ຖືກລັກ.)

㉕ □ 残る（のこ） (बाँकि रहनु／សល់, នៅសល់／ເຫຼືອ)

▶お金（かね）はいくら残っていますか。

(पैसा कति बाँकि छ?／តើនៅសល់លុយប៉ុន្មាន?／ເງິນເຫຼືອເທົ່າໃດ?)

㉖ □ 残り (बाँकि／នៅសល់／ສ່ວນທີ່ເຫຼືອ)

▶残りはこれだけ？

(बाँकि यत्ति हो?／នៅសល់តែប៉ុណ្ណឹងទេឬ?／ເຫຼືອເທົ່ານີ້ບໍ?)

31 日本・世界
32 人と人
33 気持ち
34 健康・病気
35 見る・聞く
36 話す・言う
37 思う・考える
38 行く・来る
40 する

㉗ □ 持つ（も） (लिनु, बोक्नु／កាន់, យួរ／ຫິ້ວ, ຖື, ມີ)

▶荷物、重（おも）そうですね。一つ持ちましょうか。

(सामान गरुंगो छ जस्तो छ एउटा बोकिदिउँकि?／អីវ៉ាន់នេះមើលទៅធ្ងន់។ អោយខ្ញុំជួយកាន់មួយទេ?／ເຄື່ອງຊົງຊິໜັກນໍ? ໃຫ້ຖືອັນໜຶ່ງບໍ່?)

▶車（くるま）を持っているんですか。いいですね。

(तपाईं सँग गाडी छ? ठीक छ ल।／តើអ្នកមានឡានឬ? ល្អមែន។／ມີລົດຂັບບໍ? ດີເນາະ.)

㉘ □ 持っていく (लिएर जानु／យកទៅ／ຖືໄປ, ເອົາໄປ)

▶あしたのパーティーには、何（なに）を持っていけばいいですか。

(भोलिको पार्टीमा के लिएर जाँदा राम्रो होला?／តើគួរយកអ្វីទៅ ពិធីជប់លៀងថ្ងៃស្អែក?／ໃຫ້ຖືຫຍັງໄປງານລ້ຽງມື້ອື່ນ?)

㉙ □ 持ってくる (लिएर आउनु／យកមក／ຖືມາ, ເອົາມາ)

▶ワインを1本持ってきました。

(वाइन एक वोतल लिएर आएँ।／ខ្ញុំបានយកស្រាមួយដបមក។／ຖືວາຍມາ1ຂວດ.)

㉚ □ 持って帰（かえ）る (लिएर फर्कनु／យកត្រលប់ទៅ／ຖືເມືອ, ເອົາເມືອ)

▶ごみは持って帰ってください。

(यो फोहोर लिएर फर्किनुहोला।／សូមយកសម្រាមត្រលប់ទៅជាមួយ។／ລົບກວນເອົາຂີ້ເຫຍື້ອເມືອ.)

㉛ □ お持ち帰り (घर फर्कँदा लाने बस्तु／យកចេញ／ຫໍ່ກັບບ້ານ, ເອົາກັບບ້ານ)

32 人と人
33 気持ち
34 健康・病気
35 見る・聞く
36 話す・言う
37 思う・考える
38 行く・来る
39 あげる・もらう
40 する

UNIT 40 する (गर्नु／ធ្វើ／ເຮັດ, ກະທຳ)

❶ □ する (गर्नु／ធ្វើ／ເຮັດ, ກະທຳ)

▶いま、何(なに)しているの？
(अहिले के गर्दैछौ?／ឥឡូវនេះ តើអ្នកកំពុងធ្វើអ្វី ?／ດຽວນີ້, ກຳລັງເຮັດຫຍັງຢູ່?)

❷ □ やる (गर्नु／ធ្វើ／ເຮັດ, ກະທຳ)

▶宿題(しゅくだい)はもうやった？ (गृहकार्य गर्यौ?／ធ្វើលំហាត់រួចហើយ?／ເຮັດວຽກບ້ານແລ້ວບໍ?)

❸ □ 心配(しんぱい)(する) (पिर (गर्नु)／ព្រួយបារម្ភ, បារម្ភ／ເປັນຫ່ວງ)

▶大丈夫(だいじょうぶ)です。心配しないでください。
(ठीक छ। पिर नगर्नुहोला।／មិនអីទេ។ សូមកុំបារម្ភ។／ບໍ່ເປັນຫຍັງ. ບໍ່ຕ້ອງເປັນຫ່ວງເດີ້.)

❹ □ 失敗(しっぱい)(する) (गल्ति (गर्नु)／ធ្វើខុស／ຜິດພາດ)

▶失敗したの？　もう一回(いっかい)やったら？
(गल्ति भयो? फेरि एक पटक गरे हुन्न?／ធ្វើខុសឬ? សាកធ្វើម្តងទៀតទៅ?／ພິດພາດບໍ? ລອງອີກເທື່ອໜຶ່ງເບິ່ງແມະ?)

❺ □ 反 成功(せいこう)(する) (सफल (हुनु)／ជោគជ័យ／ປະສົບຜົນສຳເລັດ)

❻ □ 注文(ちゅうもん)(する) (अर्डर (गर्नु)／កុម្ម៉ង់／ສັ່ງ (ອາຫານ,ສິນຄ້າ))

▶時間(じかん)がないから、早(はや)く注文しよう。
(समय छैन,छिटो अर्डर गरौं।／តោះ កុម្ម៉ង់អោយលឿនទៅ ព្រោះមិនមានពេលទេ។／ສັ່ງໄວໆເທາະ, ເພາະບໍ່ມີເວລາ.)

❼ □ 準備(じゅんび)(する) (तयारि (गर्नु)／រៀបចំទុកជាមុន／ກຽມ, ກະກຽມ)

▶旅行(りょこう)の準備はもう終(お)わった？
(यात्राको तयारि सकियो?／តើអ្នករៀបចំសម្រាប់ដំណើរកំសាន្តរួចរាល់ហើយ?／ກຽມການເດີນທາງຮຽບຮ້ອຍແລ້ວບໍ?)

❽ □ 努力(どりょく)(する) (परिश्रम (गर्नु)／ខិតខំ, ប្រឹងប្រែង／ພະຍາຍາມ)

▶彼(かれ)にはもうちょっと努力してほしい。
(उसले अलि बढी परिश्रम गरे हुन्थ्यो।／ខ្ញុំចង់អោយគាត់ខំប្រឹងបន្តិចទៀត។／ຢາກໃຫ້ລາວພະຍາຍາມຕື່ມອີກ.)

❾ □ 中止(ちゅうし)(する) (रोकिनु／ផ្អាក／ຢຸດ)

▶雨(あめ)が降(ふ)ったら、試合(しあい)は中止になるかもしれません。

(पानी पर्यो भने खेल रोकिन सक्छ।／ការប្រកួតប្រហែលនឹងត្រូវផ្អាក ប្រសិនបើភ្លៀងធ្លាក់។／ຖ້າຝົນຕົກ, ອາດຈະຕ້ອງຢຸດການແຂ່ງຂັນ.)

❿ □ 登録(とうろく)(する) (दर्ता (गर्नु)／ចុះឈ្មោះ／ລົງທະບຽນ)

▶最初(さいしょ)に登録をしなければなりません。

(पहिला दर्ता नगरिकनहुँदैन।／ដំបូងត្រូវតែចុះឈ្មោះសិន។／ກ່ອນອື່ນໝົດຕ້ອງລົງທະບຽນ.)

⓫ □ 外国人(がいこくじん)登録証(しょう) (विदेशी परिचय पत्र／កាតជនបរទេស／ບັດຕ່າງດ້າວ, ບັດປະຈຳໂຕສຳລັບຄົນຕ່າງປະເທດ)

⓬ □ 予約(よやく)(する) (बुक गर्नु／កក់ទុក／ຈອງ)

▶お店(みせ)はもう予約してあります。

(पसल बुक गरिसकेको छ।／ខ្ញុំបានកក់ហាងទុករួចហើយ។／ຈອງຮ້ານໄວ້ແລ້ວ.)

⓭ □ チェックインする (चेक इन (गर्नु)／កត់ឈ្មោះចូល／ເຊັກອິນ)

▶もう4時(じ)だから、チェックインできます。

(४ बजि सकेकोले अब चेक इन गर्नसकिन्छ।／អ្នកអាចកត់ឈ្មោះចូលបាន ដោយសារម៉ោង៤ហើយ។／4ໂມງແລ້ວ, ເຊັກອິນໄດ້ແລ້ວເດີ້.)

⓮ □ チェックアウトする (चेक आउट (गर्नु)／កត់ឈ្មោះចេញ／ເຊັກເອົ້າ)

⓯ □ キャンセルする (रद्द (गर्नु)／លុបចោល／ຍົກເລີກ)

▶すみません、予約(よやく)をキャンセルしたいんですが。

(माफ गर्नुहोस , मेरो बुकिंग रद्द गर्नुपर्नेथियो।／សូមទោស ខ្ញុំចង់លុបចោលការកក់...／ຂໍໂທດເຈົ້າ, ຢາກຂໍຍົກເລີກການຈອງ.)

⓰ □ キャンセル料(りょう) (कयान्सेल चार्ज／ថ្លៃលុបចោល／ຄ່າຍົກເລີກ)

⓱ □ ノックする (नोक (गर्नु)／គោះទ្វារ／ເຄາະ (ປະຕູ))

▶入(はい)るときに軽(かる)くノックしてください。

(भित्र आउने बेलामा बिस्तारै नोक गर्नुहोला।／សូមគោះទ្វារតិចៗ មុនពេលចូល។／ກ່ອນເຂົ້າມາ, ກະລຸນາເຄາະຄ່ອຍໆ.)

UNIT 41

49

新(あたら)しい・静(しず)かな

(नयाँ, शान्त／ថ្មី, ស្ងាត់／ໃໝ່・ງຽບ)

❶ □ 新(あたら)しい (नयाँ／ថ្មី／ໃໝ່)

▶メニューが新しくなりました。

(मेनु नयाँ भयो।／បញ្ជីមុខម្ហូបបានប្តូរថ្មីហើយ។／ມີລາຍການອາຫານໃໝ່.)

❷ □ 古(ふる)い (पुरानो／ចាស់／ເກົ່າ)

▶京都(きょうと)には古いお寺(てら)がたくさんあります。

(क्योतोमा पुराना मन्दिरहरु धेरै छन।／នៅក្យូតុមានវត្តចាស់ៗច្រើន។／ທີ່ກຽວໂຕມີວັດເກົ່າຫຼາຍ.)

❸ □ 熱(あつ)い (तातो／ក្តៅ／ຮ້ອນ)

▶熱くて、飲(の)めません。

(तातो भएकोले पिउन सकिएन।／មិនអាចញ៉ាំបានទេ ព្រោះក្តៅ។／ຮ້ອນ, ດື່ມບໍ່ໄດ້.)

❹ □ 冷(つめ)たい (चिसो／ត្រជាក់／ເຢັນ)

▶冷たいお茶(ちゃ)でいいですか。

(चिसो चिया भए हुन्छ?／តែត្រជាក់បានទេ?／ເອົາຊາເຢັນບໍ?)

▶手(て)が冷たいですね。

(हात चिसो छ हगि?／ដៃត្រជាក់។／ມືເຢັນເນາະ.)

❺ □ 温(あたた)かい (तातो／ក្តៅអ៊ុនៗ, កក់ក្តៅ／ອຸ່ນ, ອົບອຸ່ນ)

▶温かい飲(の)み物(もの)が飲みたい。

(तातो चिज पिउन मनलाग्यो।／ខ្ញុំចង់ផឹកភេសជ្ជៈក្តៅអ៊ុនៗ។／ຢາກດື່ມເຄື່ອງດື່ມທີ່ອຸ່ນ.)

▶早(はや)く温かいベッドで寝(ね)たい。

(तातो ओछ्यानमा सुत्न मन लाग्यो।／ខ្ញុំចង់គេងលើគ្រែដែលកក់ក្តៅឆាប់ៗ។／ຢາກນອນເທິງຕຽງອຸ່ນໄວໆ.)

42 どんな人？
43 とても・もっと
44 こそあ
46 場所
47 パソコン・ネット
48 仕事
49 教室の言葉
50 あいさつ・よく使う表現

❻ □ 明(あか)るい (उज्यालो／ភ្លឺ／ແຈ້ງ, ສະຫວ່າງ, ມ່ວນຊື່ນ) 反暗(くら)い

▶窓(まど)が大(おお)きくて、明るい部屋(へや)です。

(ठूलो झ्याल भएको उज्यालो कोठा छ।／វាជាបន្ទប់ដែលមានបង្អួចធំ ហើយភ្លឺ។／ເປັນຫ້ອງທີ່ມີປ່ອງຢ້ຽມໃຫຍ່ແລະແຈ້ງ.)

▶明るい音楽(おんがく)が好(す)きです。

(रमाइलो संगीत मनपर्छ।／ខ្ញុំចូលចិត្តតន្ត្រីដែលរីករាយ។／ມັກເພງແບບມ່ວນຊື່ນ.)

❼ □ 暗(くら)い (अँधेरो／ងងឹត／ມືດ, ເສົ້າ) 反明(あか)るい

▶暗くて、よく見(み)えません。

(अँधेरो भएकोले राम्ररी देखिंदैन।／ខ្ញុំមើលមិនឃើញច្បាស់ទេ ព្រោះងងឹត។／ມືດ, ແນມບໍ່ເຫັນຄັກ.)

▶最近(さいきん)は、暗いニュースが多(おお)いね。

(हिजोआज नराम्रा समाचार धेरै आउँछन्।／ថ្មីៗនេះ មានពត៌មានមិនល្អច្រើន។／ໄລຍະນີ້, ສ່ວນຫຼາຍມີຂ່າວເສົ້າ.)

❽ □ きれい(な) (राम्रो／ស្អាត／ງາມ) 反汚(きたな)い

▶きのう掃除(そうじ)したから、部屋(へや)はきれいですよ。

(हिजो सफाइ गरेको हुनाले कोठा सफा छ।／បន្ទប់ស្អាតហើយ ព្រោះខ្ញុំបានសំអាតពីម្សិលមិញ។／ຫ້ອງສະອາດໄດ໋, ເພາະວ່າມື້ວານນີ້ໄດ້ທຳຄວາມສະອາດ.)

▶その皿(さら)はさっき洗(あら)ったから、きれいですよ。

(भर्खर धोएकोले त्यो प्लेट सफा छ।／ចាននោះស្អាតហើយ ព្រោះទើបតែលាងអំបាញ់មិញ។／ຈານສະອາດໄດ໋, ເພາະວ່າລ້າງຫວ່າງກີ້ນີ້.)

▶きれいな花(はな)、きれいな女性(じょせい)、きれいな字(じ)

(सुन्दर फूल,सुन्दरी महिला, राम्रो अक्षर／ផ្កាស្អាត, ស្រីស្អាត, អក្សរស្អាត／ດອກໄມ້ງາມ, ສາວງາມ, ໂຕໜັງສືງາມ)

❾ □ 汚(きたな)い (नराम्रो／កខ្វក់／ເປື້ອນ, ສົກກະປົກ, ຂີ້ຮ້າຍ) 反きれい

▶部屋(へや)が汚いから、あまり人(ひと)を呼(よ)びたくないんです。

(कोठा फोहोर भएकोले धेरै मान्छे बोलाउन मन लागेको छैन।／ខ្ញុំមិនសូវចង់ហៅគេមកលេងទេ ព្រោះបន្ទប់កខ្វក់។／ບໍ່ຄ່ອຍຢາກເອີ້ນຄົນມາ, ເພາະວ່າຫ້ອງເປື້ອນ.)

▶汚い川(かわ)、汚い字

(फोहोर नदी, फोहोर अक्षर／ទន្លេកខ្វក់, អក្សរកខ្វក់／ແມ່ນ້ຳເປື້ອນ, ໂຕໜັງສືຂີ້ຮ້າຍ)

❿ □ 重い <ruby>重<rt>おも</rt></ruby>い (गह्रुंगो／ធ្ងន់／หนัก, ร้ายแรง) **反 軽い** <ruby>軽<rt>かる</rt></ruby>

▶<ruby>重<rt>おも</rt></ruby>い<ruby>荷物<rt>にもつ</rt></ruby>はわたしが<ruby>持<rt>も</rt></ruby>ちます。

(गह्रौ सामान म बोक्छु।／អីវ៉ាន់ធ្ងន់ គឺខ្ញុំជាអ្នកកាន់។／ຂ້ອຍຊິຖືເຄື່ອງໜັກ.)

▶<ruby>重<rt>おも</rt></ruby>い<ruby>病気<rt>びょうき</rt></ruby>じゃなかったそうです。

(गम्भिर रोग होइन जस्तो छ।／ស្តាប់មើលទៅមិនមែនជាជម្ងឺធ្ងន់ធ្ងរទេ។／ໄດ້ຍິນວ່າບໍ່ແມ່ນພະຍາດຮ້າຍແຮງ.)

⓫ □ 軽い <ruby>軽<rt>かる</rt></ruby>い (हलुका／ស្រាល／เบา) **反 重い** <ruby>重<rt>おも</rt></ruby>

▶このかばんは<ruby>軽<rt>かる</rt></ruby>くて、いいですね。

(यो झोला हलुका भएकोले ठीक छ।／កាបូបនេះស្រាល ហើយល្អ។／ກະເປົາໜ່ວຍນີ້ເບົາດີ.)

▶<ruby>食事<rt>しょくじ</rt></ruby>の<ruby>前<rt>まえ</rt></ruby>に<ruby>軽<rt>かる</rt></ruby>い<ruby>運動<rt>うんどう</rt></ruby>をするといいですよ。

(खाना खानु अघि हल्का व्यायाम गर्नु राम्रो हुन्छ है।／មុននឹងញ៉ាំអាហារ ជាការល្អ។／ອອກກຳລັງກາຍເບົາໆກ່ອນກິນເຂົ້າຊິດີໄດ໌.)

⓬ □ 厚い <ruby>厚<rt>あつ</rt></ruby>い (बाक्लो／ក្រាស់／หนา)

▶<ruby>厚<rt>あつ</rt></ruby>い<ruby>紙<rt>かみ</rt></ruby>のほうがいいですか。　—はい。<ruby>丈夫<rt>じょうぶ</rt></ruby>なのがいいです。

(बाक्लो कागज राम्रो हो？—हजुर, बलियो भए राम्रो।／តើក្រដាសក្រាស់ល្អជាងឬ？—បាទ (ចាស)។ ក្រដាសដែលមាំ គឺល្អ។／ເຈ້ຍໜາຊິດີກວ່າບໍ？—ແມ່ນ. ມັນຈ້ຽແໜ້ນຫາດີ.)

▶<ruby>厚<rt>あつ</rt></ruby>いカーテン (बाक्लो पर्दा／វាំងននក្រាស់／ຜ້າກັ້ງໜາ)

⓭ □ 薄い <ruby>薄<rt>うす</rt></ruby>い (पातलो／ស្តើង／ស្រាល,សាប／บาง, จืด, จาง) **反 濃い、厚い** <ruby>濃<rt>こ</rt></ruby>い、<ruby>厚<rt>あつ</rt></ruby>

▶<ruby>薄<rt>うす</rt></ruby>い<ruby>本<rt>ほん</rt></ruby>だから、すぐ<ruby>読<rt>よ</rt></ruby>めますよ。

(पातलो किताब हो पढेर छिटै सकिन्छ।／ខ្ញុំអាចអានស្តើង ព្រោះសៀវភៅមានក្រាស់ស្តើង។／ປຶ້ມບາງກໍ່ເລີຍອ່ານແລ້ວໂລ.)

▶<ruby>味<rt>あじ</rt></ruby>が<ruby>薄<rt>うす</rt></ruby>い、<ruby>薄<rt>うす</rt></ruby>い<ruby>青<rt>あお</rt></ruby>

(खल्लो स्वाद, हल्का नीलो／រសជាតិសាប, ពណ៌ខៀវស្រាល／ລົດຊາດຈືດ, ສີຟ້າຈາງ)

⓮ □ 濃い <ruby>濃<rt>こ</rt></ruby>い (गाढा,कडा／ក្រាស់, ចាស់, ប្រៃ／ខ្ពុំ, ເຂັ້ມຂຸ້ນ, ปุก, แກ່) **反 薄い** <ruby>薄<rt>うす</rt></ruby>

▶このスープ、ちょっと<ruby>味<rt>あじ</rt></ruby>が<ruby>濃<rt>こ</rt></ruby>いですね。

(यो सुप अलिकति कडा छ।／ស៊ុបនេះរាងប្រៃបន្តិច។／ແກງຖ້ວຍນີ້ມີລົດຊາດປຸກໜ່ວຍຜືງ.)

▶<ruby>味<rt>あじ</rt></ruby>が<ruby>濃<rt>こ</rt></ruby>い、<ruby>濃<rt>こ</rt></ruby>い<ruby>青<rt>あお</rt></ruby>

(कडा स्वाद,गाढा नीलो／រសជាតិប្រៃ, ពណ៌ខៀវចាស់／ລົດຊາດເຂັ້ມຂຸ້ນ, ສີຟ້າແກ່)

⑮ □ にぎやか(な) (चहलपहल,भिडभाड／អ៊ូអរ／ຟົດຟື້ນ)　反 静(しず)かな

▶この辺(へん)はお店(みせ)が多(おお)くて、にぎやかですね。

(यो ठाउँमा पसलहरु धेरै भएकाले चहलपहल छ हगि।／ម្តុំនេះ មានហាងច្រើនហើយអ៊ូអរ។／ເຂດນີ້ມີຮ້ານຄ້າຫຼາຍ, ຟົດຟື້ນເນາະ.)

⑯ □ うるさい (हल्लाखल्ला／ថ្លង់／ຟົດ, ນັນ)　反 静(しず)かな

▶道路(どうろ)の近(ちか)くだと、うるさくないですか。

(सडकको नजिक हुँदा हल्लाखल्ला हुँदैन।／ប្រសិនបើនៅជិតផ្លូវថ្នល់ មិនថ្លង់ទេឬ?／ຖ້າຢູ່ໃກ້ຫົນທາງ, ມັນຊິບໍ່ຟົດບໍ?)

⑰ □ 静(しず)か(な) (शान्त／ស្ងាត់／ງຽບ, ມິດ, ສະຫງົບ)　反 にぎやかな、うるさい

▶駅(えき)から遠(とお)くてもいいので、広(ひろ)くて静かな部屋(へや)がいいです。

(स्टेशन देखि टाढा भएपनि हुन्छ तर ठूलो र शान्त कोठा चाहिन्छ।／ខ្ញុំចង់បានបន្ទប់ដែលស្ងប់ស្ងាត់ហើយធំ ទោះបីជានៅឆ្ងាយពីស្ថានីយ៍រថភ្លើងបន្តិចក៏បានដែរ។／ໄກຈາກສະຖານນີກໍ່ໄດ້, ຂໍແຕ່ໄດ້ຫ້ອງພັກທີ່ກວ້າງແລະສະຫງົບ.)

⑱ □ 詳(くわ)しい (बिस्तारमा／លំអិត／ລະອຽດ)

▶もう少(すこ)し詳しく説明(せつめい)してもらえますか。

(अझै बुझिने गरि बिस्तारमा बताइदिनुहुन्छ?／តើអាចជួយពន្យល់អោយលំអិតបន្តិចទៀតបានទេ?／ອະທິບາຍຢ່າງລະອຽດຕື່ມອີກໜ້ອຍໜຶ່ງໃຫ້ໄດ້ບໍ່?)

⑲ □ 複雑(ふくざつ)(な) (अप्ठेरो／ស្មុគស្មាញ／ສັບສົນ)

▶この駅(えき)は複雑ですね。いつも迷(まよ)います。

(यो स्टेशन अप्ठेरो छ। सधैं बाटो भुलिन्छ।／ស្ថានីយ៍រថភ្លើងនេះស្មុគស្មាញ។ ខ្ញុំតែងតែវង្វេង។／ສະຖານນີລົດໄຟນີ້ສັບສົນເນາະ. ຫຼົງຕະຫຼອດ.)

⑳ □ 簡単(かんたん)(な) (सजिलो／ស្រួល, ងាយ／ງ່າຍ)

▶もっと簡単な方法(ほうほう)がありますよ。

(अलि सजिलो उपाय छ नि।／មានវិធីងាយស្រួលជាងនេះ។／ມີວິທີທີ່ງ່າຍກວ່າໄດ໋.)

㉑ □ **難(むずか)しい** (कठिन／ពិបាក／ຍາກ)　反 易(やさ)しい

▶難しい言葉(ことば)には、訳(やく)が付(つ)いています。

(कठिन भाषाका लागि अनुवादको व्यवस्था छ।／មានការបកប្រែភ្ជាប់ជាមួយចំពោះពាក្យពិបាក។／ຈະມີຄຳແປທັບສຳລັບຄຳສັບຍາກ.)

㉒ □ **易(やさ)しい** (सजिलो／ស្រួល, ងាយ／ງ່າຍ)　反 難(むずか)しい

▶易しい日本語(にほんご)だから、読(よ)めるはずです。

(सजिलो जापानी भाषा भएकोले पढ्न सक्नुपर्ने हो।／អ្នកប្រាកដជាអាចអានបាន ព្រោះវាជាភាសាជប៉ុនងាយៗ។／ໜ້າຈະອ່ານໄດ້, ເພາະວ່າແມ່ນພາສາຍີ່ປຸ່ນທີ່ງ່າຍ.)

㉓ □ **早(はや)い** (छिटो／លឿន／ໄວ)　反 遅(おそ)い

▶起(お)きるのが早いんですね。

(उठ्न चाहिँ बिहान चाँडै नै हुन्छ।／អ្នកងើបពីគេងលឿន។／ຕື່ນນອນໄວເນາະ.)

㉔ □ **早く** (छिटो/चाँडो／ឆាប់／ໄວໆ)

▶早く予約(よやく)したほうがいいですよ。

(छिटो बुक गर्दा राम्रो हुन्छ।／គួរតែកក់ទុកអោយបានឆាប់។／ຈອງໄວໆດີກວ່າໄດ່.)

㉕ □ **速(はや)い** (छिटो／លឿន／ໄວ)　反 遅(おそ)い

▶森(もり)さんは歩(ある)くのが速い。

(मोरि जि त हिड्न निकै छिटो।／លោកម៉ូរីដើរលឿន។／ທ້າວ ໂມລິຍ່າງໄວ.)

㉖ □ **遅(おそ)い** (ढिलो／យឺត／ຊ້າ)　反 速(はや)い、早(はや)い

▶田中(たなか)さん、遅いですね。　—電話(でんわ)してみましょうか。

(तानाका जी ढिला गरे हगि।—फोन गरौं त?／លោកតាណាកា យឺតហើយ។ តើអោយខ្ញុំទូរសព្ទសាកមើលទេ?／ທ້າວ ທະນາກະ ຊ້າເນາະ. —ພາກັນໂທຫາລາວເບາະ?)

㉗ □ **遠(とお)い** (टाढा／ឆ្ងាយ／ໄກ)　反 近(ちか)い

▶うちは駅(えき)から少(すこ)し遠いです。

(स्टेशनबाट घर अलि टाढा छ।／ផ្ទះរបស់ខ្ញុំឆ្ងាយពីស្ថានីយ៍រថភ្លើងបន្តិច។／ເຮືອນຂອງຂ້ອຍຢູ່ໄກຈາກສະຖານນີໜ້ອຍໜຶ່ງ.)

42 どんな人？
43 とても・もっと
44 こそあ
46 場所
47 パソコン・ネット
48 仕事
49 教室の言葉

㉘ □ 近(ちか)い (नजिक／ជិត／ໃກ້)　反 遠(とお)い

▶うちの近(ちか)くに市(し)の図書館(としょかん)があります。

(घरको नजिकै नगरपालिकाले चलाएको पुस्तकालय छ।／នៅជិតផ្ទះខ្ញុំមានបណ្ណាល័យសង្កាត់។／ມີຫໍສະໝຸດຂອງເມືອງຢູ່ໃກ້ເຮືອນ.)

㉙ □ 強(つよ)い (बलियो,बेसरि／ខ្លាំង／ແຮງ)　反 弱(よわ)い

▶風(かぜ)が強くて、歩(ある)きにくい。

(बेस्सरि हावा चलेकोले हिड्न कठिन छ।／ខ្យល់ខ្លាំង ពិបាកដើរ។／ລົມແຮງ, ຍ່າງຍາກ.)

㉚ □ 弱(よわ)い (कमजोर／ខ្សោយ／ອ່ອນ)　反 強(つよ)い

▶えっ、日本(にほん)、また負(ま)けたの!?　弱いなあ。

(ए हे! जापानले फेरि हार्यो!? कति कमजोर।／អេ៎! ជប៉ុនចាញ់ឬ? ខ្សោយណាស់…／ອ້າວ, ຍີ່ປຸ່ນເສຍຫວາ!? ອ່ອນແທ້.)

㉛ □ 高(たか)い (महँगो,अग्लो／ខ្ពស់／ສູງ)　反 低(ひく)い、安(やす)い

▶ほしいけど、値段(ねだん)がちょっと高い。

(चाहिएको त छ तर अलिक महँगो बयो।／ខ្ញុំចង់បាន ប៉ុន្តែតម្លៃថ្លៃបន្តិច។／ຢາກໄດ້ແຕ່ວ່າລາຄາແພງໜ້ອຍໜຶ່ງ.)

▶高い山(やま) (अग्लो हिमाल／ភ្នំខ្ពស់／ພູສູງ)

㉜ □ 低(ひく)い (होचो,गहिरो／ទាប／ເຕ້ຍ, ຕ່ຳ)　反 高(たか)い

▶この前(まえ)のテスト、どうだった？　―点(てん)が低くて、がっかりした。

(यस अघिको जाँच कस्तो भयो？—नंबर कम देखेर झसंग भएँ।／ការប្រលងថ្ងៃមុនយ៉ាងម៉េចដែរ? —ខ្ញុំខកចិត្ត ព្រោះបានពិន្ទុទាប។／ເສັງເທື່ອກ່ອນເປັນແນວໃດ? —ໄດ້ຄະແນນຕ່ຳ, ຜິດຫວັງ.)

▶低いテーブル (होचो टेबुल／តុទាប／ໂຕະຕ່ຳ)

❸❸ □ 便利(な) (सजिलो,सुविधाजनक／ងាយស្រួល／ສະດວກ)　反 不便な

▶駅から近くて便利ですね。

(स्टेशनदेखि नजिक भएकोले सजिलो छ हगि।／វាមានភាពងាយស្រួលដោយសារមានចម្ងាយជិតពីស្ថានីយ៍រថភ្លើង។／ໃກ້ສະຖານີ, ສະດວກເນາະ.)

❸❹ □交通の便 (गाडिको सुविधा／ងាយស្រួលក្នុងការធ្វើដំណើរ／ຄວາມສະດວກໃນການເດີນທາງ)

▶ここは交通の便はいいですよ。

(यहाँसवारीसाधनका लागि सजिलो छ।／ទីនេះមានភាពងាយស្រួលក្នុងការធ្វើដំណើរ។／ການເດີນທາງຢູ່ນີ້ສະດວກດີເດ້.)

❸❺ □ 不便(な) (अप्ठेरो／ពិបាក, មិនងាយស្រួល／ລຳບາກ, ບໍ່ສະດວກ)　反 便利な

▶周りにスーパーとかコンビニがないから不便です。

(नजिकमा सुपर मारकेट र कन्भिनियन्स स्टोर नभएकोले अप्ठेरो छ।／វាពិបាក ដោយសារនៅក្បែរនេះមិនផ្សារនិងហាងទំនិញតូចងាយៗ។／ລຳບາກ, ເພາະວ່າບໍ່ມີຮ້ານຊຸບພະສິນຄ້າ ແລະ ຮ້ານສະດວກຊື້ຢູ່ເຂດອ້ອມແອ້ມ.)

❸❻ □ かわいい (सुन्दर,मायालू／គួរអោយស្រលាញ់／ໜ້າຮັກ, ເປັນຕາແພງ)

▶見て、パンダの赤ちゃん。かわいい！

(हेर त हाब्रेको बच्चा। कति मायालू छ।／មើលហ្ន៎! កូនរបស់ខ្លាឃ្មុំផាន់ដា។ គួរអោយស្រលាញ់!／ເບິ່ງແມະ, ລູກໝີແພນດ້າ. ເປັນຕາແພງ!)

▶かわいい女の子、かわいいデザイン

(सुनदरी केटी, सुन्दर डिजाइन／ក្មេងស្រីគួរអោយស្រលាញ់, ម៉ូតគួរអោយស្រលាញ់／ເດັກນ້ອຍຍິງໜ້າຮັກ, ການອອກແບບໜ້າຮັກ)

❸❼ □ すてき(な) (ँभलादमी／អស្ចារ្យ, ស្រស់ស្អាត／ດູດີ, ສົມບູນແບບ)

▶すてきな人／服／バッグ

(भलाद्मी मान्छे,राम्रो कपडा,राम्रो झोला／មនុស្ស/ខោអាវ/កាបូបស្រស់ស្អាត／ຄົນທີ່ສົມບູນແບບ, ເຄື່ອງນຸ່ງ/ກະເປົາດູດີ)

❸❽ □ 有名(な) (प्रसिध्द,चर्चित／ល្បីល្បាញ／ມີຊື່ສຽງ, ໂດ່ງດັງ)

▶ここは昔から有名なお店です。

(यो पहिला देखिकै चर्चित पसल हो।／កន្លែងនេះជាហាងដែលល្បីតាំងពីដើមមក។／ເປັນຮ້ານທີ່ມີຊື່ສຽງມາແຕ່ດົນນານ.)

42 どんな人？
43 とても・もっと
44 こそあ
46 場所
47 パソコン・ネット
48 仕事
49 教室の言葉
50 あいさつ・よく使う表現

㊴ □ 珍(めずら)しい (अनौठो／កម្រ／ແປກ, ບໍ່ຄ່ອຍເຫັນ)

▶きょうはスーツですか。珍しいですね。

(आज सुट लगाएर आएको? अनौठो भयो नि!／ថ្ងៃនេះ អ្នកពាក់ខោអាវធំឬ? កម្រឃើញមែន។／ມື້ນີ້ໃສ່ສູດບໍ? ບໍ່ຄ່ອຍເຫັນເນາະ.)

▶珍しいお菓子(かし)／鳥(とり)／名前(なまえ)

(अनौठो मिठाइ,अनौठो चरा,अनौठो नाम／នំ/បក្សី/ឈ្មោះកម្រ／ເຂົ້າໜົມ/ນົກ/ຊື່ແປກ)

㊵ □ かたい (कडा,सारो／រឹង／ແຂງ, ຫຍາບ) 　反 やわらかい

▶ベッドがかたくて、よく寝(ね)(ら)れなかった。

(ओछ्यान साह्रो भएकोले निन्द्रा लागेन।／គ្រែរឹង ខ្ញុំមិនសូវគេងលក់ទេ។／ຕຽງແຂງ, ນອນບໍ່ຫຼັບດີປານໃດ.)

㊶ □ やわらかい (नरम／ទន់, ផុយ／ອ່ອນ) 　反 かたい

▶肉(にく)がやわらかくて、おいしいです。

(मासु नरम र मीठो छ।／សាច់ផុយ ឆ្ងាញ់។／ຊີ້ນອ່ອນ, ແຊບ.)

㊷ □ 安全(あんぜん)(な) (सुरक्षित,ढुक्क／សុវត្ថិភាព／ປອດໄພ) 　反 危険(きけん)な、危(あぶ)ない

▶ここにいるほうが安全ですよ。

(यहाँ रहनु सुरक्षित हुन्छ ल!／នៅទីនេះមានសុវត្ថិភាពជាង។／ຢູ່ນີ້ປອດໄພກວ່າເດີ້.)

㊸ □ 危(あぶ)ない (खतरा,डरलाग्दो／គ្រោះថ្នាក់／ອັນຕະລາຍ) 　反 安全(あんぜん)な

▶危ないから、機械(きかい)にさわらないでください。

(खतरा हुने भएकोले मिसिनमा नछुनुहोला।／សូមកុំប៉ះម៉ាស៊ីន ព្រោះវាគ្រោះថ្នាក់។／ກະລຸນາຢ່າແຕະຕ້ອງເຄື່ອງຈັກ, ເພາະມັນອັນຕະລາຍ.)

㊹ □ 危険(きけん)(な) (खतरा,डरलाग्दो／គ្រោះថ្នាក់／ອັນຕະລາຍ) 　反 安全(あんぜん)な

▶いま行(い)くのは危険です。もう少(すこ)し待(ま)ったほうがいいですよ。

(अहिले जानु खतरा छ।एकछिन पर्खिनु उचित हुन्छ।／ទៅពេលនេះគឺគ្រោះថ្នាក់។ គួរចាំបន្តិចទៀតល្អជាង។／ໄປຕອນນີ້ມັນອັນຕະລາຍ. ຖ້າຕື່ມອີກຈັກໜ້ອຍດີກວ່າ.)

❺45 □ うまい (मिठो ,सिपालु／ឆ្ងាញ់／ແຊບ, ເກັ່ງ)

▶うんっ、このピザはうまい！

(आहा यो पिज्जा कति मिठो!／អូ! ភីហ្សានេះឆ្ងាញ់!／ອື້ມ, ພິດຊາຖາດນີ້ແຊບ!)

▶彼女(かのじょ)はピアノだけじゃなく、歌(うた)もうまいんですよ。

(उनी पियानो बजाउन मात्र होइन ,ुगीत गाउन कनि सिपालू छिन।／នាងមិនត្រឹមតែពូកែខាងព្យាណូទេ ប៉ុន្តែចម្រៀងក៏ពូកែដែរ។／ລາວບໍ່ພຽງຄິດເປຍໂນ, ຮ້ອງເພງກໍ່ເກັ່ງ.)

46 □ いろいろ(な) (थरिथरि,बिभिन्न／នានា, ផ្សេងៗ／ຫຼາກຫຼາຍ, ຫຼາຍ)

▶これだけじゃなくて、いろいろなデザインのがあります。

(यो मात्र होइन बिभिन्न डिजाइनका अरु पनि छन।／មិនមែនមានតែមួយនេះទេ ម៉ូតផ្សេងៗក៏មានដែរ។／ບໍ່ພຽງແຕ່ເທົ່ານີ້, ຍັງມີຫຼາກຫຼາຍການອອກແບບ.)

47 □ 大丈夫(だいじょうぶ)(な) (ठीक／អត់អី, មិនអី／ບໍ່ມີບັນຫາ, ບໍ່ເປັນຫຍັງ, ບໍ່ຕ້ອງເປັນຫ່ວງ)

▶〈車(くるま)に乗(の)る〉あと一人(ひとり)、乗れますか。　—大丈夫ですよ。

((गाडीमा चढ्ने) अब एकजना अट्छ? —भइहाल्छ नि।／(ជិះឡាន) ជិះម្នាក់ទៀតបានទេ? —មិនអីទេ។／(ຂຶ້ນລົດ) ອີກຄົນໜຶ່ງ, ຂຶ້ນໄດ້ບໍ່? —ບໍ່ມີບັນຫາ.)

48 □ 大事(だいじ)(な) (महत्वपूर्ण,जतन／សំខាន់／ສຳຄັນ)

▶・・・ごめんなさい、きょうは大事な約束(やくそく)があるんです。

(माफ गर्नुहोस।आजका लागि महत्वपूर्ण कवोल छ।／សូមទោស ថ្ងៃនេះខ្ញុំមានការសន្យាដ៏សំខាន់។／...ຂໍໂທດ, ມື້ນີ້ມີນັດສຳຄັນ.)

49 □ 大切(たいせつ)(な) (महत्वपूर्ण,जतन／សំខាន់／ສຳຄັນ)

▶大切な友達(ともだち)／指輪(ゆびわ)

(महत्वपूर्ण साथी, अौंठी／មិត្តភក្តិ/ ចិញ្ចៀនដែលមានសារៈសំខាន់／ໝູ່/ແຫວນສຳຄັນ)

50 □ 大切にする (जतनगर्नु／ថែរក្សាអោយល្អ／ໃຊ້...ຢ່າງລະມັດລະວັງ,ພຽນໃຊ້)

▶母(はは)からもらった時計(とけい)なので、大切にしています。

(आमाबाट पाएको घडी भएकाले जतनले राखेको छु।／ខ្ញុំថែរក្សាវាអោយល្អដោយសារនាឡិកានេះបានមកពីម្តាយរបស់ខ្ញុំ។／ເນື່ອງຈາກວ່າເປັນໂມງທີ່ແມ່ເອົາໃຫ້, ກໍ່ເລີຍພຽນໃຊ້.)

▶命(いのち)／自然(しぜん)を大切にする

(जीवन--प्रक्रितिलाई महत्व दिनु／ថែរក្សាជីវិត/ ធម្មជាតិអោយបានល្អ／ໃຊ້ຊີວິດ/ທຳມະຊາດຢ່າງລະມັດລະວັງ)

42 どんな人？
43 とても・もっと
44 こそあ
46 場所
47 パソコン・ネット
48 仕事
49 教室の言葉
50 あいさつ・よく使う表現

(51) □ いい (राम्रो／ល្អ／ດີ)

▶きょうは天気(てんき)がいいですね。

(आज मौसम राम्रो छ।／ថ្ងៃនេះអាកាសធាតុល្អ។／ມື້ນີ້ອາກາດດີເນາະ.)

▶コーヒーでいいですか。　—はい、お願(ねが)いします。

(कफी भए हुन्छ? —हजुर, क्रिपया ।／កាហ្វេបានទេ? បាទ (ចាស) សូមកាហ្វេ។／ເອົາກາເຟບໍ? —ເຈົ້າ, ຂອບໃຈ.)

(52) □ 悪(わる)い (खराब／អាក្រក់／ຊົ່ວ, ບໍ່ດີ)　反 いい

▶どこか具合(ぐあい)が悪いんですか。

(कतै दुखेको छ कि?／តើអ្នកមិនស្រួលខ្លួនត្រង់ណា?／ຮູ້ສຶກບໍ່ສະບາຍບ່ອນໃດບໍ?)

(53) □ だめ(な) (खराब,हुन्न／មិនបាន／ບໍ່ໄດ້, ບໍດີ)

▶辞書(じしょ)を使(つか)ってもいいですか。　—だめです。

(शब्दकोष प्रयोग गरेपनि हुन्छ?—हुँदैन।／តើប្រើវចនានុក្រមបានទេ?—មិនបានទេ។／ໃຊ້ພົດຈະນານຸກົມໄດ້ບໍ່? —ບໍ່ໄດ້.)

(54) □ ひどい (सारै खराब, संकटग्रस्त／អាក្រក់／ຂີ້ຮ້າຍ)

▶ボーナスがゼロ!?　それはひどいですね。

(बोनस शुन्य!? यो त अति भयो त ।／គ្មានប្រាក់រង្វាន់!? អាក្រក់មែន។／ບໍ່ມີໂບນັດບໍ? ຂີ້ຮ້າຍເນາະ.)

(55) □ 変(へん)(な) (शंकास्पद,नराम्रो／ចម្លែក／ແປກ)

▶これ、変な匂(にお)いがする。大丈夫(だいじょうぶ)?

(यो त कस्तो कस्तो गन्ध छ नि। हुन्छ?／របស់នេះធុំក្លិនចម្លែក។ មិនអីទេឬ?／ອັນນີ້ມີກິ່ນແປກ. ບໍ່ເປັນຫຍັງບໍ?)

(56) □ むだ(な) (बेअर्थ, अनावश्यक, खेर फाल्नु／ឥតប្រយោជន៍／ເປືອງ, ສິ້ນເປືອງ)

▶これ以上(いじょう)話(はな)しても、時間(じかん)のむだです。

(यो भन्दा बढी बोल्नु समय खेर फाल्नु मात्र हो।／ទោះជានិយាយច្រើនជាងនេះទៀត ក៏ខាតពេលវេលាឥតប្រយោជន៍／ສິ້ນເປືອງເວລາ, ຖ້າຊິເວົ້າຫຼາຍກວ່ານີ້.)

㊼ □ 急(きゅう)(な) (हतार, आकस्मिक, अपरझट／ភ្លាម／ຟ້າວ, ດ່ວນ)

▶すみません、急な用事(ようじ)ができて、帰(かえ)らなければならなくなりました。

(माफ गर्नुहोस्,अपरझट काम परेकोले छिटै फर्कनु पर्नेभयो।／សូមទោស ខ្ញុំត្រូវត្រលប់ទៅវិញ ដោយសារមានការចាំបាច់ភ្លាមៗ។／ຂໍໂທດ, ມີວຽກດ່ວນຕ້ອງເມືອກ່ອນ.)

㊽ □ 急に (हतारमा／ភ្លាម／ທັນທີທັນໃດ, ໂດຍກະທັນຫັນ)

▶急に外(そと)が暗(くら)くなってきた。

(बाहिर कति छिटो अँधेरो भएर आयो।／ខាងក្រៅស្រាប់តែងងឹតភ្លាមៗ។／ທັນທີທັນໃດທາງນອກກໍ່ມືດລົງ.)

㊾ □ 上手(じょうず)(な) (सिपालु／ពូកែ／ເກັ່ງ) 反 下手(へた)な

▶このケーキ、自分(じぶん)で作(つく)ったんですか。上手ですね。

(यो केक आफैँले बनाएको हो? कति सिपालु!／អ្នកធ្វើនំនេះដោយខ្លួនឯងឬ? ពូកែមែនៗ។／ເຄັກກ້ອນນີ້ເຮັດເອງບໍ? ເກັ່ງເນາະ.)

㊿ □ 下手(へた)(な) (नजान्ने／ខ្សោយ, មិនពូកែ／ບໍ່ເກັ່ງ) 反 上手(じょうず)な

▶テニスをやるんですか。

　—ええ。でも、好(す)きなだけで、下手なんです。

(टेनिस खेल्ने हो? —हो ।मन पर्ने मात्र हो । जान्ने त होइन।／តើអ្នកលេងតេនីសឬ? —បាទ (ចាស) ប៉ុន្តែខ្ញុំគ្រាន់តែចូលចិត្ត មិនពូកែទេ។／ຕີເທນນິສບໍ? —ແມ່ນແລ້ວ. ມັກແຕ່ວ່າຕີບໍ່ເກັ່ງ.)

61 □ 得意(とくい)(な) (सिपालु,निपूर्ण／ពូកែ／ຖະໜັດ, ເກັ່ງ) 反 苦手(にがて)な

▶得意な料理(りょうり)は何(なん)ですか。

(कुन खाना बनाउन सिपालु हुनुहुन्छ?／ម្ហូបដែលអ្នកពូកែធ្វើជាម្ហូបអ្វី?／ອາຫານທີ່ຖະໜັດແມ່ນຫຍັງ?)

62 □ 苦手(にがて)(な) (कमजोर／មិនពូកែ／ບໍ່ມັກ, ບໍ່ຖະໜັດ) 反 得意(とくい)な

▶大勢(おおぜい)の前(まえ)で話(はな)すのは苦手なんです。

(धेरैजनाको अगाडि बोल्नेमा कमजोर छु।／ខ្ញុំមិនពូកែនិយាយនៅចំពោះមុខមនុស្សច្រើនទេ។／ບໍ່ຖະໜັດໃນການເວົ້າຕໍ່ໜ້າຄົນຈຳນວນຫຼາຍ.)

43 とても・もっと
44 こそあ
46 場所
47 パソコン・ネット
48 仕事
49 教室の言葉

63 □ 忙(いそが)しい (व्यस्त／រវល់／ຫຍຸ້ງ, ຄາ) 反 暇(ひま)な

▶忙しくて、わたしは行(い)けません。

(व्यस्त भएकोले म जान पाइन।／ខ្ញុំមិនអាចទៅបានទេ ព្រោះរវល់។／ຂ້ອຍຄາ, ໄປບໍ່ໄດ້.)

64 □ 暇(ひま)(な) (फुर्सद／ទំនេរ／ວ່າງ) 反 忙(いそが)しい

▶暇なとき、何(なに)をしていますか。

(फुर्सदको बेला के गरिन्छ?／ពេលទំនេរ តើអ្នកធ្វើអ្វី?／ຍາມວ່າງ, ມັກເຮັດຫຍັງ?)

65 □ 眠(ねむ)い (निन्द्रा लाग्नु／ងងុយគេង／ເຫງົານອນ)

▶眠いですか。 —いいえ、大丈夫(だいじょうぶ)です。

(निन्द्रा लाग्यो? —होइन ,ठीक छ।／ងងុយគេងឬ? —អត់ទេ, មិនអីទេ។／ເຫງົານອນບໍ? —ບໍ່, ບໍ່ເປັນຫຍັງ.)

66 □ かわいそう(な) (मायालाग्दो,बिचरा／គួរអោយអាណិត／ຕາອີ່ຕົນ, ໜ້າສົງສານ)

▶彼女(かのじょ)、けがをして、試合(しあい)に出(で)(ら)れなかったそうです。
—えっ、そうなんですか。かわいそうですね。

(तिनलाई चोट लागेकोले खेलमा भाग नलिएको जस्तो छ। —ए! हो त नि बिचरा।／នាងមានរបួសមិនអាចចូលរួមការប្រកួតបានទេ។ —អេ៎! អញ្ចឹងឬ? គួរអោយអាណិត។／ລາວໄດ້ຮັບບາດເຈັບກໍ່ເລີຍລົງແຂ່ງຂັນບໍ່ໄດ້. —ອ້າວ, ແມ່ນຊັ້ນບໍ? ຕາອີ່ຕົນ.)

67 □ 立派(りっぱ)(な) (ठूलो,गजबको／ស្កឹមស្កៃ, អស្ចារ្យ／ຍິ່ງໃຫຍ່, ອາລັງການ)

▶これが新(あたら)しくできた図書館(としょかん)ですか。立派な建物(たてもの)ですね。

(यो नयाँ बनेको पुस्तकालय हो ? क्या गजबको भवन हगी!／តើនេះបណ្ណាល័យទើបសង់ថ្មីឬ? អគារស្កឹមស្កៃមែន។／ນີ້ແມ່ນຫໍສະໝຸດທີ່ສ້າງຂຶ້ນໃໝ່ບໍ? ເປັນອາຄານທີ່ອາລັງການເນາະ.)

68 □ 仲(なか)がいい (मन मिलेको／ទំនាក់ទំនងល្អ, ជិតស្និទ្ធ／ເຂົ້າກັນໄດ້ດີ) 反 仲(なか)が悪(わる)い

▶あの二人(ふたり)は仲がいいですね。

(ति दुई जना कस्तो मिलेका।／ពីរអ្នកនោះជិតស្និទ្ធនឹងគ្នា។／ສອງຄົນນັ້ນເຂົ້າກັນໄດ້ດີ.)

69 □ **大変(な)**（たいへん） (गारो,समस्याग्रस्त／ពិបាក／ລຳບາກ)　反 楽な（らく）

▶きょうも残業（ざんぎょう）ですか。大変ですね。

(आज पनि ओभरटाइम छ? गारो छ हगि?／ថ្ងៃនេះក៏ធ្វើការថែមម៉ោងដែរឬ? ពិបាកហើយ។／ມື້ນີ້ກໍ່ເຮັດວຽກລ່ວງເວລາບໍ? ລຳບາກເນາະ.)

70 □ **楽(な)**（らく） (सजिलो,सुबिधाजनक／ស្រួល／ງ່າຍ)　反 大変な（たいへん）

▶もうちょっと楽な仕事（しごと）がいいです。

(अलि सजिलो खाले काम भए राम्रो।／ខ្ញុំចង់បានការងារដែលងាយស្រួលជាងនេះបន្តិច។／ຢາກມີວຽກທີ່ສະບາຍກວ່ານີ້ອີກໜ້ອຍໜຶ່ງ.)

71 □ **無理(な)**（むり） (कठीन,असंभव／ហួសពីសមត្ថភាព, មិនអាចទៅរួច／ເປັນໄປບໍ່ໄດ້)

▶これを1週間（しゅうかん）でやるんですか!?　無理ですよ。

(यो काम ? हप्तामा भ्याइन्छ!? असंभव।／តើធ្វើវាត្រឹមរយៈពេល១អាទិត្យឬ? មិនអាចទៅរួចទេ។／ເຮັດສິ່ງນີ້ພາຍໃນ1ອາທິດຫວາ? ເປັນໄປບໍ່ໄດ້.)

72 □ **無理をする** (ज्यादा खट्नु,／ធ្វើហួសពីសមត្ថភាព／ຝືນເຮັດ)

▶体（からだ）が大事（だいじ）ですから、あまり無理をしないでください。

(स्वास्थ्य महत्वपूर्ण छ।धेरै धपेडी नगर्नु होस।／សូមកុំធ្វើអោយហួសពីសមត្ថភាព ព្រោះរាងកាយមានសារៈសំខាន់។／ກະລຸນາບໍ່ຝືນເຮັດຫຼາຍ, ເພາະຮ່າງກາຍເປັນສິ່ງສຳຄັນ.)

73 □ **正しい**（ただ） (मिलेको,ठीक／ដែលត្រឹមត្រូវ／ຖືກ, ຖືກຕ້ອງ)

▶正しい答（こた）えはbです。

(ठीक उत्तर चाहिँ बी हो।／ចម្លើយដែលត្រឹមត្រូវគឺb។／ຄຳຕອບທີ່ຖືກຕ້ອງແມ່ນb.)

74 □ **おしゃれ(な)** (सजाइएको,झिलिमिलि देखिने／ស៊ីវិល័យ, ទំនើប／ທັນສະໄໝ, ງາມ, ເຂົ້າສະໄໝ)

▶たまには、おしゃれな店（みせ）でおいしい料理（りょうり）を食（た）べたいです。

(कहिलेकाहिँ झिलिमिलि रेस्टुरेण्टमा गएर मीठो खान मन लाग्छ।／ពេលខ្លះ ខ្ញុំចង់ញុំាម្ហូបឆ្ងាញ់នៅហាងទំនើប។／ດົນໆຢາກໄປກິນເຂົ້າຢູ່ຮ້ານທີ່ງາມ.)

41 新しい・静かな
42 どんな人？
43 とても・もっと
44 こそあ
45 いつ・どれ・だれ
46 場所
47 パソコン・ネット
48 仕事
49 教室の言葉
50 あいさつ・よく使う表現

⑮ □ 親(した)しい (मन मिलेको, राम्रो मित्र／ជិតស្និទ្ធ／ສະໜິດ, ໃກ້ຊິດ)

▶彼(かれ)とは親しいから、今度(こんど)、聞(き)いてみます。

(उसँग राम्रो मित्रता छ अर्को पटक सोधेर हेर्छु।／លើកក្រោយខ្ញុំសាកសួរគាត់មើល ព្រោះខ្ញុំជិតស្និទ្ធនឹងគាត់។／ສະໜິດກັບລາວຢູ່, ເທື່ອໜ້າຊິລອງຖາມເບິ່ງ.)

⑯ □ すごい (गजवको,धेरै／អស្ចារ្យ／ສຸດຍອດ, ເກັ່ງຫຼາຍ)

▶この服(ふく)、自分(じぶん)で作(つく)ったんですか。すごいですね。

(यो कपडा आफैँले बनाएको हो ? गज्जव छ त!／តើអ្នកដេរខោអាវនេះដោយខ្លួនឯងឬ? អស្ចារ្យមែន។／ຫຍິບເຄື່ອງຊຸດນີ້ເອົາເອງບໍ? ເກັ່ງຫຼາຍເນາະ.)

⑰ □ すばらしい (अत्यन्त,राम्रो,／អស្ចារ្យ／ດີເດັ່ນ, ດີຫຼາຍ)

▶青木(あおき)さんのスピーチはすばらしかったです。

(आओकी जी को भाषण धेरै राम्रो थियो।／សន្ទរកថារបស់លោកអាអូគីអស្ចារ្យ។／ບົດບັນຍາຍຂອງທ່ານອາໂອກິດີຫຼາຍ.)

⑱ □ 丁寧(ていねい)(な) (नम्र, मिजास पूर्वक／គួរសម／ສຸພາບ)

▶森先生(もりせんせい)はいつも丁寧に教(おし)えてくれます。

(मोरी सरले सधैँ नम्रतापूर्वक पढाउनु हुन्छ।／លោកគ្រូម៉ូរីតែងតែប្រាប់យ៉ាងគួរសម។／ອາຈານໂມລິສິດສອນຢ່າງສຸພາບຕະຫຼອດ.)

UNIT 42 どんな人(ひと)？ (कस्तो मान्छे?／មនុស្សបែបណា／ເປັນຄົນແນວໃດ?)

🎧50

❶ □ 頭(あたま)のいい (चलाख / पढैया／ពូកែ／ເກັ່ງ, ສະຫຼາດ)

▶彼(かれ)がクラスで一番頭(いちばんあたま)がいい。

(उ कक्षामा सबैभन्दा चलाख छ।／គាត់ពូកែជាងគេនៅក្នុងថ្នាក់។／ລາວສະຫຼາດກວ່າໝູ່ໃນຫ້ອງຮຽນ.)

❷ □ 背(せ)の高(たか)い (अग्लो／កម្ពស់ខ្ពស់／ໂຕສູງ)

▶ポールさんは背が高いですね。

(पलजी अग्लो हुनुहुन्छ हगी !／លោកប៉ុលមានកម្ពស់ខ្ពស់។／ທ້າວ ພໍ ໂຕສູງເນາະ.)

❸ □ 背の低(ひく)い (होचो／កម្ពស់ទាប／ໂຕເຕ້ຍ)

▶背の低いほうがスーさんです。

(होचो चाहिँ सुजी हो।／អ្នកដែលមានកម្ពស់ទាបនោះគឺនាងស៊ូ។／ຜູ້ໂຕເຕ້ຍແມ່ນນາງ ຊູ.)

❹ □ 髪(かみ)の長(なが)い (लामो कपाल भएको／សក់វែង／ຜົມຍາວ)

▶髪の長い女性(じょせい)が先生(せんせい)です。

(कपाल लामो भएकी महिला मिस हो।／នារីដែលមានសក់វែងគឺអ្នកគ្រូ។／ແມ່ຍິງຜູ້ຜົມຍາວແມ່ນອາຈານ.)

❺ □ かわいい (सुन्दरी / राम्री／គួរអោយស្រលាញ់／ໜ້າຮັກ)

▶彼女(かのじょ)はかわいいから、人気(にんき)がありますよ。

(उनी सुन्दरी भएकीले चर्चित छिन नि।／នាងមានប្រជាប្រិយ ដោយសារនាងគួរអោយស្រាលញ់។／ຍ້ອນວ່າລາວໜ້າຮັກ, ຈຶ່ງມີຊື່ສຽງເດ້.)

❻ □ きれい(な) (सुन्दरी / राम्री／ស្អាត／ງາມ)

▶きれいな女(おんな)の人(ひと)！　モデルみたい。

(कति राम्री महिला ! मोडल/कलाकार जस्ती।／ស្រីស្អាត! ដូចតារាបង្ហាញម៉ូដអញ្ចឹង។／ຜູ້ສາວງາມ! ຄືນາງແບບ.)

41 新しい・静かな
42 どんな人？
43 とても・もっと
44 こそあ
46 場所
47 パソコン・ネット
48 仕事
49 教室の言葉
50 あいさつ・よく使う表現

❼ □ おしゃれ(な) (ह्याण्डसम/ स्मार्ट／ស៊ីវិល័យ, ទាន់សម័យ／ງາມ, ເຂົ້າສະໄໝ, ທັນສະໄໝ)

▶原(はら)さんは、服(ふく)もおしゃれだけど、言(い)うこともおしゃれですね。

(हाराजी , लवाई पनि स्मार्ट हो ,बोलि पनि उस्तै हगि।／លោកហារា ខោអាវក៏ទាន់សម័យ ការនិយាយស្ដីក៏ទាន់សម័យដែរ។／ທ່ານ ຮາລະນຸ່ງເຄື່ອງງາມ, ຄຳເວົ້າກໍ່ທັນສະໄໝ.)

❽ □ かっこいい (ह्याण्डसम／សង្ហារ／ມີສະເໜ່, ດູດີ)

▶あの７番(ばん)の選手(せんしゅ)、かっこいいですね。

(त्यो ७ नं को खेलाडी ह्याण्डसम छ हगि।／កីឡាករពាក់ផ្លាកលេខ៧នោះសង្ហារមែន។／ນັກກິລາເບີ7ເຈົ້າຊູ້ເນາະ/ນັກກິລາເບີ7ຫຼໍ່ເນາະ)

❾ □ ハンサム(な) (सुन्दर / ह्याण्डसम／សង្ហារ／ຫຼໍ່, ເຈົ້າຊູ້, ໜ້າຕາດີ)

▶この中(なか)で、誰(だれ)が一番(いちばん)ハンサムだと思(おも)いますか。

(यति मध्ये को सबैभन्दा ह्याण्डसम देखिन्छ?／តើអ្នកគិតថានរណាសង្ហារជាងគេក្នុងចំណោមនេះ?／ຄິດວ່າໃຜໜ້າຕາດີກວ່າໝູ່ຢູ່ໃນນີ້?)

❿ □ 親切(しんせつ)(な) (दयालु / सहयोगी／ចិត្តល្អ／ໃຈດີ, ເອື້ອເຟື້ອເຜື່ອແຜ່)

▶親切な人(ひと)が荷物(にもつ)を持(も)ってくれました。

(दयालु मान्छेले सामान बोकिदिएर सहयोग गरे।／មានមនុស្សចិត្តល្អជួយយួរអីវ៉ាន់អោយ។／ມີຄົນໃຈດີຊ່ວຍຫິ້ວເຄື່ອງໃຫ້.)

⓫ □ 優(やさ)しい (माया गर्ने / दयालु ／ចិត្តល្អ／ໃຈດີ,)

▶祖母(そぼ)は、わたしにはいつも優(やさ)しかったです。

(हजुर आमाले मलाई सधैँ माया गर्नुहुनथ्यो／លោកយាយតែងតែចិត្តល្អចំពោះខ្ញុំ។／ແມ່ເຖົ້າໃຈດີກັບຂ້ອຍຕະຫຼອດ.)

⓬ □ まじめ(な) (परिश्रमी / मेहनती／ម៉ឺងម៉ាត់, ហ្មត់ចត់, ឧស្សាហ៍ព្យាយាម／ດຸໝັ່ນ)

▶彼(かれ)はまじめで、よく働(はたら)きますよ。

(उ मेहनती भएकोले धेरै परिश्रम गर्छ नि।／គាត់ជាមនុស្សឧស្សាហ៍ព្យាយាម ធ្វើការច្រើន។／ລາວເປັນຄົນດຸໝັ່ນ, ເຮັດວຽກດີເດີ້.)

⓭ □ 金持(かねも)ち (धनी / संपन्न／អ្នកមាន／ຮັ່ງມີ, ລວຍ)

▶金持ちになりたいですか。

(धनी बन्न मन लागेको छ?／តើអ្នកចង់ក្លាយជាអ្នកមានទេ?／ຢາກລວຍບໍ?)

UNIT 43

とても・もっと

(धेरै / अझ बढी／ណាស់, ច្រើនទៀត／ຫຼາຍ・ອີກ)

❶ □ とても (धेरै／ណាស់／ຫຼາຍ)

▶とてもおもしろかったです。

(धेरै　रमाइलो भयो।／ពិតជាគួរអោយចាប់អារម្មណ៍។／ໜ້າສົນໃຈຫຼາຍ.)

❷ □ ちょっと (अलिकाति / थोरै／បន្តិច／ໜ້ອຍໜຶ່ງ)

▶ちょっと疲(つか)れました。

(अलिकति　थकाइ लाग्यो।／អស់កម្លាំងបន្តិច។／ເມື່ອຍໜ້ອຍໜຶ່ງ.)

❸ □ あまり～ない (त्यति--------छैन／មិនសូវ／ບໍ່~ປານໃດ)

▶あまりおいしくなかったです。

(त्यति मिठो भएन।／មិនសូវឆ្ងាញ់ទេ។／ບໍ່ແຊບປານໃດ.)

❹ □ すごく (एकदमै／ណាស់／ສຸດຍອດ, ດີເຫຼືອເກີນ,)

▶京都(きょうと)、どうでした？　―すごくよかったです。

(क्योतो कस्तो लाग्यो? —एकदमै　राम्रो लाग्यो?／ក្យូតូ យ៉ាងម៉េចដែរ? —ល្អណាស់។／ກຽວໂຕ, ເປັນແນວໃດ? —ດີເຫຼືອເກີນ.)

❺ □ もっと (अझबढी／ច្រើនទៀត／ອີກ)

▶もっときれいになりたいです。

(अझबढी　राम्री हुन मन लाग्यो।／ខ្ញុំចង់ស្អាតជាងនេះ។／ຢາກງາມຂຶ້ນອີກ.)

❻ □ 一緒(いっしょ)に (सँगै／ជាមួយគ្នា／ນຳກັນ)

▶駅(えき)まで一緒に行(い)きませんか。

(स्टेशनसम्म　सँगै　जाने कि ?／ទៅស្ថានីយ៍រថភ្លើងជាមួយគ្នាទេ?／ບໍ່ໄປສະຖານນີນຳກັນບໍ?)

41 新しい・静かな
42 どんな人？
43 とても・もっと
44 こそあ
46 場所
47 パソコン・ネット
48 仕事
49 教室の言葉
50 あいさつ・よく使う表現

❼ □ 自分(じぶん)で (आफैँले／ដោយខ្លួនឯង／ດ້ວຍຕົນເອງ, ເອງ)

▶自分で予約(よやく)してください。

(आफैँले बुक गर्नुस।／សូមធ្វើការកក់ទុកដោយខ្លួនឯង។／ກະລຸນາຈອງດ້ວຍຕົນເອງ.)

❽ □ 一人(ひとり)で (एक्लै／ម្នាក់ឯង／ຜູ້ດຽວ)

▶一人で行ったんですか。

(सबै एक्लैले खाएको हो?／តើអ្នកញ៉ាំទាំងអស់តែម្នាក់ឯងឬ?／ກິນທັງໝົດຜູ້ດຽວບໍ?)

❾ □ 全部(ぜんぶ) (सबै／ទាំងអស់／ໝົດ, ທັງໝົດ)

▶全部覚(おぼ)えました。

(सबै संझिएँ।／ចងចាំបានទាំងអស់។／ຈື່ໝົດແລ້ວ.)

❿ □ みんな (सबै／ទាំងអស់គ្នា／ທຸກຄົນ)

▶みんな忘(わす)れました。

(सबै बिर्सिएँ।／ភ្លេចទាំងអស់／ລືມທຸກຄົນແລ້ວ.)

⓫ □ 全部で (जम्मा／ទាំងអស់／ທັງໝົດ)

▶全部でいくらですか。

(जम्मा कति भो?／ទាំងអស់ថ្លៃប៉ុន្មាន?／ທັງໝົດເປັນເທົ່າໃດ?)

⓬ □ うまく (राम्रो/सफल／ល្អ, ពូកែ／ໄດ້ດີ, ຢ່າງລ່ຽນໄຫຼ)

▶うまく発表(はっぴょう)できました。

(प्रदर्शनि / घोषणा राम्रो/सफल भयो।／ធ្វើបទបង្ហាញបានល្អ។／ບັນຍາຍໄດ້ຢ່າງລ່ຽນໄຫຼ.)

⓭ □ 一生懸命(いっしょうけんめい) (मेहनेतका साथ／ខំអស់ពីសមត្ថភាព／ຕັ້ງອົກຕັ້ງໃຈ, ພະຍາຍາມ)

▶今回(こんかい)は、一生懸命勉強(べんきょう)しました。

(यस पटक मरिमेटेर पढें।／លើកនេះ ខ្ញុំបានខិតខំរៀនអស់ពីសមត្ថភាព។／ເທື່ອນີ້ແມ່ນໄດ້ຕັ້ງອົກຕັ້ງໃຈຮຽນໜັງສື.)

⓮ □ 自由(じゆう)に (स्वतन्त्र／ដោយសេរី／ຢ່າງອິດສະຫຼະ, ຕາມສະບາຍ)

▶この部屋(へや)は、自由に使(つか)っていいですよ。

(यो कोठा, स्वतन्त्र हिसाबले प्रयोग गर्नुभए हुन्छ।／អ្នកអាចប្រើបន្ទប់នេះដោយសេរី។／ໃຊ້ຫ້ອງນີ້ຕາມສະບາຍເດີ້.)

42 どんな人？
43 とても・もっと
44 こそあ
46 場所
47 パソコン・ネット
48 仕事
49 教室の言葉
50 あいさつ・よく使う表現

⑮ □ ゆっくり (बिस्तारै ／ យឺតៗ ／ ຊ້າ)

▶もう少(すこ)しゆっくり話(はな)してくれませんか。

(अलि बिस्तारै बोलिदिनुहुन्छ कि! ／ សូមនិយាយយឺតនេះបន្តិចបានទេ? ／ ລົບກວນເວົ້າຊ້າຕື່ມອີກໜ້ອຍໜຶ່ງໄດ້ບໍ່?)

⑯ □ ゆっくりと (बिस्तारै-बिस्तारै ／ យឺតៗ ／ ຄ່ອຍໆ, ບໍ່ຟ້າວຟັ່ງ)

▶疲(つか)れたでしょう。あしたはゆっくり休(やす)んでください。

(थाकुभयो होला ! भोलि ढुक्कले आराम गर्नुस। ／ អ្នកហត់ហើយ។ សូមសម្រាកអោយស្រួលនៅថ្ងៃស្អែក។ ／ ເມື່ອຍແມ່ນບໍ່? ມື້ອື່ນກໍ່ພັກຜ່ອນແບບບໍ່ຕ້ອງຟ້າວຟັ່ງເດີ້.)

⑰ □ まっすぐ (सिधा ／ ទៅត្រង់ ／ ຊື່)

▶この道(みち)をまっすぐ行(い)ってください。

(यो बाटो सिधै जानुहोला। ／ សូមទៅត្រង់តាមផ្លូវនេះ។ ／ ກະລຸນາໄປຊື່ຕາມທາງເສັ້ນນີ້.)

⑱ □ まっすぐに (सिधा ／ ទៅត្រង់ ／ ຊື່ໆ)

⑲ □ 本当(ほんとう)に (धेरै-धेरै, साँच्चिकै ／ ពិតជា ／ ແທ້ໆ)

▶本当にありがとうございました。

(धेरै-धेरै धन्यवाद। ／ សូមអរគុណជាខ្លាំង។ ／ ຂອບໃຈແທ້ໆ.)

⑳ □ きっと (पक्कै ／ ពិតជា, ប្រាកដជា ／ ຢ່າງແນ່ນອນ)

▶大丈夫(だいじょうぶ)です。きっとうまくいきます。

(ठीक छ,पक्कै राम्रो हुनेछ। ／ មិនអីទេ។ វាប្រាកដជាប្រព្រឹត្តទៅបានល្អ។ ／ ບໍ່ເປັນຫຍັງ. ຊິຜ່ານໄປດ້ວຍດີຢ່າງແນ່ນອນ.)

㉑ □ もちろん (निश्चितरुपमा / अवश्य ／ ពិតប្រាកដ ／ ແນ່ນອນ)

▶あの本(ほん)、買(か)いました？　—もちろん、買いました。

(त्यो किताब किन्नु भयो? —अवश्य, किनिसकें। ／ អ្នកបានទិញសៀវភៅនោះឬ? —ពិតប្រាកដហើយ ខ្ញុំបានទិញហើយ។ ／ ຊື້ປຶ້ມຫົວນີ້ແລ້ວບໍ? —ແນ່ນອນ, ຊື້ແລ້ວ)

㉒ □ 必(かなら)ず (जसरिपनि / अनिवार्य／តែងតែ／ຢ່າງແນ່ນອນ, ໃຫ້ແນ່ນອນ)

▶あしたは必ず書類(しょるい)を持(も)ってきてください。

(भोलि अनिवार्यरुपमा कागजपत्र लिएर आउनुहोला।／សូមយកឯកសារមកជានិច្ចនៅថ្ងៃស្អែក។／ກະລຸນາຖືເອກະສານມາໃຫ້ແນ່ນອນ.)

㉓ □ 絶対(ぜったい)に (कुनैपनि हालतमा／ដាច់ខាត／ຢ່າງແນ່ນອນ, ຢ່າງເດັດຂາດ)

▶先生(せんせい)のことは絶対に忘(わす)れません。

(सर / मिसलाई कुनै पनि हालतमा बिर्सन सक्दिन।／ខ្ញុំមិនភ្លេចលោកគ្រូដាច់ខាត។／ຂີບໍ່ລືມອາຈານຢ່າງແນ່ນອນ.)

㉔ □ ぜひ (सकेसम्म / मिलेसम्म／សូម, អញ្ជើញ／ແນ່ນອນ, ~ໃຫ້ໄດ້)

▶今度(こんど)、ぜひ遊(あそ)びに来(き)てください。

(यसपटक सकेसम्म घुम्न आउनुहोला／លើកក្រោយ សូមអញ្ជើញមកលេង។／ເທື່ອໜ້າ, ມາຫຼິ້ນໃຫ້ໄດ້ເດີ້.)

㉕ □ たぶん (शायद／ប្រហែល／ອາດຈະ, ບາງເທື່ອ)

▶田中(たなか)さんは、たぶん来(こ)ないと思(おも)います。

(तानाकाजी,शायद आउनुहुन्नकि जस्तो लाग्छ।／ខ្ញុំគិតថាលោកតាណាកាប្រហែលមិនមកទេ។／ຄິດວ່າທ້າວ ທະນາກະອາດຈະບໍ່ມາ.)

㉖ □ できるだけ (सकेसम्म／តាមដែលអាចធ្វើបាន／ເທົ່າທີ່ຈະເຮັດໄດ້)

▶できるだけ安(やす)く買(か)いたいです。

(सकेसम्म सस्तोमा किन्न चाहन्छु।／ខ្ញុំចង់ទិញអោយថោកតាមដែលអាចធ្វើបាន។／ຢາກຊື້ຖືກໆເທົ່າທີ່ຈະເຮັດໄດ້.)

㉗ □ できれば (संभव भएमा／បើអាច／ຖ້າເປັນໄປໄດ້)

▶できれば日本(にほん)で働(はたら)きたいと思(おも)っています。

(संभव भएसम्म जापानमा काम गर्न चाहन्छु।／ប្រសិនបើអាច ខ្ញុំចង់ធ្វើការនៅជប៉ុន។／ຖ້າເປັນໄປໄດ້, ຄິດຢາກເຮັດວຽກຢູ່ຍີ່ປຸ່ນ.)

42 どんな人？
43 とても・もっと
44 こそあ
46 場所
47 パソコン・ネット
48 仕事
49 教室の言葉
50 あいさつ・よく使う表現

㉘ □ なるべく (भ्याएसम्म / मिलेसम्म ／ កាន់តែឆាប់កាន់តែល្អ, ប្រសិនបើអាច ／ ເທົ່າທີ່ຈະເຮັດໄດ້)

▶なるべく早(はや)く来(き)てください。

(भ्याएसम्म / मिलेसम्म चाँडै / चाँडो आउनुहोला। ／ ប្រសិនបើអាច សូមមកអោយលឿន។ ／ ກະລຸນາມາໄວໆເທົ່າທີ່ຈະເຮັດໄດ້.)

㉙ □ とりあえず (अहिलेलाई ／ សម្រាប់ពេលនេះ ／ ກ່ອນອື່ນ)

▶いいかどうかわからないので、とりあえず１つ買(か)ってみます。

(राम्रो छ कि छैन थाहा नभएकोले अहिलेलाई एउटामात्र किन्छु। ／ ខ្ញុំមិនដឹងថាល្អឬអត់ទេ ដូច្នេះពេលនេះខ្ញុំទិញមួយសាកសិន។ ／ ບໍ່ຮູ້ວ່າດີຫຼືບໍ່ດີ, ກ່ອນອື່ນກໍ່ລອງຊື້ອັນໜຶ່ງ.)

㉚ □ 代(か)わりに (सट्टामा ／ ជំនួសអោយ ／ ແທນທີ່)

▶旅行(りょこう)に行(い)けなくなったので、代わりにおいしいものを食(た)べに行きました。

(यात्रा(घुमघाम)मा जान नमिलेकोले, सट्टामा मिठो खाना खान गइयो। ／ ខ្ញុំបានញ៉ាំរបស់ឆ្ងាញ់ជំនួសវិញ ដោយសារខ្ញុំមិនបានទៅដើរកំសាន្ត។ ／ ຍ້ອນບໍ່ສາມາດໄປທ່ອງທ່ຽວ, ກໍ່ເລີຍໄປກິນອາຫານແຊບໆແທນ.)

▶社長(しゃちょう)の代わりに、わたしが行きました。

(साहुको सट्टामा म गएँ। ／ ខ្ញុំបានទៅជំនួសលោកនាយកក្រុមហ៊ុន។ ／ ໄປແທນປະທານບໍລິສັດ.)

㉛ □ 一度(いちど) (एक पटक ／ម្តង ／ ຄັ້ງໜຶ່ງ, ເທື່ອໜຶ່ງ)

▶一度、着物(きもの)を着てみたいです。

(एकपल्ट सामान हेर्न चाहन्छु। ／ ខ្ញុំចង់ស្លៀកគីម៉ូណូសាកមើលម្តង។ ／ ຢາກລອງໃສ່ຊຸດຄິໂມໂນະຈັກຄັ້ງໜຶ່ງ.)

㉜ □ すぐ(に) (छिट्टै / छिटो ／ ភ្លាម ／ ທັນທີ)

▶お客(きゃく)さんが待(ま)っているから、すぐに来(き)てください。

(ग्राहकले पर्खिरहनुभए हुनाले ,छिटो आउनुहोस। ／ សូមមកអោយភ្លាម ព្រោះភ្ញៀវកំពុងរងចាំ។ ／ ກະລຸນາມາທັນທີ, ເພາະວ່າລູກຄ້າພວມລໍຖ້າ.)

㉝ □ しばらく (केहि समय ／ មួយរយៈ ／ ຈັກໜ້ອຍ, ໄລຍະໜຶ່ງ)

▶しばらく国(くに)へ帰(かえ)ることになりました。

(केहि समय स्वदेश फर्कने कुरो भयो। ／ ខ្ញុំត្រលប់ទៅប្រទេសវិញមួយរយៈ។ ／ ຊິໄດ້ກັບໄປປະເທດໄລຍະໜຶ່ງ.)

㉞ □ ずっと (निरन्तर／រហូត／ຕະຫຼອດ, ຕະຫຼອດໄປ)

▶こっちは朝(あさ)からずっと雨(あめ)です。

(यतातिर बिहानैदेखि निरन्तर पानी परिरहेको छ।／នៅទីនេះ ភ្លៀងធ្លាក់រហូតតាំងពីព្រឹក។／ທາງນີ້ຝົນຕົກຕະຫຼອດຕັ້ງແຕ່ຕອນເຊົ້າ.)

㉟ □ そろそろ (विस्तार विस्तार／ឆាប់ៗ／ໃກ້ເວລາ~)

▶もう9時(じ)ですね。そろそろ帰ります。

(९ बजिसाक्यो हगि! विस्तार विस्तार विदा हुन चाहन्छु।／ម៉ោង៩ហើយ។ ខ្ញុំគិតលាទៅវិញឆាប់នេះហើយ។／9ໂມງແລ້ວເນາະ. ໃກ້ເວລາຂໍກັບກ່ອນ.)

㊱ □ 突然(とつぜん) (अचानक／ភ្លាមៗ／ຢ່າງກະທັນຫັນ, ທັນທີ)

▶突然、雨(あめ)が降(ふ)ってきたんです。

(अचानक पानी पर्न थाल्यो।／ភ្លៀងស្រាប់តែធ្លាក់មកភ្លាមៗ។／ຝົນຕົກລົງມາຢ່າງກະທັນຫັນ.)

㊲ □ 途中(とちゅう)で (बिचमा／ពាក់កណ្ដាលទី／ລະຫວ່າງທີ່~, ລະຫວ່າງທາງ)

▶走(はし)っている途中で、足(あし)が痛(いた)くなってきたんです。

(कुद्दा कुद्दै बिचैमा खुट्टा दुख्न थाल्यो।／ជើងខ្ញុំឈឺ ពាក់កណ្ដាលទីពេលកំពុងរត់។／ເຈັບຂາຂຶ້ນມາໃນລະຫວ່າງທີ່ແລ່ນ.)

㊳ □ 久(ひさ)しぶりに (धेरैपछि／ខានយូរ／ບໍ່ໄດ້ພໍ້ກັນດົນ, ບໍ່ໄດ້~ກັນດົນ)

▶きょう、久しぶりに大学(だいがく)の時(とき)の友達(ともだち)に会(あ)いました。

(धेरै समय पछि आज,कलेजको बेलाको साथीसँग भेटेँ।／ថ្ងៃនេះ ខ្ញុំបានជួបមិត្តភក្តិនៅសាកលវិទ្យាល័យដែលខានជួបគ្នាយូរមកហើយ។／ມື້ນີ້, ໄດ້ພໍ້ໝູ່ສະໄໝຮຽນຢູ່ທີ່ມະຫາວິທະຍາໄລຫຼັງຈາກທີ່ບໍ່ໄດ້ເຫັນກັນດົນ.)

㊴ □ 初(はじ)め(は) (शुरू(मा) /पहिला-पहिला／ដំបូង／ທຳອິດ, ເລີ່ມຕົ້ນ)

▶初めは恥(は)ずかしかったですが、いまはもう、慣(な)れました。

(शुरूमा लाज लागेको थियो, अहिले त बानी पर्यो।／ដំបូងខ្ញុំខ្មាស់អៀន ប៉ុន្តែពេលនេះស៊ាំហើយ។／ເລີ່ມຕົ້ນກໍ່ອາຍ, ດຽວນີ້ແມ່ນລຶ້ງແລ້ວ.)

㊵ □ 初(はじ)めて (पहिलो पटक／ដំបូង／ເທື່ອທຳອິດ)

▶きのう、初めて彼女(かのじょ)のお父(とう)さんに会(あ)いました。

(हिजो पहिलोपटक प्रेमिकाको बुवासँग भेटेँ।／ខ្ញុំបានជួបឪពុករបស់នាងជាលើកដំបូងកាលពីម្សិលមិញ។／ມື້ວານນີ້, ພົບພໍ່ຂອງແຟນເປັນເທື່ອທຳອິດ.)

㊶ □ 最初(さいしょ)(は) (शुरू(मा)／ដំបូងបំផុត／ທຳອິດ, ເລີ່ມຕົ້ນ)

▶わたしも最初、そう思(おも)っていました。

(मलाईपनि शुरुमा त्यस्तै लागेको थियो।／ដំបូងបំផុត ខ្ញុំក៏បានគិតអញ្ចឹងដែរ។／ທຳອິດ, ຂ້ອຍກໍ່ຄິດແບບນັ້ນຄືກັນ.)

㊷ □ 最初に (पहिला／ដំបូងបំផុត／ທຳອິດ, ຂັ້ນຕອນທຳອິດ, ເລີ່ມຕົ້ນ)

▶部屋(へや)に入(はい)ったら、最初に名前(なまえ)を言(い)ってください。

(कोठा भित्र गएपछि पहिला नाम भन्नुहोस।／ពេលចូលក្នុងបន្ទប់ ដំបូងបំផុត សូមសរសេរឈ្មោះ ។／ເຂົ້າໃນຫ້ອງແລ້ວ, ຂັ້ນຕອນທຳອິດກະລຸນາບອກຊື່.)

㊸ □ 最後(さいご)(は) (अन्त्यमा／ចុងក្រោយ／ສຸດທ້າຍ)

▶このドラマ、最後はどうなるんですか。

(यो नाटक अन्त्यमा के हुन्छ?／រឿងភាគនេះ ចុងក្រោយក្លាយជាយ៉ាងណា?／ລະຄອນເລື່ອງນີ້, ສຸດທ້າຍເປັນແນວໃດ?)

㊹ □ 最後に (अन्त्यमा / अन्तिममा／ចុងក្រោយ／ສຸດທ້າຍ)

▶最後にもう一度(いちど)確認(かくにん)してください。

(अन्तिममा फेरि एकपल्ट जाँच / चेक गर्नुहोस।／ចុងក្រោយនេះ សូមពិនិត្យមើលម្តងទៀត។／ສຸດທ້າຍ, ກະລຸນາກວດສອບອີກເທື່ອໜຶ່ງ.)

㊺ □ 先(さき)に (अगाडि / पहिला／មុន／ກ່ອນ)

▶あとから行(い)きますから、どうぞ先に行ってください。

(म पछि आउँछु, क्रिपया अगाडि जानुहोस।／សូមអញ្ជើញទៅមុនទៅ ព្រោះខ្ញុំទៅតាមក្រោយ។／ເຊີນໄປກ່ອນໂລດ, ເພາະຊິນຳໄປຕາມຫຼັງ.)

42 どんな人？
43 とても・もっと
44 こそあ
46 場所
47 パソコン・ネット
48 仕事
49 教室の言葉

㊻ □ 今度(こんど) (यस पटक/ अर्को पटक／លើកក្រោយ／เທື່ອໜ້າ)

▶今度また誘(さそ)ってください。

(अर्को पटक फेरि बोलाउनुहोला।／លើកក្រោយ សូមបបួលខ្ញុំម្ដងទៀត។／ເທື່ອໜ້າ, ຊວນອີກເດີ້.)

㊼ □ 次(つぎ)は (अर्को पटक／បន្ទាប់មក／ຕໍ່ໄປແມ່ນ~)

▶次は来週(らいしゅう)にしましょう。

(अर्को पटक चाहिँ आउने हप्ता गरौँ।／បន្ទាប់មក គឺនៅសប្ដាហ៍ក្រោយ។／ຕໍ່ໄປແມ່ນພາກັນເອົາອາທິດໜ້າເທາະ.)

㊽ □ 次に (त्यसपछि／បន្ទាប់មក／ລຳດັບຕໍ່ໄປ, ຕໍ່ໄປ)

▶次に、住所(じゅうしょ)をお願(ねが)いします。

(त्यसपछि , ठेगाना दिनुहोस ।／បន្ទាប់មកសូមប្រាប់អាសយដ្ឋាន។／ຕໍ່ໄປແມ່ນຂໍທີ່ຢູ່.)

㊾ □ 最近(さいきん) (आजकल / हिजोआज／ថ្មីៗនេះ, ／ໄລຍະນີ້)

▶最近、林(はやし)さんと会(あ)ってないです。

(हिजोआज हायासिजिसँग भेटेको छैन।／ថ្មីៗនេះ ខ្ញុំមិនបានជួបលោកហាយ៉ាស៊ីទេ។／ໄລຍະນີ້, ບໍ່ໄດ້ພໍ້ທ້າວ ຮະຍາຊິ.)

㊿ □ さっき (भरखर／មុននេះ／ຫວ່າງກີ້)

▶さっき社長(しゃちょう)から電話(でんわ)がありました。

(भर्खर साहुको फोन आएको थियो।／អំបាញ់មិញលោកនាយកក្រុមហ៊ុនទូរសព្ទមក។／ຫວ່າງກີ້, ມີໂທລະສັບຈາກ ປະທານບໍລິສັດ.)

51 □ 結構(けっこう) (प्रशस्त / खुब／ពិតជា／ພໍສົມຄວນ, ດີ)

▶この本(ほん)、結構おもしろいですよ。読(よ)んでみてください。

(यो किताब खुब चाखलाग्दो छ नि। पढेर हेर्नुहोला।／សៀវភៅនេះពិតជាគួរអោយចាប់អារម្មណ៍។ សូមអានសាកមើល។／ປຶ້ມຫົວນີ້ໜ້າສົນໃຈພໍສົມຄວນໄດ່. ລອງອ່ານເບິ່ງເດີ້.)

(52) □ だいたい (लगभग／ជាទូទៅ／ສ່ວນໃຫຍ່, ໂດຍທົ່ວໄປ)

▶いまの説明(せつめい)、わかりましたか。　—はい、だいたいわかりました。

(अहिलेको वर्णन बुझ्नुभयो? —हजुर ,लगभग बुझें।／តើអ្នកបានយល់ពីការពន្យល់នៅពេលនេះទេ? —បាទ(ចាស) ជាទូទៅបានយល់ហើយ។／ເຂົ້າໃຈຄຳອະທິບາຍດຽວນີ້ບໍ່? —ໂດຍ, ເຂົ້າໃຈເປັນສ່ວນໃຫຍ່ແລ້ວ.)

(53) □ だいぶ (धेरैनै／ច្រើន／ຫຼາຍ, ຂ້ອນຂ້າງ)

▶だいぶ元気(げんき)になりました。

(धेरैनै सञ्चो भयो।／ខ្ញុំបានធូរស្បើយច្រើនហើយ។／ໄຄຂຶ້ນຫຼາຍ.)

(54) □ ほとんど (धेरैजसो/सबैजसो/लगभग／ស្ទើរតែ, ភាគច្រើន／ເກືອບທັງໝົດ, ສ່ວນຫຼາຍ)

▶ここにあるのは、ほとんどＬサイズです。

(यहाँ भएको सबैजसो　L　साइज हो।／នៅទីនេះភាគច្រើនមានតែទំហំL។／ເຄື່ອງທີ່ມີຢູ່ນີ້ແມ່ນຂະໜາດLເກືອບທັງໝົດ.)

(55) □ ほとんど～ない (लगभग----छैन／ស្ទឹងតែ~／ເກືອບ~ບໍ່ໄດ້)

▶昔(むかし)のことだから、ほとんど覚(おぼ)えていません。

(पुरानो समयको कुरा भएकोले धेरैजसो　संझना छैन।／ខ្ញុំស្ទឹងតែមិនចាំទេ ព្រោះវាជារឿងកាលយូរយារមកហើយ។／ເກືອບຈື່ບໍ່ໄດ້ແລ້ວ, ເພາະວ່າເປັນເລື່ອງດົນນານມາແລ້ວ.)

(56) □ また (फेरि／ម្តងទៀត／ອີກ)

▶よかったら、また来(き)てください。

(मन लाग्यो(मिल्योभने) भने　फेरि आउनुहोला।／ប្រសិនបើអ្នកមិនមានបញ្ហាអ្វីទេ សូមអញ្ជើញមកទៀត។／ຖ້າສະດວກ, ມາອີກເດີ້.)

(57) □ たいてい (प्रायजसो / सामान्यतया／ភាគច្រើន／ຕາມປົກກະຕິ)

▶休(やす)みの日(ひ)は、たいてい家(いえ)にいます。

(विदाको दिन　प्राय:जसो / सामान्यतया /　लगभग घरमै　हुन्छु(हुन्छन)।／ថ្ងៃឈប់សម្រាក ភាគច្រើនខ្ញុំនៅផ្ទះ។／ຕາມປົກກະຕິຈະຢູ່ເຮືອນໃນມື້ພັກ.)

(58) □ だんだん (विस्तारै／បន្តិចម្តងៗ／ຄ່ອຍໆ, ເທື່ອລະໜ້ອຍ)

▶だんだん暖(あたた)かくなってきましたね。

(बिस्तारै न्यानो हुँदै आयो हगि!／ចាប់ផ្តើមក្តៅបន្តិចម្តងៗហើយ។／ຄ່ອຍໆອຸ່ນຂຶ້ນເນາະ.)

(59) □ どんどん (विस्तार - विस्तार／ច្រើនឡើងៗ／ເລື້ອຍໆ, ຢ່າງໄວວາ)

▶練習(れんしゅう)を続(つづ)ければ、どんどん話(はな)せるようになりますよ。

(निरन्तर अभ्यास गरेमा विस्तार - विस्तार बोल्न सक्ने भइन्छ नि।／ប្រសិនបើបន្តការហ្វឹកហាត់ នោះអ្នកអាចនិយាយបានច្រើនឡើងៗ។／ຖ້າຝຶກຊ້ອມຢ່າງຕໍ່ເນື່ອງ, ຊິເວົ້າໄດ້ຂື້ນເລື້ອຍໆ.)

(60) □ ちょうど (ठीक्क /ठीक／ចំពេល／ພໍດີ)

▶ちょうどいま、電話(でんわ)しようと思(おも)っていたんです。

(अहिले ठीक्क फोन गरौं कि भनेर सोचिरहेको थिएँ।／ចំពេល ខ្ញុំកំពុងរកទូរសព្ទទៅ។／ພໍດີຕອນນີ້ວ່າຊິໂທລະສັບຫາ.)

▶ここは、5時(じ)ちょうどに閉(し)まります。

(यहाँ ठीक ५ बजे बन्द हुन्छ।／កន្លែងនេះបិទម៉ោង៥គត់។／ຢູ່ນີ້ປິດຕອນ5ໂມງຕົງພໍດີ.)

(61) □ ちょうど～ (ठीक्क /ठीक／គត់／ພໍດີ)

▶時間(じかん)、わかりますか。　—ちょうど2時です。

(समय थाहा छ? —ठीक २ बज्यो／តើអ្នកដឹងថាម៉ោងប៉ុន្មានទេ? —ម៉ោង២គត់។／ຈັກໂມງ? —2ໂມງຕົງພໍດີ.)

(62) □ ちょうどいい (ठीक्क/ठीक／ល្មម／ພໍດີ)

▶甘(あま)くないですか。　—いえ、ちょうどいいです。

(गुलियो छैन? —छैन। ठिक्क छ।／មិនផ្អែមទេឬ? —អត់ទេ រសជាតិល្មម។／ບໍ່ຫວານບໍ? —ບໍ່, ພໍດີ.)

(63) □ ほか (अरु/ अर्को／ក្រៅពីនេះ／ອື່ນ, ນອກເໜືອຈາກ)

▶ほかに質問(しつもん)はありませんか。

(अरु प्रश्न छैन?／តើមានសំនួរអ្វីក្រៅពីនេះទេ?／ມີຄຳຖາມອື່ນບໍ່?)

(64) □ まだ (अझै / अहिलेसम्म／នៅឡើយ／ຍັງ, ຍັງເທື່ອ)

▶彼(かれ)はもう働(はたら)いているんですか。　—いえ、まだ学生(がくせい)です。

(के उनी काम गर्दैछन्। —होइन अझै विद्यार्थि हुन।／តើគាត់ចេញធ្វើការហើយឬ? —អត់ទេ នៅជាសិស្សនៅឡើយ។／ລາວເຮັດວຽກແລ້ວບໍ? —ບໍ່, ຍັງເປັນນັກຮຽນ.)

42 どんな人？
43 とても・もっと
44 こそあ
46 場所
47 パソコン・ネット
48 仕事
49 教室の言葉
50 あいさつ・よく使う表現

⑥⑤ □ もう （सकु／ហើយ, រួច／~แล้ว）

▶昼(ひる)ごはんはもう食(た)べましたか。　—いえ、まだです。

（दिउँसोको खाना खाइसकेको हो? —अहँ　अझै खाएको छैन।／តើអ្នកបានញ៉ាំបាយថ្ងៃត្រង់ហើយឬ? —អត់ទេ មិនទាន់ទេ។／ກິນເຂົ້າສວາຍແລ້ວບໍ? —ບໍ່,ຍັງເທື່ອ.）

⑥⑥ □ もう～ （अब------／ហើយ, រួច／~ອີກ）

▶もう少(すこ)し待(ま)ってください。

（अब　एकछिन पर्खनुस／សូមចាំបន្តិចទៀត។／ກະລຸນາຖ້າອີກໜ້ອຍໜຶ່ງ.）

⑥⑦ □ もうすぐ （अब छिटै／ឆាប់ៗ／ໃກ້ຊິ）

▶もうすぐ夏休(なつやす)みですね。

（अब छिटै　गर्मी विदा हुन्छ हगी!／ជិតដល់វិស្សមកាលរដូវឆាប់ៗហើយ។／ໃກ້ຊິໄດ້ພັກລະດູຮ້ອນແລ້ວເນາະ.）

⑥⑧ □ やっと （बल्ल／ទីបំផុត／ໃນທີ່ສຸດ）

▶説明(せつめい)を聞(き)いて、やっとわかりました。

（वर्णन सुनेपछि　बल्ल　बुझेँ/ बुझ्यो।／ទីបំផុតខ្ញុំបានយល់ហើយក្រោយពីស្ដាប់ការពន្យល់។／ໄດ້ຟັງຄຳອະທິບາຍ, ໃນທີ່ສຸດກໍ່ເຂົ້າໃຈ.）

⑥⑨ □ ～中(ちゅう) （बिचमा／អំឡុងពេល／ລະຫວ່າງ~）

▶いま仕事中(しごとちゅう)だから、あとで電話(でんわ)する。

（अहिले कामको बिचमा　भएकोले पछि फोन गर्छु।／ខ្ញុំទូរសព្ទទៅពេលក្រោយ ដោយសារពេលនេះអំឡុងពេលការងារ។／ດຽວນີ້ຢູ່ລະຫວ່າງເຮັດວຽກ, ຫຼັງຈາກນັ້ນຊິໂທຫາ.）

⑦⓪ □ ～中(じゅう) （भरि (पुरै)／ពេញ／ຕະຫຼອດ~, ໝົດ~）

▶きのうは一日中(いちにちじゅう)、掃除(そうじ)をしていました。

（हिजो　एकदिन भरि　सरसफाइ गरिरहेको थिएँ।／ម្សិលមិញខ្ញុំបានបោសសម្អាតពេញមួយថ្ងៃ។／ມື້ວານນີ້ໄດ້ທຳຄວາມສະອາດໝົດມື້.）

⑪ □ ～中(ちゅう)に／～中(じゅう)に (बिचमा / भरिमा／ក្នុង／ພາຍໃນ~)

▶今日中(きょうじゅう)に返事(へんじ)をください。

(आज दिनभरिमा जवाफ देऊ / दिनुस।／សូមឆ្លើយតបក្នុងថ្ងៃនេះ។／ກະລຸນາຕອບພາຍໃນມື້ນີ້.)

⑫ □ そのあと (त्यसपछि／បន្ទាប់ពីនោះ／ຫຼັງຈາກນັ້ນ)

▶きのうは映画(えいが)を見て、そのあと、買(か)い物(もの)をしました。

(हिजो सिनेमा हेरें,त्यसपछि किनमेल गरें।／ម្សិលមិញខ្ញុំបានទៅមើលកុន បន្ទាប់ពីនោះបានទៅទិញអីវ៉ាន់។／ມື້ວານນີ້ໄດ້ເບິ່ງໜັງ, ຫຼັງຈາກນັ້ນກໍ່ຊື້ເຄື່ອງ.)

⑬ □ このあと (यसपछि／បន្ទាប់ពីនេះ／ຫຼັງຈາກນີ້)

▶このあと、何(なに)か予定(よてい)がありますか。

(यसपछि केहि योजना छ?／តើអ្នកមានគំរោងអ្វីទេបន្ទាប់ពីនេះ?／ຫຼັງຈາກນີ້, ມີວຽກຫຍັງບໍ່?)

⑭ □ あのあと (त्यसपछि／បន្ទាប់ពីពេលនោះ／ຫຼັງຈາກນັ້ນ)

▶あのあと、すぐ家(いえ)に帰(かえ)ったんですか。

(त्यसपछि तुरुन्तै घर फर्कनुभयो?／បន្ទាប់ពីពេលនោះ តើអ្នកបានត្រលប់ទៅផ្ទះភ្លាមឬ?／ຫຼັງຈາກນັ້ນ, ໄດ້ເມືອບ້ານທັນທີບໍ?)

⑮ □ でも… (भएपनि / तैपनि／ប៉ុន្តែ／ແຕ່, ແຕ່ວ່າ)

▶天気(てんき)はずっとよくなかったです。でも、楽(たの)しかったですよ。

(निरन्तर मौसम राम्रो थिएन , तैपनि रमाइलो भयो।／អាកាសធាតុមិនល្អរហូត។ ប៉ុន្តែសប្បាយ។／ອາກາດບໍ່ດີຕະຫຼອດ ແຕ່ກໍ່ມ່ວນໄດ໋.)

⑯ □ それから… (त्यसपछि／បន្ទាប់ពីនោះ／ຫຼັງຈາກນັ້ນ)

▶あしたはまず、工場(こうじょう)を見学(けんがく)します。それから、さくら公園(こうえん)に行(い)って、お弁当(べんとう)を食(た)べます。

(भोलि पहिला कारखाना हेरिन्छ/हेर्छु, त्यसपछि साकुरा पार्कमा गएर खाजा खाइन्छ/खान्छु।／ថ្ងៃស្អែក ដំបូងយើងធ្វើទស្សនកិច្ចរោងចក្រ។ បន្ទាប់មក ទៅសួនសាគូរ៉ា រួចញ៉ាំបាយប្រអប់។／ມື້ອື່ນ, ກ່ອນອື່ນແມ່ນທັດສະນະສຶກສາທີ່ໂຮງງານ. ຫຼັງຈາກນັ້ນ, ໄປສວນສາທາລະນະຊາກຸລະ, ແລ້ວກໍ່ກິນເຂົ້າກ່ອງຢູ່ຫັ້ນ.)

UNIT 44 こ・そ・あ (ko・so・a)

(यो, त्यो, ऊ त्यो／នេះ, នោះ, ឯនោះ／ນີ້, ນັ້ນ)

❶ □ ここ (यहाँ／ទីនេះ／ບ່ອນນີ້)

▶ここに名前(なまえ)を書(か)いてください。

(यहाँ नाम लेख्नुहोस।／សូមសរសេរឈ្មោះនៅទីនេះ។／ກະລຸນາຂຽນຊື່ໃສ່ບ່ອນນີ້.)

❷ □ そこ (त्यहाँ／ទីនោះ／ບ່ອນນັ້ນ)

▶そこ、私(わたし)の席(せき)なんですが……。

(त्यहाँ ,मेरो मेरो सिट हो नि त -----।／ទីនោះ ជាកន្លែងអង្គុយរបស់ខ្ញុំ....／ບ່ອນນັ້ນແມ່ນບ່ອນນັ່ງຂ້ອຍ...)

❸ □ あそこ (ऊ त्यहाँ／ឯទីនោះ／ພຸ້ນ, ບ່ອນຫັ້ນ)

▶あそこに喫茶店(きっさてん)がありますね。ちょっと休(やす)みませんか。

(त्यहाँ चिया पसल छ हगि! एकछिन आराम गर्ने कि!／នៅឯទីនោះមានហាងកាហ្វេ។ ឈប់សម្រាកបន្តិចទេ?／ບ່ອນຫັ້ນມີຮ້ານກາເຟເນາະ. ພັກຜ່ອນຢູ່ຫັ້ນໜ້ອຍໜຶ່ງເບາະ.)

❹ □ こっち (यता／ខាងនេះ／ບ່ອນນີ້, ຢູ່ນີ້)

▶マリアさん、ちょっとこっちに来(き)て。

(मारिया जी ,एकछिन यता आउनुस त ।／អ្នកនាងម៉ារៀ សូមមកខាងនេះបន្តិច។／ມາເຣຍ, ມາບ່ອນນີ້ບຶດໜຶ່ງ.)

❺ □ そっち (उता／ខាងនោះ／ບ່ອນນັ້ນ, ຢູ່ຫັ້ນ)

▶〈電話(でんわ)で〉そっちの天気(てんき)はどう？

((फोनमा) त्यताको मौसम कस्तो छ?／(តាមទូរសព្ទ) អាកាសធាតុខាងនោះយ៉ាងម៉េចដែរ?／(ລົມໂທລະສັບ) ອາກາດຢູ່ຫັ້ນເປັນແນວໃດ?)

41 新しい・静かな
42 どんな人？
43 とても・もっと
44 こそあ
46 場所
47 パソコン・ネット
48 仕事
49 教室の言葉
50 あいさつ・よく使う表現

❻ □ あっち (अलि उता／ឯខាងនោះ／ພຸ້ນ, ຢູ່ພຸ້ນ)

▶じゃまだなあ。あっちに行(い)って！

(डिस्टर्ब भयो के ! उता जाऊ त!／មិនទាន់ហើយទេ។ ទៅឯខាងនោះទៅ!／ຈັ່ງແມ່ນຄຸງ. ໄປພຸ້ນໄປ໋!)

▶こっちは混(こ)んでますね。あっちの店(みせ)にしましょう。

(यता त भिड रहेछ हगी! उताको पसलमा जाऊँ।／ខាងនេះមានមនុស្សច្រើន។ តោះទៅហាងខាងនោះវិញ។／ຢູ່ນີ້ຄົນຫຼາຍເນາະ. ພາກັນໄປຮ້ານຢູ່ພຸ້ນເທາະ.)

❼ □ この (यो／នេះ／ນີ້)

▶この電車(でんしゃ)は新宿(しんじゅく)に止(と)まりますか。

(यो रेल सिन्ज्युकुमा रोक्छ?／តើរថភ្លើងនេះឈប់នៅស៊ីនជឹគឹទេ?／ລົດໄຟຂະບວນນີ້ຈອດທີ່ສະຖານນີຊິງຈຸກຸບໍ່?)

❽ □ その (त्यो／នោះ／ນັ້ນ)

▶その服(ふく)で会社(かいしゃ)に行くの？

(त्यो पोशाकमा अफिस जाने?／តើស្លៀកខោអាវនោះទៅក្រុមហ៊ុនឬ?／ຊິນຸ່ງເຄື່ອງຊຸດນັ້ນໄປການຫວາ?)

❾ □ あの (ऊ त्यो／នោះ／ພຸ້ນ)

▶あの人(ひと)、知(し)ってる？　―あのめがねの人？　知らない。

(त्यो मान्छेलाई चिनेको छ? —त्यो चस्मा लगाएको मान्छे ? चिन्दिन।／ឯងស្គាល់ម្នាក់នោះទេ? អ្នកពាក់វ៉ែនតានោះឬ? អត់ស្គាល់ទេ។／ຮູ້ຈັກຜູ້ຢູ່ພຸ້ນບໍ່? —ຜູ້ໃສ່ແວ່ນຕາບໍ? ບໍ່ຮູ້ຈັກ.)

❿ □ これ (यो／នេះ／ອັນນີ້)

▶これ、友達(ともだち)がくれたんです。

(यो,　साथीले दिएको हो।／នេះ មិត្តភក្តិអោយខ្ញុំ។／ອັນນີ້, ໝູ່ເອົາໃຫ້.)

⓫ □ それ (त्यो／នោះ／ອັນນັ້ນ)

▶それ、いつ買(か)ったんですか。

(त्यो,कहिले किनेको?／នោះ ទិញពីពេលណា?／ອັນນັ້ນ, ຊື້ຕອນໃດ?)

⑫ □ あれ (ऊ त्यो／ឯនោះ／ອັນຢູ່ພຸ້ນ)

▶わたしのはあれです。

(मेरो चाहिँ त्यो हो?／របស់ខ្ញុំគឺឯនោះ។／ຂອງຂ້ອຍແມ່ນອັນຢູ່ພຸ້ນ.)

⑬ □ こちら (यता／ទីនេះ／ທາງນີ້)

▶こちらが出口(でぐち)です。

(यता बाहिर निस्कने ढोका हो।／ទីនេះ គឺជាច្រកចេញ។／ທາງນີ້ແມ່ນທາງອອກ.)

▶こちらにどうぞ。

(क्रिपया यता आउनुहोस।／សូមអញ្ជើញមកទីនេះ។／ເຊີນທາງນີ້.)

((こっち) को विनम्र/मिजासिलो शब्द／របៀបនិយាយបែបគួរសមរបស់「こっち」／ວິທີເວົ້າແບບສຸພາບຂອງ「こっち」)

⑭ □ そちら (उता／ទីនោះ／ທາງນັ້ນ)

▶そちらでお待(ま)ちください。

(त्यतातिर पर्खिरहनुहोस।／សូមរងចាំនៅទីនោះ។／ກະລຸນາລໍຖ້າຢູ່ທາງນັ້ນ.)

((そっち) को विनम्र/मिजासिलो शब्द／របៀបនិយាយបែបគួរសមរបស់「そっち」／ວິທີເວົ້າແບບສຸພາບຂອງ「そっち」)

⑮ □ あちら (अलि उता／ឯទីនោះ／ທາງພຸ້ນ)

▶お席(せき)は、あちらです。

(सिट उता हो।／កន្លែងអង្គុយរបស់អ្នកគឺនៅឯទីនោះ។／ບ່ອນນັ່ງແມ່ນຢູ່ທາງພຸ້ນ.)

((あっち) को विनम्र/मिजासिलो शब्द／របៀបនិយាយបែបគួរសមរបស់「あっち」／ວິທີເວົ້າແບບສຸພາບຂອງ「あっち」)

⑯ □ こちら (यहाँ／នេះ／ຄົນນີ້, ຜູ້ນີ້)

▶〈人(ひと)を紹介(しょうかい)する〉こちらは森先生(もりせんせい)です。

((परिचय गराउने बेला) यहाँ मोरि सर हो।／(ណែនាំមនុស្ស) នេះ គឺលោកគ្រូម៉ូរី។／ອາຈານໂມລິ.)

((この人) को विनम्र/मिजासिलो शब्द／របៀបនិយាយបែបគួរសមរបស់「この人」／ວິທີເວົ້າແບບສຸພາບຂອງ「この人」)

⑰ □ そちら (उहाँ／នោះ／ຄົນນັ້ນ, ຜູ້ນັ້ນ)

▶これは、そちらのお荷物(にもつ)ですか。

(यो तपाईंको सामान हो?／តើនេះជាអីវ៉ាន់របស់អ្នកឬ?／ອັນນີ້ແມ່ນເຄື່ອງຂອງຜູ້ນັ້ນບໍ?)

((あなた) को विनम्र/मिजासिलो शब्द／របៀបនិយាយបែបគួរសមរបស់「あなた」／ວິທີເວົ້າແບບສຸພາບຂອງ「あなた」)

⑱ □ あちら (ऊ उहाँ／ឯនោះ／ຄົນຢູ່ພຸ້ນ)

▶あちらは社長（しゃちょう）さんですか。

(उहाँ साहुजी हो?／ឯនោះគឺលោកនាយកក្រុមហ៊ុនឬ?／ຄົນຢູ່ພຸ້ນແມ່ນປະທານບໍລິສັດບໍ?)

((あの人) को विनम्र/मिजासिलो शब्द／របៀបនិយាយបែបគួរសមរបស់「あの人」／ວິທີເວົ້າແບບສຸພາບຂອງ「あの人」)

⑲ □ この辺（へん） (यतातिर／ម្តុំនេះ／ແຖວນີ້, ບໍລິເວນນີ້)

▶この辺にコンビニはありませんか。

(यतातिर कन्भिनियन्स स्टोर छैन?／តើមិនមានហាងទំនិញនៅម្តុំនេះទេឬ?／ບໍ່ມີຮ້ານສະດວກຊື້ຢູ່ແຖວນີ້ບໍ?)

⑳ □ その辺 (उतातिर／ម្តុំនោះ／ແຖວນັ້ນ, ບໍລິເວນນັ້ນ)

▶わたしのかばん、知（し）りませんか。　―その辺で見（み）ましたよ。

(मेरो झोला देखनुभएन? —त्यतातिर देखेको थिएँ।／តើអ្នកមិនបានឃើញកាបូបខ្ញុំទេឬ? ខ្ញុំបានឃើញនៅម្តុំនោះ។／ບໍ່ເຫັນກະເປົາຂອງຂ້ອຍບໍ? —ເຫັນຢູ່ແຖວນັ້ນເດີ້.)

㉑ □ あの辺 (ऊ उतातिर／ម្តុំឯនោះ／ແຖວພຸ້ນ)

▶どこにしますか。　―あの辺がよさそうです。

(कता गर्ने त? —ऊ त्यतातिर ठिक होला जस्तो छ।／ទៅកន្លែងណា? នៅឯម្តុំនោះដូចជាល្អ។／ຊິເອົາບ່ອນໃດ? —ຢູ່ແຖວພຸ້ນຄືຊິດີເນາະ.)

㉒ □ こんな～ (यस्तो／បែបនេះ／~ແບບນີ້, ~ແນວນີ້)

▶こんな服（ふく）は着（き）たくない。

(यस्तो कपडा लाउन मन छैन।／ខ្ញុំមិនចង់ពាក់ខោអាវបែបនេះទេ។／ບໍ່ຢາກນຸ່ງເຄື່ອງແບບນີ້.)

㉓ □ こんなふう (यस्तै(योजस्तै)／បែបនេះ／ແບບນີ້)

▶わたしも、こんなふうになりたい。

(मलाईपनि यस्तै हुन मन लाग्यो।／ខ្ញុំក៏មិនចង់ក្លាយជាបែបនេះដែរ។／ຂ້ອຍກໍ່ຢາກເປັນແບບນັ້ນ)

㉔ □ そんな～ (त्यस्तो／បែបនោះ／~ແບບນັ້ນ, ~ແນວນັ້ນ)

▶そんな店(みせ)、聞(き)いたことがありません。

(त्यस्तो पसल ,सुनेको छैन।／ខ្ញុំមិនធ្លាប់លឺហាងបែបនោះទេ។／ຮ້ານແນວນັ້ນ, ບໍ່ເຄີຍໄດ້ຍິນມາກ່ອນ.)

㉕ □ そんなこと（は）ない (त्यस्तो कुरा होइन／មិនមែនអញ្ចឹងទេ／ບໍ່ເປັນແບບນັ້ນ)

▶わたしは無理(むり)です。 —そんなことないですよ。頑張(がんば)ってください。

(मैले सक्दिन। —त्यसो होइनि नि! कोशिस गर / गर्नुस।／ខ្ញុំមិនអាចធ្វើបានទេ។ មិនមែនអញ្ចឹងទេ។ សូមកុំខំប្រឹងឡើង។／ຂ້ອຍເຮັດບໍ່ໄດ້ —ບໍ່ເປັນແບບນັ້ນດອກ. ພະຍາຍາມເບິ່ງແມະ.)

㉖ □ そんなに (त्यत्रो／យ៉ាងនោះ／(ຫຼາຍ) ຂະໜາດນັ້ນ)

▶そんなに（たくさん）食(た)べるんですか。

(त्यत्रो (धेरै) खाने हो?／តើអ្នកញ៉ាំច្រើនយ៉ាងនោះឬ?／ຊິກິນ (ຫຼາຍ) ຂະໜາດນັ້ນຫວາ?)

㉗ □ そんなに～ない (त्यस्तो-----छैन／មិនបែបនោះទេ／ບໍ່~ຂະໜາດນັ້ນ)

▶10万円(まんえん)くらいですか。 —いえいえ、そんなに高(たか)くないです。

(१ लाख यन जति हो? —होइन होइन , त्यस्तो महँगो छैन।／ប្រហែល១០យ៉េនឬ? អត់ទេ មិនថ្លៃបែបនោះទេ។／ປະມານ1ແສນເຢັນບໍ? —ບໍ່ແມ່ນ, ບໍ່ແພງປານນັ້ນ.)

㉘ □ あんな～ (त्यस्तै／បែបនោះ／~ແບບນັ້ນ, ~ແນວນັ້ນ)

▶わたしもあんな家(いえ)に住(す)みたい。

(मलाईपनि त्यस्तै घरमा बस्न मन लाग्यो।／ខ្ញុំក៏ចង់រស់នៅផ្ទះបែបនោះដែរ។／ຂ້ອຍກໍ່ຢາກຢູ່ເຮືອນແບບນັ້ນ.)

㉙ □ あんなに (त्यत्रो／យ៉ាងនោះ／(ຫຼາຍ) ປານນັ້ນ)

▶あんなに注意(ちゅうい)したのに、また遅刻(ちこく)したの!?

(त्यत्रो होशियारी गराउँदा पनि फेरि ढिला आएको?／តើមកយឺតទៀតហើយឬ បើទោះជាបានព្រមានយ៉ាងនោះហើយ?／ຂະໜາດເຕືອນປານນັ້ນແລ້ວ, ຍັງມາຊ້າອີກບໍ!?)

㉚ □ このような (यस्तो／ដូចនេះ／~ແບບນີ້, ~ແນວນີ້)

▶このようなミスは二度(にど)としないでください。

(अर्को पल्टदेखि यस्तो गल्ति नगर्नुस।／សូមកុំប្រព្រឹត្តខុសដូចនេះម្តងទៀត។／ກະລຸນາຢ່າເຮັດຜິດພາດແບບນີ້ເປັນເທື່ອທີສອງ.)

43 とても・もっと
44 こそあ
46 場所
47 パソコン・ネット
48 仕事
49 教室の言葉

㉛ □ このように (यस्तो／បែបនេះ／ແບບນີ້, ແນວນີ້)

▶きょうの予定(よてい)はこのようになっています。

(आजको योजना यस्तो छ।／កាលវិភាគថ្ងៃនេះគឺក្លាយជាបែបនេះ។／ແຜນການສຳລັບມື້ນີ້ເປັນແບບນີ້.)

㉜ □ このくらい (यति／ប៉ុណ្ណេះ／ປະມານນີ້, ຊ່ຳນີ້)

▶どのくらい食(た)べますか。このくらいですか。

(कति जति खाइन्छ? यति हो?／តើអ្នកញ៉ាំប៉ុន្មាន? ប៉ុណ្ណេះ?／ຊິກິນຫຼາຍຊ່ຳໃດ? ປະມານນີ້ບໍ?)

㉝ □ そのくらい (त्यति／ប៉ុណ្ណោះ／ປະມານນັ້ນ, ຊ່ຳນັ້ນ)

▶ビールは10本(ぽん)くらいでいい？
—そのくらいでいいと思(おも)います。

(वियर १० बोतल जति भए पुग्छ? —त्यति भए हुन्छ जस्तो लाग्छ।／ស្រាបៀរប្រហែល១០ដបបានទេ? ខ្ញុំគិតថាប៉ុណ្ណោះបានហើយ។／ເອົາເບຍ10ແກ້ວໄດ້ບໍ່? —ຄິດວ່າເອົາຊ່ຳນັ້ນກໍ່ໄດ້.)

㉞ □ あのくらい (त्यत्तिको ／ប៉ុណ្ណោះ／ຊ່ຳນັ້ນ)

▶彼女(かのじょ)、歌(うた)が上手(じょうず)ですね。
—そうですね。わたしもあのくらい上手に歌いたいです。

(उनी गीत गाउन सिपालु रहिछन हगि! हो त नि।म पनि त्यत्तीको गाउन चाहन्छु।／គាត់ពូកែច្រៀង។ ត្រូវហើយ។ខ្ញុំចង់ច្រៀងអោយបានពូកែប៉ុណ្ណោះដែរ។／ລາວຮ້ອງເພງເກັ່ງເນາະ. —ແມ່ນ. ຂ້ອຍກໍ່ຢາກຮ້ອງເພງໃຫ້ເກັ່ງຊ່ຳນັ້ນ.)

㉟ □ そうです (हो／ត្រូវហើយ, អញ្ចឹងហើយ／ແມ່ນແລ້ວ)

▶これも100円(えん)ですか。　—ええ、そうです。

(यसको पनि १०० यन हो? —हजुर हो।／អានេះ១០០យ៉េនដែរឬ? បាទ(ចាស) ត្រូវហើយ។／ອັນນີ້ກໍ່100ເຢັນບໍ? —ແມ່ນແລ້ວ.)

㊱ □ そうですか (ए हो!／អញ្ចឹងឬ?／ແມ່ນບໍ?)

▶すみません。あしたはちょっと用事(ようじ)があって……。
—そうですか。それは残念(ざんねん)です。

(माफ गर्नुहोला ,भोलि थोरै काम परेकोले--------।--------ए हो ! बरवाद भयो।／សុំទោស។ថ្ងៃស្អែកខ្ញុំមានកិច្ចការបន្តិច... អញ្ចឹងឬ? គួរអោយសោកស្តាយ។／ຂໍໂທດ. ມື້ອື່ນມີວຽກໜ້ອຍໜຶ່ງ... —ແມ່ນບໍ? ເສຍດາຍທີ່ເປັນແບບນັ້ນ.)

㊲ □ そうですね (हो (त्यसै हो)／ត្រូវហើយ, អញ្ចឹងហើយ／ຈັ່ງວ່າເດີ້, ຫັ້ນແລະເນາະ)

▶ここから入(はい)ればいいんですか。 —そうですね。

(यहाँबाट पस्दा(भित्र जाँदा) हुन्छ?／តើចូលតាមទីនេះឬ?／ເຂົ້າທາງນີ້ໄດ້ບໍ?)

㊳ □ そうですねえ (त्यसो भए---(उसो भए) लामो स्वरमा／អ៊ឺ..／ຈັ່ງວ່າເດີ້, ຫັ້ນແລະເນາະ)

▶もっと小(ち)さいの、ありますか。
—そうですねえ。これはどうですか。

(अलि सानो खाले छ?---------त्यसो भए-------- यो हुन्छ त ?／តើមានអាតូចជាងនេះទេ? អ៊ឺ... មួយនេះយ៉ាងម៉េចដែរ។／ມີອັນນ້ອຍກວ່າບໍ່? —ຈັ່ງວ່າເດີ້. ອັນນີ້ເປັນແນວໃດ?)

42 どんな人？
43 とても・もっと
44 こそあ
46 場所
47 パソコン・ネット
48 仕事
49 教室の言葉
50 あいさつ・よく使う表現

いつ・どこ・だれ

(कहिले / कहाँ / को／ពេលណា, កន្លែងណា, នរណា／ມື້ໃດ・ຢູ່ໃສ・ໃຜ)

❶ □ いつ (कहिले／ពេលណា／ມື້ໃດ, ຍາມໃດ, ຕອນໃດ)

▶誕生日(たんじょうび)はいつですか。

(जन्मदिन कहिले हो?／តើថ្ងៃកំណើតនៅពេលណា?／ວັນເກີດແມ່ນມື້ໃດ?)

❷ □ どこ (कहाँ／កន្លែងណា／ຢູ່ໃສ)

▶それ、どこで買(か)ったんですか。

(त्यो कहाँ किनेको हो?／តើអ្នកទិញរបស់នោះនៅកន្លែងណា?／ອັນນັ້ນ, ຊື້ຢູ່ໃສ?)

❸ □ どちら (कता,कहाँ,कुन／ឯណា／ຢູ່ໃສ, ໃສ)

▶お国(くに)はどちらですか？　―中国(ちゅうごく)です。

(तपाईंको कुन देश हो? —चीन।／តើប្រទេសរបស់អ្នកនៅឯណា? —ប្រទេសចិន។／ມາຈາກໃສ (ປະເທດໃດ)? —ປະເທດຈີນ.)

❹ □ だれ (को／នរណា, អ្នកណា／ໃຜ, ຜູ້ໃດ)

▶誰(だれ)と会(あ)うんですか。　―田中(たなか)さんです。

(को सँग भेट्ने हो? —तानाका जी सँग हो।／ជួបនរណាគេ? —លោកតាណាកា។／ຊິພົບໃຜ? —ທະນະກະ.)

❺ □ どなた (को (आदरार्थी)／នរណា, អ្នកណា／ໃຜ, ຜູ້ໃດ)

▶あそこにいるのはどなたですか？　―うちの社長(しゃちょう)です。

(ऊ त्यहाँ हुनुहुने व्यक्ति को हो? —मेरो कंपनीको साहु हो।／អ្នកនៅឯណោះ ជានរណា? —លោកប្រធានក្រុមហ៊ុនរបស់ខ្ញុំ។／ຜູ້ຢູ່ພຸ້ນແມ່ນໃຜ? —ທ່ານ ທະນະກະ.)

❻ □ どう (कस्तो／យ៉ាងដូម្ដេច, យ៉ាងម៉េច／ເປັນແນວໃດ, ເປັນຈັ່ງໃດ)

▶日本(にほん)の生活(せいかつ)はどうですか。　—楽(たの)しいです。

(जापानको जीवन यापन कस्तो छ?　—रमाइलो छ नि।／តើការរស់នៅជប៉ុនយ៉ាងម៉េចដែរ? —សប្បាយ។／ການໃຊ້ຊີວິດຢູ່ຍີ່ປຸ່ນເປັນແນວໃດ?)

▶どうしたんですか。　—頭(あたま)がちょっと痛(いた)いんです。

(के भयो? —अलिकति　टाउको दुखेको छ।／កើតអីហ្នឹង? —ឈឺក្បាលបន្តិច។／ເປັນຈັ່ງໃດ (ເປັນຫຍັງບໍ)? —ເຈັບຫົວໜ້ອຍໜຶ່ງ)

❼ □ どうやって (कसरी／តាមរបៀបណា／(ເຮັດ) ແນວໃດ)

▶これはどうやって食(た)べるんですか。

(यो कसरि खाने हो?／តើរបស់នេះញ៉ាំយ៉ាងម៉េចទៅ?／ອັນນີ້ກິນແນວໃດ?)

❽ □ いかが (कस्तो／យ៉ាងដូម្ដេច, យ៉ាងម៉េច／ເປັນແນວໃດ, ເປັນຈັ່ງໃດ)

▶こちらの色(いろ)はいかがですか。　—いいですね。それをください。

(यो रङ　चाहिँ कस्तो लाग्यो?　—राम्रो रहेछ हगि ।त्यहि दिनुस।／ពណ៌នេះយ៉ាងម៉េចដែរ? —ល្អ ។ ខ្ញុំសូមយកមួយនោះ។／ສີນີ້ເປັນແນວໃດ? —ງາມເນາະ. ເອົາສີນັ້ນແລະ.)

❾ □ どちら (कता,कहाँ／មួយណា／ອັນໃດ)

▶コーヒーと紅茶(こうちゃ)と、どちらがいいですか。

(कफी ,　चिया के दिऊँ?／តើកាហ្វេនិងតែយកមួយណា?／ກາເຟແລະຊາ, ຮັບອັນໃດດີ?)

❿ □ どっち (कता,कहाँ／មួយណា／ອັນໃດ)

▶どっちがいい?　—こっち。

(कुनचाहिँ हुन्छ? —यो।／មួយណាល្អ? —មួយនេះ។／ອັນໃດດີ? —ອັນນີ້.)

⓫ □ どれ (कुन／មួយណា／ອັນໃດ)

▶私(わたし)のグラスはどれ?　—これだよ。

(मेरो गिलास कुन चाहिँ हो?　—यो हो के।／កែវរបស់ខ្ញុំមួយណា? —គឺមួយនេះ។／ຈອກຂອງຂ້ອຍແມ່ນອັນໃດ? —ອັນນີ້ເດີ້.)

43 とても・もっと
44 こそあ
46 場所
47 パソコン・ネット
48 仕事
49 教室の言葉
50 あいさつ・よく使う表現

⑫ □ どの (कुन／មួយណា／~ໃດ)

▶〈写真(しゃしん)を見(み)ながら〉どの人(ひと)が奥(おく)さんですか。

((फोटोमा हेर्दै) कुन मान्छे चाहिं श्रिमती हो?／(កំពុងមើលរូបថតបណ្ដើរ) ប្រពន្ធរបស់អ្នកមួយណា?／(ພວມເບິ່ງຮູບ) ຄົນໃດແມ່ນພັນລະຍາ?)

⑬ □ どのくらい (कति／រយៈពេលប៉ុន្មាន／ຊ່ຳໃດ)

▶お店(みせ)はどのくらい混(こ)んでいましたか。

(पसलमा कत्तिको भिडभाड थियो?／ហាងមានមនុស្សច្រើនរយៈពេលប៉ុន្មាន?／ຢູ່ຮ້ານມີຄົນແໜ້ນໜາຊ່ຳໃດ?)

⑭ □ 同 どれくらい (कति／ប្រហែលប៉ុន្មាន／ຊ່ຳໃດ)

⑮ □ どの辺(へん) (कतातिर／ម្ដុំណា／ແຖວໃດ, ບໍລິເວນໃດ)

▶家はどの辺ですか。　―駅(えき)のすぐ近(ちか)くです。

(घर कतातिर हो?　—स्टेशनको एकदम नजिक हो।／តើផ្ទះអ្នកនៅម្ដុំណា? —នៅជិតជាប់នឹងស្ថានីយ៍។／ເຮືອນຢູ່ແຖວໃດ? —ໃກ້ໆສະຖານີ.)

⑯ □ どうして (किन／ហេតុអ្វី／ເປັນຫຍັງ)

▶きのうはどうして来(こ)なかったんですか。

(हिजो किन नआएको?／ហេតុអ្វីម្សិលមិញមិនមក?／ມື້ວານນີ້ເປັນຫຍັງບໍ່ມາ?)

⑰ □ なに (के／អ្វី／ຫຍັງ)

▶何(なに)を飲(の)みますか。

(के पिउनुहुन्छ?／តើផឹកអ្វី?／ຊິດື່ມຫຍັງ?)

⑱ □ 何(なん) (के／អ្វី／ຫຍັງ)

▶これは何(なん)ですか。 (यो के हो?／នេះជាអ្វី?／ອັນນີ້ແມ່ນຫຍັງ?)

▶それは何という食(た)べ物(もの)ですか。　―なっとうです。

(त्यो के खाने कुरा हो?　—नात्तोउ (जापानी परिकार) हो।／តើនោះគេហៅថាម្ហូបអ្វី? —គឺណាត់តូ។／ແນວກິນນັ້ນເອີ້ນວ່າແນວໃດ? —ໝາກຖົ່ວເນົ່າ.)

⑲ □ いくつ (कतिवटा/ कति बर्ष／ប៉ុន្មាន／ຈັກອັນ, ຈັກປີ)

▶いくつ食(た)べますか。　—じゃ、3つください。

(कतिवटा खानुहुन्छ? —त्यसोभए ३वटा दिनुस।／ញ៉ាំប៉ុន្មាន? —អញ្ចឹង សូមពមក។／ຊິກິນຈັກອັນ? —ຄັນຊັ້ນ, ຂໍ3ອັນ.)

▶お子(こ)さんは、おいくつですか。　—２歳(さい)です。

(बच्चा कति बर्षको भयो?／កូនរបស់អ្នក អាយុប៉ុន្មាន? —២ឆ្នាំ។／ລູກອາຍຸຈັກປີ? —2ປີ.)

⑳ □ いくら (कति(मूल्य)／ថ្លៃប៉ុន្មាន／ລາຄາເທົ່າໃດ)

▶すみません、これはいくらですか。　— 1,000円(えん)です。

(यता सुन्नुस त ! यसलाई कति पर्छ? —१००० यन।／សូមទោស នេះថ្លៃប៉ុន្មាន? —១000យ៉េន។／ຂໍໂທດ, ອັນນີ້ລາຄາເທົ່າໃດ? —1ພັນເຢັນ.)

㉑ □ どんな (कस्तो／បែបណា／ແບບໃດ)

▶どんな家に住(す)みたいですか。

(कस्तो घरमा बस्न मन लागेको छ?／តើអ្នកចង់រស់នៅផ្ទះបែបណា?／ຢາກຢູ່ເຮືອນແບບໃດ?)

㉒ □ どういう (कस्तो／បែបណា／ແນວໃດ)

▶これはどういう意味(いみ)ですか。

(यसको अर्थ के हो?／នេះមានន័យយ៉ាងម៉េច?／ອັນນີ້ມີຄວາມໝາຍວ່າແນວໃດ?)

㉓ □ いくつ目(め) (कतिऔं／ទីប៉ុន្មាន／~ທີເທົ່າໃດ)

▶東京駅(とうきょうえき)からいくつ目の駅(えき)ですか。

(टोकियो स्टेशनबाट कतिऔं स्टेशन हो?／តើនៅស្ថានីយ៍ទីប៉ុន្មានពីស្ថានីយ៍តូក្យូ?／ສະຖານີທີເທົ່າໃດນັບຈາກສະຖານີໂຕກຽວ?)

42 どんな人？
44 こそあ
45 だれ・どこ・いつ
46 場所
47 パソコン・ネット
48 仕事
49 教室の言葉
50 あいさつ・よく使う表現

54

UNIT 46

場所(ばしょ) (ठाउँ (स्थान)／កន្លែង／ສະຖານທີ່)

❶ □ 場所 (ठाउँ (स्थान)／កន្លែង／ສະຖານທີ່)

▶場所は、どこでもいいです。

(ठाउँ (स्थान), जहाँ भए पनि हुन्छ।／កន្លែងណាក៏បានដែរ។／ສະຖານທີ່ແມ່ນເອົາຢູ່ໃສດີ?)

❷ □ 上(うえ) (माथि／លើ／ເທິງ)

❸ □ 下(した) (तल／ក្រោម／ລຸ່ມ)

❹ □ 前(まえ) (अगाडि／មុខ／ໜ້າ, ທາງໜ້າ)

▶もう少(すこ)し前のほうに来(き)てください。

(अलिकति अगाडितिर आउनुस।／សូមមកខាងមុខបន្តិចទៀត។／ກະລຸນາຫຍັບມາທາງໜ້າຕື່ມໜ້ອຍໜຶ່ງ.)

❺ □ 後ろ(うしろ) (पछाडि／ក្រោយ／ຫຼັງ, ທາງຫຼັງ)

▶〈タクシーに乗(の)る〉わたしが前に乗るから、後ろに乗ってくれる?

((ट्याक्सीमा चढ्ने) म अगाडि चढ्छु ,तिमी पछाडि चढ है?／(ជិះតាក់ស៊ី) ខ្ញុំជិះខាងក្រោយ ដូច្នេះឯងជិះខាងក្រោយបានទេ?／(ຂຶ້ນລົດແທັກຊີ) ຂ້ອຍຊິນັ່ງທາງໜ້າ, ເຈົ້ານັ່ງທາງຫຼັງໃຫ້ໄດ້ບໍ່?)

❻ □ 間(あいだ) (बिचमा／ចន្លោះ／ລະຫວ່າງ)

▶棚(たな)と壁(かべ)の間に本(ほん)が落(お)ちて、取(と)れない。

(दराज र गाह्रोको बिचमा किताब खसेकोले टिप्न सकिएन／សៀវភៅធ្លាក់ចូលក្នុងចន្លោះទូនិងជញ្ជាំង មិនអាចយកបានទេ។／ປຶ້ມຕົກຢູ່ລະຫວ່າງຝາແລະຖ້ານໃສ່ເຄື່ອງ, ເອົາບໍ່ໄດ້.)

❼ □ そば (नजिक(सँगै)／ក្បែរ／ຂ້າງ)

▶大学(だいがく)のそばに大(おお)きい本屋(ほんや)があります。

(कलेजको सँगै ठूलो किताब पसल छ।／មានហាងសៀវភៅធំមួយនៅក្បែរសាកលវិទ្យាល័យ។／ຢູ່ຂ້າງໆມະຫາວິທະຍາໄລມີຮ້ານຂາຍປຶ້ມຂະໜາດໃຫຍ່.)

❽ □ 近(ちか)く (नजिक／ជិត／ໃກ້)

▶ホテルは駅(えき)の近くがいいです。

(होटेल स्टेशनको नजिक भए रामरो हुनछ।／សណ្ឋាគារនៅជិតស្ថានីយ៍រថភ្លើងល្អ។／ຢາກພັກຢູ່ໂຮງແຮມທີ່ໃກ້ສະຖານີ.)

❾ □ となり (छिमेक(सँगै भएको)／ក្បែរ／ຂ້າງ, ທາງຂ້າງ)

▶となりがうるさくて、眠(ねむ)れません。

(छिमेकको(सबभन्दा नजिक)हल्ला खल्लाले सुत्न सकिएन।／ក្បែរបន្ទប់ថ្លង់ ខ្ញុំគេងមិនលក់ទេ។／(ຫ້ອງ) ທາງຂ້າງຟົດ, ນອນບໍ່ຫຼັບ.)

❿ □ 横(よこ) (छेउ／ចំហៀង／ຂ້າງ)

▶ゴミ箱(ばこ)は、机(つくえ)の横に置(お)いてください。

(डस्टबिनलाई टेबुलको छेउमा राखिदिनुहोला।／សូមដាក់ធុងសម្រាមនៅចំហៀងតុ។／ກະລຸນາວາງຖັງຂີ້ເຫຍື້ອໄວ້ຂ້າງໂຕະ.)

⓫ □ 右(みぎ) (दायाँ／ស្តាំ／ຂວາ)

⓬ □ 左(ひだり) (बायाँ／ឆ្វេង／ຊ້າຍ)

⓭ □ 中(なか) (भित्र／ក្នុង／ໃນ)

▶箱(はこ)の中に何(なに)がありましたか。

(बाकस(मा) भित्र केछ?／តើមានអ្វីនៅក្នុងប្រអប់?／ມີຫຍັງຢູ່ໃນກັບ?)

42 どんな人？
43 とても・もっと
44 こそあ
46 場所
47 パソコン・ネット
48 仕事
49 教室の言葉
50 あいさつ・よく使う表現

⓮ □ 外（そと） (बाहिर／ក្រៅ／ນອກ)

▶雨（あめ）が強（つよ）くて、外に出（で）られません。

(ठूलो पानी परेकोले बाहिर निस्कन सकिएन।／ភ្លៀងខ្លាំង មិនអាចេញទៅក្រៅបានទេ។／ຝົນແຮງ, ອອກໄປນອກບໍ່ໄດ້.)

⓯ □ 中央（ちゅうおう） (बिच／កណ្ដាល／ກາງ)

▶そのテーブルは、部屋（へや）の中央に置（お）いてください。

(त्यो टेबुललाई कोठाको बिचमा राख्नुहोला।／សូមដាក់តុនោះ នៅកណ្ដាលបន្ទប់។／ລົບກວນວາງໂຕະໜ່ວຍນັ້ນໄວ້ທາງກາງຂອງຫ້ອງ.)

⓰ □ 周り（まわり） (वरपर／ជុំវិញ／ອ້ອມ, ອ້ອມຮອບ)

▶いつも公園（こうえん）の周りを走（はし）っています。

(जहिले पनि पार्को वरपर दौडने गरेको छु।／ខ្ញុំតែងតែរត់ជុំវិញសួនច្បារ។／ແລ່ນອ້ອມສວນສາທາລະນະຕະຫຼອດ.)

⓱ □ 先（さき） (अगाडि／ខាងមុខ／ຂ້າງໜ້າ, ລ່ວງໜ້າ)

▶すみません、この近（ちか）くにATMはありませんか。
— 100メートルくらい先にコンビニがありますよ。

(सुन्नुस त！ यता नजिकमा कतै ATM छैन?—१०० मिटर जति अगाडि कन्भिनियन्स स्टोर छ नि।／សូមទោស តើមានម៉ាស៊ីនATMនៅជិតនេះទេ?—ប្រហែល១០០ម៉ែតខាងមុខនេះមានហាងទំនិញតូចងាយៗ។／ຂໍໂທດ, ມີຕູ້ATMຢູ່ລະແວກໃກ້ໆນີ້ບໍ່? —ມີຮ້ານສະດວກຊື້ຢູ່100ແມັດຂ້າງໜ້າ.)

⓲ □ 表（おもて） (अगाडि(अघिल्लो भाग)／ខាងមុខ／ດ້ານໜ້າ, ທາງໜ້າ)

▶これはどっちが表ですか。

(यसको अगाडि(अघिल्लो भाग) कता हो?／តើមួយណាខាងមុខ?／ອັນໃດແມ່ນທາງໜ້າ?)

⓳ □ 裏（うら） (पछाडि／ខាងក្រោយ／ດ້ານຫຼັງ, ທາງຫຼັງ)

▶テレビの裏にも、番号（ばんごう）が書（か）いてあるはずです。

(टेलिभिजनको पछाडिपनि नंब् लेखेको हुनुपर्छ।／នៅខាងក្រោយទូរទស្សន៍ក៏ប្រាកដជាមានសរសេរលេខដែរ។／ໜ້າຈະມີໂຕເລກຂຽນຢູ່ທາງຫຼັງຂອງໂທລະທັດ.)

42 どんな人？
43 とても・もっと
44 こそあ
46 場所
47 パソコン・ネット
48 仕事
49 教室の言葉
50 あいさつ・よく使う表現

⑳ □ 地図（ちず） (नक्शा／ផែនទី／ແຜນທີ່)

㉑ □ 北（きた） (उत्तर／ជើង／ທິດເໜືອ)

▶北口（ぐち） (उत्तर ढोका／ច្រកខាងជើង／ທາງອອກທິດເໜືອ)

㉒ □ 南（みなみ） (दक्षिण／ត្បូង／ທິດໃຕ້)

▶南口 (दक्षिणढोका／ច្រកខាងត្បូង／ທາງອອກທິດໃຕ້)

㉓ □ 西（にし） (पश्चिम／លិច／ທິດຕາເວັນຕົກ)

▶西口 (पश्चिम ढोका／ច្រកខាងលិច／ທາງອອກທິດຕາເວັນຕົກ)

㉔ □ 東（ひがし） (पूर्व／កើត／ທິດຕາເວັນອອກ)

▶東口 (पूर्व ढोका／ច្រកខាងកើត／ທາງອອກທິດຕາເວັນອອກ)

㉕ □ ～側（がわ） (~तर्फ,तिर／ខាង~／ເບື້ອງ ~)

▶窓（まど）側の席（せき）は空（あ）いてますか。
(झ्यालतिरको सिट खालि छ?／តើកៅអីខាងបង្អួចទំនេរទេ?／ບ່ອນນັ່ງເບື້ອງປ່ອງຢ້ຽມວ່າງບໍ່?)

▶右側、左側、窓側、南側

(दायाँ तर्फ,बायाँ तर्फ,झ्याल तर्फ,दक्षिण तर्फ／ខាងស្ដាំ, ខាងឆ្វេង, ខាងបង្អួច, ខាងត្បូង／ເບື້ອງຂວາ, ເບື້ອງຊ້າຍ, ເບື້ອງປ່ອງຢ້ຽມ, ເບື້ອງໃຕ້)

㉖ □ ～口（くち／ぐち） (~द्वार,ढोका,गेट／ច្រក／ທາງເຂົ້າ~)

㉗ □ 北口（きたぐち）、入（いり）口、出（で）口、非常（ひじょう）口、裏口
(उत्तर ढोका,प्रवेशद्वार,बाहिरिने द्वार,आकस्मिक द्वार,पछाडिको ढोका।／ច្រកខាងជើង, ច្រកចូល, ច្រកចេញ, ច្រកអាសន្ន, ច្រកខាងក្រោយ／ທາງເຂົ້າທິດເໜືອ, ທາງເຂົ້າ, ທາງອອກ, ທາງອອກສຸກເສີນ, ທາງເຂົ້າດ້ານຫຼັງ)

▶玄関（げんかん）は閉（し）まっていますので、裏（うら）口から入（はい）ってください。
(प्रवेशद्वार (गेट)बन्द भएकोले पछाडिको ढोकाबाट पस्नुहोला।／សូមចូលតាមច្រកក្រោយ ដោយសារច្រកទ្វារមុខបិទហើយ។／ທາງເຂົ້າດ້ານໜ້າອັດຢູ່, ກະລຸນາເຂົ້າທາງເຂົ້າດ້ານຫຼັງ.)

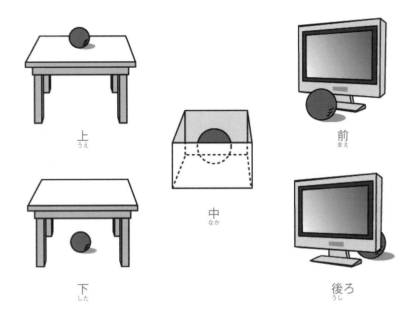

上
うえ

中
なか

前
まえ

下
した

後ろ
うし

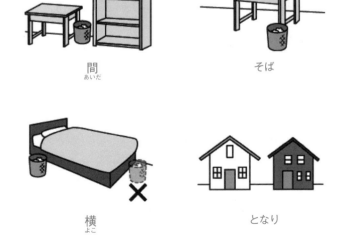

間
あいだ

そば

横
よこ

となり

55

UNIT 47 パソコン・ネット

(निजि कम्प्युटर,नेट／កុំព្យូទ័រ, អ៊ិនធើណេត／ຄອມພິວເຕີ・ອິນເຕີເນັດ)

❶ □ パソコン (निजि कम्प्युटर／កុំព្យូទ័រ／ຄອມພິວເຕີ)

❷ □ コンピューター (कम्प्युटर／កុំព្យូទ័រ／ຄອມພິວເຕີ)

❸ □ データ (डाटा／ទិន្នន័យ／ຂໍ້ມູນ)

❹ □ ファイル (फाईल／ឯកសារ／ແຟ້ມເອກະສານ, ຟາຍ)

❺ □ 開(ひら)く (खोल्नु／បើក／ເປີດ)

▶すみません、ファイルが開かないんですが……。

(माफ गर्नुस, फाइल खुलदैन त -------।／សូមទោស ឯកសារបើកមិនចេញទេ...／ຂໍໂທດ, ເປີດຟາຍບໍ່ໄດ້ນະ...)

❻ □ 保存(ほぞん)(する) (सेभ गर्नु／រក្សាទុក／ບັນທຶກ, ເຊບ, ຮັກສາ)

▶ファイル / データを保存する

(फाइल/डाटा सेभ गर्ने／រក្សាទុកឯកសារ/ ទិន្នន័យ／ຮັກສາຟາຍ/ຂໍ້ມູນ)

❼ □ 上書(うわが)き(する) (सच्याउनु,पुनर्लेखन गर्नु／សរសេរពីលើ／ບັນທຶກທັບ, ເຊບທັບ)

▶ファイルを上書きしないよう、気(き)をつけてください。

(फाइल सच्याउन/पुनर्लेखन गर्न नहुने कुरामा होशियार हुनुहोला।／សូមប្រយ័ត្នកុំសរសេរពីលើឯកសារ។／ຈົ່ງລະມັດລະວັງ, ຢ່າບັນທຶກຟາຍທັບ.)

❽ □ フォルダ (फोल्डर／កម្រងឯកសារ／ກ່ອງມ້ຽນເອກະສານ, ໂຟນເດີ້)

41 新しい・静かな
42 どんな人？
43 とても・もっと
44 こそあ
45 だれ・どこ・いつ
46 場所
47 パソコン・ネット
48 仕事
49 教室の言葉
50 あいさつ・よく使う表現

❾ □ パスワード (पासवर्ड／លេខសម្ងាត់／ລະຫັດລັບ)

❿ □ 入力(にゅうりょく)(する) (हान्नु,थिच्नु／បញ្ចូល／ປ້ອນຂໍ້ມູນ)

▶次(つぎ)に、パスワードを入力してください。

(अब पासवर्ड हान्नुहोस।／បន្ទាប់មក សូមបញ្ចូលលេខសម្ងាត់។／ຕໍ່ໄປ, ກະລຸນາປ້ອນຂໍ້ມູນຂອງລະຫັດລັບ.)

⓫ □ クリック(する) (क्लिक／ចុច／ກົດ, ຄລິກ)

▶ダブルクリック (डबल क्लिक／ចុចពីរដង／ກົດ2ເທື່ອຕິດຕໍ່ກັນ, ຄລິກ2ເທື່ອຕິດຕໍ່ກັນ)

⓬ □ キー (कि／ផ្លែចុច(របស់ក្តារចុច) , ឃី／ແປ້ນ, ຄີ)

▶どのキーを押(お)せばいいんですか。

(कुन कि थिच्दा हुन्छ?／តើគួរចុចឃី (ផ្លែចុចរបស់ក្តារចុច)មួយណា?／ກົດຄີໃດດີ?)

⓭ □ 取(と)り消(け)す (रध्द गर्नु／លុបចោល／ລຶບ)

⓮ □ 取り消し (रध्द／លុបចោល／ການຍົກເລີກ)

▶取り消しをしたいときは、どうすればいいんですか。

(रध्द गर्न परेको बेलामा कसो गर्दा हुन्छ?／ពេលចង់លុបចោល តើគួរធ្វើយ៉ាងណា?／ຕ້ອງເຮັດແນວໃດຍາມຢາກລຶບ?)

⓯ □ 電源(でんげん) (ब्याट्रि／ប្រភពអគ្គិសនី, ប្រភពភ្លើង／ປັກສຽບໄຟ)

▶おかしいと思(おも)ったら、電源が入(はい)ってなかった。

(के भयो भनेर दङ परेको ब्याट्रि हालेको रहेनछ।／ខ្ញុំគិតថាចម្លែក ស្រាប់តែទើបដឹងថាអត់មានដោតភ្លើង។／ຄິດວ່າມັນແປກໆແຕ່ຄວາມຈິງແມ່ນໄຟບໍ່ເຂົ້າ.)

▶電源を入(い)れる (ब्याट्रि हालनु／បើកភ្លើង／ເປີດ)

▶電源を切(き)る (स्विच अफ गर्नु／បិទភ្លើង／ມອດ)

⓰ □ 再起動(さいきどう)(する) (फेरि अन् गर्नु／ចាប់ផ្តើមឡើងវិញ／ເລີ່ມຕົ້ນໃໝ່, ລີສະຕາດ)

⑰ □ **インターネット** (इन्टरनेट／អ៊ីនធើណេត／ອິນເຕີເນັດ)

⑱ □ **ネット** (नेट／អ៊ីនធើណេត／ອອນລາຍ, ອິນເຕີເນັດ)

▶ネットでも買(か)えますよ。

(नेटबाट पनि किन्न सकिन्छ नि।／អាចទិញបានតាមអ៊ីនធើណេត។／ຊື້ທາງອອນລາຍກໍ່ໄດ້ໄດ່.)

⑲ □ **接続(せつぞく)(する)** (कनेक्ट／តំណភ្ជាប់／ການເຊື່ອມຕໍ່)

⑳ □ **つながる** (कनेक्ट हुनु／ភ្ជាប់, ត／ເຊື່ອມຕໍ່)

▶困(こま)ったなあ。ネットにつながらなくなった。

(समस्या पर्यो,नेटमा कनेक्ट नहुने भयो।／ទាល់គំនិតហើយ។ ភ្ជាប់អ៊ីនធើណេតមិនបាន។／ເດືອດຮ້ອນແລ້ວ, ຂາດການເຊື່ອມຕໍ່ອິນເຕີເນັດ.)

㉑ □ **サイト** (साइट／វេបសាយ／ເວັບໄຊ)

▶人気(にんき)のレストランを紹介(しょうかい)しているサイトです。

(चलेको(चर्चित)रेस्टुरेण्टको बारेमा जानकारि गराउने साइट हो।／នេះជាវេបសាយណែនាំអំពីភោជនីយដ្ឋានដែលមានប្រជាប្រិយភាព។／ເວັບໄຊທີ່ແນະນຳຮ້ານອາຫານດັງໆ.)

㉒ □ **ウェブサイト** (वेबसाइट／វេបសាយ／ເວັບໄຊ)

㉓ □ **ホームページ** (होमपेज／គេហទំព័រ／ໂຮມເພຈ)

㉔ □ **アクセス(する)** (एक्सेस／ចូល／ເຂົ້າເບິ່ງ, ເຂົ້າເຖິງ)

▶会社(かいしゃ)のホームページには、一日(いちにち)に1万(まん)のアクセスがあります。

(कम्पनी को होमपेजमा दिनमा १० हजारको एक्सेस छ।／គេហទំព័ររបស់ក្រុមហ៊ុនមានគេចូលមើល១ម៉ឺនដងក្នុងមួយថ្ងៃ។／ມີ1ໝື່ນຄົນເຂົ້າເບິ່ງໂຮມເພຈຂອງບໍລິສັດໃນໜຶ່ງມື້.)

㉕ □ **検索(けんさく)(する)** (सर्च (गर्नु)／ស្វែងរក／ຄົ້ນຫາຂໍ້ມູນ)

▶検索して調(しら)べて。

(सर्च गरेर खोज।／សូមស្វែងរកហើយស្រាវជ្រាវ／ກວດສອບໂດຍການຄົ້ນຫາຂໍ້ມູນ.)

42 どんな人？
43 とても・もっと
44 こそあ
46 場所
47 パソコン・ネット
48 仕事
49 教室の言葉
50 あいさつ・よく使う表現

㉖ □ メール（する） (इमेल (गर्नु)／អ៊ីម៉េល／ເມລ, ຈົດໝາຍອີເລັກໂຕຣນິກ)

㉗ □ 添付（する） (अट्याच(गर्नु)／ផ្ញើភ្ជាប់／ຄັດຕິດ)
てんぷ

▶きのうの写真、メールに添付しますね。
しゃしん

(हिजोको फोटो इमेलमा अट्याच गर्छु है।／ខ្ញុំនឹងផ្ញើភ្ជាប់រូបថតកាលពីម្សិលមិញតាមអ៊ីម៉េល។／ຂໍຄັດຕິດຮູບມື້ວານໃສ່ເມລເດີ້.)

▶添付ファイル (अट्याच फाइल／ឯកសារផ្ញើភ្ជាប់មកជាមួយ／ເອກະສານຄັດຕິດ)

㉘ □ 送信（する） (सेण्ड／បញ្ជូនសារ／ສົ່ງ)
そうしん

㉙ □ 受信（する） (रिसिभ／ទទួលសារ／ຮັບ)
じゅしん

㉚ □ 転送（する） (फरवार्ड／បញ្ជូនបន្ត／ສົ່ງຕໍ່)
てんそう

㉛ □ ソフト (सफ्ट／កម្មវិធីកុំព្យូទ័រ／ຊອບແວ)

㉜ □ ダウンロード（する） (डाउनलोड／ដោនឡូត／ດາວໂຫຼດ)

㉝ □ ウイルス (भाइरस／វីរុស／ໄວລັດ)

㉞ □ 印刷（する） (प्रिण्ट／បោះពុម្ព, ព្រីន／ປຣິ້ນ, ພິມ)
いんさつ

㉟ □ プリンター (प्रिण्टर／ម៉ាស៊ីនព្រីន／ປຣິ້ນເຕີ້)

UNIT 48

仕事
しごと
(काम,पेशा／ការងារ／ວຽກ)

41 新しい・静かな

42 どんな人？

43 とても・もっと

44 こそあ

45 どれっ・だいこつ…

46 場所

47 パソコン・ネット

48 仕事

49 教室の言葉

50 あいさつ・よく使う表現

❶ □ **仕事** (काम,पेशा／ការងារ／ວຽກ)

▶どんな仕事をしているんですか。

(कस्तो काम गरि रहनुभयको छ?／តើអ្នកធ្វើការងារអ្វី?／ເຮັດວຽກຫຍັງຢູ່ກັບຫຍັງ?)

❷ □ **働く** (काम गर्नु／ធ្វើការ／ເຮັດວຽກ)
はたら

❸ □ **勤める** (जागिर खानु／ធ្វើការ／ເຮັດວຽກ)
つと

▶旅行会社に勤めています。
りょこうがいしゃ

(ट्राभल एजेन्सीमा काम गर्छु।／ខ្ញុំធ្វើការនៅក្រុមហ៊ុនទេសចរណ៍។／ເຮັດວຽກຢູ່ບໍລິສັດທ່ອງທ່ຽວ.)

❹ □ **会社** (कंपनि,कार्यालय／ក្រុមហ៊ុន／ບໍລິສັດ)
かいしゃ

❺ □ **事務所** (अफिस／ការិយាល័យ／ຫ້ອງການ)   同オフィス
じ む しょ

❻ □ **職場** (कार्यस्थल／កន្លែងធ្វើការ／ບ່ອນເຮັດວຽກ)
しょくば

❼ □ **本社** (हेड कंपनि／ក្រុមហ៊ុនមេ／ສຳນັກງານໃຫຍ່, ບໍລິສັດແມ່)
ほんしゃ

▶支社 (शाखा कार्यालय／សាខា／ບໍລິສັດລູກ, ສຳນັກງານສາຂາ)
ししゃ

▶本店、支店
ほんてん　してん
(मुख्य पसल,शाखा पसल／បាងង់ធំ, សាខា／ຫ້ອງການໃຫຍ່/ສຳນັກງານໃຫຍ່, ສາຂາ)

❽ □ **会議** (मिटिंग,कार्यक्रम／ការប្រជុំ／ກອງປະຊຸມ)   同ミーティング
かい ぎ

❾ □ **出張(する)** (काज／បេសកម្មការងារ／ໄປເຮັດວຽກຕ່າງແຂວງ/ຕ່າງປະເທດ)
しゅっちょう

❿ □ **集合(する)** (जम्मा (हुनु)／ការជួបជុំ／ນັດພົບກັນ, ລວມໂຕກັນ)
しゅうごう

▶集合時間
じかん

(जम्मा हुने समय／ម៉ោងជួបជុំ／ເວລານັດພົບກັນ)

⓫ □ **遅刻(する)** (ढिला／មកយឺត／ຊ້າ, ມາຊ້າ, ໄປຊ້າ)
ちこく

⓬ □ **遅れる** (ढिलाहुनु／យឺត／ຊ້າ)
おく

▶9時集合ですから、遅刻しないようにしてください。
じ

(जम्मा हुने(जुट्ने)समय ९ बजे हो ढिला नगर्नु होला।／ដោយសារម៉ោង៩ជួបជុំគ្នា ដូច្នេះសូមកុំមកយឺត។／ນັດພົບກັນຕອນ9ໂມງ, ສະນັ້ນຢ່າມາຊ້າ.)

⓭ □ **休む** (विदा लिनु,आराम गर्नु／សម្រាក／ພັກ)
やす

▶あしたは会社を休みます。
かいしゃ

(भोलि अफिस विदा लिन्छु।／ថ្ងៃស្អែក ខ្ញុំឈប់សម្រាកពីការងារ។／ມື້ອື່ນບໍລິສັດພັກ.)

⓮ □ **休み** (विदा ,आराम ／ការសម្រាក／ພັກ, ລາພັກ)

▶田中さんは、きょうは休みです。
たなか

(तानाका जी आज विदामा हुनुहुन्छ।／លោកតាណាកាឈប់សម្រាកថ្ងៃនេះ។／ມື້ນີ້, ທ້າວ ທະນາກະ ລາພັກ.)

⓯ □ **予定** (योजना,कार्यक्रम／គំរោង／ກຳນົດການ, ວຽກ)
よてい

▶来月の予定は、どうなっていますか。
らいげつ

(अर्को महिनाको योजना केछ?／គំរោងខែក្រោយ យ៉ាងម៉េចហើយ?／ແຜນການຂອງເດືອນໜ້າຊິເປັນແນວໃດ?)

⓰ □ **スケジュール** (कार्यक्रम／កាលវិភាគ／ກຳນົດການ)

▶詳しいスケジュールを教えてください。
くわ　おし

(कार्यक्रमको बारेमा डिटेलमा बताउनुहोस।／សូមប្រាប់ពីកាលវិភាគលំអិត។／ລົບກວນບອກກຳນົດການລະອຽດ.)

⑰ □ 計画(する) けいかく (योजना／ផែនការ／ແຜນການ, ການວາງແຜນ)

▶最初の計画とは、ちょっと違います。
さいしょ　ちが

(पहिलाको योजना भन्दा अलिकति फरक छ?／វាខុសបន្តិចពីផែនការដំបូងបំផុត។／ແຕກຕ່າງຈາກແຜນການໃນເບື້ອງຕົ້ນໜ້ອຍໜຶ່ງ.)

⑱ □ 係り かか (संबन्धित／អ្នកទទួលខុសត្រូវផ្នែក／ພະນັກງານຮັບຜິດຊອບ, ເຈົ້າໜ້າທີ່)

▶〈電話で〉係りの者に代わります。
でんわ　もの　か

((फोनमा कुरा गर्दै) संबन्धित व्यक्तिलाई दिन्छु।／(និយាយទូរសព្ទ) ខ្ញុំប្តូរអោយជួបអ្នកទទួលខុសត្រូវផ្នែក។／(ລົມໂທລະສັບ) ຊິໂອນສາຍໃຫ້ພະນັກງານຮັບຜິດຊອບ.)

⑲ □ 上司 じょうし (वरिष्ठ कर्मचारी／ប្រធាន／ຫົວໜ້າ, ເຈົ້ານາຍ)

⑳ □ 新人 しんじん (नयाँ मान्छे／អ្នកទើបចូលធ្វើការ／ພະນັກງານໃໝ່)

㉑ □ 資料 しりょう (डकुमेन्ट／ឯកសារ／ເອກະສານ)

▶あした会議があるから、資料を用意しなければならない。
かいぎ　ようい

(भोलि बैठक भएकोले डकुमेन्ट तयार नगरिहुंदैन।／សូមត្រៀមឯកសារ ព្រោះថ្ងៃស្អែកមានការប្រជុំ។／ຕ້ອງກະກຽມເອກະສານ, ເພາະວ່າມື້ອື່ນມີປະຊຸມ.)

㉒ □ サンプル／見本 みほん (नमूना／គំរូ／ຕົວຢ່າງ (ສິນຄ້າ))

▶商品のサンプルを送ってもらえますか。
しょうひん　おく

(सामानको नमूना पठाइदिनुहुनछ कि ?／តើអ្នកអាចផ្ញើផលិតផលគំរូអោយបានទេ?／ລົບກວນສົ່ງຕົວຢ່າງສິນຄ້າມາໃຫ້ໄດ້ບໍ່?)

㉓ □ カタログ (क्याटलग／កាតាឡុក／ປື້ມລາຍການສິນຄ້າ)

▶カタログの中から好きなものを選べます。
なか　す　えら

(क्याटलगबाट मन परेको वस्तु छानिन्छ।／សូមជ្រើសរើសរបស់ដែលអ្នកចូលចិត្តខ្លាំងពីក្នុងកាតាឡុក។／ເລືອກອັນທີ່ມັກຈາກປື້ມລາຍການສິນຄ້າ.)

42 どんな人？
43 とても・もっと
44 こそあ
46 場所
47 パソコン・ネット
48 仕事
49 教室の言葉
50 あいさつ・よく使う表現

㉔ □ コピー(する) (फोटोकपी／កូពី, ថតចម្លង／ສຳເນົາ, ການອັດເອກະສານ)

▶これを 10 枚(まい)コピーしてください。

(यो १० पाना फोटोकपि गर्नुस।／សូមកូពីឯកសារនេះចំនួន១០សន្លឹក។／ອັດເອກະສານນີ້ໃຫ້ແດ່10ຊຸດ.)

㉕ □ コピーをとる (फोटोकपी गर्नु／កូពី, ថតចម្លង／ອັດເອກະສານ)

㉖ □ コピー機(き) (फोटोकपी मेसिन／ម៉ាស៊ីនថតចម្លង／ຈັກອັດເອກະສານ)

㉗ □ 確認(かくにん)(する) (चेक,जाँच／ការត្រួតពិនិត្យ／ຢືນຢັນ, ກວດສອບ)

▶時間(じかん)と場所(ばしょ)を確認しておいてください。

(समय र स्थान चेक गर्नुहोस।／សូមពិនិត្យពេលវេលានិងទីកន្លែងទុកជាមុន។／ກະລຸນາກວດສອບເວລາແລະສະຖານທີ່.)

㉘ □ 確(たし)かめる (हेर्नु,जाँच्नु／បញ្ជាក់, ត្រួតពិនិត្យ／ເຮັດໃຫ້ແນ່ໃຈ)

▶よく確かめないで来(き)たので、場所(ばしょ)を間違(まちが)えてしまいました。

(राम्रो चेक नगरिकन आएकोले ठेगाना गलत गरियो।／ខ្ញុំបានច្រលំកន្លែងដោយសារខ្ញុំមកដោយមិនបានបញ្ជាក់អោយបានច្បាស់។／ຍ້ອນມາແບບບໍ່ແນ່ໃຈຄັກກໍ່ເລີຍຫຼົງບ່ອນ.)

㉙ □ 連絡(れんらく)(する) (खबर,संपर्क／ទាក់ទង／ຕິດຕໍ່)

▶遅(おく)れるときは、必(かなら)ず連絡をしてください。

(ढिला भएको खण्डमा अनिवार्य खबर गर्नुहोस।／សូមទាក់ទងមកជានិច្ច ពេលមកយឺត។／ຖ້າຊິຊ້າ, ກະລຸນາຕິດຕໍ່ຫາແທ້ໆເດີ້.)

㉚ □ 報告(ほうこく)(する) (जानकारि／របាយការណ៍／ລາຍງານ)

▶あした、詳(くわ)しく報告します。

(भोलि बिस्तारमा जानकारि गराउँछु।／ថ្ងៃស្អែក ខ្ញុំនឹងរាយការណ៍យ៉ាងលំអិត។／ມື້ອື່ນ, ຊິລາຍງານຢ່າງລະອຽດ.)

㉛ □ ミス(する) (गल्ति／កំហុស／ຄວາມຜິດພາດ)

▶すみません、ちょっとミスをしてしまいました。

(माफ गरनुहोस,थोरै गल्ति गर्न पुगेँ।／សូមទោស ខ្ញុំបានធ្វើខុសបន្តិចបាត់ទៅហើយ។／ຂໍໂທດທີ່ເຮັດຜິດພາດໄປໜ້ອຍໜຶ່ງ)

㉜ □ トラブル (समस्या／បញ្ហា／ບັນຫາ, ຄວາມຫຍຸ້ງຍາກ)

▶トラブルが起(お)きたときは、上司(じょうし)に報告(ほうこく)して、相談(そうだん)してください。

(केहि समस्या आएमा वरिष्ठ कर्मचारीलाई जानकारि गराएर छलफल गर्नुस।／ពេលមានបញ្ហាកើតឡើង សូមរាយការណ៍និងពិភាក្សាជាមួយថ្នាក់មេ។／ຖ້າມີບັນຫາເກີດຂຶ້ນ, ກະລຸນາລາຍງານແລະຂໍຄຳປຶກສາຈາກຫົວໜ້າ.)

㉝ □ サイン(する) (सही／ហត្ថលេខា／ລາຍເຊັນ)

▶ここにサインをお願(ねが)いします。

(यहाँ सही गर्नका लागि अनुरोध गर्छु।／សូមចុះហត្ថលេខានៅទីនេះ។／ຂໍລາຍເຊັນໃສ່ບ່ອນນີ້ແດ່.)

㉞ □ 名刺(めいし) (भिजिटिङ कार्ड／នាមបណ្ណ／ນາມບັດ)

▶名刺を交換(こうかん)する、名刺をもらう

(भिजिटिङ कार्ड लेनदेन गर्ने ,भिजिटिङ कार्ड लिने।／ផ្លាស់ប្តូរនាមបណ្ណគ្នា, ទទួលយកនាមបណ្ណ／ແລກນາມບັດກັນ, ໄດ້ຮັບນາມບັດ)

㉟ □ 残業(ざんぎょう)(する) (ओभरटाइम／ការងារថែមម៉ោង／ວຽກລ່ວງເວລາ)

▶きょうも残業ですか。大変(たいへん)ですね。

(आज पनि ओभरटाइम छ?गाह्रो छ हगि?／ថ្ងៃនេះក៏ធ្វើការថែមម៉ោងដែរឬ? ពិបាកហើយ។／ມື້ນີ້ກໍ່ເຮັດວຽກລ່ວງເວລາບໍ? ລຳບາກເນາະ.)

㊱ □ ストレス (तनाव,स्ट्रेस／ភាពតានតឹងក្នុងចិត្ត, ស្រ្តេស／ຄວາມຄຽດ)

▶毎日(まいにち)忙(いそが)しくて、ストレスがたまっています。

(प्रत्येकदिन व्यस्त भएकोले तनाव बढेको छ।／រវល់រាល់ថ្ងៃ មានស្រ្តេសច្រើន។／ຫຍຸ້ງທຸກໆມື້, ຈຶ່ງເຮັດໃຫ້ມີຄວາມຄຽດສະສົມ.)

㊲ □ やめる (छाड्नु／ឈប់／ລາອອກ, ເຊົາ)

▶会社(かいしゃ) / 仕事(しごと) / たばこをやめる

(कंपनि/काम/धुम्रपान छोड्ने।／ឈប់ពីក្រុមហ៊ុន/ការងារ, ឈប់ជក់បារី／ລາອອກຈາກບໍລິສັດ, ເຊົາເຮັດວຽກ, ເຊົາຢາສູບ)

42 どんな人?
43 とても・もっと
44 こそあ
46 場所
47 パソコン・ネット
48 仕事
49 教室の言葉
50 あいさつ・よく使う表現

㊳ □ 募集(する) (आवश्यकता／ជ្រើសរើស／ປະກາດຮັບສະໝັກ)
ぼしゅう

▶そちらのお店で、いま、アルバイトの募集をしていますか。
みせ

(तपाईँको पसलमा कर्मचारी आवश्यकता भएको हो?／នៅហាងនោះ ឥឡូវនេះកំពុងរើសការងារក្រៅម៉ោងឬ?／ດຽວນີ້, ຮ້ານນັ້ນປະກາດຮັບສະໝັກວຽກພິເສດບໍ່?)

㊴ □ 就職(する) (जागिर,नोकरी／ការងារ／ເຂົ້າເຮັດວຽກ, ໄດ້ວຽກເຮັດ)
しゅうしょく

▶日本で就職したいと思っています。
にほん　おも

(जापानमा नोकरी गरौँकि भन्ने बिचारमा छु।／ខ្ញុំកំពុងគិតចង់ធ្វើការនៅជប៉ុន។／ຄິດຢາກໄດ້ວຽກເຮັດຢູ່ຍີ່ປຸ່ນ.)

㊵ □ 面接(する) (अन्तरवार्ता／ការសម្ភាសន៍／ສຳພາດ)
めんせつ

▶あした、A社の面接を受けます。
しゃ　う

(भोलि A कंपनिमा अन्तर्वार्ता दिन्छु।／ថ្ងៃស្អែក ខ្ញុំសម្ភាសន៍ការងារនៅក្រុមហ៊ុនA។／ມື້ອື່ນ, ຊິເຂົ້າສຳພາດຂອງບໍລິສັດA.)

57

UNIT 49

教室の言葉（きょうしつ ことば）

(कक्षाकोठाको भाषा／ពាក្យប្រើក្នុងថ្នាក់រៀន／ຄຳສັບໃນຫ້ອງຮຽນ)

❶ □ 授業（じゅぎょう） (कक्षा／ម៉ោងរៀន／ຊົ່ວໂມງຮຽນ)

❷ □ 始める（はじ） (शुरु गर्नु／ចាប់ផ្តើម／ເລີ່ມ)

▶では、授業を始めます。

(अब कक्षा शुरु गर्छौं।／អញ្ចឹង ម៉ោងរៀនសូមបញ្ចប់ត្រឹមនេះ។／ມາເລີ່ມຮຽນກັນເລີຍ.)

❸ □ 終わる（お） (सकिनु／បញ្ចប់／ຈົບ, ແລ້ວ, ໝົດ)

▶では、これで授業を終わります。

(अब यसपछि कक्षा सकिन्छ।／អញ្ចឹង ម៉ោងរៀនសូមបញ្ចប់ត្រឹមនេះ។／ມາຮອດນີ້ແມ່ນໝົດຊົ່ວໂມງຮຽນ.)

❹ □ 出席（しゅっせき）(する) (हाजिर (हुनु)／វត្តមាន／ຂຶ້ນຫ້ອງ)

❺ □ 欠席（けっせき）(する) (गयल(हुनु)／អវត្តមាន／ຂາດຮຽນ)

❻ □ 遅刻（ちこく）(する) (ढिला (हुनु)／មកយឺត／ມາຊ້າ)

▶遅刻したら、だめですよ。

(ढिला आउन हुन्न है!／ប្រសិនបើមកយឺត គឺមិនបានទេ។／ມາຊ້າບໍ່ໄດ້ເດີ້.)

❼ □ 時間割（じかんわり） (रुटिन／កាលវិភាគ／ຕາຕະລາງຮຽນ)

❽ □ 教科書（きょうかしょ） (पाठ्यपुस्तक／សៀវភៅសិក្សា／ປຶ້ມແບບຮຽນ)

❾ □ テキスト (टेक्स्ट बुक／សៀវភៅសិក្សា／ປື້ມແບບຮຽນ)

❿ □ ページ (पेज／ទំព័រ／ໜ້າ (ເຈ້ຍ, ປື້ມ))

⓫ □ 開(ひら)く (खोल्नु／បើក／ເປີດ)

▶テキストの 20 ページを開いてください。

(टेक्स्ट बुकको २० नं पेज पल्टाउनुस।／សូមបើកសៀវភៅទំព័រទី២០។／ກະລຸນາເປີດໜ້າທີ20ຂອງປື້ມແບບຮຽນ.)

⓬ □ 問題(もんだい) (समस्या,प्रश्न／បញ្ហា, ចំណោទ, លំហាត់／ຄຳຖາມ, ບັນຫາ)

▶問題は全部(ぜんぶ)で 10 問(もん)あります。

(प्रश्न जम्मा १० वटा छ।／ចំណោទទាំងអស់មាន១០សំនួរ។／ມີທັງໝົດ10ຄຳຖາມ.)

⓭ □ 問題集(しゅう) (प्रश्नको सँगालो／បណ្តុំបញ្ហា／ຄຳຖາມລວມ)

⓮ □ 練習(れんしゅう)(する) (अभ्यास गर्नु／អនុវត្តន៍／ຝຶກຫັດ)

⓯ □ ドリル (अभ्यास ／ការហ្វឹកហាត់សាកល្បង／ຝຶກຊ້ອມ, ປະຕິບັດໂຕຈິງ)

⓰ □ もう一度(いちど) (फेरि एकपटक／ម្តងទៀត／ອີກເທື່ອໜຶ່ງ)

⓱ □ くり返(かえ)す (दोहोर्याउनु／ធ្វើម្តងទៀត, ច្រំដែល, ដដែលៗ／ລື້ມຄືນ, ເຮັດຄືນ)

⓲ □ くり返し (दोहोर्याउने काम／ការកើតឡើងម្តងទៀត／ການລື້ມຄືນ, ການເຮັດຄືນ)

▶くり返し言(い)ってください。

(दोहोर्याएर भन।／សូមនិយាយឡើងវិញម្តងទៀត។／ຈົ່ງເວົ້າຄືນ.)

⓳ □ ペア (जोडी／ដៃគូ, គូរ／ຄູ່)

▶となりの人(ひと)と、ペアで練習(れんしゅう)してください。

(सँगैको व्यक्तिसँग जोडी भएर अभ्यास गर।／សូមហ្វឹកហាត់ជាគូរជាមួយអ្នកនៅក្បែរខ្លួន។／ຈົ່ງຝຶກຊ້ອມເປັນຄູ່ກັບຄົນຢູ່ທາງຂ້າງ.)

⓴ □ グループ (ग्रुप,समुह／ក្រុម／ກຸ່ມ)

▶グループで練習（れんしゅう）しましょう。

(समुहमा अभ्यास गरौं।／គោះហ្វឹកហាត់ជាក្រុម។／ພາກັນຝຶກຊ້ອມເປັນກຸ່ມ.)

㉑ □ 予習（よしゅう）(する) (तयारी गर्नु／រៀនត្រៀមទុកមុន／ກຽມບົດຮຽນ)

▶あしたの予習はもうしましたか。

(भोलिकोतयारिगरिसक्यो?／តើអ្នកបានរៀនទុកជាមុនសម្រាប់ថ្ងៃស្អែកហើយឬ?／ໄດ້ກຽມບົດຮຽນສຳລັບມື້ອື່ນແລ້ວບໍ?)

㉒ □ 復習（ふくしゅう）(する) (अभ्यास गर्नु／រៀនសារឡើងវិញ, ពិនិត្យឡើងវិញ／ທວນບົດຮຽນ)

▶ここはよく復習しておいてください。

(यसमा राम्रोसँग अभ्यास गर्नुस।／សូមរៀនកន្លែងនេះសារឡើងវិញទុកជាមុនអោយបានច្រើន។／ຈົ່ງທວນບົດຮຽນສ່ວນນີ້ໄວ້ໃຫ້ດີ.)

㉓ □ 宿題（しゅくだい）(する) (ग्रिहकार्य,होमवर्क／លំហាត់, កិច្ចការសាលា／ເຮັດວຽກບ້ານ)

▶宿題はもうやった？

(ग्रिहकार्य होमवर्क／ធ្វើលំហាត់ហើយ?／ເຮັດວຽກບ້ານແລ້ວບໍ?)

▶宿題を持（も）って来（く）るのを忘（わす）れた。

(होमवर्क लिएर आउन बिर्सियो।／ខ្ញុំភ្លេចយកកិច្ចការសាលាមក។／ລືມເອົາວຽກບ້ານມາ.)

㉔ □ 出（だ）す (निकाल्नु／បញ្ជូន, បញ្ចេញ／ສົ່ງ)

▶先週（せんしゅう）の宿題を出してください。

(अघिल्लो हप्ताको होमवर्क निकाल्नुहोस।／សូមបញ្ជូនកិច្ចការដែលបានដាក់អោយកាលពីសប្តាហ៍មុន។／ກະລຸນາສົ່ງວຽກບ້ານຂອງອາທິດແລ້ວ.)

㉕ □ 締（し）め切（き）り (अन्तिम दिन／ការកំណត់ពេល／ກຳນົດ, ມື້ສຸດທ້າຍ)

▶レポートのしめきりは、あさってです。

(रिपोर्टको अन्तिम म्याद पर्सि हो।／ការកំនត់ពេលបញ្ជូនរបាយការណ៍គឺថ្ងៃខានស្អែក។／ລືມກຳນົດສົ່ງບົດລາຍງານ.)

㉖ □ 自習（じしゅう）(する) (स्वअध्ययन (गर्नु)／រៀនដោយខ្លួនឯង／ຮຽນເອງ, ສຶກສາດ້ວຍຕົນເອງ)

41 新しい・静かな
42 どんな人？
43 とても・もっと
44 こそあ
46 場所
47 パソコン・ネット
48 仕事
49 教室の言葉
50 あいさつ・よく使う表現

㉗ □ **試験** (जाँच,परिक्षा／ការប្រលង／ການສອບເສັງ)
しけん

㉘ □ **テスト(する)** (टेस्ट／ប្រលង／ສອບເສັງ, ເສັງ)

㉙ □ **合格(する)** (पास (हुनु)／ប្រលងជាប់／ຜ່ານ)
ごうかく

▶試験に合格したんですか。

(परिक्षामा पास हुनुभयो?／តើអ្នកបានប្រលងជាប់ហើយឬ?／ສອບເສັງຜ່ານບໍ່?)

㉚ □ **不合格** (फेन/अनुत्तिर्ण／ប្រលងធ្លាក់／ເສັງຕົກ)
ふごうかく

㉛ □ **点数** (नंवर/ प्राप्तांक／ពិន្ទុ／ຄະແນນ)
てんすう

▶元気がないですね。 —テストの点数がよくなかったんです。
げんき

(सन्चो नभएको जस्तो छ नि！ —टेस्टमा नंवर/ प्राप्तांक राम्रो आएन।／ឯងដូចជាមិនសប្បាយចិត្តទេ។ ពីព្រោះពិន្ទុប្រលងមិនបានល្អ។／ບໍ່ມີເຫື່ອມີແຮງເນາະ. —ຍ້ອນເສັງໄດ້ຄະແນນບໍ່ດີ.)

㉜ □ **成績** (मार्क/ नंवर／លទ្ធផល／ຄະແນນ, ຜົນການຮຽນ)
せいせき

㉝ □ **レポート** (रिपोर्ट/ प्रतिवेदन／របាយការណ៍／ບົດລາຍງານ)

㉞ □ **発表(する)** (घोषणा गर्नु/ रिपोर्ट सुनाउनु／បទបង្ហាញ／ລາຍງານ, ບັນຍາຍ)
はっぴょう

▶一人ずつ発表してください。
ひとり

(एक-एक जनाले पढेर सुनाउनुहोस।／សូមធ្វើបទបង្ហាញម្តងម្នាក់ៗ／ກະລຸນາລາຍງານເທື່ອລະຄົນ)

㉟ □ **質問(する)** (प्रश्न (गर्नु)／សំនួរ／ຄຳຖາມ, ຖາມ)
しつもん

▶何か質問はありませんか。
なに

(केहि प्रश्न छैन?／តើមិនមានសំនួរអ្វីទេឬ?／ມີຄຳຖາມຫຍັງບໍ?)

❸❻ □ 答(こた)える (उत्तर/ जवाफ दिनु／ឆ្លើយ／ຕອບ)

▶質問(しつもん)に答えてください。

(प्रश्नको उत्तर दिनुहोस।／សូមឆ្លើយនឹងសំនួរ។／ຈົ່ງຕອບຄຳຖາມ.)

❸❼ □ 答え (उत्तर/ जवाफ ／ចម្លើយ／ຄຳຕອບ)

❸❽ □ 選(えら)ぶ (छान्नु／ជ្រើសរើស／ເລືອກ)

▶この中(なか)から一(ひと)つ選んでください。

(यो भित्रबाट एउटा छान्नुहोस ।／សូមជ្រើសរើសយកមួយពីក្នុងចំណោមនេះ។／ຈົ່ງເລືອກເອົາອັນໃດອັນໜຶ່ງຈາກໃນນີ້.)

❸❾ □ 丸(まる)をつける (गोलो लगाउनु／គូសរង្វង់មូល／ອ້ອມວົງມົນ)

▶答えを言(い)いますから、自分(じぶん)で丸(まる)をつけてください。

(उत्तर भनिदिन्छु आफैंने गोलो लगाउनुस।／ខ្ញុំប្រាប់ចម្លើយ ដូច្នេះសូមគូសរង្វង់មូលដោយខ្លួនឯង។／ຂ້ອຍບອກຄຳຕອບເດີ້, ກະລຸນາອ້ອມວົງມົນເອົາຄຳຕອບເອົາເອງ.)

★日本では、○（マル）＝正しい、×（バツ）＝まちがい（正しくない）

❹⓿ □ 考(かんが)える (सोच्नु,बिचार गर्नु／គិត／ຄິດ, ພິຈາລະນາ)

▶よく考えて、答えてください。

(राम्रो सोचेर उत्तर दिनुहोस।／សូមគិតអោយច្បាស់លាស់ រួចឆ្លើយ។／ກະລຸນາພິຈາລະນາໃຫ້ຄັກແລ້ວຕອບເດີ້.)

❹❶ □ 覚(おぼ)える (संझनु／ចងចាំ／ຈື່, ຈື່ຈຳ)

▶大切(たいせつ)なところなので、覚えてください。

(महत्वपूर्ण भएकोले स／សូមចងចាំ ព្រោះវាជាកន្លែងសំខាន់។／ເນື່ອງຈາກວ່າແມ່ນຈຸດສຳຄັນ, ກະລຸນາຈື່.)

❹❷ □ 忘(わす)れる (बिर्सनु／ភ្លេច／ລືມ)

42 どんな人？
43 とても・もっと
44 こそあ
46 場所
47 パソコン・ネット
48 仕事
49 教室の言葉
50 あいさつ・よく使う表現

㊸ □ わかる (बुझ्नु／យល់, ដឹង／ເຂົ້າໃຈ)

▶わかりましたか。　—いえ、よくわかりません。

(बुझ्नुभयो?　—अँह रामरो बुझेन।／តើអ្នកយល់ទេ? អត់ទេ មិនយល់ច្បាស់ទេ។／ເຂົ້າໃຈແລ້ວບໍ? —ບໍ່, ບໍ່ເຂົ້າໃຈປານໃດ.)

㊹ □ 説明(する) (वर्णन (गर्नु)／ពន្យល់／ອະທິບາຍ)

せつめい

㊺ □ 漢字 (खान्जि／អក្សរកាន់ជិ／ຕົວອັກສອນຈີນ, ຄັນຈິ)

かんじ

㊻ □ ふりがな (फुरिगाना／អក្សរហ្វឹរីហ្គាណា／ຕົວອັກສອນຮິລະກະນະ)

㊼ □ 読み (पढ्नु／អាន／ການອ່ານ)

よ

㊽ □ 調べる (खोज्नु,अनुसन्धान गर्नु／ស្រាវជ្រាវ／ກວດສອບ, ສຳຫຼວດ)

しら

㊾ □ チェック(する) (चेक गर्नु／ត្រួតពិនិត្យ, ឆែក／ກວດ)

▶宿題は、チェックして明日返します。

しゅくだい　あしたかえ

(होमवर्क चेक गरेर भोलि फिर्ता गर्छु।／ខ្ញុំនឹងត្រួតពិនិត្យលំហាត់ ហើយប្រគល់អោយវិញនៅថ្ងៃស្អែក។／ຊິກວດວຽກບ້ານ, ແລ້ວລະຊິສົ່ງກັບຄືນໃນມື້ອື່ນ.)

▶これはテストによく出るので、チェックしてください。

で

(परिक्षामा यो खुब आउँछ, चेक गर्नुस।／សូមពិនិត្យមើល ព្រោះវាឧស្សាហ៍ចេញពេលប្រលង។／ອັນນີ້ມັກອອກເສັງ, ກວດເດີ້.)

㊿ □ 正しい (मिल्ने,ठीक／ត្រឹមត្រូវ／ຖືກ, ຖືກຕ້ອງ)

ただ

▶正しい答えはどれですか。

(सही जवाफ कुन हो?／តើចម្លើយត្រឹមត្រូវមួយណា?／ຄຳຕອບທີ່ຖືກຕ້ອງແມ່ນໂຕໃດ?)

(51) □ 正解(せいかい)(する) (ठीक उत्तर,सही जवाफ／ចម្លើយត្រឹមត្រូវ／ຕອບຖືກ, ຄຳຕອບທີ່ຖືກຕ້ອງ)

▶正解は２番(ばん)の「インド」です。

(२ नंबरको (भारत) सही जवाफ हो।／ចម្លើយត្រឹមត្រូវគឺលេខ២ ប្រទេសឥណ្ឌា។／ຄຳຕອບທີ່ຖືກຕ້ອງແມ່ນຂໍ້2 「ອິນເດຍ」.)

(52) □ 合(あ)う (मिल्नु,सही जवाफ हुनु／ត្រូវ, សម／ກົງກັນ, ເຂົ້າກັນ)

▶この答(こたえ)えは合っていますか。

(यो जवाफ मिलेको छ?／តើចម្លើយនេះត្រឹមត្រូវទេ?／ຄຳຕອບນີ້ກົງກັນບໍ່?)

(53) □ 間違(まちが)える (गल्ति गर्नु／យល់ច្រលំ／ເຮັດຜິດ)

▶また間違ってしまった。

(फेरि गल्ति गरियो।／ច្រលំទៀតហើយ។／ເຮັດຜິດອີກແລ້ວ.)

(54) □ 間違い (गल्ति／ការយល់ច្រលំ／ຂໍ້ຜິດ)

▶この中(なか)に、間違いが一(ひと)つあります。

(यसमा एउटा गल्ति छ।／មានកំហុសមួយនៅក្នុងនេះ។／ຢູ່ໃນນີ້ມີຂໍ້ຜິດ1ຂໍ້.)

(55) □ 直(なお)す (सच्याउनु／កែ／ແປງ, ແກ້ໄຂ)

▶正(ただ)しい漢字(かんじ)に直してください。

(शुध्द खान्जिमा सच्याउनुस।／សូមកែអក្សរកាន់ជិអោយត្រូវ។／ຈົ່ງແປງເປັນຕົວຈີທີ່ຖືກຕ້ອງ.)

(56) □ 単語(たんご) (शब्द／ពាក្យ／ຄຳສັບ)

(57) □ 意味(いみ) (अर्थ／អត្ថន័យ／ຄວາມໝາຍ)

▶この単語の意味がわかりません。

(यो शब्दको अर्थ बुझेन।／ខ្ញុំមិនយល់អត្ថន័យរបស់ពាក្យនេះទេ។／ບໍ່ເຂົ້າໃຈຄວາມໝາຍຂອງຄຳສັບນີ້.)

58 □ 表現(する)(ひょうげん) (अभिव्यक्ति／សំនួនសេចក្តី／ຄວາມຮູ້ສຶກດວ້ຍຄຳເວົ້າ, ການສະແດງອອກເຖິງຄວາມຄິດ, ສຳນວນ, ຄຳເວົ້າ)

▶よく使(つか)う表現なので、覚(おぼ)えてください。

(धेरै प्रयोगमा आउने अभिव्यक्ति भएकोले संझिनुहोला।／សូមចងចាំព្រោះវាជាសំនួនសេចក្តីដែលគេឧស្សាហ៍ប្រើ។／ເປັນສຳນວນທີ່ໃຊ້ຕະຫຼອດ, ດັ່ງນັ້ນຈື່ເດີ້.)

59 □ 例(れい) (उदाहरण,नमुना／ឧទាហរណ៍／ຕົວຢ່າງ)

▶例文(ぶん) (नमुना वाक्य／ឃ្លាឧទាហរណ៍／ປະໂຫຍກຕົວຢ່າງ)

60 □ 例(たと)えば (जस्तै —／ឧទាហរណ៍／ຕົວຢ່າງ)

▶例えば、a、c、f などです。

(जस्तै a、c、f आदि／ឧទាហរណ៍ដូចជាacf ជាដើម។／ຕົວຢ່າງ: a, c, f ແລະອື່ນໆ.)

61 □ 参考(さんこう) (सन्दर्भ／យោង／ອີງໃສ່, ອ້າງອີງ)

▶これを参考にするといいですよ。

(यसलाई सन्दर्भको रुपमा लिँदा ठीक हुन्छ नि।／បើយោងតាមនេះ នឹងល្អ។／ອີງໃສ່ອັນນີ້, ຈະດີໄດ໋.)

62 □ 文(ぶん) (वाक्य／ឃ្លា／ປະໂຫຍກ)

63 □ 文章(ぶんしょう) (लेख／ប្រយោគ／ປະໂຫຍກ)

▶長(なが)い文章だと、疲(つか)れます。

(लामो लेख भयो भने त थाकिन्छ।／បើប្រយោគវែង នោះនឹងហត់។／ຖ້າເປັນປະໂຫຍກຍາວກໍ່ເຮັດໃຫ້ເມື່ອຍ.)

64 □ 行(ぎょう) (हरफ／បន្ទាត់／ແຖວ)

▶上(うえ)から５行目(め)です。

(माथिबाट पाँचौं हरफमा।／បន្ទាត់ទី៥រាប់ពីខាងលើមក។／ແຖວທີ5ຈາກເທິງສຸດ.)

65 □ 黒板(こくばん) (कालोपाटी／ក្តារខៀន (សសេរដីស)／ກະດານດຳ)

⑯ □ **ホワイトボード** (सेतोपाटी／ក្ដារខៀន (សរសេរហ្វឹត)／ກະດານຂາວ)

⑰ □ **プリント** (प्रिन्ट／បោះពុម្ព／ປຣິ້ນ, ພິມ)

⑱ □ **配(くば)る** (बाँड्नु／ចែកចាយ／ຢາຍ, ແຈກຢາຍ)

▶これからプリントを配ります。

(यसपछि प्रिन्ट बाँड्छु।／ពីឥឡូវនេះ ខ្ញុំនឹងចែកក្រដាស។／ຕໍ່ໄປຊິຢາຍເອກະສານທີ່ປຣິ້ນ.)

⑲ □ **辞書(じしょ)** (शब्दकोष／វចនានុក្រម／ພົດຈະນານຸກົມ)

⑳ □ **辞書を引(ひ)く**

(शब्दकोष हेर्नु／បើកវចនានុក្រម／ເປີດພົດຈະນານຸກົມ)

㉑ □ **作文(さくぶん)** (निबन्ध,लेख／តែងសេចក្ដី／ຫັດແຕ່ງ)

▶自分(じぶん)の夢(ゆめ)について、作文を書(か)いてください。

(आफ्नो सपना(लक्ष)को बारेमा निबन्ध लेख्नुहोस।／សូមសរសេរតែងសេចក្ដីអំពីក្ដីសុបិន្តរបស់ខ្លួនអ្នក។／ຈົ່ງແຕ່ງຫັດແຕ່ງກ່ຽວກັບຄວາມຝັນຂອງໂຕເອງ.)

㉒ □ **聞(き)き取(と)る** (सुन्नु／ស្ដាប់／ຟັງທັນ)

▶よく聞き取れなかったので、もう一度(いちど)言(い)ってもらえませんか。

(राम्रोसँग नसुनिएकोले,फेरि एक पटक भनिदिनुहुन्छ कि?／សូមនិយាយម្ដងទៀតបានទេ ព្រោះខ្ញុំស្ដាប់មិនបានច្បាស់។／ຟັງບໍ່ທັນສັກ, ລົບກວນເວົ້າອີກເທື່ອໜຶ່ງໃຫ້ໄດ້ບໍ່?)

㉓ □ 聞き取り (सुनाइ／ការស្ដាប់／ການຟັງ)

㉔ □ **発音(はつおん)(する)** (स्वर(गर्नु)／ការបញ្ចេញសម្លេង／ອອກສຽງ)

㉕ □ **会話(かいわ)(する)** (कुरा(संवाद) गर्नु／ការសន្ទនា／ສົນທະນາ)

43 とても・もっと
44 こそあ
46 場所
47 パソコン・ネット
48 仕事
49 教室の言葉

58

UNIT 50

あいさつ・よく使う表現

つか　ひょうげん

(अभिवादन, धेरै प्रयोग हुने शब्दावलि／ការស្វាគមន៍, សំនួនសេចក្ដីដែលគេប្រើច្រើន／ຄຳທັກທາຍ・ສຳນວນທີ່ໃຊ້ເປັນປະຈຳ)

❶ □ あいさつ (अभिवादन／ការស្វាគមន៍／ຄຳທັກທາຍ)

❷ □ おはようございます。 (नमस्ते／អរុណសួស្ដី／ສະບາຍດີ (ຕອນເຊົ້າ)) 短おはよう。

❸ □ こんにちは。 (नमस्ते／ទិវាសួស្ដី／ສະບາຍດີ (ຕອນບ່າຍ))

❹ □ こんばんは。 (नमस्ते／សាយណ្ហសួស្ដី／ສະບາຍດີ (ຕອນແລງ))

❺ □ おやすみなさい。 (शुभरात्रि／រាត្រីសួស្ដី／ນອນຫຼັບຝັນດີ, ລາຕີສຸກສັນ) 短おやすみ。

❻ □ さようなら。 (नमस्ते , वाइ वाइ／លាហើយ, ជំរាបលា／ລາກ່ອນ)

❼ □ では (हस त／អញ្ចឹង／ລາກ່ອນ)

▶では、お元気で。

(हस त सु-स्वास्थ्यको कामना सहित／អញ្ចឹង សូមសុខសប្បាយ។／ລາກ່ອນ, ຢູ່ດີມີແຮງເດີ້.)

❽ □ じゃあ／じゃ (ल त／អញ្ចឹង／ລາກ່ອນ)

▶じゃあ、また明日。
あした

(ल त भोलि भेटौंला।／អញ្ចឹង ជួបគ្នាថ្ងៃស្អែក។／ລາກ່ອນ, ພົບກັນມື້ອື່ນ)

▶じゃあ、元気でね。
げんき

(ल त ,स्वास्थ्यको ख्याल गर्नु／អញ្ចឹង សុខសប្បាយណាំ។／ລາກ່ອນ, ຢູ່ດີມີແຮງເດີ້.)

★「では」のカジュアルな言い方。
(「では」को सामान्य शैली। ／「では」ជារបៀបនិយាយបែបសាមញ្ញ។／ເປັນວິທີເວົ້າແບບບໍ່ເປັນທາງການຂອງ「では」)

❾ □ 行(い)ってきます。(गएर आउँछु।／ទៅហើយត្រលប់មកវិញ／ໄປກ່ອນເດີ້.)

❿ □ 行ってらっしゃい。(बिस्तारै जानुहोस／សូមអញ្ជើញធ្វើដំណើរទៅ／ໂຊກດີ.)

⓫ □ ただいま。(म आएँ।／ខ្ញុំមកដល់វិញហើយ／ກັບມາແລ້ວເດີ້.)

⓬ □ お帰(かえ)りなさい。(फर्केर आएकोमा स्वागत छ।／ស្វាគមន៍ការត្រលប់មកវិញ／ກັບມາແລ້ວບໍ.)　短おかえり。

⓭ □ いらっしゃい(ませ)。(तपाईंलाई स्वागत छ।／សូមស្វាគមន៍ដែលអញ្ជើញមក／ຍິນດີຕ້ອນຮັບ.)

⓮ □ いただきます。(खाउँ है।／ខ្ញុំសុំបរិភោគហើយ／ກິນກ່ອນເດີ້.)

★食事を始めるときに言う。
(खाना खान शुरु गर्दा भन्ने।／និយាយមុនពេលញ៉ាំអាហារ។／ເວົ້າກ່ອນຕອນເລີ່ມກິນເຂົ້າ.)

⓯ □ ごちそうさま。(खानाका लागि धन्यवाद／សូមអរគុណចំពោះអាហារដ៏ឆ្ងាញ់／ອິ່ມແລ້ວ.)

てごちそうさまでした。

★食事が終わったときに言う。
(खाना खाइसके पछि भन्ने／និយាយក្រោយពេលញ៉ាំអាហារហើយ។／ເວົ້າຕອນກິນເຂົ້າແລ້ວ.)

⓰ □ はじめまして。(भेट्न पाउँदा खुशी लाग्यो।／ជំរាបសួរ／ສະບາຍດີ.)

▶はじめまして。スミスと申(もう)します。

(म सुमिस हुँ , भेट्न पाउँदा खुसी लाग्यो।／ជំរាបសួរ។ ខ្ញុំឈ្មោះស្មីស។／ສະບາຍດີ. ຂ້ອຍຊື່ສະມິດ.)

⓱ □ どうぞよろしくお願(ねが)いします。(भेट्न पाउँदा खुशी लाग्यो।／រីករាយដែលបានស្គាល់／ຍິນດີທີ່ໄດ້ຮູ້ຈັກ.)

短よろしくお願いします。

短どうぞよろしく。

41 新しい・静かな
42 どんな人？
44 こそあ
45 だれ・どこ・いつ
46 場所
47 パソコン・ネット
48 仕事
49 教室の言葉
50 あいさつ・よく使う表現

⑱ □ ありがとう。(धन्यवाद／អរគុណ／ຂອບໃຈ)

▶手伝ってくれて、ありがとう。
(सहयोगका लागि धन्यवाद।／អរគុណដែលបានជួយ។／ຂອບໃຈທີ່ໃຫ້ຄວາມຊ່ວຍເຫຼືອ)

⑲ □ ありがとうございます。(धन्यवाद／សូមអរគុណ／ຂອບໃຈ)

▶メールをありがとうございます。
(इमेलका लागि धन्यवाद।／សូមអរគុណចំពោះអ៊ីម៉េល។／ຂອບໃຈສໍາລັບເມລ.)

て どうもありがとうございます
(धेरै धन्यवाद व्यक्त गर्दछु।／សូមអរគុណ។／ຂອບໃຈຫຼາຍໆ.)

⑳ □ どうも。(धन्यवाद／អរគុណ／ຂອບໃຈ)

▶荷物、ここに置きますね。
—あ、どうも。
(सामान यहाँ राख्छु है। —ल धन्यवाद।／ខ្ញុំដាក់អីវ៉ាន់នៅទីនេះ។ អូ! អរគុណ។／ຊິວາງເຄື່ອງໄວ້ນີ້ເດີ້. —ເຈົ້າ, ຂອບໃຈ.)

★軽くお礼を言うときに使う。
(हल्का धन्यवाद दिनुपर्दा प्रयोग गरिने।／ប្រើនៅពេលនិយាយអរគុណធម្មតា／ໃຊ້ກ່າວຄໍາຂອບໃຈແບບລຽບງ່າຍ.)

㉑ □ どういたしまして。(तपाईंलाई स्वागत छ।／មិនអីទេ／ບໍ່ເປັນຫຍັງ)

▶ありがとうございました。
—いえ、どういたしまして。
(धेरै धन्यवाद छ। —केही छैन ,तपाईंलाई स्वागत छ।／សូមអរគុណ។ មិនអីទេ។／ຂອບໃຈ. —ບໍ່, ບໍ່ເປັນຫຍັງ.)

㉒ □ すみません。(माफ गर्नुस।／សុំទោស, អត់ទោស／ຂໍໂທດ, ຂໍອະໄພ)

▶遅れてすみませんでした。
(ढीला भएकोले माफ मागें।／សុំទោសដែលមកយឺត／ຂໍໂທດທີ່ຊ້າ.)

㉓ □ ごめんなさい。(क्षमा चाहन्छु।／សុំទោស, សុំអភ័យទោស／ຂໍໂທດ, ຂໍອະໄພ)

▶遅れてごめんなさい。
(ढीला भएकोमा माफ गर्नुहोस।／សូមអភ័យទោសដែលមកយឺត។／ຂໍອະໄພທີ່ຊ້າ.)

★友達や家族には「ごめんなさい」、知らない人・あまり親しくない人には「すみません」を使うことが多い。「申し訳ありません」は、主に客や上司に謝るときに使う。
(निजकको साथीलाई - माफ गर । चिनजान नभएका अलि टाढाकालाई - माफ गर्नुस। मान्यगुन्य व्यकितहरूलाई क्षमा प्रार्थी छु को प्रयोग गिरन्छ।／គេច្រើន 「ごめんなさい」 ប្រើចំពោះមិត្តភក្តិនិងក្រុមគ្រួសារជាដើម ហើយ 「すみません」 ចំពោះអ្នកមិនស្គាល់ ឬមិនសូវជិតស្និទ្ធ។ 「申し訳ありません」 ប្រើនៅពេលសុំទោសចំពោះភ្ញៀវឬមេ។／ໃຊ້ 「ごめんなさい」 ກັບໝູ່ເພື່ອນ ແລະ ຄອບຄົວ. ສ່ວນຫຼາຍໃຊ້ 「すみません」 ກັບຄົນບໍ່ຮູ້ຈັກ ແລະ ຄົນບໍ່ສະໜິດສະໜົມກັນປານໃດ. ໃຊ້ 「申し訳ありません」 ກັບລູກຄ້າ ແລະ ເຈົ້ານາຍເພື່ອກ່າວຄຳຂໍໂທດ.)

㉔ □ ごめん。(माफ गर । सरी है।／សុំទោស／ຂໍໂທດ)

▶遅(おく)れてごめん。
(ढीला भयो माफ पाऊँ।／សុំទោសដែលមកយឺត／ຂໍໂທດທີ່ຊ້າ.)

㉕ □ 申(もう)し訳(わけ)ありません。(क्षमा प्रार्थी छु।／សុំអភ័យទោស／ຂໍອະໄພ)

▶申し訳ありません。すぐに直(なお)します。
(माफ गर्नुस् । तुरून्तै सुधार गर्छु।／សូមអភ័យទោស។ ខ្ញុំនឹងកែតម្រូវភ្លាម។／ຂໍອະໄພ, ຊິແປງທັນທີ.)

㉖ □ こちらこそ。(मलाई पनि खुसी लाग्यो।／ខ្ញុំក៏ដូចគ្នា／ເຊັ່ນດຽວກັນ)

㉗ □ お願(ねが)いします。(अनुरोध छ ।／សូម／ກະລຸນາ..., ລົບກວນ..., ...ແດ່, ຂໍ...ແດ່)

▶〈タクシーで〉駅(えき)までお願いします。
(स्टेसनसम्म ट्याक्सीमा पुर्याइदिनहुन अनुरोध गर्दछु।／(នៅក្នុងតាក់ស៊ី) សូមទៅដល់ស្ថានីយ៍រថភ្លើង។／(ໃນລົດແທັກຊີ) ໄປສົ່ງຮອດສະຖານີແດ່.)

㉘ □ ～をお願いします (~क्रिपया/अनुरोधगर्छु／សូម~／ຂໍ~ແດ່, ເອົາ~ໃຫ້ແດ່)
▶予約(よやく)をお願いします。
(बुकिंग का लागि अनुरोध गर्छु।／សូមធ្វើការកក់ទុក។／ຂໍຈອງ(...)ແດ່)

42 どんな人？
43 とても・もっと
44 こそあ
46 場所
47 パソコン・ネット
48 仕事
49 教室の言葉
50 あいさつ・よく使う表現

㉙ □ 失礼(しつれい)します。 (अहिलेलाई विदा पाऊँ／ខ្ញុំលាសិនហើយ, សូមអភ័យទោស／ຂໍອະນຸຍາດ, ກັບເມືອກ່ອນ, ຂໍອະໄພ)

▶〈ドアをノックして〉失礼します。　―どうぞ。

((ढोका ढकढक्याउँदै)　अहिलेलाई विदा पाऊँ। —क्रिपया।／(គោះទ្វារ) សូមអភ័យទោស។ សូមអញ្ជើញ។／(ເຄາະປະຕູ) ຂໍອະນຸຍາດ. —ເຊີນ.)

▶お先(さき)に失礼します。　―お疲(つか)れさまでした。

(हस्,अहिलेलाई विदा लिएँ। —कामका लागि धन्यवाद।／ខ្ញុំសូមលាទៅមុនសិនហើយ។ អ្នកហត់នឿយ។／ກັບເມືອກ່ອນເດີ້. —ຂອບໃຈ.)

▶お名前(なまえ)を間違(まちが)えて書(か)いてしまい、大変(たいへん)失礼しました。

(नाम गल्ति लेख्न पुगेकोमा क्षमा माग्न चाहन्छु।／ខ្ញុំពិតជាសុំទោសដែលបានសរសេរឈ្មោះខុស។／ຂໍໂທດຫຼາຍໆທີ່ຂຽນຊື່ຜິດຊໍ້າ.)

★「失礼します」…部屋に入るときや部屋を出るとき、先に帰るとき、などに使う。
「失礼しました」…ミスをして、失礼になったときに使う。客などに謝る言葉。
((माफ गर्नुहोस)---कोठामा पस्ने बेला र निस्कने बेला अरुभन्दा पहिला निस्कने बेला आदिमा प्रयोग गरिन्छ। (क्षमा चाहन्छु)----गल्ति हुँदा अरुलाई दुख दिन पुग्दा र पाहुनाहरुलाई प्रयोग गर्ने शब्द।／「失礼します」ប្រើនៅពេលចូលបន្ទប់ឬចេញពីបន្ទប់ជាដើម និងពេលត្រលប់ទៅមុន។「失礼しました」ប្រើនៅពេលមានកំហុស។ វាជាពាក្យសុំទោសប្រើចំពោះភ្ញៀវជាដើម។／ໃຊ້「失礼します」...ຕອນຊິເຂົ້າ/ອອກຫ້ອງ, ຕອນເມືອກ່ອນ ແລະອື່ນໆ. ໃຊ້「失礼しました」...ຕອນເຮັດຜິດພາດ, ຕອນເສຍມາລະຍາດ. ເປັນຄຳກ່າວຂໍໂທດຕໍ່ລູກຄ້າ)

㉚ □ 失礼ですが… (माफ गर्नुहोस।／សូមទោស, អត់ទោស／ຂໍໂທດເດີ້...)

▶失礼ですが、お名前は？

(माफ गर्नुहोस।। शुभनाम केहो?／សូមទោស តើឈ្មោះអ្វីដែរ?／ຂໍໂທດເດີ້, ເຈົ້າຊື່ຫຍັງ?)

㉛ □ お疲(つか)れさまです。 (कडा परिश्रमका लागि धन्यवाद।(सान्त्वना दिने शब्द)／អ្នកហត់នឿយហើយ／ເຈົ້າຄືຊິເຮັດວຽກເມື່ອຍ.)

▶きょうは大変でしたね。お疲れさまです。
―いいえ、田中(たなか)さんこそお疲れさまです。

(आज पनि गाह्रो भयो हगि! —होइन होइन तानाकाजीलाई झन गाह्रो बएको छ।／"ថ្ងៃនេះលំបាកហើយ។ អ្នកហត់នឿយហើយ។ មិនអីទេ។ លោកតាណាកាទេដែលហត់នឿយ។"／ມື້ນີ້ໜັກໜາສາຫັດເນາະ. ເຈົ້າຄືຊິເຮັດວຽກເມື່ອຍ. —ບໍ່ບໍ່, ທ່ານ ທະນາກະ ກໍ່ຄືຊິເຮັດວຽກເມື່ອຍຄືກັນ.)

㉜ □ けっこうです。(ठीकै हुन्छ, भयो पर्दैन।／មិនអីទេ, មិនចាំបាច់ទេ／ບໍ່ເປັນຫຍັງ.)

▶Mサイズはなくなってしまいました。　—じゃ、けっこうです。

(M साइजको सकिएको छ। —ए !उसोभए चाहिएन।／ទំហំMអស់បាត់ទៅហើយ។ អញ្ចឹង មិនអីទេ។／ບໍ່ມີຂະໜາດM. —ຄັນຊັ້ນກໍ່ບໍ່ເປັນຫຍັງ.)

▶Lでもいいですか。　—ええ、けっこうですよ。

(L भएपनि हुन्छ ? —हजुर , हुन्छ।／ទំហំLបានទេ? បាទ(ចាស) មិនអីទេ។／ຂະໜາດLໄດ້ບໍ່? —ເຈົ້າ, ບໍ່ເປັນຫຍັງ.)

㉝ □ よろしいですか。(ठीक छ?／តើមិនអីទេ?／ເປັນຫຍັງບໍ່?)

㉞ □ どうぞ (क्रिपया／សូមអញ្ជើញ／ເຊີນ)

▶そこ、空(あ)いてますか。　—空いてますよ。どうぞ、どうぞ。

(त्यहाँ खालि हो? —कालि हो नि! क्रिपया बस्नुस।／កន្លែងនោះទំនេរទេ? ទំនេរតើ។ សូមអញ្ជើញៗ។／ຢູ່ບ່ອນນັ້ນວ່າງບໍ່? —ວ່າງເດີ້. ເຊີນ, ເຊີນ.)

▶コーヒーをどうぞ。　—あ、どうも。

(कफी लिनुहोस् ह—स् धन्यवाद।／សូមអញ្ជើញពិសាកាហ្វេ។ —អាំ! អរគុណ។／ເຊີນຮັບກາເຟ. —ໂອ້, ຂອບໃຈ.)

㉟ □ ごめんください。(घरमा को हुनुहुन्छ?／តើមាននរណានៅផ្ទះទេ?／ມີໃຜຢູ່ບໍ່?)

★人の家を訪ねて、誰かを呼ぶときに使う。
(मान्छेको घरमा गएर कसेलाई बोलाउँदा प्रयोग गरिने।／ប្រើនៅពេលហៅនរណាម្នាក់ពេលទៅលេងផ្ទះគេ។／ໃຊ້ເອີ້ນຖາມຄົນໃດຄົນໜຶ່ງໃນເວລາໄປຢາມເຮືອນຄົນ.)

㊱ □ ちょっと… (अलिकति-----／មិនអាចបាន／ບໍ່ໄດ້ນະ...)

▶あした、カラオケに行きませんか。　—あしたはちょっと…。

(भोलि खाराओके नजाने? —भोलि चलिकति-------।／ថ្ងៃស្អែក ទៅខារ៉ាអូខេទេ? អឺ...ថ្ងៃស្អែកមិនអាចទៅបានទេ។／ມື້ອື່ນບໍ່ໄປຮ້ອງຄາລາໂອເກະບໍ່? —ມື້ອື່ນບໍ່ໄດ້ນະ...)

★誘いを断るときや「だめ、よくない」と言うときなどに使う。
(कसैले बोलाउँबा वा अनुचित लाग्दा प्रयोग गरिने।／ប្រើសម្រាប់និយាយបដិសេធនៅពេលគេបបួល ឬពេលនិយាយថាមិនបាន មិនល្អជាដើម។／ໃຊ້ໃນເວລາປະຕິເສດການຊັກຊວນ ແລະ ໃຊ້ໃນການຕອບກັບຕໍ່「だめ、よくない」ແລະອື່ນໆ.)

42 どんな人？
43 とても・もっと
44 こそあ
46 場所
47 パソコン・ネット
48 仕事
49 教室の言葉
50 あいさつ・よく使う表現

㊲ □ ください(～を)。(दिनुस／សុំ／ຂໍ~ແດ່)

▶すみません。これをください。

(सुन्नुस त ! यो दिनुस।／សូមទោស សុំអាមួយនេះ?／ຂໍໂທດ. ຂໍອັນນີ້ແດ່.)

> ★何かを買うときや注文するときに使う。
> (किनमेल गर्दा या केहि सामान अर्डर गर्दा बोलिने।／ប្រើនៅពេលទិញឬកុម្ម៉ង់អ្វីមួយ។／ໃຊ້ໃນເວລາຊື້ສິ່ງໃດສິ່ງໜຶ່ງ ແລະ ສັ່ງ (ອາຫານ, ເຄື່ອງດື່ມ))

㊳ □ 教え(おし)てください。(बताउनुहोस।सिकाइदिनुहोस।／សូមប្រាប់／ບອກແດ່)

▶いい店(みせ)があったら、教えてください。

(राम्रो पसल भए बताइदिनुहोस।／បើមានហាងល្អ សូមប្រាប់។／ຖ້າຮູ້ຮ້ານດີ, ກໍ່ບອກແດ່.)

㊴ □ おじゃまします。(माफ गर्नुहोस(बाधा पुर्याएकोमा)／សូមទោសដែលរំខាន／ຂໍລົບກວນ)

▶すみません、ちょっとおじゃまします。
　—どうぞ。

(माफ गर्नुस ,एकछिन बाधा पुर्याएँ। -----क्रिपया／សូមទោស ខ្ញុំសុំរំខានបន្តិច។ សូមអញ្ជើញ។／ຂໍໂທດ, ຂໍລົບກວນແດ່ເດີ້. —ເຊີນ.)

> ★誰かの家や、誰かがいる場所に、“外”の人が入るときに使う。
> (अरुको गरमा या कोहि हरु भएको ठाउऊमा बाहिरको मान्छे पस्नु पर्दा बोलिने।／ប្រើនៅពេលអ្នកខាងក្រៅចូលមកផ្ទះនរណាម្នាក់ ឬកន្លែងដែលនរណាម្នាក់នៅ។／ໃຊ້ໃນເວລາຄົນທີ່ຢູ່ທາງນອກຊີເຂົ້າໄປໃນເຮືອນຜູ້ໃດຜູ້ໜຶ່ງ ແລະ ບ່ອນທີ່ມີຜູ້ໃດຜູ້ໜຶ່ງຢູ່.)

㊵ □ いくらですか。(यसको कति हो?／ថ្លៃប៉ុន្មាន?／ລາຄາເທົ່າໃດ?)

㊶ □ おかげさまで。(आशिर्वादले／អរគុណ／ຂອບໃຈທີ່ຖາມຂ່າວ.)

▶お元気(げんき)ですか。　—ええ、おかげさまで。

(सन्चै हुनुहुनछ? —हजुर, तपाईंको आशिर्वादले।／សុខសប្បាយទេ? បាទ(ចាស) អរគុណ។／ສະບາຍດີບໍ່? —ເຈົ້າ, ຂອບໃຈທີ່ຖາມຂ່າວ.)

㊷ □ お大事(だいじ)に。(स्वास्थ्यलाभको कामना／សូមថែរក្សាសុខភាព។／ເຊົາໄວໆ)

▶どうぞお大事に。

(स्वास्थ्य लाभको कामना गर्दछु।／សូមថែរក្សាសុខភាព។／ເຊົາໄວໆເດີ້.)

㊸ □ かしこまりました。(-हस, पक्कै गर्छु।／ខ្ញុំយល់ហើយ។／ຮັບຊາບ)

▶飲(の)み物(もの)はあとでお願(ねが)いします。
—かしこまりました。

(पिउने कुरा पछि ल्याउनुहोस। —हस, पक्कै गर्छु।／សូមយកភេសជ្ជៈតាមក្រោយ។ ខ្ញុំយល់ហើយ។／ເອົາເຄື່ອງດື່ມມານຳຫຼັງເດີ້. —ຮັບຊາບ)

㊹ □ もしもし (हेलो!／អាឡូ／ອາໂຫຼ)

▶もしもし、佐藤(さとう)ですが、山田(やまだ)さん、いますか。

(हेलो ! म सातो बोलेको ,यामादाजी हुनुहुन्छ?／អាឡូ ខ្ញុំគឺសាតូ។ តើលោកយ៉ាម៉ាដានៅទេ?／ອາໂຫຼ, ນີ້ແມ່ນຊາໂຕ ທ່ານ ຢາມະດະຢູ່ບໍ່?)

㊺ □ ようこそ (स्वागत छ।／សូមស្វាគមន៍／ຍິນດີຕ້ອນຮັບ)

▶ようこそ、いらっしゃいました。

(तपाईंलाई स्वागत छ।／សូមស្វាគមន៍／ຍິນດີຕ້ອນຮັບ)

㊻ □ 久(ひさ)しぶり (धेरै भो हगि!／ខានជួបគ្នាយូរហើយ／ບໍ່ໄດ້ພົບກັນດົນ)

▶久しぶりですね。元気(げんき)でしたか。

(धेरै समय भयो हगि? सन्चै हो?／ខានជួបគ្នាយូរហើយ។ សុខសប្បាយទេ?／ບໍ່ໄດ້ພົບກັນດົນແລ້ວເນາະ. ສະບາຍດີບໍ່?)

㊼ □ おめでとうございます。(बधाई छ।／សូមអបអរសាទរ／ຂໍສະແດງຄວາມຍິນດີ)

▶合格(ごうかく)おめでとうございます。

(पास / उत्तिर्ण भएकोमा हार्दिक बधाई ।／សូមអបអរសាទរចំពោះការប្រលងជាប់។／ຂໍສະແດງຄວາມຍິນດີທີ່ຜ່ານ.)

㊽ □ あけましておめでとうございます。(नव बर्षको शुभकामना !／សួស្តីឆ្នាំថ្មី／ສະບາຍດີປີໃໝ່)

㊾ □ **ああ** (ओ हो!／អ៎ា!／ເອີ້)

(50) □ **ええと…** (हुन्छ -------- हेरौं／អឺ...／ອັນນ່າ...)

(51) □ **あの…** (अँ--------------／អឺ...／ອັນນ່າ...)

▶あのう、お願(ねが)いしたいことがあるんですが……。

(अँ-----हजुरलाई एउटा अनुरोध गर्नुपर्ने थियो-------------／អឺ...ខ្ញុំមានរឿងចង់ស្នើសុំ...／ອັນນ່າ, ມີແນວຢາກຂໍຮ້ອງ...)

(52) □ **さあ** (खोइ-----／អឺ...／ຈັ່ງວ່າ)

▶これは何(なん)に使(つか)うんですか。

—さあ、よくわかりません。

(यो केमा प्रयोग हुन्छ? —खोइ, मलाईपनि थाहा छैन।／តើអានេះប្រើសម្រាប់អ្វី? អឺ..ខ្ញុំមិនដឹងច្បាស់ទេ។／ອັນນີ້ແມ່ນໃຊ້ກັບຫຍັງ. —ຈັ່ງວ່າ, ບໍ່ຮູ້ຄັກ.)

(53) □ **へえ** (ए हो र!-----／អ៊ូ!／ແມ່ນແທ້ບໍ?)

▶これもネットで買(か)えるよ。

—へえ、そうなんですか。便利(べんり)ですね。

(यो पनि नेटमार्फत किन्न सकिन्छ नि! —ए होर! सुबिधा छ हगि?／អានេះអាចទិញតាមអ៊ិនធើណេតបាន។ អ៊ូ! អញ្ចឹងឬ? ងាយស្រួលមែន។／ຊື້ອັນນີ້ທາງອອນລາຍໄດ້ເດີ້. —ແມ່ນແທ້ບໍ? ສະດວກເນາະ.)

(54) □ **残念(ざんねん)ですね。** (बरबाद भयो हगि!।／គួរអោយសោកស្តាយ／ໜ້າເສຍດາຍ)

▶妹(いもうと)さんはパーティーに来られないんですか。残念ですね。

(छोरी भोजमा आउन नमिल्नेभएको हो ? बरबाद भयो हगि!／តើប្អូនស្រីអ្នកមិនអាចមកពិធីជប់លៀងឬ? គួរអោយសោកស្តាយ។／ນ້ອງສາວມາງານລ້ຽງບໍ່ໄດ້ບໍ? ໜ້າເສຍດາຍ.)

PART 2

コツコツ覚(おぼ)えよう、基本(きほん)の言葉(ことば)

बिस्तार बिस्तार याद गरौं,आधारभूत शब्दहरू

ចងចាំពាក្យមូលដ្ឋានគ្រឹះបន្តិចម្តងៗ

ຈື່ຈຳເທື່ອລະໜ້ອຍ, ຄຳສັບພື້ນຖານ

□ **あ／あっ**
(ए／អា!／ເອີ້)

▶ あっ、思い出した！
おも　だ
(ए ,सम्झिएं／អា! នឹកឃើញហើយ។／ເອີ້, ຄິດອອກແລ້ວ!)

□ **ああ**
(आहा／អា!／ອື້ມ)

▶ ああ、おいしかった。
(आहा ! मिठो भयो।／អា! ឆ្ងាញ់។／ອື້ມ, ແຊບ.)

□ **遊ぶ**
あそ
(खेल्नु／ដើរលេង／ຫຼິ້ນ)

▶ 土曜は、友達の家に遊びに行きます。
どよう　ともだち　いえ　い
(शनिवार साथीको घर जान्छु।／ថ្ងៃសៅរ៍ ខ្ញុំទៅលេងផ្ទះមិត្តភក្តិ។／ວັນເສົາ, ຊິໄປຫຼິ້ນເຮືອນໝູ່.)

□ **集まる**
あつ
(जम्मा हुनु／ជុំគ្នា／ຮວມ, ຮວມໂຕ)

▶ じゃ、10分後にロビーに集まってください。
ぶんご
(ल,१० मिनेट पछि लबिमा जम्मा हुनु।／អញ្ចឹង សូមជុំគ្នានៅកន្លែងទទួលភ្ញៀវនៅ១០នាទីក្រោយ។／ດັ່ງຊັ້ນ, ອີກ10ນາທີກະລຸນາຮວມໂຕກັນທີ່ລັອບບີ້.)

□ **集める**
あつ
(जम्मा गर्नु／ប្រមូល／ໂຮມ, ຮວບຮວມ, ສະສົມ)

▶ 荷物を運ぶから、5人くらい集めてくれる？
にもつ　はこ　にん
(सामान बोक्न पर्छ , ५ जना जति जम्मा गरिदिन्छौ?／ជួយប្រមូលមនុស្សប្រហែល៥នាក់បានទេ? ព្រោះត្រូវលើអីវ៉ាន់។／ຮວບຮວມຄົນມາປະມານ5ຄົນໃຫ້ໄດ້ບໍ່? ເພາະວ່າຊິຂົນເຄື່ອງ.)

□ **ある**
(छ／មាន／ຢູ່, ມີຢູ່)

▶ トイレは2階にあります。
かい
(शौचालय दोस्रो तलामा छ।／បន្ទប់ទឹកស្ថិតនៅជាន់ទី២។／ຫ້ອງນ້ຳຢູ່ຊັ້ນ2.)

▶ 玄関に大きな荷物があります。
げんかん　おお　にもつ
(प्रवेशद्वारमा ठूलो सामान छ।／មានអីវ៉ាន់ធំនៅមុខទ្វារ។／ມີເຄື່ອງຂະໜາດໃຫຍ່ຢູ່ທາງເຂົ້າ.)

□ **ある**
(छ／មាន／ມີ)

▶ うちにも、そのゲームがあります。
(मेरो घरमा पनि त्यो खेल छ।／នៅផ្ទះខ្ញុំក៏មានហ្គេមនោះដែរ។／ຢູ່ເຮືອນຂອງຂ້ອຍກໍ່ມີເກມນັ້ນ.)

▶ あしたは仕事があるんです。
しごと
(भोलि काम छ।／ថ្ងៃស្អែកខ្ញុំធ្វើការងារ។／ມື້ອື່ນມີວຽກ.)

□ **あれ？**
(के हो?／អូ!／ອ້າວ)

▶ あれ？　ここにあった荷物は？
にもつ
(के हो ? यहाँ भएको सामान कता गयो?／អូ! អីវ៉ាន់ដែលនៅទីនេះជាអ្វី?／ອ້າວ? ເຄື່ອງຢູ່ນີ້ເດ?)

□ **安心**
あんしん
(ढुक्क／ធូរចិត្ត, ស្ងប់ចិត្ត／ອຸ່ນໃຈ, ສະບາຍໃຈ, ຫາຍຫ່ວງ)

▶ 彼に頼めば、安心です。慣れてますから。
かれ　たの　な
(बानि परिसकेकोले उसलाई भनेमा ढुक्क हुन्छ। ／បើពឹងគាត់ ខ្ញុំធូរចិត្ត។ ដោយសារគាត់ស៊ាំ។／ອຸ່ນໃຈຖ້າຂໍຮ້ອງລາວ. ເພາະວ່າລຶ້ງເຄີຍແລ້ວ.)

□ **案内(する)**
あんない
(गाइड／ការណែនាំ, ការនាំផ្លូវ／ແນະນຳ)

▶ きょう、学校から入学の案内をもらいました。
がっこう　にゅうがく
(आज स्कुलबाट भर्ना संबन्धि कागजपत्र पाएँ।／ថ្ងៃនេះ ខ្ញុំបានទទួលការណែនាំអំពីការចូលសិក្សាពីសាលា។／ມື້ນີ້ໄດ້ຮັບເອກະສານແນະນຳການເຂົ້າຮຽນຈາກໂຮງຮຽນ.)

▶ 原さんが京都を案内してくれました。
はら　きょうと
(हाराजीले क्योतो शहर घुमाइदिनुहुन्छ।／លោកហារ៉ាបានជួយនាំផ្លូវនៅក្យូតូ។／ທ່ານຮະລະພາທ່ຽວກຽວໂຕ.)

□ ～以下（いか）

(कम／ក្រោម~／ຕ່ຳກວ່າ~)

▶ 59点（てん）以下は不合格（ふごうかく）です。

(५९ भन्दा कम नंबर आएमा अनुतिर्ण भइन्छ।／ពិន្ទុក្រោម៥៩ គឺធ្លាក់។／ຄະແນນຕ່ຳກວ່າ59ແມ່ນບໍ່ຜ່ານ.)

▶ 以下が正（ただ）しい答（こた）えです。

(तलको जवाफ सहि हो।／ខាងក្រោមគឺជាចម្លើយត្រឹមត្រូវ។／ຕໍ່ໄປນີ້ແມ່ນຄຳຕອບທີ່ຖືກຕ້ອງ.)

□ 生（い）きる

(बाँच्नु／រស់, នៅរស់／ມີຊີວິດ)

□ いくら～ても

(जति —पनि ／ទោះបីជា~យ៉ាងណាក៏ដោយ／~ເທົ່າໃດກໍ່ບໍ່~)

▶ 彼女（かのじょ）は、いくら誘（さそ）っても来（き）ませんよ。

(उनलाई जति कर गरेपनि आउँदिनन।／ទោះបីជាបបួលយ៉ាងណាក៏នាងមិនមកដែរ។／ຊວນລາວເທົ່າໃດກໍ່ບໍ່ມາ.)

□ いじめ

(बुलिंगगर्नु (सताउनु)／ការសម្លុត, ការធ្វើបាប／ການຂົ່ມເຫັງ)

□ いじめる

(सताउनु /बुलिँग गर्नु／សម្លុត, ធ្វើបាប／ຂົ່ມເຫັງ)

▶ 弱（よわ）いものをいじめる人（ひと）は嫌（きら）いです。

(कमजोरलाई सताउने प्रति घ्रिणा लाग्छ।／ខ្ញុំស្អប់អ្នកដែលធ្វើបាបអ្នកទន់ខ្សោយ។／ບໍ່ມັກຂົ່ມເຫັງຄົນທີ່ອ່ອນແອ.)

□ ～以上（いじょう）

(ज्यादा／~ជាង／ກາຍ~, ເກີນ~)

▶ 毎日（まいにち）８時間（じかん）以上働（はたら）いています。

(हरेक दिन ८ घण्टा भन्दा ज्यादा काम गरिन्छ।／ខ្ញុំធ្វើការជាង៨ម៉ោងរៀងរាល់ថ្ងៃ។／ເຮັດວຽກກາຍ8ຊົ່ວໂມງທຸກມື້.)

□ ～以外（いがい）

(~बाहेक／ក្រៅពី~／ນອກຈາກ~)

▶ これ以外は見（み）たことがありません。

(यो बाहेक देखेको छैन।／ខ្ញុំមិនធ្លាប់ឃើញអ្វីផ្សេងក្រៅពីនេះទេ។／ບໍ່ເຄີຍເຫັນຫຍັງນອກຈາກນີ້.)

□ いたす

(विनम्रतापूर्वक ／ធ្វើ／ເຮັດ)

▶ よろしくお願（ねが）いいたします。

(विनम्रतापूर्वक अनुरोध गर्दछु।／សូមជួយណែនាំផង។／ຝາກເນື້ອຝາກໂຕແດ່ເດີ້. ຍິນດີທີ່ໄດ້ຮູ້ຈັກ.)

★丁寧（ていねい）に言（い）うときの言葉（ことば）。

(नम्र बोलि बोल्ने बेलाको शब्द／ពាក្យប្រើពេលនិយាយគួរសម។／ຄຳສັບສຳລັບເວລາເວົ້າຈາສຸພາບ)

□ 一番（いちばん）

(एक नंबर(सबै भन्दा राम्रो)／ទីមួយ, បំផុត／ທີ່ໜຶ່ງ, ທີ່ສຸດ)

□ いっぱい

(टन्न／ច្រើន／ເຕັມ)

▶ 花（はな）がいっぱい咲（さ）いていますね。

(फूलहरु टन्न फुलेको रहेछ।／ផ្ការីកយ៉ាងច្រើន។／ດອກໄມ້ບານເຕັມເນາະ.)

□ 糸（いと）

(धागो／ខ្សែអំបោះ／ໄໝຫຍິບ)

□ ～以内（いない）

(भित्र／ក្នុងអំឡុងពេល~, ក្រោម~／ພາຍໃນ~)

▶ 30分（ぷん）以内（いない）に来（き）てください。

(३० मिनेट भित्रमा आउनुहोला।／សូមមកក្នុងអំឡុងពេល៣០នាទី។／ກະລຸນາມາພາຍໃນ30ນາທີ.)

□ いなか

(गाउँ／ជនបទ／ບ້ານນອກ, ຊົນນະບົດ)

- □ 祈(いの)る
(पुजा गर्नु／បន់ស្រន់／ພາວະນາ, ອະທິຖານ)

- □ 今(いま)
(अहिले／ឥឡូវនេះ, ពេលនេះ／ດຽວນີ້, ຕອນນີ້, ປະຈຸບັນ)

- □ 嫌(いや)(な)
(मन नपर्नु／មិនចូលចិត្ត／ບໍ່ມັກ, ຊັງ)
▶ 一人(ひとり)で行(い)くのはいやです。
(एक्लै जान मन पर्दैन।／ខ្ញុំមិនចូលចិត្តទៅម្នាក់ឯងទេ។／ບໍ່ມັກໄປຄົນດຽວ.)

- □ いらっしゃる
(हुनु, आउनु ／មក, នៅ／ຢູ່, ມາ)
★「いる」「来(く)る」の敬語(けいご)
(हुनु र आउनुको आदरार्थी शब्द।／ពាក្យគួរសមរបស់「いる」「来る」／ຄຳສັບສຸພາບສຳລັບ "ຢູ່", "ມາ")

- □ いる
(हुनु ／នៅ／ຢູ່)
▶ いま、どこにいるんですか。　―家(いえ)にいますよ。
(अहिले कहाँ हो? —घरमै छु।／ឥឡូវនេះតើអ្នកនៅឯណា? ខ្ញុំនៅផ្ទះតើ។／ຕອນນີ້ຢູ່ໃສ. –ຢູ່ເຮືອນ.)

- □ 要(い)る
(चाहिनु／ត្រូវការ／ຕ້ອງການ)
▶ コピーはいりますか。　―いえ、いりません。
(फोटोकपि चाहिनछ? —अँ हँ चाहिँदैन।／ត្រូវការថតចម្លងទេ? អត់ទេ មិនត្រូវការទេ។／ຕ້ອງການສຳເນົາບໍ່? –ບໍ່, ບໍ່ເອົາ.)

- □ ううん
(अहँ／ទេ, អត់ទេ／ບໍ່, ອື)
▶ コーヒー、飲(の)む？　―ううん、いらない。
(कफि पिउने? अहँ चाहिँदैन।／ផឹកកាហ្វេទេ? អត់ទេ មិនត្រូវការទេ។／ດື່ມກາເຟບໍ່? ບໍ່, ບໍ່ເອົາ.)

- □ 植(う)える
(रोप्नु／ដាំ／ປູກ)

- □ 伺(うかが)う
(आउनु／ទៅ／ໄປຫາ, ໄປພົບ, ໄປຢາມ)
▶ では、これからそちらに伺います。
(ल त　अब म　त्यता आउँछु।／អញ្ចឹង បន្ទាប់ពីនេះខ្ញុំទៅទីនោះ។／ຄັນຊັ້ນ, ຈັກໜ້ອຍຊິໄປຫາຢູ່ຫັ້ນ.)
▶ すみません、ちょっと伺っていいですか。
(माफ गर्नुस है,म तपाईसँग केहि कुरासोध्न सक्छु?／សូមទោស ខ្ញុំសុំសួរបន្តិចបានទេ?／ຂໍໂທດເດີ້, ຂໍຖາມໜ້ອຍໜຶ່ງໄດ້ບໍ່?)

- □ 受(う)ける
(परिक्षा दिनु／ប្រលង／ເຂົ້າເສັງ, ເສັງເຂົ້າ)
▶ 来年(らいねん)、Ａ大学(だいがく)を受けます。
(अर्को बर्ष　A क्याम्पसमा　परिक्षा दिन्छु।／ឆ្នាំក្រោយ ខ្ញុំនឹងប្រលងចូលសាកលវិទ្យាល័យ។／ປີໜ້າຊິເສັງເຂົ້າມະຫາວິທະຍາໄລA.)

- □ 動(うご)く
(चल्नु／ធ្វើចលនា, កំរើក／ເຄື່ອນ, ເຄື່ອນໄຫວ)

- □ 美(うつく)しい
(सुन्दर／ស្រស់ស្អាត／ງາມ)

- □ 写(うつ)す
(सार्नु／ចម្លង／ກ່າຍ)
▶ 先生(せんせい)が書(か)いた答(こた)え、全部(ぜんぶ)写した？
(शिक्षकले लेखिदिनुभएको　उत्तर सबै सारें।／តើអ្នកបានចម្លងចម្លើយទាំងអស់ដែលលោកគ្រូបានសរសេរទេ?／ກ່າຍຄຳຕອບທັງໝົດທີ່ອາຈານຂຽນແລ້ວລະບໍ?)

☐ 移(うつ)る

(सर्नु／ដូរ, ប្តូរ／ຍ້າຍ)

☐ 売(う)り場(ば)

▶ おもちゃ売り場、下着(したぎ)売り場

(बिक्रि केन्द्र／កន្លែងលក់／ບ່ອນຂາຍ, ສະຖານທີ່ຂາຍ)

(खेलौना पसल,भित्रिवस्त्र पसल／កន្លែងលក់សម្ភារៈក្មេងលេង, កន្លែងលក់ខោអាវក្នុង／ບ່ອນຂາຍເຄື່ອງຫຼິ້ນ, ບ່ອນຂາຍຊຸດລອຍນ້ຳ.)

☐ 売(う)る

(बेच्नु／លក់／ຂາຍ)

☐ 売(う)れる

▶ どれが一番(いちばん)売れていますか。

(बिक्रि हुनु／លក់ដាច់／ຂາຍໄດ້, ຂາຍອອກ)

(कुन चाहिँ बढी बिक्रि भएको छ?／តើមួយណាលក់ដាច់ជាងគេ?／ອັນໃດຂາຍໄດ້ດີກວ່າໝູ່, ອັນໃດຂາຍໄດ້ດີທີ່ສຸດ.)

☐ うん

(अँ／បាទ(ចាស)／ເອີ້, ແມ່ນ)

☐ ええ

(हो／បាទ(ចាស)／ເອີ້, ແມ່ນ)

☐ えーっと

▶ 待(ま)ち合(あ)わせは何時(なんじ)でしたか。　―ちょっと待(ま)ってください。えーっと……３時(じ)です。

(भने पछि／អឺ…／ອັນນ່າ)

(हामी भेट्ने कति बजे रे? —एकछिन पर्खनुस है। —भनेपछि —३ बजे।／ណាត់ជួបគ្នាម៉ោងប៉ុន្មាន? សូមចាំបន្តិច។ អឺ… ម៉ោង៣។／ນັດພົບກັນຈັກໂມງ? —ຖ້າບຶດໜຶ່ງເດີ້. ອັນນ່າ...3ໂມງເດີ້.)

☐ お祝(いわ)い

(शुभकार्य,पुजाआजा／ការជូនពរ／ການສະແດງຄວາມຍິນດີ, ຂອງຂວັນສະແດງຄວາມຍິນດີ)

☐ おかげ

(आशिर्वाद／អរគុណ／ການຊ່ວຍເຫຼືອ, ການສະໜັບສະໜູນ)

☐ 置(お)く

▶ それはテーブルの上(うえ)に置きました。

(राख्नु／ដាក់, ទុក／ວາງ)

(त्यसलाई टेबुलमा राखेँ।／ខ្ញុំបានទុកអានោះនៅលើតុ។／ວາງອັນນັ້ນໄວ້ເທິງໂຕະແລ້ວ.)

☐ 屋上(おくじょう)

(छत／ដំបូល／ດາດຟ້າ, ຫຼັງຄາ)

☐ 起(お)こす

▶ お母(かあ)さん、あした、７時(じ)に起こして。

(उठाउनु／ដាស់／ປຸກ)

(आमा,भोलि ७ बजे उठाइदिनुस।／ម៉ាក់ ថ្ងៃស្អែកសូមដាស់ខ្ញុំម៉ោង៧។／ແມ່, ມື້ອື່ນປຸກລູກແດ່ຕອນ7ໂມງ.)

☐ 行(おこな)う

▶ 大学(だいがく)でも、５月(がつ)に留学(りゅうがく)の説明会(せつめいかい)を行うそうです。

(आयोजना गर्नु／ប្រព្រឹត្តទៅ／ຈັດ, ດຳເນີນ)

(वैदेशिक पढाइबारे क्याम्पसले मे मा परिचयात्मक／ខ្ញុំលឺថានៅខែ៥ នៅសាកលវិទ្យាល័យក៏មានការពន្យល់អំពីការសិក្សានៅបរទេសដែរ។／ໄດ້ຍິນວ່າໃນເດືອນ5, ຢູ່ທີ່ມະຫາໄລກໍ່ຈະຈັດການໃຫ້ຂໍ້ມູນກ່ຽວກັບການສຶກສາຕໍ່ຕ່າງປະເທດ)

☐ 押(お)す

(थिच्नु／ចុច／ກົດ, ຍູ້)

□ 落ちる
お

▶ すみません、ハンカチが落ちましたよ！

(झर्नु／ធ្លាក់, ជ្រុះ／ເຮ່ຍ, ຕົກ)

(सुन्नुस त ! तपाईंको रुमाल झरेको छ।／សូមទោស ជ្រុះកន្សែងដៃហើយ!／ຂໍໂທດເດີ້, ຜ້າເຊັດມືເຮ່ຍໄດ່ຫັ້ນ.)

□ おっしゃる

▶ 先生、いま、何とおっしゃいましたか。
せんせい　　　なん

(भन्नु／និយាយ, មានប្រសាសន៍／ເວົ້າ)

(सर , अहिले तपाईंले के भन्नुभएको हो?／លោកគ្រូ តើឥឡូវនេះលោកគ្រូបានមានប្រសាសន៍ថាយ៉ាងម៉េច?／ອາຈານ, ຫວ່າງກີ້ນີ້ໄດ້ເວົ້າຫຍັງນໍ?)

□ 音
おと

(आवाज／សម្លេង／ສຽງ)

□ 驚く
おどろ

(आश्चर्यमान्नु／ភ្ញាក់ផ្អើល／ຕົກໃຈ)

□ 泳ぐ
およ

(पौडि खेल्नु／ហែលទឹក／ລອຍນ້ຳ)

□ おる

▶ いま、どこにいますか。　―会社におります。
かいしゃ

(छु／នៅ／ຢູ່)

(अहिले कहाँ हुनुहुन्छ? —अफिसमा छु।／ឥឡូវនេះតើអ្នកនៅឯណា? ខ្ញុំនៅក្រុមហ៊ុន។／ດຽວນີ້ຢູ່ໃສ? —ຢູ່ບໍລິສັດ.)

□ 折る
お

▶ 折らないと、封筒に入らないですね。
ふうとう　はい

(भाँच्नु／បត់, កាច់／ພັບ)

(भाँचेनभने खाकसमा अट्दैन।／បើមិនបត់ ដាក់ក្នុងស្រោមសំបុត្រមិនចូលទេ។／ຖ້າບໍ່ພັບ, ຈະຍັດໃສ່ຊອງບໍ່ໄດ້.)

□ お礼
れい

(धन्यवाद／អំណរគុណ／ຂອບໃຈ)

□ 折れる
お

▶ あっ、おはしが折れちゃった。困ったなあ。
お　　　こま

(भाँचिनु／បាក់／ຫັກ)

(ला! चपस्टिक भाचिएर समस्या पर्यो।／អា! ចង្កឹះបាក់បាត់ហើយ។ ធ្វើយ៉ាងម៉េចទៅ!／ອ້າວ, ໄມ້ຄີບຖູ່ຫັກຊ້ຳ. ຊວຍແລ້ວ.)

□ 終わり
お

(समाप्त／បញ្ចប់, ចប់／ຕອນຈົບ)

□ ～終わる
お

▶ その本はもう読み終わりました。
ほん　よ　お

(सकिनु／ចប់／~ຈົບ)

(त्यो किताब पढेर सकियो।／សៀវភៅនេះ ខ្ញុំបានអានចប់ហើយ។／ອ່ານປຶ້ມຫົວນີ້ຈົບແລ້ວ.)

□ ～会
かい

▶ 食事会、発表会
しょくじかい　はっぴょうかい

(मेला,सभा／កម្មវិធី~／ງານ)

(भोज,रिजल्ट मेला,घोषणासभा／កម្មវិធីញ៉ាំអាហារ, កម្មវិធីធ្វើបទបង្ហាញ／ງານຮັບປະທານອາຫານ, ງານປະກາດ)

□ 外国人
がいこくじん

(विदेश／ជនបរទេស／ຄົນຕ່າງປະເທດ)

□ 買う
か

(किन्नु／ទិញ／ຊື້)

□ 帰り
かえ

(फिर्ती／ត្រឡប់ទៅ／ຂາກັບ)

□ 変える
か

▶ ワンさん、髪型を変えましたね。
かみがた

(फेर्नु／ប្តូរ, ដូរ／ປ່ຽນ)

(वानजि , कपालको स्टाइल फेरिएछ हगि!／វ៉ាន់ អ្នកបានប្តូរម៉ូដសក់ហើយ។／ທ້າວວັນປ່ຽນຊົງຜົມໃໝ່ເນາະ.)

☐ **科学**
かがく
(विज्ञान／វិទ្យាសាស្ត្រ／ວິທະຍາສາດ)

☐ **かかる**
(लाग्नु／ចំណាយ／ໃຊ້)
▶ ここから横浜(よこはま)まで１時間(じかん)かかります。
(यहाँबाट योकोहामासम्म १ घण्टा लाग्छ।／ពីទីនេះទៅយូកូហាម៉ាចំណាយពេល១ម៉ោង។／ຈາກນີ້ຮອດໂຢໂກຮະມາໃຊ້ເວລາ1ຊົ່ວໂມງ.)

☐ **書く**
か
(लेख्नु／សរសេរ／ຂຽນ)

☐ **学部**
がくぶ
(विषय／ផ្នែក／ຄະນະ, ພາກວິຊາຮຽນ)

☐ **掛ける**
か
(झुण्ड्याउनु／ព្យួរ／ແຂວນ, ຫ້ອຍ)
▶ 壁(かべ)にかけてある絵(え)は何(なん)の絵(え)ですか。
(भित्तामा झुण्ड्याएको के को चित्र हो?／តើរូបគំនូរដែលព្យួរនៅជញ្ជាំង ជាគំនូរអ្វី?／ຮູບແຕ້ມທີ່ແຂວນຢູ່ຝາແມ່ນຮູບຫຍັງ?)

☐ **かける**
(गर्नु／ទូរសព្ទ／ໂທລະສັບ)
▶ ちょっと電話(でんわ)をかけてきます。
(एकछिन फोन गरेर आउँछु।／ខ្ញុំទៅទូរសព្ទបន្តិច។／ໄປໂທລະສັບມາບຶດໜຶ່ງ.)

☐ **心配をかける**
しんぱい
(पार्नु／ធ្វើអោយព្រួយបារម្ភ／ເຮັດໃຫ້ເປັນຫ່ວງ)
▶ 心配をかけて、すみませんでした。
(तपाईलाई पिर पारे,माफ गर्नुहोस।／សុំទោសដែលធ្វើអោយបារម្ភ។／ຂໍໂທດທີ່ເຮັດໃຫ້ເປັນຫ່ວງ.)

☐ **飾る**
かざ
(सजाउनु／តាំងលម្អ／ເອ້, ປະດັບປະດາ)

☐ **火事**
かじ
(आगलागि／អគ្គិភ័យ／ອັກຄີໄພ, ໄຟໄໝ້)

☐ **〜方**
かた
(व्यक्ति／អ្នក／ບຸກຄົນ)
▶ あの方はどなたですか。
(त्यो व्यक्ति को हुनुहुन्छ?／តើអ្នកនោះជានរណា?／ບຸກຄົນນັ້ນແມ່ນໃຜ?)

☐ **〜方**
かた
(तरिका／របៀប, វិធី／ວິທີ~)
▶ コピー機(き)の使(つか)い方を教(おし)えてください。
(फोटोकपि मेसिन चलाउने तारिका सिकाइदिनुस।／សូមប្រាប់ខ្ញុំអំពីរបៀបប្រើម៉ាស៊ីនថតចម្លង។／ສອນວິທີໃຊ້ຈັກກອັບປີ້ໃຫ້ແດ່.)

☐ **勝つ**
か
(जित्नु／ឈ្នះ／ຊະນະ)

☐ **家庭**
かてい
(परिवार／គ្រួសារ／ຄອບຄົວ)

☐ **かまう**
(फरक पर्नु／ប្រកាន់／ໃສ່ໃຈ, ສົນໃຈ)
▶ 赤(あか)と白(しろ)、どっちがいいですか。
—どっちでもかまいません。
(रातो र सेतोमा कुन हुन्छ？—जुन भएपनि फरक पर्दैन।／តើពណ៌ក្រហមនិងពណ៌ស មួយណាល្អ? មួយណាក៏បានដែរ។／ແດງກັບຂາວ, ເອົາໂຕໃດດີ? —ອັນໃດກໍ່ໄດ້ (ບໍ່ສົນໃຈວ່າຊິແມ່ນອັນໃດ))

□ かむ

(चपाउनु／ខាំ／ຫຍໍ້າ)

□ ～がる

(~मन गर्नु／ចង់／~ຫຼາຍ)

▶ 彼女が会いたがってましたよ。
かのじょ　あ

(उनले भेट्न खोजेकि छन है।／គាត់ចង់ជួបនាង។／ລາວຢາກພົບເຈົ້າຫຼາຍ.)

□ 乾く
かわ

(सुक्नु／ស្ងួត／ແຫ້ງ)

□ 変わる
か

(फेरिनु／ផ្លាស់ប្តូរ, ប្រែប្រួល／ປ່ຽນ)

□ 頑張る
がんば

(कोशिस गर्नु／ខំប្រឹង／ພະຍາຍາມ)

▶ あしたの試験、頑張ってくださいね。
しけん

(भोलिको परिक्षा राम्रो कोशिस गर्नुस है।／សូមខំប្រឹងប្រែង នៅការប្រលងថ្ងៃស្អែក។／ເສັງມື້ອື່ນໃຫ້ໄດ້ເດີ້, ເສັງມື້ອື່ນພະຍາຍາມເດີ້.)

□ 厳しい
きび

(कडा／កាច, តឹងរ៉ឹង, តឹងតែង／ເຂັ້ມງວດ, ຮຸນແຮງ)

□ 決まる
き

(टुंगो लाग्नु／សម្រេច, កំណត់／ຕົກລົງ, ຕັດສິນ)

▶ 待ち合わせの場所が決まりました。
ま　あ　　ばしょ

(भेट्ने ठाऊँ टुंगो लाग्यो।／បានកំណត់កន្លែងណាត់ជួបគ្នា។／ຕົກລົງສະຖານທີ່ນັດພົບໄດ້ແລ້ວ.)

□ 君
きみ

(तिमी／អ្នក／ເຈົ້າ)

□ 決める
き

(टुंगो लगाउनु／សម្រេចចិត្ត, កំណត់／ຕົກລົງ, ຕັດສິນ)

▶ 子どもの名前を決めました。さくらです。
こ　　なまえ

(बच्चाको नाम टुंगो लाग्यो। साकुरा हो।／ខ្ញុំបានកំណត់ឈ្មោះកូនហើយ។ ឈ្មោះសាគូរ៉ា។／ຕົກລົງຕັ້ງຊື່ລູກໄດ້ແລ້ວ. ນາງຊະກຸລະ.)

□ 客
きゃく

(पाहुना／ភ្ញៀវ／ລູກຄ້າ)

▶ お客様は何名様ですか。
さま　なんめい

(पाहुनाहरु कति जना हुनुहुन्छ?／តើអ្នកមានគ្នាចំនួនប៉ុន្មាននាក់?／ລູກຄ້າມາຈັກທ່ານບໍ?)

▶ 午後からお客さんが来ます。
ごご　　　　　き

(बेलुकि ४ बजे ग्राहक आउँछन।／ភ្ញៀវនឹងអញ្ជើញមកនៅពេលល្ងាច។／ລູກຄ້າຈະມາຕອນສວາຍ.)

□ 給料
きゅうりょう

(तलब／ប្រាក់ខែ, ប្រាក់បៀវត្សរ៍／ເງິນເດືອນ)

□ 教会
きょうかい

(चर्च／វិហារ／ໂບດ)

□ 競争
きょうそう

(प्रतिस्पर्धा／ប្រកួតប្រជែង／ການແຂ່ງຂັນ)

□ 興味
きょうみ

(रुचि／ចំណាប់អារម្មណ៍／ຄວາມສົນໃຈ)

▶ 日本のマンガに興味があります。
にほん

(जापानी मांगामा रुचि छ।／ខ្ញុំមានចំណាប់អារម្មណ៍នឹងរឿងតុក្កតា(ម៉ាំងហ្គា) របស់ជប៉ុន។／ມີຄວາມສົນໃຈໃນກາຕູນຍີ່ປຸ່ນ.)

□ 近所
きんじょ

(छिमेक／ជិតខាង／ບ້ານໃກ້ເຮືອນຄຽງ, ຄຸ້ມບ້ານ)

□ 比べる
くら

(दाँज्नु／ប្រៀបធៀប／ສົມທຽບ)

☐ **暮れる**
く
(अस्ताउनु／លិច／ຕົກ, ລັບ)

☐ **経験**
けいけん
(अनुभव／បទពិសោធន៍／ປະສົບການ)

☐ **結果**
けっか
(परिणाम／លទ្ធផល／ຜົນລັບ,ຜົນ)

☐ **けれども／けど**
(भएतापनि／ប៉ុន្តែ／ແຕ່)

▶ 行ったことはないけど、パリは好きな街です。
い　　　　　　　　　　　す　　まち
(अहिलेसम्म नगएको भएता पनि पेरिस मलाई मनपर्ने ठाऊँ हो।／ខ្ញុំមិនធ្លាប់ទៅទេ ប៉ុន្តែទីក្រុងប៉ារីសគឺជាទីក្រុងដែលខ្ញុំចូលចិត្ត។／ບໍ່ເຄີຍໄປແຕ່ປາຣີຄືເມືອງທີ່ມັກ.)

☐ **声**
こえ
(आवाज／សម្លេង／ສຽງ)

☐ **公務員**
こうむいん
(जागिरे／មន្ត្រីរាជការ／ພະນັກງານລັດ)

☐ **ごちそう**
(भोजन／ការជប់លៀងអាហារ, ការជប់លៀង／ການລ້ຽງອາຫານ, ອາຫານຫຼູຫຼາ)

☐ **事**
こと
(कुरा / काम／រឿង, របស់／ຫຍັງ, ເລື່ອງ, ສິ່ງ)

▶ どんなことに興味がありますか。
　　　　　　きょうみ
(कस्तो कुरामा रुचि छ?／តើអ្នកមានចំណាប់អារម្មណ៍ទៅលើអ្វី?／ມີຄວາມສົນໃຈກ່ຽວກັບຫຍັງ?)

☐ **この間**
あいだ
(यसअघि／ថ្ងៃមុន／ເມື່ອບໍ່ດົນມານີ້, ບໍ່ເທົ່າໃດມື້ຜ່ານມາ)

▶ この間行ったお店はよかったですね。
　　　い　　みせ
(यसपालि गएको पसल ठीक लाग्यो।／ហាងដែលខ្ញុំបានទៅថ្ងៃមុនល្អមែន។／ຮ້ານທີ່ໄປເມື່ອບໍ່ດົນມານີ້ດີກາດີ.)

☐ **このごろ**
(हिजोआज／សព្វថ្ងៃនេះ／ຊ່ວງນີ້)

▶ このごろ、いやなニュースが多いですね。
　　　　　　　　　　　　おお
(हिजोआज नराम्रा समाचार धेरै आउँछ।／សព្វថ្ងៃនេះ មានពត៌មានមិនល្អច្រើន។／ຊ່ວງນີ້ມີຂ່າວຮ້າຍຫຼາຍ.)

☐ **混む**
こ
(भिडभाड हुनु／ចង្អៀត, ស្ទះ (មនុស្សច្រើន)／ແໜ້ນ)

▶ 電車が混んでいますね。
でんしゃ
(रेलमा धेरै भिड छ हगि।／រថភ្លើងចង្អៀត។／ລົດໄຟແໜ້ນ, ລົດໄຟແອອັດ.)

☐ **これから**
(अब／បន្ទាប់ពីនេះ／ຈັກໜ້ອຍ, ຕໍ່ຈາກນີ້, ຈາກນີ້ໄປ)

▶ お店はどこ？
　みせ
—まだ決まってない。これから予約する。
　　き　　　　　　　　　よやく
(कुन पसल हो? —अझै थाहा छैन। अब बुक गर्छु।／ទៅហាងណា? មិនទាន់កំណត់នៅឡើយទេ។ បន្ទាប់ពីនេះខ្ញុំនឹងកក់ទុក។／ຮ້ານຢູ່ໃສ? —ຍັງບໍ່ທັນໄດ້ຕົກລົງ. ຈັກໜ້ອຍຊິຈອງ.)

☐ **ころ／ごろ**
(बेला／ពេល／ຕອນ..)

▶ 東京に住んでいたころ、よくそこに行きました。
とうきょう　す　　　　　　　　　　い
(टोक्योमा भएकोबेला त्यता खुब गइन्थ्यो।／ខ្ញុំឧស្សាហ៍ទៅទីនោះ ពេលខ្ញុំរស់នៅតូក្យូ។／ຕອນຢູ່ໂຕກຽວ, ໄປບ່ອນນັ້ນເລື້ອຍ.)

☐ **壊す**
こわ
(बिगार्नु／បំបែក, ធ្វើអោយខូច／ເຮັດເພ)

☐ **壊れる**
こわ
(बिग्रनु／ខូច, បែក／ເພ)

☐ **探す**（さが）

(खोज्नु／ស្វែងរក／ຊອກ, ຄົ້ນຫາ)

☐ **下がる**（さ）

▶ もうちょっと値段（ねだん）が下がったら、買（か）います。

(घट्नु／ថយចុះ／ຫຼຸດລົງ)

(अब अलिकति भाउ घटेपछि किन्छु।／ប្រសិនបើតម្លៃចុះបន្តិចទៀត ខ្ញុំនឹងទិញ។／ຖ້າລາຄາຫຼຸດລົງອີກໜ້ອຍໜຶ່ງແລ້ວຊິຊື້.)

☐ **盛ん（な）**（さか）

▶ わたしの国（くに）でも、サッカーは盛んです。

(लोकप्रीय／រុងរឿង, រីកចម្រើន／ເປັນທີ່ນິຍົມ)

(मेरो देशमापनि फुटबल चर्चित छ।／នៅប្រទេសខ្ញុំ កីឡាបាល់ទាត់ក៏រីកចម្រើនដែរ។／ກິລາບານເຕະກໍ່ເປັນທີ່ນິຍົມຢູ່ທີ່ປະເທດຂອງຂ້ອຍ.)

☐ **下げる**（さ）

▶ 電話（でんわ）しているから、テレビの音（おと）をちょっと下げてくれない？

(घटाउनु／ចុះ, បន្ថយ／ເອົາລົງ, ຜ່ອນລົງ)

(फोन गर्दैछु ,टिभिको आवाज थोरै घटाइदिन्छौ कि?／តើជួយបន្ថយសម្លេងទូរទស្សន៍បន្តិចបានទេ? ព្រោះខ្ញុំកំពុងនិយាយទូរសព្ទ។／ພວມລົມໂທລະສັບຢູ່, ຜ່ອນສຽງໂທລະທັດລົງໜ້ອຍໜຶ່ງໄດ້ບໍ່.)

☐ **差す**（さ）

▶ 雨（あめ）、強（つよ）くなってきましたね。かさを差しましょうか。

(ओढ्नु,घोच्नु／បាំង／ກາງ (ຄັນຮົ່ມ))

(पानी झनै बढ्यो ।छाता ओढ्नेकि?／ភ្លៀងកាន់តែខ្លាំងហើយ។ តើអោយខ្ញុំជួយបាំងឆត្រអោយទេ?／ຝົນແຮງຂຶ້ນເນາະ. ພາກັນກາງຄັນຮົ່ມເທາະ.)

☐ **騒ぐ**（さわ）

▶ 近所（きんじょ）に迷惑（めいわく）だから、騒がないでください。

(हल्ला गर्नु／ធ្វើអោយមានសម្លេងរំខាន／ສົ່ງສຽງດັງ)

(छिमेकीलाई दु:ख हुनेहुनाले हल्ला नगर्नुहोस।／សូមកុំបង្កសម្លេងរំខានដល់អ្នកជិតខាង។／ຢ່າສົ່ງສຽງດັງເພາະວ່າມັນລົບກວນເພື່ອນບ້ານ.)

☐ **触る**（さわ）

(छुनु／ប៉ះ, ស្ទាប, ប៉ះពាល់／ແຕະຕ້ອງ, ສຳຜັດ, ຈັບ)

☐ **字／文字**（じ／もじ）

(अक्षर／អក្សរ／ຕົວອັກສອນ)

☐ **しかし**

(तर／ប៉ុន្តែ／ແຕ່, ແຕ່ວ່າ)

☐ **仕方**（しかた）

(उपाय／របៀបធ្វើ, វិធីធ្វើ／ວິທີເຮັດ)

☐ **叱る**（しか）

(गालिगर्नु／ជេរស្តី, ស្តីបន្ទោស／ຮ້າຍ)

☐ **地震**（じしん）

(भूकम्प／រញ្ជួយដី／ແຜ່ນດິນໄຫວ)

☐ **しっかり**

▶ ドアは、しっかり閉（し）めてください。

(राम्रोसँग／អោយមាំ／ແໜ້ນ, ແຈບ, ໝັ້ນຄົງ)

(ढोका राम्रोसँग बन्द गर्नुहोस।／សូមបិទទ្វារអោយជិតល្អ។／ກະລຸນາອັດປະຕູໃຫ້ແຈບ.)

☐ **自動販売機**（じどうはんばいき）

(स्वचालित विक्रीयन्त्र／ម៉ាស៊ីនលក់ស្វ័យប្រវត្តិ／ຕູ້ຈຳໜ່າຍສິນຄ້າອັດຕະໂນມັດ)

☐ **自分**（じぶん）

(आफै／ខ្លួនឯង／ຕົນເອງ)

□ じゃま
▶ 急いでるんだから、じゃまをしないで。
いそ

(डिस्टर्ब／រំខាន／ກີດຂວາງ)
(हतारमा छु,डिस्टर्ब नगर त।／កុំរំខានខ្ញុំ ព្រោះខ្ញុំកំពុងប្រញាប់។／ຢ່າກີດຂວາງເພາະວ່າຟ້າວຢູ່.)

□ 住所
じゅうしょ
(ठेगाना／អាសយដ្ឋាន／ທີ່ຢູ່)

□ 十分(な)
じゅうぶん
▶ 1時間あれば、十分です。
じかん

(प्रशस्त／គ្រប់គ្រាន់／ພຽງພໍ)
(१ घण्टा भए प्रशस्त हुन्छ।／បើមានពេល១ម៉ោងគឺគ្រប់គ្រាន់ហើយ។／ພຽງພໍຖ້າມີເວລາ1ຊົ່ວໂມງ.)

□ 承知(する)
しょうち
▶・・・では、あした、2時に伺います。
じ　うかが
—承知しました。

(बुझ्नु／យល់／ຮັບຊາບ, ຍອມຮັບ)
(त्यसोभए भोलि २ बजे आउँछु। —बुझेँ।／អញ្ចឹង ស្អែកខ្ញុំទៅម៉ោង២។ យល់ហើយ។／...ດັ່ງນັ້ນ, ມື້ອື່ນຂ້ອຍໄປຫາຕອນ2ໂມງ. —ຮັບຊາບ.)

□ 丈夫(な)
じょうぶ
▶ このバッグは、安いけど、丈夫です。
やす

(बलियो／រឹងមាំ／ທົນທານ, ແຂງແຮງ)
(यो झोला सस्तो भएपनि बलियो छ।／កាបូបនេះថោក ប៉ុន្តែមាំ។／ກະເປົາໜ່ວຍນີ້ຖືກແຕ່ວ່າທົນທານ.)

□ ～人
じん
▶ 日本人、アメリカ人
にほん

(मान्छे／ជនជាតិ~／ຄົນ~)
(जापानी नागरिक,अमेरिकी नागरिक／ជនជាតិជប៉ុន, ជនជាតិអាមេរិក／ຄົນຍີ່ປຸ່ນ, ຄົນອາເມລິກາ)

□ 人口
じんこう
(जनसंख्या／ចំនួនប្រជាជន／ພົນລະເມືອງ)

□ 水道
すいどう
(धारा／ទឹកម៉ាស៊ីន／ນ້ຳປະປາ)

□ ずいぶん
(धेरै／ច្រើន, សន្ធឹក／ຫຼາຍ)

□ 数学
すうがく
(गणित／គណិតវិទ្យា／ເລກ, ຄະນິດສາດ)

□ 過ぎる
す
▶ お店は、駅をちょっと過ぎたところにあります。
みせ　えき　す

(कट्नु／ហួស／ກາຍ)
(स्टेशन थोरै कटेपछि पसल छ।／ហាងស្ថិតនៅហួសពីស្ថានីយ៍រថភ្លើងបន្តិច។／ຮ້ານຢູ່ກາຍສະຖານນີໄປໜ້ອຍໜຶ່ງ.)

□ ～過ぎる
す
▶ 熱すぎて、飲めません。
あつ　の

(बढी／~ពេក／~ໂພດ, ~ເກີນໄປ)
(धेरै तातो भएकोले पिउन सकिन।／មិនអាចផឹកបានទេ ដោយសារក្តៅពេក។／ຮ້ອນໂພດ, ດື່ມບໍ່ໄດ້.)

□ 空く
す
▶ こっちのお店はすいていますよ。
みせ

(खालिहुनु／ទំនេរ／ວ່າງ)
(यताको पसल खालि छ।／ហាងនេះទំនេរ ។／ຮ້ານນີ້ວ່າງໄດ໋.)

□ 進む
すす
(सल्लाहदिनु／ឆ្ពោះទៅមុខ／ຄືບໜ້າ, ກ້າວໜ້າ, ພັດທະນາຂຶ້ນ)

□ **～ずつ**

▶ 一人(ひとり)ずつ呼(よ)ばれます。

(क्रमैसँग／ម្តង~／ເທື່ອລະ~)

(एक एक जना क्रमैसँग बोलाइन्छ।／ត្រូវបានហៅម្តងម្នាក់ៗ។／ເອີ້ນເທື່ອລະຄົນ.)

□ **すべる**

(चिप्लनु／រអិល／ມື່ນ)

□ **済(す)み**

(बित्नु／ចប់, រួចរាល់／ສຳເລັດ, ແລ້ວ)

□ **住(す)む**

(बस्नु／រស់នៅ／ອາໄສຢູ່)

□ **すると**

▶ 次(つぎ)に、「はい」を押(お)してください。
—すると、どうなるんですか。

(गरेपछि／នោះ／ບາດລະ, ຫຼັງຈາກນັ້ນທັນທີ, ທັນທີທັນໃດທີ່~)

(यसपछि —थिच्नुहोस। —त्यसपछि के हुन्छ?／បន្ទាប់មក សូមចុច「はい」។ នោះនឹងក្លាយជាយ៉ាងម៉េចទៅ?／ຕໍ່ໄປ. "ໃດຍ" ກະລຸນາກົດ. —ບາດລະ, ເປັນແນວໃດຕໍ່?)

□ **座(すわ)る**

(बस्नु／អង្គុយ／ນັ່ງ)

□ **～製(せい)**

▶ 日本(にほん)製

(बनेको／ធ្វើនៅ~／ຜະລິດທີ່~)

(जापानमा बनेको।／ធ្វើនៅប្រទេសជប៉ុន／ຜະລິດທີ່ຍີ່ປຸ່ນ)

□ **西洋(せいよう)**

(पश्चिमा／បស្ចឹម／ຕາເວັນຕົກ)

□ **セット**

(जोडी／ឈុត／ຊຸດ)

□ **線(せん)**

(धर्का／ខ្សែ／ເສັ້ນ)

□ **戦争(せんそう)**

(लडाई／សង្គ្រាម／ສົງຄາມ)

□ **専門(せんもん)**

▶ 大学(だいがく)では何(なに)が専門でしたか。

(विषय／ជំនាញ／ຊ່ຽວຊານສະເພາະດ້ານ, ວິຊາສະເພາະ)

(कलेजमा कुनविषय थियो?／តើអ្នកបានរៀនជំនាញអ្វីនៅសាកលវិទ្យាល័យ?／ວິຊາສະເພາະແມ່ນຫຍັງຢູ່ມະຫາວິທະຍາໄລ?)

□ **育(そだ)てる**

▶ 植物(しょくぶつ)が好(す)きで、部屋(へや)でたくさん育(そだ)てています。

(हुर्काउनु／ចញ្ចឹម／ລ້ຽງ, ເບິ່ງແຍງ)

(बिरुवा मनपर्ने हुनाले कोठामा थुप्रो हुर्काएको छु।／ខ្ញុំដាំរុក្ខជាតិច្រើននៅក្នុងបន្ទប់ដោយសារខ្ញុំចូលចិត្តរុក្ខជាតិ។／ມັກພືດພັນກໍ່ເລີຍປູກຫຼາຍຕົ້ນໄວ້ໃນຫ້ອງ.)

□ **それで**

▶ 彼(かれ)は先週(せんしゅう)も遅刻(ちこく)したんです。それで、先生(せんせい)が怒(おこ)ったんです。

(त्यसोभएर／ហេតុដូច្នេះ／ຍ້ອນ, ດ້ວຍສາເຫດນັ້ນ)

(गत हप्ता पनि ऊ ढीला आएकोथियो।त्यसैले शिक्षक रिसाउनुभयो। ／អាទិត្យមុនគាត់ក៏បានមកយឺតដែរ។ ហេតុដូច្នេះបានគ្រូខឹង។／ອາທິດແລ້ວນີ້, ລາວຖືກອາຈານຮ້າຍຍ້ອນມາຊ້າ.)

□ **それでは**

▶ それでは、授業(じゅぎょう)を始(はじ)めます。

(त्यसोभए／អញ្ចឹង／ດັ່ງນັ້ນ)

(त्यसोभए अब कक्षा शुरुगर्छौं।／អញ្ចឹង សូមចាប់ផ្តើមម៉ោងរៀន។／ດັ່ງນັ້ນ, ເຮົາມາເລີ່ມຮຽນ.)

□ **それに**

(त्यसमाथि／លើសពីនេះ／ຊໍ້າບໍ່ໜຳ, ຍິ່ງໄປກວ່ານັ້ນ)

▶ あしたテストだから、セールに行(い)くの、やめようか。それに雨(あめ)だし。

(भोलिको परिक्षा भएकोले आज बजार नजाउँ कि।पानी पनि परेको छ।／តោះកុំទៅទិញទំនិញបញ្ចុះតម្លៃអីឬ? ដោយសារថ្ងៃស្អែកមានការប្រលង។ លើសពីនេះមេឃភ្លៀងទៀត។／ຍົກເລີກການໄປຊື້ເຄື່ອງຫຼຸດລາຄາເບາະ? ເພາະວ່າມື້ອື່ນເສັງ. ຊໍ້າບໍ່ໜຳຝົນຕົກອີກ.)

□ **それほど**

(त्यति／មិនដូចនោះទេ／ຂະໜາດນັ້ນ)

▶ 試験(しけん)、難(むずか)しかった？ ―ううん、それほど難(むずか)しくなかった。

(परिक्षा गारो भयो? —अहँ त्यति गारो भएन।／ការប្រលងពិបាកទេ? អត់ទេ មិនពិបាកដូចនោះទេ។／ເສັງຍາກບໍ່? ບໍ່, ບໍ່ຍາກຂະໜາດນັ້ນ.)

□ **タイトル** (शिर्षक／ចំណងជើង／ຫົວຂໍ້)

□ **タイプ**

(टाइप／ប្រភេទ／ແບບ, ປະເພດ)

▶ どんなタイプの人(ひと)が好(す)きですか。

(कस्तो प्रकारको मान्छे मनपर्छ?／តើអ្នកចូលចិត្តមនុស្សប្រភេទណា?／ມັກຄົນແບບໃດ?)

□ **倒(たお)れる** (ढल्नु／ដួល／ລົ້ມ)

□ **だから** (त्यसकारण／ហេតុដូច្នេះ／ດັ່ງນັ້ນ, ເພາະສະນັ້ນ)

□ **～だけ** (मात्र／តែ~／~ເທົ່ານັ້ນ)

□ **確(たし)か**

(साँच्चै／ពិតជា／ຖ້າຈື່ບໍ່ຜິດ, ແນ່ນອນວ່າ)

▶ …えーっと、たしか、次(つぎ)の角(かど)を曲(ま)がると郵便局(ゆうびんきょく)です。

(ए! हो साँच्चै हो, अर्को मोड घुमेपछि हुलाक आउँछ।／អឺ...ពេលបត់នៅកាច់ជ្រុងបន្ទាប់ ពិតជាដល់ប្រៃសណីយ៍។／...ອັນນ່າ, ຖ້າຈື່ບໍ່ຜິດລ້ຽວອ້ອມຕໍ່ໄປກໍ່ແມ່ນໄປສະນີ.)

□ **足(た)す**

(जोड्नु,थप्नु／បន្ថែម, ថែម／ຕື່ມ, ເພີ່ມ)

▶ 濃(こ)いから、もうちょっとお湯(ゆ)を足(た)してくれる？

(कडा भएकोले अलिकति तातोपानी थपिदिनुहुन्छ?／ជួយថែមទឹកក្ដៅបន្តិចទៀតបានទេ? ព្រោះរសជាតិចាស់ (ប្រៃ)／ຕື່ມນໍ້າຮ້ອນອີກໜ້ອຍໜຶ່ງຍ້ອນວ່າເຂັ້ມຂຸ້ນ.)

□ **たたみ** (जापानको गुन्द्रि／បត់／ສາດຍີ່ປຸ່ນ)

□ **立(た)つ** (उभिनु／ឈរ／ຢືນ)

□ **たて** (ठाडो／សាងសង់, សង់／ລວງຕັ້ງ)

□ **たまに**

(कहिलेकाहिँ／ជូនកាល, ពេលខ្លះ／ລຸກໄດ້, ຢືນໄດ້)

▶ いつも仲(なか)がいいですね。
―そうですね。でも、たまにけんかもします。

(कति मन मिलेको हगि। —हजुर।तर कहिलेकाहिँ झगडा नि हुन्छ।／អ្នកតែងតែជិតស្និទ្ធនឹងគ្នា។ ត្រូវហើយ ប៉ុន្តែជូនកាលក៏ឈ្លោះគ្នាដែរ។／ເຂົ້າກັນດີເນາະ. –ແມ່ນແລ້ວ, ແຕ່ກໍ່ຜິດກັນດົນໆເທື່ອໜຶ່ງ.)

□ **～ため**

(लागि／ដើម្បី~／ເພື່ອ~)

▶ 合格(ごうかく)するために頑張(がんば)っています。

(उत्तिर्ण हुनका लागि कोशिस गर्दैछु।／ខ្ញុំខំប្រឹងដើម្បីប្រលងអោយជាប់។／ພະຍາຍາມເພື່ອໃຫ້ຜ່ານ.)

□ 足(た)りる
(पुग्नु／គ្រប់គ្រាន់／ພໍ, ພຽງພໍ)

▶ どうしよう、お金(かね)が足(た)りない。
(के गर्नेहोला पैसा नपुग्नेभो।／ធ្វើយ៉ាងម៉េចទៅ? លុយអត់គ្រប់ទេ។／ເຮັດແນວໃດດີ, ເງິນບໍ່ພໍ.)

□ 誰(だれ)か
(कोहि／នរណាម្នាក់／ບາງຄົນ)

▶ だれか英語(えいご)のわかる人(ひと)はいませんか。
(अंग्रेजि बुझ्ने कोहि मान्छे छैन ?／តើមាននរណាចេះភាសាអង់គ្លេសទេ?／ບໍ່ມີບາງຄົນເຂົ້າໃຈພາສາອັງກິດຢູ່ນີ້ແດ່ບໍ?)

▶ だれか、ちょっと手伝(てつだ)ってくれない？
(कसैले , थोरै सहयोग गरिदिदैन ?／អ្នកណាក៏បាន សូមជួយបន្តិចបានទេ?／ໃຜກໍໄດ້ຊ່ວຍແດ່.)

□ 血(ち)
(रगत／ឈាម／ເລືອດ)

□ 違(ちが)う
(फरक／ខុស／ຕ່າງ, ແຕກຕ່າງ)

▶ 同(おな)じ名前(なまえ)ですが、字(じ)が違(ちが)います。
(नाम उहि हो तर अक्षर फरक छ।／ឈ្មោះដូចគ្នា ប៉ុន្តែអក្សរខុសគ្នា។／ຊື່ຄືກັນແຕ່ໂຕອັກສອນຕ່າງກັນ.)

□ 力(ちから)
(बल,शक्ति／កម្លាំង／ແຮງ, ພະລັງ)

□ 使(つか)う
(प्रयोग गर्नु／ប្រើ, ប្រើប្រាស់／ໃຊ້)

□ つかまえる
(समात्नु／ចាប់／ຈັບ)

▶ クロがそっちに行(い)ったから、つかまえて！
(कुरो त्यता आयोभने समात्नु है!／ចាប់វាមក! ព្រោះអាឃ្មៅទៅខាងនោះហើយ។／ກຸໂຣະໄປຫັ້ນລະ, ຈັບມັນແມະ.)

□ 作(つく)る
(बनाउनु／ធ្វើ, ផលិត／ເຮັດ, ສ້າງ, ຜະລິດ)

□ つける
(चोप्नु／ជ្រលក់／ຈ້ຳ, ຈຸ່ມ, ແຊ່)

▶ これは、しょうゆにつけて食(た)べるそうです。
(यो त सस्मा चोपेर खाने जस्तो छ।／អានេះ គេជ្រលក់ទឹកស៊ីអ៊ីវហើយញ៉ាំ។／ອັນນີ້ແມ່ນຈ້ຳຊີອິ້ວກິນ.)

□ 都合(つごう)
(परिस्थिति／កាលៈទេសៈ／ຄວາມສະດວກ)

▶ すみません、あしたはちょっと都合が悪(わる)いんです。
(माफ गर्नुहोला भोलि को समय अलि अफ्ठेरो छ। ／សូមទោស ថ្ងៃស្អែកខ្ញុំរវល់បន្តិចទេ។／ຂໍໂທດເດີ້. ມື້ອື່ນບໍ່ສະດວກປານໃດ.)

□ 続(つづ)く
(निरन्तर हुनु／បន្ត／ຕິດຕໍ່ກັນ)

▶ 寒(さむ)い日(ひ)が続(つづ)きますね。
(निरन्तर जाडो छ हगि।／អាកាសធាតុត្រជាក់នៅតែបន្ត។／ມື້ໜາວຕິດຕໍ່ກັນເນາະ.)

□ 続(つづ)ける
(निरन्तरता दिनु／បន្ត／ເຮັດຕໍ່, ດຳເນີນຕໍ່)

□ ～続(つづ)ける
(निरन्तर／បន្ត~／~ຕໍ່ເນື່ອງ)

▶ ずっと歩(ある)き続(つづ)けたから、疲(つか)れた。
(हिंडेको हिंड्यै गरेको थाकियो।／ខ្ញុំអស់កម្លាំងដោយសារដើររហូត។／ເມື່ອຍຍ້ອນຍ່າງຕໍ່ເນື່ອງ.)

☐ **～って**

(भनेको／គឺជា, ជា／~ແມ່ນ~)

▶ 沖縄(おきなわ)って、いいところですね。

(ओकिनावा भनेको राम्रो ठाउँ रहेछ ।／អូគីណាវ៉ា គឺជាឯកន្លែងល្អ។／ໂອກິນະວາແມ່ນສະຖານທີ່ທີ່ດີຫຼາຍ.)

▶「牛(ぎゅう)どん」って、どんな食(た)べ物(もの)ですか。

(ग्युदोन भनेको कस्तो खाना हो?／តើ「牛どん」ជាអាហារបែបណា?／"ເຂົ້າໜ້າງົວ" ແມ່ນອາຫານແບບໃດ?)

★「～は」「～とは」のカジュアルな言(い)い方(かた)。

(को सामान्य शैली।／របៀបនិយាយបែបធម្មតារបស់「～は」「～とは」។／ວິທີເວົ້າແບບທຳມະດາຂອງ「～は」「～とは」)

☐ **包(つつ)む**

(पोकोपार्नु／រុំ, ខ្ចប់／ຫໍ່, ຫຸ້ມຫໍ່)

☐ **つもり**

(विचार／គម្រោង／ຕັ້ງໃຈ)

▶ 卒業(そつぎょう)したら、国(くに)へ帰(かえ)るつもりです。

(पढाइ सकिएपछि स्वदेश फर्कने विचारमा छु।／ខ្ញុំមានគម្រោងត្រលប់ទៅវិញ ក្រោយពេលបញ្ចប់ការសិក្សា។／ຕັ້ງໃຈຊິກັບປະເທດຫຼັງຈາກຮຽນຈົບ.)

☐ **釣(つ)る**

(बल्छिमा पार्नु／ស្ទូច／ຕຶກເບັດ, ຕຶກປາ)

☐ **適当(てきとう)(な)**

(निश्चित नभएको／សមរម្យ, ត្រឹមត្រូវ／ເໝາະສົມ, ຕາມສົມຄວນ)

☐ **できる**

(गर्न सक्नु／អាច, ធ្វើបាន／ເຮັດໄດ້)

▶ 簡単(かんたん)なので、だれでもできます。

(सजिलो भएकोले जसले पनि सक्छ।／អ្នកណាក៏អាចធ្វើបានដែរពីព្រោះវាងាយស្រួល។／ໃຜກໍ່ເຮັດໄດ້ເພາະມັນງ່າຍ.)

▶ 近(ちか)くにスーパーができて、便利(べんり)になったね。

(नजिकै सुपरमार्केट बनेकोले सुविधा भयो हगि।／មានផ្សារទំនើបបង្កើតឡើងនៅក្បែរនេះ ធ្វើអោយមានភាពងាយស្រួល។／ມີຕະຫຼາດເກີດຂຶ້ນຢູ່ໃກ້ໆ, ສະດວກຂຶ້ນເນາະ.)

☐ **～てしまう**

(भैसक्नु／~ទៅហើយ／~ຊໍ້າ)

▶ 財布(さいふ)をなくしてしまいました。

(पर्स हराउन पुगें।／ខ្ញុំបានធ្វើអោយបាត់កាបូបបាត់ទៅហើយ។／ເຮັດກະເປົາເງິນເສຍຊໍ້າ.)

☐ **ですから**

(भएकोले／ហេតុដូច្នេះ／ດັ່ງນັ້ນ, ເພາະສະນັ້ນ)

☐ **では**

(उसोभए／អញ្ចឹង／ ດັ່ງນັ້ນ)

▶ 場所(ばしょ)がよくわからないんです。

――そうですか、では、駅(えき)まで迎(むか)えに行(い)きます。

(ठाउँ पत्ता लगाउन सकिन। —ए हो ! उसोभए स्टेशन सम्म लिन आउँछु।／ខ្ញុំមិនស្គាល់ទីកន្លែងច្បាស់ទេ។ អូ! អញ្ចឹង ខ្ញុំទៅទទួលដល់ស្ថានីយ៍រថភ្លើង។／ບໍ່ຮູ້ສະຖານທີ່ປານໃດ. —ແມ່ນບໍ? ດັ່ງນັ້ນ, ຊິໄປຮັບຢູ່ສະຖານີ.)

▶ 資料(しりょう)はありますね。では、会議(かいぎ)を始(はじ)めましょう。

(डकुमेण्ट छ हगि ! त्यसोभए कार्यक्रम शुरु गरौं।／មានឯកសារហើយ អញ្ចឹងចាប់ផ្តើមការប្រជុំ។／ມີເອກະສານແລ້ວເນາະ. ດັ່ງນັ້ນ, ພາກັນເລີ່ມປະຊຸມເລີຍ.)

□ ～てみる

▶ 交番(こうばん)で聞(き)いてみませんか。

(गेरेर हेर्नु／~សាកមើល／~ລອງເບິ່ງ)

(प्रहरी चौकीमा सोधेर हेर्ने त ?／ទៅសួរនៅប៉ុស្តិ៍ប៉ូលីសសាកមើលទេ?／ບໍ່ລອງຖາມປ້ອມຕຳຫຼວດລອງເບິ່ງບໍ?)

□ 特(とく)に

▶ どれも好(す)きだけど、特(とく)にこの歌(うた)が好(す)きです。

(भएतापनि／ជាពិសេស／ເປັນພິເສດ)

(सबै मनपर्छ तर यो गीत चाहिँ झन बढी मनपर्छ।／បទមួយណាក៏ចូលចិត្តដែរ ប៉ុន្តែខ្ញុំចូលចិត្តបទចម្រៀងនេះជាពិសេស។／ເພງໃດກໍ່ມັກແຕ່, ມັກເພງນີ້ເປັນພິເສດ.)

□ 特別(とくべつ)(な)

(विशेष／ពិសេស／ພິເສດ)

□ 所(ところ)

(ठाउँ／កន្លែង／ບ່ອນ, ສະຖານທີ່)

□ 途中(とちゅう)

▶ 途中でもいいですから、見(み)せてください。

(बिचमा／ពាក់កណ្ដាលទី, ពាក់កណ្ដាលផ្លូវ／ບໍ່ທັນແລ້ວເທື່ອ)

(पूरै नसकिएको भएपनि देखाउनुस।／ពាក់កណ្ដាលទីក៏បានដែរ សូមបង្ហាញដល់ខ្ញុំ។／ບໍ່ທັນແລ້ວເທື່ອກໍ່ບໍ່ເປັນຫຍັງ, ເອົາໃຫ້ເບິ່ງແດ່.)

▶ ここに来(く)る途中、スーさんに会(あ)いました。

(यता आउँदै गर्दा बिचमा सु जिसँग भेट भयो।／ខ្ញុំបានជួបអ្នកនាងស៊ូនៅតាមផ្លូវមកទីនេះ។／ພົບນາງຊູລະຫວ່າງທາງມານີ້.)

□ 届(とど)ける

▶ この荷物(にもつ)を彼女(かのじょ)に届けてもらえますか。

(पुर्याउनु／យកទៅអោយ／ສົ່ງ, ຍື່ນ)

(यो सामान उहाँकोमा पुर्याइदिनुहुन्छ?／តើអាចជួយយកអីវ៉ាន់នេះទៅអោយនាងបានទេ?／ເອົາເຄື່ອງນີ້ໄປສົ່ງໃຫ້ລາວໄດ້ບໍ່?)

□ 泊(と)まる

(रात बस्नु／ស្នាក់នៅ／ພັກ, ຄ້າງຄືນ)

□ 取(と)り替(か)える

▶ 部品(ぶひん)を取り替えたら、まだ使(つか)えます。

(फेर्नु／ប្ដូរ, ដូរ／ປ່ຽນ)

(पार्टपुर्जा फेरेमा यस्ले अझै काम गर्छ।／ប្រសិនបើផ្លាស់ប្ដូរគ្រឿងបន្លាស់ នោះនឹងអាចនៅប្រើបាន។／ຖ້າປ່ຽນອາໄຫຼ່ກໍ່ຍັງໃຊ້ໄດ້.)

□ ない

▶ M サイズがないです。L だけです。

(छैन／គ្មាន, អត់／ບໍ່ມີ)

(मिडियम साइजको छैन।लार्जमात्र छ।／ទំហំM អត់មានទេ។ មានតែទំហំLប៉ុណ្ណោះ។／ບໍ່ມີຂະໜາດM, ມີແຕ່ຂະໜາດL.)

□ 直(なお)る

▶ このパソコンはもう直らないと思(おも)います。

(बन्नु／កែ, ជួសជុល／ແປງໄດ້, ເປັນປົກກະຕິຄືເກົ່າ)

(अब यो कम्प्युटर बन्ला जस्तो लाग्दैन।／ខ្ញុំគិតថាកុំព្យូទ័រនេះជួសជុលលែងកើតហើយ។／ຄິດວ່າຄອມພິວເຕີ້ນີ້ແປງບໍ່ໄດ້ແລ້ວ.)

□ ～ながら

▶ いつも音楽(おんがく)を聞(き)きながら勉強(べんきょう)します。

(गर्दै／~បណ្ដើរ／ທັງ~, ~ໄປນຳ)

(सधैँ गीत सुन्दै पढ्ने गर्छु।／ខ្ញុំតែងតែស្ដាប់តន្ត្រីបណ្ដើររៀនបណ្ដើរ។／ທັງຮຽນໜັງສືທັງຟັງເພງຕະຫຼອດ.)

□ 亡(な)くなる

▶ 祖父(そふ)は去年(きょねん)、亡くなりました。

(मित्युहुनु／ស្លាប់／เสย, ตาย)

(पोहोर साल हजुरबाको मित्यु भयो।／ជីតាខ្ញុំបានស្លាប់ឆ្នាំមុន។／พໍ່ເຖົ້າ/ປູ່ເສຍປີກາຍ.)

□ 投(な)げる

▶ ボールを投げる

(फ्याक्नु／បោះ／ດີກ, ແກວ່ງ)

(बल फ्याक्नु।／បោះបាល់／ດີກພານບານ. ແກວ່ງພານບານ)

□ なさる

▶ 先生(せんせい)がスピーチをなさったんですか。

(गर्नु (धेरै पोलाइटमा)／ធ្វើ／ເຮັດ)

(शिक्षकले भाषण गर्नुभएको हो?／តើលោកគ្រូបានឡើងថ្លែងសន្ទរកថាឬ?／ອາຈານໄດ້ກ່າວຄຳປາໄສບໍ?)

▶ どれになさいますか。

(कुन छान्नुहुन्छ?／តើយកមួយណា?／ຊິເອົາອັນໃດ?)

□ 名前(なまえ)

(नाम／ឈ្មោះ／ຊື່)

□ 並(なら)ぶ

(लहरमा बस्नु／ជាជួរ／ລຽນ)

□ 並(なら)べる

▶ テーブルに、お皿(さら)とグラスを並べてください。

(लहरमा राख्नु／តំរៀបជាជួរ, រៀប／ລຽນ)

(गिलास र प्लेट टेबुलमा मिलाएर राख्नुहोस।／សូមរៀបចាននិងកែវនៅលើតុ។／ກະລຸນາລຽນຈານແລະຈອກໄວ້ເທິງໂຕະ.)

□ 鳴(な)る

▶ さっき、ケータイが鳴ってたよ。

(बज्नु／រោទិ៍／ດັງ)

(भर्खर मोबाइल फोन बजेको थियो है।／អំបាញ់មិញ ទូរសព្ទបានរោទិ៍។／ວ່າງກີ້ນີ້ມີສາຍເຂົ້າ. ວ່າງກີ້ໂທລະສັບດັງ.)

□ なるほど

(होत नि／អូ! អញ្ចឹងទេ／ແບບນັ້ນ/ນີ້ບໍ)

▶ これはどうでしょう？
— なるほど。これなら見(み)やすいですね。

(यो कस्तो लाग्यो? —ए, होत नि ! यो भए त हेर्न अलि सजिलो रहेछ।／អានេះយ៉ាងម៉េចដែរ? អូ! អានេះស្រួលមើល។／ແບບນີ້ເດເປັນແນວໃດ? —ແບບນີ້ບໍ, ແບບນີ້ແມ່ນເບິ່ງງ່າຍຂຶ້ນເນາະ.)

▶ 彼(かれ)の説明(せつめい)を聞(き)いて、なるほどと思(おも)いました。

(उसको भनाइ सुनेपछि त्यसो पो रहेछ भन्ने लाग्यो।／ស្តាប់ការពន្យល់របស់គាត់ហើយ ខ្ញុំបានគិតថាអូ! អញ្ចឹងទេ។／ໄດ້ຟັງຄຳອະທິບາຍຂອງລາວ, ກໍ່ເລີຍເຂົ້າໃຈແລ້ວ.)

□ ～にくい

▶ このハンバーガー、大(おお)きくて、食(た)べにくい。

(अप्ठेरो／ពិបាក~／~ຍາກ)

(यो ह्याम्बर्गर ठूलो भएकोले खान असजिलो।／ហាំប៊ឺហ្គឺរនេះធំ ពិបាកញ៉ាំ។／ແຮມເບີເກີ້ກ້ອນນີ້ໃຫຍ່, ກິນຍາກ.)

□ ～について

▶ テストについて、何(なに)か聞(き)いていますか。

(बारेमा／អំពី~, ស្ដីអំពី~／ກ່ຽວກັບ~)

(परिक्षाको बारेमा केहि सुनेको छ?／តើអ្នកមានបានដឹងអ្វីអំពីការប្រលងទេ?／ໄດ້ຍິນຫຍັງກ່ຽວກັບການສອບເສັງບໍ່?)

- [ ] **～によると**
  ▶ 天気予報によると、週末は天気がいいそうです。
  てんきよほう　しゅうまつ　てんき
  (को अाधारमा／យោងតាម~／อີງຕາມ~)
  (मौसम समाचारलाई आधार मान्ने हो भने हप्ताको अन्त्यतिर खुल्ने जस्तो छ।／យោងតាមការព្យាករណ៍អាកាសធាតុ ខ្ញុំលឺថាអាកាសធាតុល្អនៅចុងសប្តាហ៍។／ອີງຕາມພະຍາກອນອາກາດ, ທ້າຍອາທິດອາກາດຈະດີ.)

- [ ] **似る**（に）
  ▶ 息子さん、お父さんによく似ていますね。
  むすこ　とう　に
  (मिल्नु／ស្រដៀង／ຄ້າຍຄື)
  (छोरा पनि बुवा जस्तै दुरुस्तै रहेछ हगि।／កូនប្រុសអ្នក ស្រដៀងនឹងឪពុកណាស់។／ລູກຊາຍຄ້າຍຄືພໍ່ຫຼາຍ.)

- [ ] **人気**（にんき）
  ▶ この店は若い人に人気があります。
  みせ　わか　ひと　にんき
  (लोकप्रीय／មានប្រជាប្រិយ／ມີຊື່ສຽງ)
  (यो पसल युवा पुस्ताको बिचमा चर्चित छ।／ហាងមានប្រជាប្រិយភាពចំពោះយុវវ័យ។／ຮ້ານນີ້ມີຊື່ສຽງສຳລັບຊາວໜຸ່ມ.)

- [ ] **ぬる**
  (सुत्नु／លាប／ທາ)

- [ ] **ぬるい**
  (अलिअलि तातो／មិនសូវក្តៅ／ອຸ່ນ)

- [ ] **ぬれる**
  ▶ ちょっと雨にぬれました。
  あめ
  (रुझ्नु／ទទឹក／ປຽກ)
  (पानीमा अलिकति भिजियो।／ខ្ញុំទទឹកភ្លៀងបន្តិច។／ປຽກຝົນໜ້ອຍໜຶ່ງ.)

- [ ] **熱心(な)**（ねっしん）
  ▶ みんな、先生の話を熱心に聞いていた。
  せんせい　はなし　き
  (ध्यानपुर्वक／យកចិត្តទុកដាក់／ຕັ້ງໃຈ, ໃສ່ໃຈ, ມຸ່ງໝັ້ນ)
  (सबैजना शिक्षकको भनाइ ध्यानपुर्वक सुन्दैथिए।／ទាំងអស់គ្នាបានស្តាប់ការនិយាយរបស់គ្រូយ៉ាងយកចិត្តទុកដាក់។／ທຸກຄົນຕັ້ງໃຈຟັງອາຈານບັນຍາຍຢ່າງຈິງຈັງ.)

- [ ] **寝坊／朝寝坊**（ねぼう　あさねぼう）
  ▶ 寝坊しないように目覚まし時計を２個セットした。
  めざ　どけい　こ
  (नबिउंझनु／គេងជ្រុល,គេងព្រឹកជ្រុល／ຕື່ນສວາຍ)
  (समयमै उठ्नका लागि घडीमा डबल अलार्म सेट गरेको छु।／ខ្ញុំបានដាក់នាឡិការោទិ៍ពីរ ដើម្បីកុំអោយគេងជ្រុល។／ຕັ້ງໂມງປຸກໄວ້2ເທື່ອເພື່ອບໍ່ໃຫ້ຕື່ນສວາຍ.)

- [ ] **はい**
  (हो／បាទ(ចាស)／ເຈົ້າ, ໂດຍ)

- [ ] **倍**（ばい）
  (गुणा／ទ្វេ／ເທົ່າ)

- [ ] **拝見**（はいけん）
  ▶ お手紙を拝見しました。
  てがみ
  (पढ्नु(पोलाइट)／អាន／ເບິ່ງ)
  (मैले तपाईंको चिठी पढें।／បានអានសំបុត្រ／ເບິ່ງຈົດໝາຍ.)

- [ ] **～ばかり**
  ▶ 起きたばかりで、まだ着替えていません。
  お　きが
  (बितिकै／ទើបតែ~, សុទ្ធតែ~／ຫາກໍ່~)
  (भर्खर उठेकोले कपडा फेर्न पनि भ्याएकोछैन।／ខ្ញុំមិនទាន់បានផ្លាស់ខោអាវទេ ពីព្រោះទើបនឹងក្រោកពីគេង។／ຫາກໍ່ຕື່ນ, ເລີຍບໍ່ທັນປ່ຽນເຄື່ອງ.)

- [ ] **運ぶ**（はこ）
  (बोक्नु／លី, សែង／ຂົນ)

- [ ] **始まる**（はじ）
  (शुरूहुनु／ចាប់ផ្តើម／ເລີ່ມ)

□ はず

▶ 大学生（だいがくせい）なら、わかるはずです。

(पर्नु／ប្រាកដជា／ໜ້າຈະ)

(क्याम्पसको विद्यार्थी हो भने त बुझ्नुपर्ने हो।／ប្រសិនបើនិស្សិត នោះនឹងយល់ជាមិនខាន។／ໜ້າຈະເຂົ້າໃຈ, ຖ້າແມ່ນນັກສຶກສາມະຫາວິທະຍາໄລ.)

□ はっきり

▶ はっきりノーと言（い）ったほうがいい。

(प्रष्ट／ច្បាស់លាស់／ຊັດເຈນ, ຈະແຈ້ງ)

(होइन भनेर प्रष्ट भन्दिनु राम्रो।／អ្នកគួរនិយាយ ទេ អោយច្បាស់លាស់ទៅ។／ເວົ້າວ່າບໍ່ (ປະຕິເສດ) ໃຫ້ຊັດເຈນດີກວ່າ.)

□ はる[切手（きって）を〜] (टाँस्नु／បិត (តែមប្រៃសណីយ៍)／ຕິດ (ຕິດສະແຕັມ))

□ 番号（ばんごう） (नंबर／លេខ／ໝາຍເລກ)

□ 半分（はんぶん） (आधा／ពាក់កណ្ដាល／ເຄິ່ງໜຶ່ງ)

□ 火（ひ） (आगो／ភ្លើង／ໄຟ)

□ 冷（ひ）える

▶ ビールは冷（ひ）えていますか。

(चिसोहुनु／ត្រជាក់／ເຢັນ)

(बियर चिसो छ?／តើស្រាបៀរត្រជាក់ហើយឬ?／ເບຍເຢັນບໍ່?)

□ 光（ひか）る (चम्कनु／ភ្លឺចែងចាំង／ສ່ອງແສງ)

□ 必要（ひつよう）(な)

▶ 天気（てんき）が悪（わる）いみたいだから、かさが必要ですよ。

(आवश्यक／ចាំបាច់／ຈຳເປັນ)

(मौसम खराब भएकोले छाता आवश्यक पर्छ है।／មើលទៅអាកាសធាតុមិនល្អទេ ដូច្នេះត្រូវការឆត្រ័។／ອາກາດຄືຊິບໍ່ດີ, ຈຳເປັນມີຄັນຮົ່ມໄດ໋.)

□ 増（ふ）える (संख्या बढ्नु／កើនឡើង／ເພີ່ມຂຶ້ນ)

□ 普通（ふつう） (सामान्य,साधाराण／ធម្មតា／ທຳມະດາ)

□ 太（ふと）る (मोटाउनु／ធាត់／ຕຸ້ຍ)

□ 踏（ふ）む (कुल्चिनु／ជាន់／ຢຽບ)

□ 文化（ぶんか） (संस्क्रिति,चलन／វប្បធម៌／ວັດທະນະທຳ)

□ 文学（ぶんがく） (साहित्य／អក្សរសិល្ប៍／ວັນນະຄະດີ)

□ 文法（ぶんぽう） (व्याकरण／វេយ្យាករណ៍／ໄວຍະກອນ)

□ 別（べつ）(な)

▶ これも一緒（いっしょ）に入（い）れる？ —いや、それは別（べつ）にしよう。

(बेग्लै／ផ្សេងគ្នា／ຕ່າງຫາກ, ແຍກຕ່າງຫາກ)

(यो पनि त्यसमै राख्ने? —होइन, त्यसलाई बेग्लै गरौं।／ដាក់អានេះចូលជាមួយគ្នាទេ? អត់ទេ អានោះដាក់ផ្សេងគ្នា។／ເອົາອັນນີ້ລວມເຂົ້າກັນບໍ່? —ບໍ່, ອັນນັ້ນແຍກຕ່າງຫາກ.)

☐ ベル　(घण्ट／ជួង／ລະຄັງ, ກະດິງ)

☐ ほう
(चाहिँ／ជាង／~ກວ່າ)
▶ こちらのほうがよく似合(にあ)いますよ。
(यो चाहिँ राम्रो सुहाउँछ है।／អាមួយនេះសមនឹងអ្នកជាង។／ໃຕນີ້ຄືກວ່າເດີ້.)

☐ 僕(ぼく)　(म (पुरूषको हकमा)／ខ្ញុំបាទ／ຂ້ອຍ)

☐ ほしい
(इच्छा／ចង់／ຢາກໄດ້)
▶ 何(なに)かほしいもの、ある？
(कुनै सामानको चाहना छ?／មានចង់បានរបស់អ្វីទេ?／ມີແນວຢາກໄດ້ບໍ່? ມີອັນຢາກໄດ້ບໍ່?)

☐ ほど
(जति ／ប្រហែល／ປະມານ)
▶ 時間(じかん)はどれくらいかかりますか。
— 1時間ほどです。
(समय कति लाग्छ? —१ घण्टा जति लाग्छ।／តើចំណាយពេលប្រហែលប៉ុន្មាន? ប្រហែល១ម៉ោង។／ໃຊ້ເວລາຈັກຊົ່ວໂມງ? —ປະມານ 1 ຊົ່ວໂມງ.)

☐ ほめる　(प्रशंसा गर्नु／សរសើរ／ຍ້ອງ)

☐ 翻訳(ほんやく)　(अनुवाद／បកប្រែ／ແປຂຽນ)

☐ 参(まい)る
(आउनु／ទៅ, មក／ໄປ)
▶ 駅(えき)までお迎(むか)えに参ります。
(स्टेशनसम्म लिन आउँछु।／ខ្ញុំទៅទទួលដល់ស្ថានីយ៍រថភ្លើង។／ຊິໄປຮັບຢູ່ສະຖານີ.)

☐ 負(ま)ける　(हार्नु／ចាញ់／ແພ້, ເສຍ)

☐ まず
(पहिला／ជាដំបូង／ກ່ອນອື່ນໝົດ)
▶ すぐ人(ひと)に聞(き)かないで、まず自分(じぶん)で調(しら)べてください。
(तुरुन्तै मान्छेलाई नसोध्नु,पहिला आफैंले खोजेर हेर्नु।／កុំសួរគេភ្លាម ដំបូងសូមស្រាវជ្រាវដោយខ្លួនឯង។／ບໍ່ຟ້າວຖາມ, ກ່ອນອື່ນໝົດກະລຸນາຄົ້ນຄວ້າດ້ວຍຕົນເອງ.)

☐ まだ
(अझै／មិនទាន់នៅឡើយ／ຍັງ,ຍັງເທື່ອ)
▶ ご飯(はん)、もう食(た)べた？　—ううん、まだ。
(खाना खायौ ?—अँ हँ अझै छैन।／ញ៉ាំបាយហើយឬ? អត់ទេ មិនទាន់នៅឡើយទេ។／ກິນເຂົ້າແລ້ວບໍ່? —ບໍ່, ຍັງເທື່ອ.)

☐ または　(वा,अथवा／ពេលខ្លះ, ជូនកាល／ຫຼືວ່າ)

☐ 待(ま)つ　(पर्खनु／រង់ចាំ／ຖ້າ)

☐ 間(ま)に合(あ)う
(भ्याउनु／ទាន់／ທັນ)
▶ 走(はし)れば、急行(きゅうこう)に間に合うかもしれません。
(कुदेर गयो भने एक्स्प्रेस भ्याइन्छ कि!／ប្រសិនបើរត់ ប្រហែលទាន់នឹងរថភ្លើងល្បឿន។／ຖ້າແລ່ນກໍ່ອາດຈະທັນລົດໄຟດ່ວນ.)

☐ 回(まわ)る

(घुम्नु／ធ្វើដំណើរជុំវិញ／ໄປອ້ອມຮອບ)

☐ ～まま

(रहेको／~អញ្ចឹង／~ຄືເກົ່າ, ສະພາບນັ້ນ, ແບບນັ້ນ)

▶ 荷物(にもつ)は玄関(げんかん)に置(お)いたままです。

(सामान गेटमा राखिरहेको अवस्थामा छ।／អីវ៉ាន់ទុកអញ្ចឹងមាត់ទ្វារ។／ປະເຄື່ອງໄວ້ທາງເຂົ້າຄືເກົ່າ.)

☐ ～まま

(सहित／~អញ្ចឹង／~ຄືເກົ່າ, ສະພາບນັ້ນ, ແບບນັ້ນ)

▶ どうぞ、靴(くつ)をはいたまま、入(はい)ってください。

(कृपया जुत्ता सहितै आउनुभएहुन्छ।／សូមអញ្ជើញចូលទាំងពាក់ស្បែកជើង។／ເຊີນໃສ່ເກີບແບບນັ້ນເຂົ້າມາໄດ໋.)

▶ この荷物(にもつ)はどうしますか。
—そのままにしておいてください。

(यो सामान के गर्ने? —त्यत्तिकै राखिदिनुस।／អីវ៉ាន់នេះ ធ្វើយ៉ាងម៉េច? សូមទុកអញ្ចឹងហើយ។／ຂໍເຮັດແນວໃດກັບເຄື່ອງເຫຼົ່ານີ້. ກະລຸນາປະໄວ້ຄືເກົ່າ.)

☐ 見(み)つける

(भेट्नु／រកឃើញ／ຄົ້ນພົບ)

▶ いいレストランを見つけました。今度(こんど)一緒(いっしょ)に行(い)きませんか。

(राम्रो रेस्टुरेण्ट भेटेको छु।अर्को पटक सँगै खाना खान जाऔं?／ខ្ញុំរកបានភោជនីយដ្ឋានល្អ។ លើកក្រោយទៅជាមួយគ្នាទេ?／ຄົ້ນພົບຮ້ານອາຫານດີໆ. ມື້ໜ້າໄປບໍ່ໄປນຳກັນບໍ?)

☐ 向(む)かう

(तर्फ जानु／ទៅកាន់／ມຸ່ງໜ້າ)

▶ いま、そっちに向かっています。もうちょっと待(ま)ってください。

(अहिले त्यतै आउँदैछु।अब एकैछिन पर्खनुस।／ឥឡូវខ្ញុំកំពុងឆ្ពោះទៅទីនោះ។ សូមរង់ចាំបន្តិចទៀត។／ຕອນນີ້, ພວມມຸ່ງໜ້າໄປຫັ້ນ. ກະລຸນາຖ້າບຶດໜຶ່ງ.)

☐ むこう

(उता／ខាងនោះ／ພຸ້ນ, ທາງພຸ້ນ)

▶ ここはせまいから、むこうに行(い)きましょう。

(यहाँ साँघुरो भएकोले उतै जाऔं।／តោះ ទៅខាងនោះវិញ ដោយសារកន្លែងនេះចង្អៀត។／ຢູ່ນີ້ແຄບ, ພາກັນໄປທາງພຸ້ນເທາະ.)

☐ メールアドレス／アドレス

(इमेल ठेगाना／អាសយដ្ឋានអ៊ីម៉ែល／ເມລ)

☐ 召(め)し上(あ)がる

(खाना खानु／ពិសា／ຮັບປະທານ)

▶ どうぞ、召し上がってください。

(कृपया बिस्तारै खानुहोस।／សូមអញ្ជើញពិសា។／ເຊີນຮັບປະທານ.)

☐ 申(もう)す

(हुँ／និយាយ／ມີຊື່ວ່າ, ຊື່ວ່າ)

▶ わたくし、ABC 自動車(じどうしゃ)の村田(むらた)と申します。

(म एबीसी मोटर कंपनीको मुराता हुँ।／ខ្ញុំឈ្មោះមូរ៉ាតា មកពីក្រុមហ៊ុនឡានABC។／ຂ້ອຍຊື່ວ່າມຸລະຕະຈາກບໍລິສັດລົດABC.)

☐ もし

(यदि／ប្រសិនបើ／ຖ້າ, ຫາກວ່າ)

▶ もし誰(だれ)かが来(き)たら、私(わたし)に連絡(れんらく)をください。

(यदि कोहि आयो भने मलाई संपर्क गर्नुस।／ប្រសិនបើមាននរណាមក សូមទាក់ទងមកខ្ញុំ។／ຖ້າມີບາງຄົນມາ, ໃຫ້ຕິດຕໍ່ຫາຂ້ອຍເດີ້.)

- □ **最も**（もっと）
  - ▶「浅草寺（せんそうじ）」は、東京（とうきょう）で最も有名（ゆうめい）なお寺（てら）です。
  - (निकै / धेरै／បំផុត／ທີ່ສຸດ)
  - (टोक्योको आसाकुसा मन्दिर निकै प्रसिद्ध छ।／「浅草寺」គឺជាវត្តដ៏ល្បីល្បាញបំផុតនៅតូក្យូ។／ວັດເຊັນໂຊເປັນວັດທີ່ມີຊື່ສຽງທີ່ສຸດໃນໂຕກຽວ)

- □ **役に立つ**（やく・た）
  - ▶あの本（ほん）、役に立った？　—うん、役に立ってるよ。
  - (काम लाग्नु／មានប្រយោជន៍／ເປັນປະໂຫຍດ, ມີປະໂຫຍດ)
  - (त्यो किताबले काम दियो? —अँ काम दिइरहेको छ।／សៀវភៅមានប្រយោជន៍ទេ? បាទ(ចាស) មានប្រយោជន៍។／ປຶ້ມຫົວນັ້ນມີປະໂຫຍດບໍ່? —ເຈົ້າ, ມີປະໂຫຍດເດີ້.)

- □ **焼ける**（や）
  - (पोल्नु／ខ្លោច／ໄໝ້)

- □ **～やすい**
  - ▶このペンは書（か）きやすいですね。
  - (सजिलो／ងាយស្រួល~／~ງ່າຍ)
  - (यो कलम लेख्न सजिलो छ।／ប៊ិចនេះស្រួលសរសេរ។／ບິກກ້ານນີ້ຂຽນງ່າຍ.)

- □ **やせる**
  - (दुब्लाउनु／ស្គម／ຈ່ອຍ)

- □ **家賃**（やちん）
  - (घर भाडा／ថ្លៃឈ្នួលផ្ទះ／ຄ່າເຊົ່າເຮືອນ)

- □ **やはり／やっぱり**
  - ▶ちょっと迷（まよ）いましたが、やはり行（い）くことにしました。
  - (थोरै अलमलमा थिएँ आखिरमा जाने निधो गरेँ।／ខ្ញុំស្ទាក់ស្ទើរ ប៉ុន្តែទីបំផុតសម្រេចចិត្តថានឹងទៅ។／ລັງເລໃຈໜ້ອຍໜຶ່ງແຕ່ກໍ່ໄປຕາມທີ່ຄິດໄວ້.)
  - (आखिरमा／ទីបំផុត／ກະໄວ້, ຕາມທີ່ຄິດໄວ້)

- □ **止む**（や）
  - ▶雨（あめ）がやんだら、出（で）かけましょう。
  - (रोकिनु／រាំង／ເຊົາ)
  - (पानी रोकियो भने निस्कौँ।／តោះ ចេញទៅខាងក្រៅ ព្រោះមេឃឈប់ភ្លៀងហើយ។／ຖ້າຝົນເຊົາລະ, ພາກັນອອກໄປ.)

- □ **夕べ**（ゆう）
  - (बेलुका／ពេលល្ងាច／ຄືນວານນີ້)

- □ **揺れる**（ゆ）
  - ▶いま、揺れなかった？　—地震（じしん）？
  - (हल्लिनु／ញ័រ, រង្គើ／ສັ່ນ)
  - (अहिले हल्लाएन? —भूकम्प?／ឥឡូវនេះ ញ័រទេ? រញ្ជួយដីឬ?／ບໍ່ແມ່ນສັ່ນບໍ? ດຽວນີ້. —ແຜ່ນດິນໄຫວບໍ?)

- □ **よう［用］／用事**（ようじ）
  - ▶用があるので、ここで失礼（しつれい）します。
  - (काम／កិច្ចការ／ວຽກ)
  - (काम परेकोले यहीँबाट विदा हुन्छु／ខ្ញុំសូមលាសិនហើយដោយសារខ្ញុំមានកិច្ចការ។／ຄາວຽກ, ຂໍໄດ້ຄອບກ່ອນເດີ້.)

- □ **よう［様］**
  - ▶あの人（ひと）、いつも怒（おこ）っているような顔（かお）をしている。
  - (जस्तो／ដូចជា／ແບບ (ນັ້ນ/ນີ້))
  - (त्यो मानिसको मुहार सधैँ रिसाएको जस्तो देखिन्छ।／ម្នាក់នោះតែងតែធ្វើមុខដូចជាខឹង។／ຜູ້ນັ້ນເຮັດໜ້າໃຈຮ້າຍແບບນັ້ນຕະຫຼອດເວລາ.)

☐ 用意(する) <ruby>用<rt>よう</rt></ruby><ruby>意<rt>い</rt></ruby>	(तयारि／ រៀបចំទុកជាមុន／ກະກຽມ)	

☐ よく

(राम्रोसँग／ច្បាស់／ຄັກ, ดิ)

▶ よく聞こえなかったので、もう一度言ってもらえ
ますか。

<ruby>一<rt>いち</rt></ruby><ruby>度<rt>ど</rt></ruby><ruby>言<rt>い</rt></ruby>

(राम्रोसँग सुनिएन, फेरि एकचोटि भन्दिनुहुन्छ?／ សូមនិយាយម្ដងទៀតបានទេ? ព្រោះខ្ញុំស្ដាប់មិនបានច្បាស់។／ບໍ່ໄດ້
ຍິນຄັກ, ກະລຸນາເວົ້າອີກເທື່ອໜຶ່ງໄດ້ບໍ?)

▶ 安くておいしいから、よくここに来ます。

<ruby>安<rt>やす</rt></ruby><ruby>来<rt>き</rt></ruby>

(सस्तो र मिठो भएकोले प्रायै आउन्छ।／ ខ្ញុំស្រឡាញ់មកទីនេះ ដោយសារមានតម្លៃថោកហើយឆ្ងាញ់។／ ມາບ່ອຍເພຶ່ອ
ເພາະວ່າຖືກແລະແຊບ)

☐ 汚れる
<ruby>汚<rt>よご</rt></ruby>

(दाग्रिनु हुनु／កខ្វក់, ប្រឡាក់／ເປື້ອນ)

▶ あしたは、汚れてもいいかっこうで来てください。

(भोलि मैलो भएपनि फरक नपर्ने पोशाकमा आउनु।／ ថ្ងៃស្អែក សូមមកក្លៀញ ប៉ុន្តែបើប្រឡាក់ក៏មិនអីដែរ។／ ເຄື່ອງເປື້ອນ
ກໍ່ໄດ້, ມື້ອື່ນກະລຸນາແຕ່ງໂຕໃຫ້ມາເດີ.)

☐ 呼ぶ <ruby>呼<rt>よ</rt></ruby>	(बोलाउनु／ហៅ／ເອີ້ນ)	
☐ 読む <ruby>読<rt>よ</rt></ruby>	(पढ्नु／អាន／ອ່ານ)	
☐ 理由 <ruby>理<rt>り</rt></ruby><ruby>由<rt>ゆう</rt></ruby>	(कारण／ហេតុផល, មូលហេតុ／ເຫດຜົນ)	
☐ 利用(する) <ruby>利<rt>り</rt></ruby><ruby>用<rt>よう</rt></ruby>	(प्रयोग／ប្រើប្រាស់／ใຊ้)	
☐ 両方 <ruby>両<rt>りょう</rt></ruby><ruby>方<rt>ほう</rt></ruby>	(दुवैतिर／ទាំងពីរ, ទាំងសងខាង／ທັງສອງ)	
☐ ローマ字 <ruby>字<rt>じ</rt></ruby>	(रोमन अक्षर／អក្សររ៉ូម៉ាញ់／ໂຕອักสอนโอมัน)	
☐ ワイシャツ	(कमिज／អាវសម្រាប់ពាក់ធ្វើការ (អាវកដុបៃ៍ខុប)／ເສື້ອເຊີ້ດ)	
☐ 渡す <ruby>渡<rt>わた</rt></ruby>	(दिनु／ឱ្យ, ប្រគល់／ຍື່ນ)	
☐ 笑う <ruby>笑<rt>わら</rt></ruby>	(हाँस्नु／សើច／ຫົວ)	
☐ 割れる <ruby>割<rt>わ</rt></ruby>	(फुट्नु／បែក, ប្រេះ／ແຕກ)	

活用練習 (प्रयोग अभ्यास／ការអនុវត្តប្រើប្រាស់／ບົດຝຶກຫັດ)

59

①動詞（V） (क्रिया／កិរិយាសព្ទ／ຄຳກິລິຍາ)

		Vます	Vて	Vない	Vた	じしょ形 dictionary form
I	行きます	いきます	いって	いかない	いった	いく
	帰ります	かえります	かえって	かえらない	かえった	かえる
	飲みます	のみます	のんで	のまない	のんだ	のむ
	買います	かいます	かって	かわない	かった	かう
	聞きます	ききます	きいて	きかない	きいた	きく
	話します	はなします	はなして	はなさない	はなした	はなす
	持ちます	もちます	もって	もたない	もった	もつ
	書きます	かきます	かいて	かわない	かいた	かく
	読みます	よみます	よんで	よまない	よんだ	よむ
	会います	あいます	あって	あわない	あった	あう
	わかります	わかります	わかって	わからない	わかった	わかる
II	見ます	みます	みて	みない	みた	みる
	着ます	きます	きて	きない	きた	きる
	食べます	たべます	たべて	たべない	たべた	たべる
	寝ます	ねます	ねて	ねない	ねた	ねる
	起きます	おきます	おきて	おきない	おきた	おきる
	出ます	でます	でて	でない	でた	でる
	忘れます	わすれます	わすれて	わすれない	わすれた	わすれる
III	します	します	して	しない	した	する
	来ます	きます	きて	こない	きた	くる

60 ②形容詞(けいようし)・名詞(めいし) (विशेषण,नाम／គុណនាម, នាម／ຄຳຄຸນນາມ · ຄຳນາມ)

※否定形(ひていけい)は、「～ないです」と「ありません」の二(ふた)つの形(かたち)がある。

【い形容詞(A)】

あたらしい	おおきい	たかい	(とくべつなれい) いい
あたらしいです	おおきいです	たかいです	いいです
あたらしくないです (もう一つの形) **あたらしくありません**	おおきくないです	たかくないです	よくないです
あたらしかったです	おおきかったです	たかかったです	よかったです
あたらしくなかったです (もう一つの形) **あたらしくありませんでした**	おおきくなかったです	たかくなかったです	よくなかったです

【な形容詞(Na)】

※「じゃ」=「では」

きれい	べんり	しずか
きれいです	べんりです	しずかです
きれいじゃありません (もう一つの形) **きれいじゃないです**	べんりじゃありません	しずかじゃありません
きれいでした	べんりでした	しずかでした
きれいじゃありませんでした (もう一つの形) **きれいじゃなかったです**	べんりじゃありませんでした	しずかじゃありませんでした

【名詞(N)】

※「じゃ」=「では」

はれ
はれです
はれじゃありません (もう一つの形) **はれじゃないです**
はれでした
はれじゃありませんでした (もう一つの形) **はれじゃなかったです**

③文型 (पाठ प्रकार／ទម្រង់ប្រយោគ／ຮູບປະໂຫຍກ)

【Ⅰグループ】

	Ⅰグループ	
	行く	乗る
Vます	行きます	乗ります
Vますか	行きますか	乗りますか
Vません	行きません	乗りません
Vました	行きました	乗りました
Vませんか	行きませんか	乗りませんか
Vています	行っています	乗っています
Vてください	行ってください	乗ってください
Vてくれませんか	行ってくれませんか	乗ってくれませんか
Vたほうがいいです	行ったほうがいいです	乗ったほうがいいです
Vてもいいです	行ってもいいです	乗ってもいいです
Vないでください	行かないでください	乗らないでください
Vなくてもいいです	行かなくてもいいです	乗らなくてもいいです
Vなければなりません	行かなければなりません	乗らなければなりません
Vたいです	行きたいです	乗りたいです
Vたくないです	行きたくないです	乗りたくないです
Vことができます	行くことができます	乗ることができます
V(可能形)ます	行けます	乗れます
Vたことがあります	行ったことがあります	乗ったことがあります
Vんです	行くんです	乗るんです
Vばいいです	行けばいいです	乗ればいいです

Ⅰグループ		
飲む	聞く	買う
飲みます	聞きます	買います
飲みますか	聞きますか	買いますか
飲みません	聞きません	買いません
飲みました	聞きました	買いました
飲みませんか	聞きませんか	買いませんか
飲んでいます	聞いています	買っています
飲んでください	聞いてください	買ってください
飲んでくれませんか	聞いてくれませんか	買ってくれませんか
飲んだほうがいいです	聞いたほうがいいです	買ったほうがいいです
飲んでもいいです	聞いてもいいです	買ってもいいです
飲まないでください	聞かないでください	買わないでください
飲まなくてもいいです	聞かなくてもいいです	買わなくてもいいです
飲まなければなりません	聞かなければなりません	買わなければなりません
飲みたいです	聞きたいです	買いたいです
飲みたくないです	聞きたくないです	買いたくないです
飲むことができます	聞くことができます	買うことができます
飲めます	聞けます	買えます
飲んだことがあります	聞いたことがあります	買ったことがあります
飲むんです	聞くんです	買うんです
飲めばいいです	聞けばいいです	買えばいいです

	Ⅰグループ	
	話す	持つ
Vます	話します	持ちます
Vますか	話しますか	持ちますか
Vません	話しません	持ちません
Vました	話しました	持ちました
Vませんか	話しませんか	持ちませんか
Vています	話しています	持っています
Vてください	話してください	持ってください
Vてくれませんか	話してくれませんか	持ってくれませんか
Vたほうがいいです	話したほうがいいです	持ったほうがいいです
Vてもいいです	話してもいいです	持ってもいいです
Vないでください	話さないでください	持たないでください
Vなくてもいいです	話さなくてもいいです	持たなくてもいいです
Vなければなりません	話さなければなりません	持たなければなりません
Vたいです	話したいです	持ちたいです
Vたくないです	話したくないです	持ちたくないです
Vことができます	話すことができます	持つことができます
V(可能形)ます	話せます	持てます
Vたことがあります	話したことがあります	持ったことがあります
Vんです	話すんです	持つんです
Vばいいです	話せばいいです	持てばいいです

【Ⅱグループ】

	Ⅱグループ	
	見る	着る
Vます	見ます	着ます
Vますか	見ますか	着ますか
Vません	見ません	着ません
Vました	見ました	着ました
Vませんか	見ませんか	着ませんか
Vています	見ています	着ています
Vてください	見てください	着てください
Vてくれませんか	見てくれませんか	着てくれませんか
Vたほうがいいです	見たほうがいいです	着たほうがいいです
Vてもいいです	見てもいいです	着てもいいです
Vないでください	見ないでください	着ないでください
Vなくてもいいです	見なくてもいいです	着なくてもいいです
Vなければなりません	見なければなりません	着なければなりません
Vたいです	見たいです	着たいです
Vたくないです	見たくないです	着たくないです
Vことができます	見ることができます	着ることができます
V(可能形)ます	見られます	着られます
Vたことがあります	見たことがあります	着たことがあります
Vんです	見るんです	着るんです
Vばいいです	見ればいいです	着ればいいです

	Ⅱグループ	
	食べる	起きる
Vます	食べます	起きます
Vますか	食べますか	起きますか
Vません	食べません	起きません
Vました	食べました	起きました
Vませんか	食べませんか	起きませんか
Vています	食べています	起きています
Vてください	食べてください	起きてください
Vてくれませんか	食べてくれませんか	起きてくれませんか
Vたほうがいいです	食べたほうがいいです	起きたほうがいいです
Vてもいいです	食べてもいいです	起きてもいいです
Vないでください	食べないでください	起きないでください
Vなくてもいいです	食べなくてもいいです	起きなくてもいいです
Vなければなりません	食べなければなりません	起きなければなりません
Vたいです	食べたいです	起きたいです
Vたくないです	食べたくないです	起きたくないです
Vことができます	食べることができます	起きることができます
V(可能形)ます	食べられます	起きられます
Vたことがあります	食べたことがあります	起きたことがあります
Vんです	食べるんです	起きるんです
Vばいいです	食べればいいです	起きればいいです

【Ⅲグループ】

	Ⅲグループ	
	する	来る
Vます	します	来ます
Vますか	しますか	来ますか
Vません	しません	来ません
Vました	しました	来ました
Vませんか	しませんか	来ませんか
Vています	しています	来ています
Vてください	してください	来てください
Vてくれませんか	してくれませんか	来てくれませんか
Vたほうがいいです	したほうがいいです	来たほうがいいです
Vてもいいです	してもいいです	来てもいいです
Vないでください	しないでください	来ないでください
Vなくてもいいです	しなくてもいいです	来なくてもいいです
Vなければなりません	しなければなりません	来なければなりません
Vたいです	したいです	来たいです
Vたくないです	したくないです	来たくないです
Vことができます	することができます	来ることができます
V(可能形)ます	できます	来られます
Vたことがあります	したことがあります	来たことがあります
Vんです	するんです	来るんです
Vばいいです	すればいいです	来ればいいです

さくいん (विषय तालिका／ការបង្រៀងតាមអក្សរ／ສາລະບານ)

*少し難しいことば：अलिकति गाह्रो शब्द／ពាក្យលំបាកបន្តិច／ຄຳສັບທີ່ຍາກໜ້ອຍໜຶ່ງ

292

299

300

307

●著者

倉品さやか（くらしな さやか）

筑波大学日本語・日本文化学類卒業、広島大学大学院日本語教育学修士課程修了。スロベニア・リュブリャーナ大学、福山 YMCA 国際ビジネス専門学校、仙台イングリッシュセンターで日本語講師を務めた後、現在は国際大学言語教育研究センター講師。

本文レイアウト	ポイントライン
DTP	平田文晋
カバーデザイン	滝デザイン事務所
カバーイラスト	©iStockphoto.com
翻訳・翻訳校正	Mahat Lalit ／ krishnaP khatiwada ／ Lida Sea ／ Akiko Hirata ／ Vannakhone Phanolith

本書へのご意見・ご感想は下記 URL までお寄せください。
https://www.jresearch.co.jp/contact/

ネパール語・カンボジア語・ラオス語版
日本語単語スピードマスター　BASIC 1800

令和5年（2023年）　9月10日　初版第1刷発行

著　者	倉品さやか
発行人	福田富与
発行所	有限会社　Jリサーチ出版

〒166-0002 東京都杉並区高円寺北 2-29-14-705
電話 03(6808)8801(代)　FAX 03(5364)5310
編集部 03(6808)8806
https://www.jresearch.co.jp

印刷所	株式会社シナノ パブリッシング プレス

रेकर्ड स्वर डाउनलोड सम्बन्धी जानकारी

स्टेप 1	स्टेप 1 खरिद पुस्तकको होमपेजमा एक्सेस गर्ने ! तलको 3 तरिका अनुसार

- QR कोड रिड गरेर एक्सेस
- https://www.jresearch.co.jp/book/b630556.html लाई इनपुट गरेर एक्सेस
- J रिसर्च प्रकाशनको होमपेज (https://www.jresearch.co.jp/) मा एक्सेस गरेर 'कि वर्ड' मा पुस्तकको नाम इनपुट गरेर सर्च

स्टेप 2	होमपेज भित्र रहेको 'रेकर्ड स्वर डाउनलोड' बटन क्लिक !

स्टेप 3	युजरको नाम '1001' र पासवर्ड '25991' लाई इनपुट !

स्टेप 4	रेकर्ड स्वरको प्रयोग गर्ने तरिका 2 वटा छ ! आफ्नो अध्ययन विधि अनुसार सुन्नुहोस् !

- 'रेकर्ड स्वर फाइल एकमुष्ट डाउनलोड' बाट फाइल डाउनलोड गरेर सुन्ने ।
- ▶बटन थिचेर तुरुन्त बजाएर सुन्ने ।

---

* डाउनलोड गरेको रेकर्ड स्वर फाइल, पर्सनल कम्प्युटर, स्मार्ट फोन आदिद्वारा सुन्न सकिन्छ । एकमुष्ट डाउनलोड गरेको रेकर्ड फाइल .zipको अवस्थामा थपारेर राखिएको छ । त्यो फाइल फुकाएर प्रयोग गर्नुहोस् । फाइललाई सजिलोसँग फुकाउन नसकेको खण्डमा प्रत्यक्ष रेकर्ड स्वर बजाएर सुन्न पनि सकिन्छ ।
रेकर्ड स्वर सम्बन्धीको जानकारीको लागि सम्पर्क: toiawase@jresearch.co.jp (सम्पर्क हुने समय : सोमबार देखि शुक्रबार 9 बजे ~ 18 बजे)

ការណែនាំអំពីការដោនឡូតសម្លេង

ជំហានទី១ ចូលទៅកាន់ទំព័រទំនិញ! របៀបដោនឡូតមាន៣យ៉ាងដូចក្រោម៖

- តាមរយៈការស្កេនកូដQR
- តាមរយៈវេបសាយ https://www.jresearch.co.jp/book/b630556.html
- តាមរយៈគេហទំព័ររបស់ក្រុមហ៊ុនបោះពុម្ពផ្សាយ ជេរ៉ីសឺច (Jリサーチ) https://www.jresearch.co.jp/សូមស្វែងរកដោយបញ្ចូលឈ្មោះសៀវភៅនៅកន្លែងពាក្យគន្លឹះ「キーワード」។

ជំហានទី២ ចុចប៊ូតុងដោនឡូតសម្លេង「音声ダウンロード」ដែលមាននៅក្នុងទំព័រ

ជំហានទី៣ បញ្ចូលលេខ「1001」ក្នុងឈ្មោះអ្នកប្រើប្រាស់ និង លេខកូដសម្ងាត់「25991」

ជំហានទី៤ វិធីប្រើប្រាស់សម្លេងមាន២យ៉ាងដូចខាងក្រោម។ សូមស្តាប់តាមវិធីដែលសាកសមនឹងរបៀបនៃការសិក្សា។

- ដោនឡូតឯកសារពីកន្លែងដោនឡូតទាំងស្រុងនៃឯកសារសម្លេង「音声ファイル一括ダウンロード」រួចស្តាប់
- ចុចប៊ូតុង▶ហើយចាក់ស្តាប់ដោយផ្ទាល់នៅនឹងកន្លែង

* ឯកសារសម្លេងដែលបានដោនឡូតហើយ អាចចាក់ស្តាប់បានតាមកុំព្យូទ័រ និងទូរសព្ទដៃជាដើម។ ឯកសារ សម្លេងនៅក្នុងកន្លែងដោនឡូតទាំងស្រុង គឺជាឯកសារដែលត្រូវបានបង្រួមទំហំអោយតូចដោយប្រើទម្រង់.zip។ សូមដកយកចេញហើយប្រើប្រាស់។ ករណីមិនអាចដកយកឯកសារចេញមកបាន អាចចាក់ស្តាប់សម្លេងដោយផ្ទាល់ក៏បាន។

ទំនាក់ទំនងសាកសួរអំពីការដោនឡូតសម្លេង: toiawase@jresearch.co.jpម៉ោងធ្វើការថ្ងៃធ្វើការ ម៉ោង9 ព្រឹកម៉ោង៦ល្ងាច